Abenteuer Groundhopping

oder
Wenn Fußballfans Stadien sammeln

Abenteuer Groundhopping
oder
Wenn Fußballfans Stadien sammeln

Jörg Heinisch

Vorwort 7

Einführung
Was bedeutet "Groundhopper"? 9
Ein Fan mit hohem Ansehen 10
Vom Knaben zum Groundhopper (von Georg Messerschmidt) 13

Organisationen und Regeln
Die Anfänge 15
Britische Groundhopper und der "92 Club" 16
Deutsche Groundhopper und die "Vereinigung der Groundhopper Deutschlands" .. 18
Das Regelwerk: Grounds, Länderpunkte und die "Nebenbedingungen" 21

Typen
Die verschiedenen Typen 28
Telefongespräch zweier Groundhopper (von Christiane Bernd und Daniela Schulz) 34
Interview mit dem Länderpunkte-König: Carlo Farsang 37
Das langsame Sterben (von Carlo Farsang) 49
Keine drei Spiele pro Wochenendtag sind eine Enttäuschung (von Dave Woodings) 50

Planung
Der klassische Flop (von Jörg Laufenberg) *53*
Die Tourenplanung 55
Vorbereitung für's Belgrader Derby muß sein (von Jens Hilgert) 61
Eine unglaubliche Odyssee! (von Ralf Schulz) 65

Gegensatz: Ur-Groundhopper und Selbstbetrüger
Interview mit dem Ur-Groundhopper: Karl-Heinz Stein 74
Von Gockeln, Selbstbetrügern und Wahrheitssuche 81

Riskante Touren
Der Spion aus der westlichen Welt (von Carlo Farsang) *83*
Der Standard-Trip nach Istanbul (von Matthias Müller) *86*

Opfer und Lohn im Gleichgewicht?
Die Opfer: Der Job, die Familie und die Freunde 89
Ultra-Groundhoppen in Südamerika (von Carlo Farsang) *92*

Von der Sammelleidenschaft zur Sucht
Warum: Sammeln, Leidenschaft und Sucht 111
Interview mit einem Süchtigen: Thomas Kratz 114
Meilensammeln auf dem Weg nach Ozeanien (von Thomas Kratz) *118*
Länderpunkt Färöer
oder Man bekommt im Leben nichts geschenkt (von Christian Doehn) *121*

Spartricks
Und wieder 60 DM gespart! Über Sparbemühungen in der reisefreien Zeit 124
Die Tricks und Tips 126
Auto im Gepäck und Elend am Rockzipfel (von Michael Seiß) 130

Jedes Land hat seinen eigenen Reiz
Zu Ostern auf die grüne Insel (von Oliver Zorn) 135
Groundhoppen für Exoten (von Jörg Laufenberg) 138
Die beliebtesten Touren 140
Island (von Petra Criwitz) 147
Unter Freunden (von Michael Seiß) 149
Liverpooler Sympathisanten auf Groundhopper-Spuren (von Thomas Kaube) ... 150

Groundhopperinnen
Frauen und Groundhoppen? 153
Die Zwergstaaten-Tour (von Franziska Weyhmüller) 155

Erlebnisse für alle: Fanzeitungen
Hopper-Fanzines 158
Spotlight on South African Soccer (von Eckart Preen) 161

Highlights kompakt 165

Groundhoppen in einer anderen Dimension 171

Hoppen in der Armut
In Nord- und Mittelamerika (von Thomas Schips) 178
Zentralamerika-Gastspiel eines Lebenskünstlers (von Carlo Farsang) 189

Ausblick
Die Zukunft des Hoppens 197
Der Ausstieg: Nach dem Hoppen ist vor dem Hoppen 203
Ein runder Fremdkörper erobert die neue Welt (von Jörn Helms) 204

Anhang
Das Groundhopper-ABC 241
Kontaktadressen 243
Literaturverzeichnis 246

Anmerkung: Kursiv gedruckte Kapitel sind Erlebnisberichte

Mein Dank gilt im Einzelnen:
Beat Andermatt, Philip Glen Arens, Martina Backes, Michael Barth, Dieter Beck, Michael Bendix, Christiane Bernd, Klaus Bienert, Jörn Brüggenkoch, Jörg Brungert, Petra Criwitz, Rosemarie Dahmen, Oliver Di Iorio, Christian Doehn, Christian Dörner, Mathias „Fump" Ebeling, Carlo „Fari" Farsang, Wolfgang Fuhr, Dominik Hahn, Jens-Uwe Hanssen („der dicker Hammer"), Axel Harbort, Tom Hardt, Thomas Hauswirth, Jörn Helms, Jens Hilgert, Andreas „Pferd" Hornung, David Jordan, Christian Kaplan, Thomas Kaube, Lorenz Kirchschlager, Christian Kissel, Martin „Kojak" Kochem, Thomas „OFC-Thommy" Kratz, Jörg „Stopfen" Laufenberg, Farid Lighuani, Markus Linke, Thorsten Mankel, Dirk Mansen, Georg Messerschmidt, Matthias Müller („DA-Müller"), Bernd Petz, Patrick Pfohmann, Eckart Preen, Alexander Reuter, Markus Roß, Thomas Schips, Marcel Schneider, Daniela Schulz, Dirk „Teamchef" Schulz, Ralf Schulz, „Segelohr", Michael „Captain" Seiß, Karl-Heinz Stein, Harald Stepputis, Frank Thomé, Michael Tristram, Stefan Weckerle, Andreas Werner, Franziska Weyhmüller, Dave Woodings, Ralf Wolpert und Oliver Zorn.

Zum Autor:
Jörg Heinisch wurde am 5. Dezember 1970 in Hannover geboren. Durch sechs Jahre Jugendfußball und zwölfjährige Schiedsrichtertätigkeit für die hessische TSG Idstein hatte er schon relativ früh mit dem Fußballsport zu tun. Einen tieferen Einblick in die deutsche Vereinsfußball- und Fanszene erhielt er spätestens durch die ehrenamtliche Mitherausgabe und Organisation der monatlich erscheinenden, unabhängigen Fanzeitung von eintracht Frankfurt, „Fan geht vor". 1998 schloß er das Studium der Betriebswirtschaftslehre an der Universität Frankfurt am Main ab und arbeitet heute im Vertrieb der Flughafen Frankfurt/Main AG.
Im Agon Sportverlag veröffentlichte er 1999 zudem mit Matthias Thoma, Bernd Giring und Steffie Wetzel „Main-Derby in Berlin", einen sporthistorischen, unterhaltsamen Rückblick auf das Endspiel um die Deutsche Meisterschaft 1959 zwischen Eintracht Frankfurt und Kickers Offenbach.

Satz:	AGON Sportverlag, Kassel
Einband:	Weusthoff und Rose, Köln
Druck:	Reclam, Ditzingen
Fotos:	Archiv Jörg Heinisch, Idstein
	Archiv Carlo Farsang, Furtwangen

2. komplett überarbeitete und erweiterte Auflage

© 2000 by AGON Sportverlag
Kirchweg 64
D - 34119 Kassel
Alle Rechte vorbehalten

ISBN 3-89784-172-6

Vorwort

Es war ein Freitagabend, an dem mein Verein, die Frankfurter Eintracht, im Dortmunder Westfalenstadion anzutreten hatte. Thorsten aus meinem Fanclub fragte mich in der Halbzeit, ob ich nicht Lust hätte, am Sonntag mit nach Tschechien zu fahren. Dort könnten wir zwei Spiele ansehen, um 10.30 Uhr würde in Prag das Spiel zwischen Viktoria Zizkov und Karvina anfangen, und bereits um 13.00 Uhr sollte es den Anpfiff zwischen Sparta Prag und Hradec Kralove geben, nicht gerade zwei attraktive Spielpaarungen. Eine Tagestour nach Prag, ca. 550 km hin und wieder 550 km zurück, nur wegen Fußball? Ich sagte zu, und so klingelte mein Wecker um 2.00 Uhr in der Nacht. Gegen 23.00 Uhr lag ich wieder zu Hause im Bett. Wollte ich einfach nur mal etwas Verrücktes mitmachen? Dafür fährt man doch nicht diese Strecke?! Doch daß dahinter mehr steckt als einfach das Ansehen eines Fußballspieles, das vielleicht gar nicht mal so interessant oder sogar recht langweilig sein kann, versteht man möglicherweise erst, wenn man solche Touren „mitgemacht" hat. Es ist wieder etwas völlig anderes als die Treue des Fußballfans zu seinem Verein, dem man hunderte oder sogar auch mal tausende Kilometer durch Deutschland oder Europa hinterherreist. Hier wird im eigentlichen Sinn nicht der eigene Verein unterstützt. Es geht hier darum, völlig unterschiedliche Atmosphären aufzunehmen, Land und Leute kennenzulernen, Abenteuer und unglaubliche Dinge zu erleben oder einfach Stadien bzw. sogenannte „Grounds" zu sammeln. Und wie groß ist erst die Freude, wenn man fern ab der Heimat, im tiefsten Osteuropa oder sogar in Südamerika bei einem Spiel - so uninteressant es eventuell sogar ist - einen gleichgesinnten „Groundhopper" trifft! Bis zu 30 deutsche Groundhopper können es sein, die sich bei einem schottischen Ligaspiel über den Weg laufen - ein faszinierendes Erlebnis! Was Groundhopping ausmacht sind nicht nur die Spiele, es sind auch das Reiseerlebnis und die Kultur fremder Länder.

„Groundhopping" oder neudeutsch „Groundhoppen" ist eine Lebensweise, die - je nachdem wie extrem sie ausgeübt wird - das ganze Leben beeinflussen kann: Alles wird auf die „Touren" abgestimmt, in jedem Fall wird die Freizeit für die Fahrten verplant, dann wird der Urlaub nach Spielplänen gelegt, und im extremsten Fall wird auf einen festen Arbeitsvertrag verzichtet, weil Arbeitszeit und -ort dem Groundhoppen im Wege stehen. Obwohl diese „Fußballverrückten" oft nicht viel Geld besitzen, machen sie sich auf, um immer mehr Stadien oder Provinzsportplätze zu erobern. Um die dadurch scheinbar entstehenden finanziellen Probleme oder sich im tiefsten Osteuropa oder „im Busch" stellenden Extremsituationen bewältigen zu können, muß man (Über-)Lebenskünstler sein. Was für Menschen sind das? Welche Opfer bringen sie, um diese Fahrten zu unternehmen? Wie bewältigen sie alle sich bietenden Herausforderungen? Welche unglaublichen Erlebnisse haben sie bei ihren Touren in Ländern, deren Sprache sie oft genug gar nicht sprechen, erfahren? Mit all diesen Dingen soll dieses Buch sich beschäftigen.

Ich sehe mich nicht als einen dieser genannten Groundhopper. Ich erfülle sicherlich mehrere Anforderungen, um mich einen Groundhopper nennen zu dürfen; auch Touren wie nach Tschechien, Holland oder England habe ich mitgemacht und ausreichend „Länderpunkte"[1)] gesammelt. Trotzdem läuft mein Leben zu sehr geordnet. Durch mein Hobby, dem Erstellen der monatlich erscheinenden Eintracht-Fanzeitung „Fan geht vor", und eigene Reisen habe ich eine ganze Menge vom Groundhoppen mitbekommen und sehr gute Kontakte zu dieser Szene knüpfen können. Als Nichtwissender ahnt man gar nicht, was hinter diesem Groundhoppen alles steckt. Wenn ich von Groundhopper-Erlebnissen berichtet habe, bin ich immer wieder auf Begeisterung gestoßen.

Bisher gibt es noch kein Buch, das sich alleine diesem Thema widmet. Dieses Buch wurde nicht geschrieben, um das Thema wissenschaftlich zu bearbeiten - es soll das Phänomen des Groundhoppens darstellen, Voreingenommene aufklären, das Groundhoppen einem großen Kreis näher bringen und allen Lesern gleichzeitig vergnügliche und fesselnde Lesestunden bieten.

Auf den ersten Seiten des Buches finden sich grundlegende Dinge von der Begriffserklärung über das Entstehen des Groundhoppens, die Gründung von Vereinigungen bis hin zu den Regeln dieses ungewöhnlichen Hobbies. Nach dem „Pflichtprogramm" werden u.a. unterschiedliche Groundhopper-Typen vorgestellt, drei auf unterschiedliche Art und Weise extreme Groundhopper interviewt, ein Blick auf die Tourplanung geworfen, die Schattenseiten beleuchtet und ein Blick auf die Schwierigkeiten und die Zukunft dieses „Extremsports" gewagt. Zahlreiche Erlebnisberichte[2)], die etwa die Hälfte des Buches ausmachen, vertiefen nicht nur den Einblick in zuvor behandelte Themengebiete, sie verdeutlichen zudem, wie spannend, interessant, aber auch lustig Groundhoppen sein kann.

Ich möchte es nicht versäumen, mich bei mehreren Personen zu bedanken. So haben es letztlich u. a. Ideengeber Klaus Bienert zu „verantworten", daß ich mir auch noch die Arbeit an diesem Werk „aufgelastet" habe. Weiterhin danke ich Farid Lighuani für die Durchsicht des Manuskriptes und dem AGON Sportverlag, der mir die Gelegenheit und das Vertrauen gab, dieses Buch schreiben und veröffentlichen zu können, und natürlich den Groundhoppern, die mich bei der Erstellung des Buches unterstützt haben. Eure Geschichten machen das Groundhoppen so interessant. Besonderer Dank gebührt Carlo „Fari" Farsang, einem der wohl „verrücktesten" Groundhopper - ohne seine Hilfestellung hätte ich mich nicht an dieses Projekt herangetraut.

Diese zweite Auflage wurde um Fehler der ersten Auflage bereinigt, aktualisiert und um drei neue Kapitel erweitert. In diesem Buch geht es nur um Fußball, andererseits aber auch überhaupt nicht um Fußball! Es ist sowohl etwas für den eingefleischtesten Fußballfan als auch für jene, die mit Fußball gar nichts zu tun haben wollen. Viel Vergnügen - Sie werden es haben!

Idstein im September 2000
Jörg Heinisch

---

1) *Einen Länderpunkt erhält man, wenn man in einem Land erstmals in einem Stadion ein Fußballspiel besucht hat. Für Details verweise ich auf die entsprechenden Erläuterungen in diesem Buch.*
2) *Ich habe mir Kürzungen und Korrekturen vorbehalten. Der Inhalt wurde jedoch nicht verändert.*

Zwischen amerikanischem Murmeltier und einer Hostess:
Was bedeutet „Groundhopper"?

Was denkt der normale Mensch über Fußballfans? Der Fußballfan wird sich vermutlich schon an der Wortwahl dieser Fragestellung stören. „Normaler Mensch? Ist ein Fußballfan kein normaler Mensch?" Diese aufgekommenen Fragen möchte ich hier allerdings nicht vertiefen. Viel interessanter ist die Frage: Was denkt der normale Mensch über einen Fußballfan, der gerade die Frage gestellt hat, ob man den Spielplan der 2. Liga von Albanien habe, weil jener beabsichtigt, dort Spiele zu besuchen...? Dieser Fußballfan gehört vermutlich zu einer noch nicht überaus bekannten Art von Fußballanhängern: den „Groundhoppern".

„Groundhopper". Was bedeutet dieses Wort? Kann Langenscheidts großes Schulwörterbuch „Englisch - Deutsch" Auskunft geben? G..., ground..., groundage..., groundhog,... - groundhostess. Zwischen dem amerikanischen Murmeltier und der Hostess ist kein weiteres Wort aufgelistet. Langenscheid kennt dieses Wort nicht. Zumindest nicht in der mir vorliegenden Auflage von 1988. Ist der Begriff vielleicht später bekannt geworden? Aber auch die neueste Auflage bringt keine neuen Erkenntnisse. Fehlanzeige.

Ist dieser Begriff noch zu neu? Diese Wortschöpfung ist in der Tat erst Ende der Achtziger Jahre in Deutschland ein Begriff geworden, als es von einem Fan aus England nach Deutschland importiert wurde. Doch welche Bedeutung hat dieses Wort nun? Um dies herauszufinden, sollten wir das Wort aufsplitten, in „ground" und „hoppen".

„Ground" bedeutet Boden, Erde, Grund, Gebiet, Strecke oder Gelände. Umgangssprachlich bezeichnet man in England die Spielstätten von Fußballvereinen - also die Stadien - als „grounds". Durch die Nutzung dieses Wortes in Fankreisen und inzwischen auch durch Medien im deutschsprachigen Raum ist dieser Begriff mittlerweile praktisch eingedeutscht. Es handelt sich um den Ground - das Gebiet oder Gelände - eines Vereins. Wer in Straßburg bereits im Stade de la Meinau ein Spiel gesehen hat, der hat somit den Ground „Stade de la Meinau" besucht bzw. „gemacht", wie Groundhopper es ausdrükken. Bei dem Ground handelt es sich also nicht um den Verein - im erwähnten Fall den RC Strasbourg - sondern um das Stadion bzw. den Sportplatz. Wenn ein Groundhopper gefragt wird, wieviele Grounds er denn habe, dann versteht man darunter die Anzahl der Stadien, die er bisher besucht hat.

„Hoppen" bzw. „to hop" heißt übersetzt hüpfen, hopsen oder springen. Setzt man nun beide Begriffe wieder zusammen, käme man auf eine deutsche Übersetzung wie „Stadionhüpfer", die allerdings so gut wie keine Verwendung findet, es sei denn Medien nehmen sich dieses Themas an und versuchen mit Schlagworten zu erklären, worum es sich handelt[3]. Ein Hüpfer macht nicht nur einen Sprung, sondern er „hopst" praktisch mehrmals: von einem Fußballplatz zum nächsten Fußballplatz, wiederum zu einem weiteren usw. Somit ist er an vielen Orten anzutreffen.

---

3) So z.B. Biermann, Christoph: Der Meister der „Stadionhüpfer", in Stern Journal Nr. 21 / 1995.

Hiermit sollte eine erste, genauer definierende Erklärung, was ein Groundhopper oder „Hopper" (Kurzform) ist, geglückt sein. Es soll allerdings keinesfalls der Eindruck erweckt werden, bei einem Groundhopper handle es sich in jedem Fall um einen Fußballanhänger. Theoretisch ist dieses Hobby auf jeden Sport anwendbar. Aber auch außerhalb des Fußballs gibt es dieses Phänomen in teilweise sogar gleichen Zähl- bzw. Sammelkategorien wie bei den Fußball-Groundhoppern. So gibt es beispielsweise Personen, die Filialen der Restaurant-Kette McDonald's besuchen und „abhaken". Aber auch zwei weitere Beispiele, die noch unwirklicher klingen als das Sammeln von Fußballstadien, aber auch eine Art Groundhoppen sind, möchte ich an dieser Stelle kurz erwähnen:

„Aircraft-Spotting" ist der Fachbegriff für das Hobby solcher Zeitgenossen, die sich auf das Fotografieren von Flugzeugen festgelegt haben. Stundenlang harren sie auf Flughäfen aus, um eine noch nicht gesehene Maschine vor die Linse zu bekommen. Sie richten u. a. sich nach einem jährlich aufgelegtem Handbuch („J.P. Airlines-Fleets"), in dem auf 758 Seiten bis zu 120 Kennzeichen pro Seite erfaßt sind. Da viele Flugzeugtypen nicht jeden Flughafen anfliegen, müssen sie zwangsläufig auf Reisen gehen und andere Flughäfen ansteuern. Auf diese Weise entstand auch die Kategorie des Zählen von Flughäfen - auch eine Form von Grounds.

In den USA hat sich 1978 die Vereinigung der „American Coaster Enthusiasts" gegründet, die inzwischen etwa 5.800 Mitglieder hat. Fast 900 dieser Mitglieder beteiligen sich am weltweiten Aufsuchen und Befahren von Achterbahnen! Hintergrund der Gründung war eigentlich der Kampf um den Erhalt der „coasters" - bei vielen Mitgliedern entstand dann aber diese ganz besonders ungewöhnliche Sammelleidenschaft[4].

Der Begriff „Groundhopper" findet meines Wissens allerdings nur im Umfeld des Fußballsports und seiner Fans Anwendung. Daher schieben wir nun Flugzeuge und Achterbahnen an die Seite und stoßen in die Welten des Fußball-Groundhopping vor.

Ein Fan mit hohem Ansehen

Fußballfans kann man in zahlreiche Kategorien unterteilen, die in diesem Kapitel kurz aufgezählt werden sollen. Während unter Fans immer wieder Streitereien auftauchen, wenn es um die Frage geht, ob sich jemand überhaupt als Fan bezeichnen kann, nenne ich der Einfachheit halber hier alle Fußballinteressierten zunächst einmal Fans[5].

Wer sich allgemein für Fußball interessiert, aber keinem bestimmten Verein die Daumen drückt, mag als Fan des Fußball-Sports gelten, nicht aber als Fan eines Vereins. Wer nicht ins Stadion geht, obwohl er weniger als 50, 60 km vom Stadion entfernt wohnt, wird von den in der Regel die Spiele ihres Klubs besuchenden Anhängern aufgrund der fehlenden Bereitschaft, den Anfahrtweg zum Spielort zurückzulegen, auch nicht als Fan anerkannt - es fehlt die erforderliche Opferbereitschaft. Anhänger, die nur Richtung Are-

---

4) *Vgl. Bucher & Co. (Hrsg.): jp airline-fleets international 99/2000, 33rd edition, Glattbrugg 1999; Bryson, Bill: A jolly good time in Blackpool, in: National Geographic, Vol. 193, No. 1 (January 1998), S. 44.*
5) *Ganz persönlich unterscheide ich allerdings (in ansteigender Reihenfolge) Fußballinteressierte, Anhänger und Fans.*

na aufbrechen, wenn ihr Verein bessere sportliche Zeiten erlebt, werden in den Fanszenen abwertend als Erfolgs-Fans oder „Schönwetter-Fans" bezeichnet. In schlechteren Zeiten sind diese nicht im Stadion zu sehen. Ebenfalls wird die Treue zum Verein solchen Anhängern abgesprochen, die sich nur die Rosinen herauspicken und lediglich Spiele gegen Top-Teams besuchen möchten. Erfolgs-Fans und Rosinenpicker sind zum Teil auch als konsumorientiert und unkritisch zu charakterisieren. Der Aufwand durch Anreisekosten, Eintrittspreise und Verzicht auf andere Aktivitäten muß bei diesen Anhängern in einem positiven Verhältnis zum Erlebniswert stehen. Rosinenpicker machen neben den Erfolgs-Fans heutzutage einen großen Anteil aus. So gingen bei der Frankfurter Eintracht zum Spiel gegen Bayern München in der Saison 1998/99 Bestellungen für 120.000 Eintrittskarten ein, während zu den sonstigen Spielen lediglich zwischen 20.000 und 30.000 Zuschauer im Stadion waren. Daß dann diese Zuschauer unter den regelmäßig zum Stadion pilgernden Fans verpönt sind, weil den treuen Anhängern z.B. gerade bei den Spielen gegen hochkarätige Gegner das „Ausverkauft"-Schild vor die Nase gehängt wird, ist nicht verwunderlich. Nicht umsonst ernten zum Beispiel schwärmende Kinder, die von ihren Eltern mit Bayern München-Käppchen oder gelbem Borussia Dortmund-Trikot ausgerüstet werden, Spott und werden z.B. als Biene Majas bezeichnet - der treue Fan meint, daß viele Anhänger sich einfach einen Verein ausgesucht haben und dabei einen Klub gewählt haben, der in der Tabelle ganz oben steht. In der Schule oder am Arbeitsplatz ist man von anderen Kindern oder Kollegen weniger angreifbar, da der eigene Verein vermutlich weniger Niederlagen einzustecken hat. Im Gegensatz dazu hat man vielmehr Gelegenheit, sich über andere Anhänger, die sich eher für weniger erfolgreiche Vereine interessieren, zu belustigen[6]. Dieses Auswahlkriterium steht allerdings für den treuen Stadionbesucher im genauen Gegensatz zu den Worten „Treue" und „Fan" - und genau auf diese enge Bindung zum eigenen Verein, ob gute oder schlechte Leistung, kommt es ihm an[7]. Der harte Kern einer Fanszene grenzt sich letztendlich noch von jenen treuen Fans ab, die nur bereit sind, die Heimspiele der eigenen Mannschaft aufzusuchen. In diesem harten Kern gibt es allerdings meistens Personen, die nur die Treue anerkennen, die sich dadurch ausdrückt, daß Fans quasi zu allen Pflichtspielen des eigenen Klubs fahren, also auch alle Auswärtsspiele besuchen, sei es in 700 km Entfernung in Cottbus oder wo auch immer.

6) *Johannes Keller formulierte es in der TAZ vom 28. September 1998 folgendermaßen und scheint damit genau das auszudrücken, was offenbar doch viele Anhänger denken: „Es gibt keine Bayern-Fans ... Sie tragen die Trikots ihrer Mannschaft, jubeln bei Treffern ... Aber ihnen fehlt doch das Eigentliche, die Essenz des Fan-Seins: Verzweiflung ...... Bayern Fans haben immer Gewißheit, die sie immun macht gegenüber jedem Gefühl der Angst und der Ausweglosigkeit ... Der natürliche Grundzustand des Bayern-Anhängers ist also nicht Verzweiflung, das Gefühl der Ausweglosigkeit und Schwäche, sondern Bayern-Anhänger leben in einem Ausgangszustand der Arroganz und Überlegenheit ... Bayern-Anhänger sind keine Fußballfans, sondern Feiglinge, unfähig zu wahrer Hingabe, das Risiko einschließt, tief enttäuscht zu werden." Kommentar der St. Pauli-Fanzeitung Der Übersteiger in der Ausgabe Nr. 36: „Grandios!" - Zur Ehrenrettung mancher Personen möchte ich allerdings noch bemerken, daß ich es durchaus für möglich halte, daß auch der Verein Bayern München Anhänger hat, die sich ihren Verein nicht wegen einer besseren Tabellensituation „ausgesucht" haben.*

7) *Vgl. auch wortgeschichtliche Einordnung des Begriffs „Fan" von Aschenbeck, Arndt: Fans im Abseits, Barel / Kassel 1998, S. 89.*

Choreographie beim Spiel Olympique Marseille - Bologna durch die französischen Ultras. (Foto Marcel Schneider)

Es gibt allerdings auch andere Arten der Klassifizierung von Fußballfans. Sei es jene unabhängig von einer Identifikation mit dem Verein, dafür aber hinsichtlich der Gewaltbereitschaft orientierten Klassifizierung der Polizei, gestaffelt von Kategorie A (nicht gewaltorientiert) über Kategorie B (gewaltbereit) zu Kategorie C (auf Gewalt aus), die allgemein als „Hooligans" bezeichnet werden, aber auch nur einen sehr geringen Anteil ausmachen, und unter deren Aktionen das Bild von Fußballfans zu leiden hat.

Sonstige Differenzierungen von Fußball-Fans hängen mit der jeweiligen Einstellung zum Verein oder zum Erlebnis Stadion zusammen. Sogenannte „Kutten" zeigen ihre Treue, indem sie auf Jacken (die „Kutte") Vereinsabzeichen und Aufnäher befestigt haben. Andere Kutten-Fans beschränken sich hier lieber auf das Tragen von Trikots. Gemeinsam sind dann allerdings meistens Mützen, Schals und Fahnen.

Organisierte Fans treffen sich in Fanclubs und besprechen gemeinsame Aktivitäten von der Planung einer Busfahrt bis hin zu sozialem Engagement. Mit gewählten Fanvertretern besteht ein Kontakt zu Verantwortlichen des Vereins.

Ein hoher Erlebniswert beim Stadionbesuch steht für Ultra-Gruppierungen im Vordergrund. Die Ultras sorgen durch großflächige Choreographien mit Papptafeln und Luftballons, Bengalo-Feuer, Rauchbomben, weiterentwickelten Sprechchören und Fangesängen sowie riesigen Schwenkfahnen für südländische Stimmung und damit für einen zumindest in Deutschland erst seit ca. 1997 bekannter gewordenen „Support", wie die Unterstützung durch die Anhänger bezeichnet wird. Da sie einen besonders hohen Erlebniswert erzielen möchten und dabei auch Wege gehen,

Blockfahne beim Spiel Independiente - Racing Club in Argentinien.

die nicht immer mit Stadienordnungen vereinbar sind (z.B. durch das Abbrennen von Bengalo-Feuer und Rauchbomben) bekommen die Vereine, die auf die Einhaltung bestimmter Vorschriften zu achten haben, mit ihren Fußballverbänden zum Teil erhebliche Probleme, die im Wiederholungsfall zu Platzsperren oder Punktabzügen führen können.

Die von den Ultras veranstalteten „Shows" locken zusätzliche Besucher (auch von anderen Vereinen) ins Stadion. Inzwischen gibt es sogar Vereine wie die Frankfurter Eintracht, die den Ultras Geld für Choreographien zur Verfügung stellen. Neben den Ultras Frankfurt gehören vor allem die Ultra-Bewegungen beim FC Bayern München in der Bundesliga zum Feinsten, was die deutsche Bundesliga zu bieten hat. Im Vergleich zu Ultra-Gruppierungen in Italien, Spanien oder beispielsweise Brasilien, die wiederum kaum Fanclubs wie in Deutschland bzw. Frankreich oder Supporterclubs wie in England bzw. Holland kennen, ist die Stärke einer deutschen Ultra-Gruppierung mit maximal 200, 300 Mitglieder vergleichsweise gering. In Italien handelt es sich um bis zu 15.000 Mitgliedern pro Ultra-Gruppe. Die Entstehung der Ultra-Szenen in Deutschland geht auch zum Teil auf Berichte und Fotos von Groundhoppern zurück. Mit dem Verkauf und Tausch von auf den Reisen eingekauften Fanartikeln wie Schals, Wimpeln und Fotos wurde das Interesse der einheimischen Supporter geweckt, bis dann erste Ultra-Gruppierungen entstanden, die sich zum Ziel gesetzt haben, entsprechende Stimmung in ihren eigenen Stadien zu zaubern. Die Aktionen der Ultras sind oft das Interessanteste bei Spielen, erst recht, wenn die sportlichen Leistungen zu wünschen übrig lassen und die Einlagen der Ultras um so mehr im Mittelpunkt stehen. Entsprechend hoch stehen diese Einlagen bei Groundhoppern im Kurs, die gleich die Fotokamera zücken.

Die Groundhopper sind die letzte, im Stadion anzutreffende Fangruppierung, die noch aufzuzählen ist. Wobei hier noch einmal deutlich gemacht werden sollte, daß der Groundhopper sich von den anderen Fan-Klassifikationen in der Hinsicht unterscheidet, daß er in der Regel nicht mit einem der an den Spielen beteiligten Vereine sympathisiert, sondern ein außenstehender Beobachter ist. Er ist in seiner Jugend meist Sympathisant eines Vereins, wächst dann zum treuen Fan heran, der zunächst immer mehr Heimspiele besucht, bis schließlich auch immer mehr Auswärtsspiele hinzukommen. Irgendwann reicht dies dann dem Fan nicht mehr. Es kommt zu einer weiteren Steigerung. Er sucht sich neue Ziele und landet bei Spielen, die mit seinem Verein nichts mehr zu tun haben. Reichten ihm bisher Spiele innerhalb der deutschen Grenzen, sind diese dann unter Umständen auch nicht mehr genug Anreiz, - das Ausland wird interessanter.

Da der Groundhopper in den Fanszenen - egal in welchem Stadion er auch ist - ein hohes Ansehen genießt, steht er praktisch über allen anderen Fans. In der Realität sieht es dann allerdings oft so aus, daß der Fan nicht weiß, daß ihm ein Groundhopper gegenüber steht.

Vom Knaben zum Groundhopper
Seine Entwicklung zum Groundhopper beschreibt Georg Messerschmidt
Es war einmal ein Knabe, der saß samstags mit seinem Vater um 18.05 Uhr vorm

Schwarzweißfernseher und schaute die Sportschau. Er hatte keine Ahnung von dem Spiel, kannte weder Spieler noch Mannschaften. Doch irgendwie faszinierte ihn das Spiel. Er war immer für die weißgekleidete Mannschaft. Irgendwann hörte er das Wort „Schalke". Und als er lesen konnte, war er von dem Wort begeistert. Auf dem Weg zu einem Besuch bei seiner Tante fuhr er kurze Zeit später jedoch durch den Ort „Kaiserslautern". Dieses Wort und alleine die Optik, wie es auf dem Papier zu stehen pflegte, löste das Wort Schalke in seiner Faszination ab. So geschehen zwischen 1975 und 1980.

Als der Junge zu Beginn der 80er Jahre selbst das Leder zu treten begann - er war ein hervorragender Techniker, wieselflink und torgefährlich - war die Zeit der Bayern. Beim Pausenkick auf dem Schulhof mit einem großen Kieselstein wollte jeder Kalle Rummenigge sein. Doch die Eltern untersagten ihrem Zögling, im Fußballverein zu spielen. Doch seine Begeisterung für dieses Spiel war ungebrochen. Nicht selten wurde das Mittagessen kalt, da er von der Schule gleich mit den Kumpels auf dem Bolzplatz zu kicken begann. So geschehen zwischen 1980 und 1985.

Der 20. November 1985 sollte das Fußballerleben des Buben um 180° wenden. Ein Freund überredete den Jungen, im Fanbus zum Betzenberg mitzufahren, ausgerechnet gegen Schalke. Das Grüppchen stand im unüberdachten Teil des Block 1, mit herrlichem Blick auf hundert Schalker Kutten, die seltsame Laute und Bewegungen von sich gaben. Das Spiel endete 0:0, und er sah 85 Minuten auf die Fans und war von dem geringfügigen Treiben jener sehr angetan. Es hatte sich ein unheilbarer Wandel vollzogen! Fortan achtete er bei TV-Übertragungen nicht mehr auf die Spieler, sondern suchte Zäune nach Fahnen ab und versuchte, z.B. zu erhaschen, wieviele Gäste-Fans vor Ort sein könnten. Im Frühjahr besuchte er das erste Auswärtsspiel „seines" FCK in München. Der FCK hätte jeden Tag spielen können - er wäre mit drei Fahnen, Schals, Mütze, Trikot und Trommel immer da gewesen! Das Fußballspiel trat in den Hintergrund, das Fußballfantum regierte ab nun die Sinne des Heranwachsenden. So geschehen zwischen 1985 und 1989. Die Pubertät wurde links liegen gelassen, er wurde Kuttenfan im Fanclub „Fire Devils Landau". Durch ganz Deutschland ging's mit den Kumpels zu allen FCK-Spielen. Er war ein richtiger Fan. Irgendwann wollte er noch mehr Fußball, kaufte sich ein Tramperticket der Bundesbahn und besuchte noch andere Spiele. Dabei lernte er innerhalb und außerhalb seines Vereins tolle Leute kennen, deren Bekanntschaft und teilweise auch Freundschaft er nicht missen wollte. Durch dieses Spiele-in-Stadien-Abfahren (Groundhopping) erhielt der Fußball wieder eine neue Qualität. Er holte sich einen Ground nach dem anderen, erst in Deutschland, dann in Europa. Dabei wurde ihm das Glück zuteil, daß sein FCK durch Pokalsieg, Meisterschaft und UEFA-Pokal-Teilnahme in den europäischen Wettbewerben startete. Von Reykjavik bis Rom, Barcelona und Varna sammelte er über 100 Grounds in 14 Ländern. Inzwischen ist der Junge fast ein Mann geworden und aus der Hauptmasse der Fans herausgetreten, aber dennoch Hüter seiner Kultur. Er pickt sich nun die Rosinen aus dem europäischen Fußballteig. Die Kutte hängt an der Wand und mit ihr viele schöne Erinnerungen. Wie das Märchen weitergeht, wissen wir nicht, doch wenn er nicht gestorben ist, dann träumt er noch heute davon, einmal Stadionsprecher auf dem Betzenberg zu sein!

Die Anfänge

Der Begriff des „Groundhoppens" entstand erst Ende der Achtziger Jahre. Bis dahin existierte kein Fachwort. Vereinzelte Fußballbegeisterte, die in der Regel voneinander nichts wußten, gingen schon in den Siebziger Jahren dem Hobby nach, Fußballspiele zu verfolgen und dabei immer wieder neue Stadien aufzusuchen[8]. Organisierte Reisen mehrerer Personen, bei denen Stadien praktisch „abgeklappert" wurden, gab es damals nicht. Über diese Anhänger etwas zu erfahren, ist überaus schwierig, da man sie auch als heute aktiver Groundhopper einfach nicht kennt und höchstens identifizieren kann, wenn man sie wiederholt bei Spielen trifft, dadurch ins Gespräch miteinander kommt und dabei erfährt, wie lange der Gegenüber bereits „auf Achse ist". Mit einem Alter von wenigstens 40 bis 50 Jahren sind diese älteren Groundhopper inzwischen unter Umständen auch nicht mehr so aktiv wie ihre jüngeren Kollegen und somit auch nicht mehr so häufig anzutreffen.

Welche Ideologie die „früheren" Groundhopper mit ihrem Besuch von Fußballspielen verbinden, ist das jeweilige Geheimnis der alten Garde. Zumindest kann davon ausgegangen werden, daß sich die Fahrten der früher schon aktiven Sammler zu Fußballspielen von der „Massensammlung" von Fußballspielstätten der Groundhopper der heutigen Zeit schon so deutlich unterscheidet, daß von einem Hoppen oder Hüpfen, also einer Vielzahl von Stadionbesuchen in kurzer Zeit, gar nicht die Rede sein konnte. Dafür fehlten ausreichende Informationen wie über Spielpläne vieler Ligen durch Printmedien, es waren weder Verkehrsmittel und -wege weit genug entwickelt, noch die politische Situation in einem in wenigstens zwei Blöcke gespaltenem Europa einem freien Reisen dienlich.

Inzwischen ist der eiserne Vorhang gefallen. Das Internet und Sportmagazine bieten aktualisierte Spielpläne der Ligen, und Flugzeuge, Eisenbahnen - teilweise mit Hochgeschwindigkeitsstrecken für den deutschen ICE, den französischen TGV oder Thalys, dem italienischen Pendolino oder CIS Alpino, dem spanischen AVE, den durch den Kanaltunnel fahrenden EuroStar oder dem schwedischen X2000 - bieten genauso schnelle Reisemöglichkeiten wie ein meistens gut ausgebautes Autobahnnetz. Daß die Groundhopper heute tatsächlich zum Beispiel vermehrt auf Hochgeschwindigkeitszüge zurückgreifen, soll damit allerdings auch nicht behauptet werden. Aufgrund der knappen Budgets für zahlreiche und oft lange Reisen wird stark auf einen möglichst kostengünstigen Transport geachtet. So werden dankbar Angebote wie früher das Tramper-Ticket oder heute das Schöne-Wochenende-Ticket der Deutschen Bahn AG wahr- und damit aber auch zum Teil eine längere Reisedauer in Kauf genommen.

Ende der Achtziger Jahre fuhren immer mehr Groundhopper für sich alleine ins Ausland. Der Groundhopper Carlo „Fari" Farsang, HSV-Fan, berichtet von seiner Erfahrung aus dem Jahr 1989: „Ich habe in Metz in Frankreich einen anderen Groundhopper, einen

---

8) Bei dem ersten Groundhopper überhaupt handelt es sich vermutlich um Karl-Heinz Stein, der schon in den Fünfziger Jahren unterwegs war. Mit ihm beschäftigt sich ein eigenes, später folgendes Kapitel.

Fan des 1. FC Kaiserslautern, getroffen, und zwar nur deshalb, weil das Spiel ausgefallen ist. Wir standen beide vor verschlossener Stadiontür. Ich habe ihn angesprochen, was er hier machen würde, ob das Spiel stattfinden würde, und bin dann mit ihm eine Woche später nach Italien zum Liga-Spiel nach Bergamo gefahren. Man hat sich dann zum Spiel Kaiserslautern gegen HSV in Kaiserslautern und natürlich umgekehrt in Hamburg getroffen. So haben die Leute dann untereinander kommuniziert. Und wenn man dann von einem Spiel aus dem Ausland zurückkam und von den Erlebnissen berichtet hat, haben die anderen aus der Fanszene aufgeheult. Dann hat sich das alles schnell entwickelt. Für viele, die in der Fanszene organisiert waren, war die Weltmeisterschaft 1990 in Italien mit ein Hauptauslöser, sich auch außerhalb der deutschen Grenzen Spiele, gerade auch Europapokalspiele, anzuschauen."

Noch einmal Fari: „Ostern 1991 war ich beim Stadtderby in Bukarest. Ich war der Meinung, daß ich der erste Deutsche bin, der diese doch sonst weit umfahrene Ecke besucht hat. Und am Abend, nach dem Spiel gab es dann einen Zug nach Deutschland, den Nachtzug. Dann habe ich am Bahnsteig einen anderen Groundhopper getroffen, einen Brauschweiger. Ich kannte nicht einmal seinen Namen. In dem Moment, in dem er mich gesehen hat, ist für ihn eine Welt zusammengebrochen, weil er der Meinung war, daß er der Einzige wäre, der dieses Spiel gesehen habe, der sich rühmen kann, das Land Rumänien *entjungfert* zu haben."

Inzwischen sind sich also schon viele Groundhopper bei ihren Touren gegenseitig über die Füße gelaufen, wobei man sich ausgetauscht und gemeinsame Touren verabredet und verwirklicht hat. „Groundhopper-Nationen" sind vor allem Deutschland und England, vereinzelte Groundhopper finden sich noch in Holland, Belgien, Frankreich, Österreich, der Schweiz, Tschechien, Schweden, Dänemark und Moldawien.

Einen Schub erhielt die Groundhopper-Bewegung dann mit dem Entstehen von Organisationen, in denen nun Informationen, Tips untereinander ausgetauscht und gemeinsam Fahrten bzw. Mitfahrgelegenheiten organisiert werden. Dabei muß es sich nicht um Gruppen-Fahrten handeln, sondern es kann auch so aussehen, daß Groundhopper separat zu verschiedenen Spielen anreisen, sich später in einem Ort treffen, um gemeinsam - und bei Fahrten im PKW z.B. auch aufgrund der Kostenersparnis - eine Strecke zurückzulegen, dann zusammen ein Spiel anzusehen und / oder sich anschließend wieder zu trennen.

Britische Groundhopper und der „92 Club"

Im Oktober 1974 schlug der Brite Geoff Rose im Football League Review vor, eine Krawatte zu produzieren, die alle Anhänger bekommen sollten, die die Stadien aller 92 Vereine, die es in der englischen Premier League und den weiteren drei darunter angeordneten Divisionen gibt, besucht haben. In der Presse Bristols sorgten im November 1977 die beiden Anhänger Alf und Pauline Small für Aufregung, als sie zu Bristol City in das Stadion Ashton Gate kamen und damit alle 92 Vereine in ihren Stadien gesehen hatten. Im Mai 1978 wendete sich Gordon Pearce mit seiner Idee, einen Club zu gründen, in denen alle, die die 92 Stadien besucht hätten, eintreten könnten, an die damalige Football League. Dort begrüßte man die Idee und unterstützte das Vorhaben durch entsprechende Verbreitung im Daily Express, der Sun und später auch im Daily Star. Durch weitere Hinweise in den Stadionheften und regionalen Zeitungen wurde der „92 Club" bekannter. Bereits im Juni des gleichen Jahres, also nur einen Monat später, wurde die Vereinigung gegründet. Am 2. September 1978 fand bei einem Spiel von Wigan Athletic ein erstes Treffen statt. Bis heute gibt es diese Treffen, bei deren Orts- Stadienauswahl darauf geachtet wird, daß alle vier Ligen und alle fünf Regionalgebiete besucht werden[9].

Die Mitglieder des Clubs - wie die englischen Groundhopper überhaupt - beschränken sich allerdings fast immer auf Spielbesuche auf der britischen Insel und reisen kaum ins Ausland. Um vollwertiges Mitglied im „92 Club" zu werden, muß man alle 92 Grounds besucht haben, diese vier ersten Ligen praktisch „komplett" haben[10], assoziiertes Mitglied kann man allerdings bereits mit 70 Grounds werden.

Es wird erwartet, daß eine grundlegende Statistik erstellt wird, in der alle Stadienbesuche mit Datum, beteiligten Teams, Ergebnis und Besucherzahl erfaßt werden, wobei allerdings keine strenge Nachweispflicht besteht. In der Regel werden jährlich sechs bis acht Stadionbesuche durch den Club organisiert, wozu insbesondere auch der Besuch der Grounds von Liganeulingen zählen.

Eines der „berühmtesten" Mitglieder des „92 Club" ist der Tottenham Hotspur-Anhänger Ken Ferris, der sich eine rekordbrechende Reise durch den englischen Fußball vorgenommen hatte. In der Saison 1994/95 besuchte er innerhalb von 237 Tagen Ligaspiele in allen 92 Spielstätten und erreichte damit gar einen Eintrag ins Guinness Buch der Rekorde[11].

Nicht alle britischen Groundhopper messen dem „92 Club" eine so große Bedeutung bei. Er wird zum Teil mehr als Durchgangsstation angesehen. So meinte Clubmitglied Dave Woodings aus Northampton in einem Brief an mich, viele würden ihr Groundhopper-Dasein zwar mit dem Besuch der 92 Grounds beginnen, ihre Begeisterung dann aber darin entdecken, „mit über 25 anderen Idioten rumzustehen und bei Spielen der zehnten oder elften Liga eingeregnet zu werden."

Die Engländer haben ähnlich wie ihre deutschen Kollegen eine Zeitung, aus der sie sämtliche Informationen und Ansetzungen ablesen können. Ca. 800 Abonnenten hat der wöchentlich erscheinende „Football Traveller" (vormals „Non League Traveller") bereits[12]. Das etwa 40 Seiten umfassende Blatt ist fast ausschließlich mit Spielansetzungen der jeweiligen Woche gefüllt, seien es die obersten Jugendklassen des Landes, die den Samstag mit Begegnungen am Vormittag einläuten, Frauen-Fußball, alle existierenden Meisterschaftsbetrieben in England, Wales, Schottland und auf der irischen Insel. Für kurze Unterbrechungen bei allen aufgelisteten Spielpaarungen sorgen lediglich ein einsei-

---

9) Vgl. Pearce, Gordon: *Informationsblatt des „92 Club" für neue Mitglieder*.
10) Da sich in zwei Fällen mehrer Klubs ein Stadion teilen (Selhurst Park und Priestfield), reicht derzeit allerdings der einmalige Besuch dieser Grounds, wodurch sich demzufolge die Gesamtzahl der Grounds auf 90 reduziert.
11) Vgl. niedergeschriebene Erlebnisse dieses Zeitraums: Ferris, Ken: *Football fanatic*, London 1995.
12) Vgl. Jahn, Michael: *Sie lieben englische Wochen*, in: Europlan, 4. Jg. (1997), Nr. 2/97, S. 6.

tiger Lagebericht, zwei Seiten Programmvorstellungen und eine halbseitige Stadionvorstellung[13]. Beim Durchblättern der Zeitung wird man von einer Masse an Ligen „erschlagen". Lediglich einschlägige Kenner dürften sich von den Meisterschaften der North Western Trains League, Carlsberg West Cheshire League, Green Contract Services Mid-Cheshire League, Press & Journal Highland League, SGL Seat Cars West Lancashire League, British Industrial Reclamation County Senior League, Cherry Red Records Chiltonian League, Dr. Martens East Midlands Alliance oder der Comlete Music Hellenic League, sowie Pokalwettbewerben wie dem Beds Intermediate Cup und dem Cumberland Senior Cup ein Gesamtbild machen können.

Ein kurioser Unterschied zu den deutschen Groundhoppern besteht darin, daß es in England praktisch keine Hopper unter 30 Jahren gibt, während in Deutschland fast alle ihren 30. Geburtstag noch nicht erreicht haben[14].

Ein zweiter britischer Groundhopper-Club ist der „38 Club", dem jene Groundhopper angehören können, die alle „Scottish League Grounds" haben. Davon gibt es jetzt 40. Als der Club sich formierte, handelte es sich in den oberen Spielklassen noch um 38 Stadien - der Clubname wurde jedoch beibehalten.

Deutsche Groundhopper und die „Vereinigung der Groundhopper Deutschlands"

Für die deutschsprachigen Groundhopper, von denen es zur Zeit bereits über 300[15] gibt, wurde 1992 die „Vereinigung der Groundhopper Deutschlands" (V.d.G.D.) gegründet. Anläßlich des Römer Stadtderbys zwischen Lazio und AS am 29. November schlossen sich zunächst neun Fußballanhänger verschiedenster Vereine, wie vom FC Bayern München, dem Hamburger SV, dem SV Werder Bremen, Eintracht Braunschweig und dem VfB Stuttgart, zusammen. Noch vor Jahresende traten zwei weitere Anhänger bei. 1993 gab es bereits 23 neue Mitglieder. Mitte August 2000 lag die Mitgliederzahl bei 74. Größere Vereine wie der FC Schalke 04, Eintracht Frankfurt, Rapid Wien und der 1. FC Kaiserslautern sind dabei genauso vertreten wie kleinere Clubs wie Alemannia Aachen, der SV Meppen, Rot Weiß Erfurt, der Bonner SC oder der Hallesche FC. Damit sind aber bei wei-

---

13) So in: The Football Traveller, 12. Jg. (1999), Nr. 26.
14) Laut Informationen von Groundhopping Informer-Herausgeber Michael Seiß von der V.d.G.D..
15) Laut Informationen von Groundhopping Informer-Herausgeber Michael Seiß von der V.d.G.D..

tem nicht alle deutschen Groundhopper erfaßt. So gibt es zahlreiche Hopper, die gar nicht Mitglied einer Groundhopper-Vereinigung werden wollen, obwohl sie im Prinzip alle Voraussetzungen für eine Mitgliedschaft erfüllen würden. Wiederum viele Fußballanhänger sind zwar dabei zu hoppen, haben sich aber noch nicht für einen Mitgliedschaftsantrag qualifiziert.

An eine Mitgliedschaft in der V.d.G.D. sind mehrere Bedingungen geknüpft, die in einer Satzung festgehalten sind. Grundvoraussetzung ist, daß der Anhänger bereits in 100 Stadien, sowie in zehn verschiedenen Ländern Fußballspiele gesehen haben muß. Dabei muß die Person mindestens 16 Jahre alt sein und im Bereich der V.d.G.D. auf Rivalitäten unterhalb der Stammvereine verzichten. Groundhopper, die an einer Mitgliedschaft interessiert sind, müssen dafür von einem Mitglied vorgeschlagen werden. Über einen Rundbrief an die Mitglieder wird vierteljährlich über Neuaufnahmen abgestimmt. Bei mehr als 20% Gegenstimmen (Enthaltungen und ungültigen Stimmen werden nicht beachtet) ist die Aufnahme abgelehnt[16], was tatsächlich hin und wieder auch passiert. Sind die aufgezählten Bedingungen erfüllt, erfolgt der Eintritt bei einem im Ausland stattfindenden Fußballspiel. Ist der Vorsitzende der V.d.G.D. bei dem Spiel nicht anwesend, so muß an diesen eine Postkarte, die im betreffenden Land abgestempelt wurde, erfolgen[17].

Die Ziele der V.d.G.D. sind in der Satzung festgehalten worden:

- der Zusammenschluß untereinander befreundeter Groundhopper, die auch innerhalb des eigenen Vereins, an Fußballspielen vornehmlich im Ausland interessiert sind,
- gemeinsame Touren statt Individualismus
- Information der Mitglieder über Neuigkeiten aus dem Bereich des Hobbies
- die Vereinheitlichung der Zählweise und Begriffsbestimmungen auf dem Gebiet Groundhopping und
- der Aufbau eines Netzes von Kontaktpersonen im Ausland zur Vorbereitung von Touren und zur allgemeinen Information[18].

16) Vgl. Satzung der „Vereinigung der Groundhopper Deutschlands" mit dem Stand vom 1.1.1999, § 5, Absatz 1 bis 4.
17) Zweck des Nachweises ist es, sich vor „Hochstaplern" zu schützen, die Auslandsaufenthalte bei Spielen erfinden und sich so eine Mitgliedschaft erschleichen möchten.
18) Vgl. Satzung der „Vereinigung der Groundhopper Deutschlands" mit dem Stand vom 1.1.1999, § 2.

Es existiert ein gewählter Vorstand aus einem Vorsitzenden, der unter anderem die Einhaltung der Satzung überwachen soll und für die Information der Mitglieder zuständig ist, einem vierköpfigem Beirat, der den vier Regionalverbänden des Deutschen Fußball-Bundes entsprechend regional abdeckend als Bindeglied zwischen Vorsitzendem und Mitgliedern fungiert und einem Mitglied, das einmal jährlich eine überarbeitete Auflage des sogenannten „Groundhopping Informer" erstellt, in dem sämtliche Grounds mit den Anschriften, Telefon- und Faxnummern der zugehörigen Vereine sowie der Stadionkapazitäten aufgelistet werden. Zur Information der Mitglieder erscheint zudem vierteljährlich ein in der Regel vom Vorsitzenden produziertes Magazin namens „Europlan", in dem beispielsweise Erlebnisberichte, Mitfahrerzentrale, Neuigkeiten über Stadien (Um- und Neubauten, Stadionumzüge von Vereinen) und Reisetips von eingeholten Reiseangeboten über günstige Übernachtungsmöglichkeiten bis hin zu z.B. den Abfahrtszeiten des Busverkehrs zwischen Rimini und San Marino abgedruckt werden. Schwerpunkt und gleichzeitig das Wichtigste an dem Magazin bilden aber die zahlreichen Spielpläne, die das Heft füllen. Durch diese Servicefunktion des Europlans ist es den Mitgliedern möglich, ihre Touren zumindest grob abzustecken, wenn nicht gleich stunden- oder minutengenau festzulegen. Dabei ist die Bandbreite an abgedruckten Spielplänen so groß, daß man alle ersten Ligen Europas inklusive der Ligen Maltas, Estlands, Zyperns, Andorras aber auch deutsche Landesligen, die Liechtensteiner Clubs, welche sich an unterklassigen Schweizer Meisterschaften beteiligen, bis hin zur 2. Liga der Färöer Inseln erfaßt hat. Manchmal finden sich neben Südamerikas Spielplänen sogar exotische wie die des Libanons oder Macaus[19]. Der Wunsch nach gemeinsamen Fahrten - aufgrund von Möglichkeiten zur Kostenersparnis zusätzlich zweckgebunden - schlägt sich auch in von der V.d.G.D. organisierten Fahrten zu Länderspielen der deutschen Nationalmannschaft nieder. So sind bereits Jahresfahrten unter anderem nach Nordirland, in die Türkei und nach Moldawien zu verzeichnen gewesen. Die Spiele der Nationalmannschaft gelten grundsätzlich als Treffpunkte und quasi gemeinsamer Nenner, wo auch immer sie anzutreten hat, ob in Armenien, im Oman oder in Mexiko. Bei diesen Spielen sind demzufolge die Chancen gut, gleich eine ganze Ansammlung von Mitgliedern der V.d.G.D. anzutreffen.

Der Großteil der Groundhopper ist jedoch nicht Mitglied der V.d.G.D.! Warum nicht? Unbekannt ist die Organisation nicht. Fast jeder Groundhopper kennt sie, viele möchten Mitglied werden, doch erfüllt noch nicht jeder die erforderlichen Punktzahlen, um vorgeschlagen werden zu können. Andere haben zwar längst genug Punkte, fühlen sich aber (z.B. trotz 129 Grounds und 20 Länderpunkten in eineinhalb Jahren) noch nicht gut genug, um einzutreten. Manche wenige Hopper setzen die Prioritäten anders: erst die Mitgliedschaft und das Engagement im eigenen Verein und dann erst Groundhopper-Touren. Wiederum anderen paßt es nicht, daß unverhältnismäßig viele Münchner, zu viele Profilneurotiker und zu viele, die „vom Beruf Sohn" sind, in der Vereinigung dabei seien. Es existiere bei vielen mehr der Egoismus bezüglich der eigenen Bilanz als die Orientierung an der ursprünglichen V.d.G.D.-"Direktive" des Gemeinschaftsgefühls und der Hilfestellung bei Tourenplanungen.

19) *Bezugsadresse des Europlans siehe im Adressteil im Anhang des Buches.*

Weitere Groundhopper-Vereinigungen im Ausland gibt es nicht. Für die kontinentalen „Hoppingexzesse" sind vornehmlich die Deutschen bekannt, für die das eigene Land geographisch günstig liegt. Wollte beispielsweise ein Schwede nach Rom reisen, ist für diesen das Wochenende bereits beendet, ehe das Spiel begonnen hat. Eine gewisse Internationalität kann der V.d.G.D. übrigens nicht abgesprochen werden, sind doch längst auch Anhänger aus dem deutschsprachigen Ausland Mitglieder.

Das Regelwerk: Grounds, Länderpunkte und ... „die Nebenbedingungen"

Regelwerk? Gibt es nicht! Die V.d.G.D. hatte sich zwar eine Vereinheitlichung der Zählweise zum Ziel gesetzt, eine Umsetzung aber bisher noch nicht erreicht. Hinsichtlich der Zählweise sind zu viele Fragen offen. Eine Regel gibt es aber trotzdem: jeder macht sich seine eigene Regeln. Daß die V.d.G.D. sich noch an die Ausarbeitung eines Regelwerks herantraut sowie eine Verabschiedung unter ihren Mitgliedern durchsetzt, darf eher bezweifelt werden, da die Einzelinteressen der Mitglieder vielleicht doch über dem gemeinsamen Ziel einer vereinheitlichten Zählweise stehen könnten. Käme es tatsächlich dazu, daß sich die Mitglieder auf ein Regelwerk einigen, ist damit zu rechnen, daß einige Mitglieder Grounds bzw. sogenannte Länderpunkte verlieren würden. In der Folge werden die unterschiedlichen Zählweisen und die Voraussetzungen dargestellt, die nach Meinung der meisten Groundhopper erfüllt sein sollten, damit die Punkte auch gewertet dürfen. Dabei werden auch Beispiele für unklare Situationen genannt.

Unterschiedliche Zählweisen können sich auf die Art der Stadien (Ligazugehörigkeit der Vereine) beziehen, auf sich ändernde Austragungsstätten, auf Profi- oder Amateur-Spielbetrieb, auf den Verband selbst (z.B. FIFA-Mitglied), auf die Frage, ob Fußballverbände existieren bzw. was passiert, wenn diese aufgelöst werden, auf die Art des Spieles (Pflicht- oder Freundschaftsspiel), auf die Zeit, die man bei einem Spiel zugegen ist, sowie auf den Grund einer Reise.

Beginnen wir mit dem Hinweis auf die verschiedenen Arten von Punkten, die man sammeln kann:

Einen Stadionpunkt erhält man (die nachfolgend beschriebenen Voraussetzungen, die erfüllt sein sollten, werden zunächst noch vernachlässigt) bereits für den Besuch eines Stadions. Hier spricht man allerdings kaum von Stadionpunkten, sondern von Grounds - „man zählt oder macht Grounds". Abweichend davon gibt es auch Groundhopper, die darüber nachdenken, Vereine zu zählen, von denen sie bereits Heimspiele gesehen haben - unabhängig vom Spielort, der sich ändern kann. Der Unterschied liegt also letztendlich darin, daß beim Wechseln einer Heimspielstätte der sich nach den Vereinen richtende Hopper die neue Heimstätte nicht neu besuchen müßte, um diesen Punkt zu behalten, während der sich nach Grounds richtende Hopper zum neuen Stadion anreisen müßte[20].

20) *Es sei denn, er hat den neuen Ground bereits bei einem anderen Spiel kennengelernt. Für manchen Groundhopper würde aber auch dies nicht zählen, da der Ground nur dann zählt, wenn er auch mit genau diesem Verein erzielt wurde, der in das neue Stadion zieht.*

Neben dem Zählen von Grounds ist die zweite bekannte Art von Punktesammeln jene des Zählens der Länder, in denen Spiele besucht wurden. Hierbei ist von den bereits erwähnten „Länderpunkten" die Rede. Nun sollte man meinen, bei der Zählweise von Länderpunkten sollte es keine unterschiedlichen Ansatzpunkte geben, da ein Staat nun mal ein Staat ist. Politik und Sport sind jedoch zwei unterschiedliche Dinge. Beispiele gibt es dafür genug: Großbritannien ist ein einzelner Staat, hat aber vier verschiedene Fußballverbände, die wiederum (als Zugeständnis der FIFA aufgrund der Historie der Briten) für sich einzelne Mitglieder der FIFA sind. So haben England, Schottland, Wales und Nordirland eigene Nationalmannschaften und eigene Ligen. Das Gegenbeispiel wäre Monte Carlo, das ein eigener Staat ist, sich aber sportpolitisch Frankreich angeschlossen hat. So spielt der AS Monaco in der französischen Liga. Weitere Beispiele für die Trennung von Staat und Verband sind z.B. Hongkong (seit kurzem bekanntlich zu China rückintegriert), die Färöer-Inseln (Dänemark) oder die 1998 FIFA-Mitglieder gewordenen (zu den USA zählenden) Überseegebiete Virgin Islands und Amerikanisch-Samoa. Da es beim Groundhoppen um den Fußball und nicht die Politik geht, richtet man sich auch bei den Groundhoppern nach den Fußballrichtlinien, die vom internationalen Fußballweltverband FIFA festgelegt werden. Wie zuvor vom Leser sicherlich bemerkt wurde, hat der Groundhopper so die Möglichkeit, mehr Punkte zu sammeln, als wenn er sich an den Staaten orientieren würde. Beliebte Touren auf die britische Insel erlauben somit gleich drei Länderpunkte statt einem. Der FIFA gehören mit Stand vom 1. Januar 1999 203 Mitgliedsverbände an. Demnach könnte man zur Zeit theoretisch 203 Länderpunkte sammeln. Eine der ungelösten Fragen, was zählt und was nicht, kann an folgendem Beispiel erklärt werden: Was ist, wenn ein FIFA-Mitgliedsverband sich auflöst? Darf der vorher geschaffte Länderpunkt nicht mehr gezählt werden? Der Fußballverband der DDR wurde aufgelöst. Die Vereine traten dem DFB bei. Eine eindeutige Klärung dieses Falls gibt es bisher nicht. Nach eigener Einschätzung könnte man die Behauptung in den Raum stellen, daß die V.d.G.D. diesen Punkt jedoch anerkennen würde. Andernfalls hätte es vor der Rückgabe Hongkongs an China durch Großbritannien kein verstärktes Bemühen in Groundhopper-Kreisen gegeben, die Möglichkeit wahrzunehmen, mit einem Flug in den fernen Osten noch im letzten Moment den Hongkong-Länderpunkt zu erzielen[21]. Nach der Auflösung des Verbandes wäre sonst der gerade teuer bezahlte Länderpunkt wieder hinfällig gewesen[22]. Abweichend von der Orientierung an der Frage, ob ein Verband existiert, der auch Mitglied bei der FIFA ist[23], gibt es Groundhopper die trotz des fußballerischen Anschlusses von Monte Carlo an Frankreich für den erstmali-

21) *Ähnlich z.B. der Fall des Saarlandes, das Anfang der 50er Jahre nicht zu Deutschland gehörte und als eigener FIFA-Mitgliedsverband 1953/54 selbst an den Qualifikationsspielen zur Fußballweltmeisterschaft teilnahm und dabei übrigens sogar auf Deutschland traf.*
22) *Unabhängig davon ist inzwischen bekannt, daß Hongkong weiterhin einen eigenen Fußballverband haben wird, der direkt der FIFA angehört.*
23) *Beispiele für existierende Fußballverbände, die keine direkten Mitglieder bei UEFA oder FIFA sind z.B. einem Nationalverband untergeordnete Verbände der britischen Kanalinseln Guernsey, Alderney und Jersey, die der englischen Football Association angeschlossen sind. Demnach könnte es sich bei eventuell „machbaren" Länderpunkten - streng genommen - höchstens um (in diesem Fall) einen englischen Länderpunkt handeln.*

gen Besuch eines Heimspiels des AS Monaco sich einen Länderpunkt notieren. Existiert allerdings kein Fußballverband bzw. kein Ligabetrieb so kann demnach auch kein Länderpunkt gesammelt werden. So spielt man zwar auch bei Eisfreiheit auf Grönland, ein die Insel abdeckender Verband fehlt (trotz dänischer Verbundenheit) aber noch.

Eher seltener anzutreffen, aber trotzdem vorhanden ist das Sammeln von Kontinental- oder Konföderationspunkten, die sich ihrem Namen entsprechend auf die Kontinente Europa, Afrika, Amerika, Asien und Australien bzw. auf die der FIFA angeschlossenen Konföderationen (UEFA/Europa, CAF/Afrika, CONCACAF/Nord- und Zentralamerika sowie Karibik, CSF/Südamerika, AFC/Asien, OFC/Ozeanien) beziehen.

Es existieren auch noch weitere Sammlerkategorien, die allerdings alle eher einen künstlichen Charakter aufweisen und eher den Verdacht aufkommen lassen, daß ein Groundhopper völlig neue Betätigungsfelder im Bereich seines Hobbies sucht. So dürfte das Sammeln von sogenannten „Champions League-Points" - Punkte die nur erzielt werden können, wenn in einem Ground gerade ein Spiel der Champions League stattfindet, - eher dafür ein Hinweis sein, daß die Sucht des Sammlers einen „bedenklichen" Zustand erreicht hat. Sollte der Sammler auch diese Kategorie zu seiner Zufriedenheit gemeistert haben, wird er sich vermutlich die Kategorie „UIC-Grounds" ins Leben rufen[24].

Eine wichtige Zählkategorie fand noch keine Erwähnung: Die Komplettierung von Ligen. Eine Liga ist „komplett", wenn alle Grounds einer Liga „abgehakt" sind. So ist von Groundhoppern z.B. zu hören: „Ich habe Frankreich, England, Niederlande, Belgien - erste und zweite Liga -, sowie Polen komplett". Die erste und zweite Bundesliga werden dabei gar nicht aufgezählt - dies ist selbstverständlich. Die Besonderheit bei dieser Kategorie ist, daß Groundhopper sich jede Saison neu darum kümmern müssen, daß das Erreichte, eine Liga komplett zu haben, weiterhin zutrifft[25]. Da mit jeder neuen Spielzeit neue Vereine aufsteigen, gibt es in der Regel auch Stadien, in denen der Groundhopper noch nicht war. So muß der Groundhopper neu anreisen, um die Liga wieder zu komplettieren. Spricht man davon, ein WM- oder EM-Turnier komplett zu haben, dann wurden während des Turniers in allen Stadien Spiele verfolgt.

24) *UIC steht für den UEFA-Intertoto-Cup, der in der Sommerpause durchgeführt wird, damit die Toto-Tipper in den verschiedenen europäischen Ländern auch in der eigentlichen Fußball-Sommerpause Fußball-Begegnungen haben, deren Ausgang sie tippen können. Seit wenigen Jahren hat dieser Wettbewerb den offiziellen Charakter eines europäischen Wettbewerbs, bei dem im Gegensatz zu früher die teilnehmenden Vereine nicht nur Preisgelder sondern auch noch eine verspätete Qualifikation für den UEFA-Pokal gewinnen können. Die sportliche Chance hierzu ist allerdings relativ gering: zwei bis vier von ca. 60 Vereinen kommen durch. Aus Groundhopper-Sicht ist dieser Wettbewerb zunehmend interessanter geworden. An den Wettbewerben nehmen i.d.R. „kleinere" Clubs teil, die sich in ihren nationalen Meisterschaften für keinen der großen internationalen Wettbewerbe direkt qualifizieren konnten. So sind in den fußballarmen Monaten im Sommer teilweise sehr weit entfernte Stadien im tiefsten Ostblock oder auf einer schwer erreichbaren Insel auf einfachere Weise Grounds zu erreichen als in der sonstigen Zeit, in der die Fußballmeisterschaften gespielt werden. Ein zusätzlicher Reiz besteht darin, daß manche Vereine für diesen UI-Cup auf Stadien ausweichen, in denen sie sonst nicht zu sehen sind. Einen ähnlich hohen Stellenwert wie der UI-Cup hat in der Sommerpause übrigens der Fußball in Ländern, die ihre Meisterschaften am Kalenderjahr ausgerichtet austragen, also im Frühjahr beginnen und im Spätherbst beenden. Dazu zählen in Europa Armenien, die Färöer-Inseln, Finnland, Island, Lettland, Norwegen, Rußland, Schweden und Weißrußland.*

25) *Diese Situation erinnert an das Sterne-Kategorie-System bei Restaurants und Hotels, die ihre Leistungen regelmäßig bestätigen müssen, um verliehene Sterne weiter behalten zu können.*

Als ich vor 1995 eine Stadionführung durch das Stade Louis II in Monaco machte, war dies zwar ein beeindruckendes Erlebnis[26], zählt aber genausowenig als Ground wie mein Besuch im Stadion des norwegischen Europapokalteilnehmers FK Bodö/Glimt nördlich des Polarkreises - so schade es auch ist. Es fand in beiden Fällen kein Spiel statt. Dies ist aber eine Grundvoraussetzung, die dann doch seitens aller Groundhopper anerkannt ist. Auch bei einem Anfahrtweg über 1.000 km hat der Groundhopper Pech gehabt, wenn ein Spiel relativ kurzfristig verlegt wird. Auch der Versuch, sich noch einmal vor der Abfahrt aktuell über Videotext oder eine Zeitung zu informieren und sich die Spielansetzung zu bestätigen, schützt nicht vor falschen oder überholten Informationen[27].

Eine Qualitätsbarriere ist von Seiten der Groundhopper zwar nicht festgelegt, wird aber deutlich, wenn man sich mit ihnen auseinandersetzt. Es sollte ein höherklassiges Spiel sein und kann also nicht für jeden Sportplatz einen Stadion- oder gar einen Länderpunkt geben. Der A-Jugend-Kreisklassen-Kick vor der Haustür zwischen der SG Gladbach/Hausen/Langenseifen und der SG Walluf/Oberwalluf mag eine interessante Auseinandersetzung werden, gilt aber nicht als höherwertig. In einer Umfrage, für die ich 95 Groundhopper angeschrieben habe[28] und von denen 46 reagierten[29], fragte ich, bis zu welcher Liga für sie ein Ground zählt. Hier das Ergebnis sowohl in absoluten Zahlen als auch gerundetem Anteil:

1	2,2%	bis zur 2. Liga
1	2,2%	bis zur 3. Liga (momentan Regionalliga)
11	23,9%	bis zur 4. Liga (momentan Oberliga)
13	28,3%	bis zur 5. Liga (momentan Verbands- bzw. Landesliga)
2	4,3%	bis zur 6. Liga (momentan Landes- bzw. Bezirksoberliga)[30]
4	8,7%	jeder Spielort, der eine Tribüne hat
13	28,3%	jeder Spielort

---

26) *Kann ich nur empfehlen: Zahlreiche Sporthallen vom Tennisplatz, Basketballfeld, Schwimmbad bis hin zu mehreren Parkdecks unter dem Spielfeld.*
27) *So erinnere ich mich an einen Fall, in dem ein Spiel meines Vereins, der Frankfurter Eintracht, im Videotext von vier verschiedenen Sendern mit jeweils unterschiedlichen Anstoßzeiten angekündigt wurde (incl. verschiedener Tage).*
28) *Die Umfrage wurde im Februar 1999 vorgenommen. Angeschrieben wurden 60 Mitglieder der V.d.G.D. und 35 weitere Groundhopper, die nicht Mitglied in der V.d.G.D. sind, wobei 23 von den Letztgenannten eine Fanzeitung herausgeben, in denen Erlebnisberichte nachzulesen sind.*
29) *35 Mitglieder der V.d.G.D. und elf weitere Groundhopper, von denen neun ein Fanzine herausgeben.*
30) *Je nach Klassifizierung der Landesverbände.*

Ergänzend gaben drei Befragte an, im Ausland würde für sie alles zählen, während ein weiterer im Ausland nur bis zur zweithöchsten und wiederum drei weitere bis zur dritthöchsten Ebene abhaken. Zwei Hopper meinten, auch Freundschaftsspiele mit dem eigenen Verein miteinzubeziehen. Ein Groundhopper, der angab, daß für ihn auch ein Stadion der 6. Liga noch zählt, besucht auch Spiele unterhalb der 6. Liga, wenn es sich um „gute" Grounds handeln würde. Wiederum ein anderer Hopper meinte, er richte sich unterhalb der Oberliga auch nach der Faszination von Ligabetrieb, Stadion (z.B. Drei-Flüsse-Stadion in Passau) oder Verein.

Folgende Graphik verdeutlicht noch einmal, wieviele Groundhopper, die ihre „Wertigkeit" an der Ligaebene fest machen, bis zu welcher Ebene Grounds zählen:

Ohne Zweifel können alle Grounds gewertet werden, die im Groundhopping Informer der V.d.G.D. aufgelistet sind. Hierzu gehören auch die sogenannten „Non-League-Grounds", unter denen man Traditionsstadien[31] oder Stadien ehemaliger Profi-Vereine, die heute nicht mehr in den höchsten vier Ligen eines Landes am Spielbetrieb teilnehmen, sondern sich in Niederungen des Fußballs durchkämpfen, versteht[32].

Weitere Möglichkeiten, zu punkten, ergeben sich noch durch Spiele in den nationalen oder internationalen Pokalwettbewerben und durch offizielle Länderspiele, unabhängig davon, ob sie zu einem offiziellen Wettbewerb gehören oder nur Freundschaftsspiele sind. Freundschaftsspiele auf Klubebene werden von Groundhoppern mit höherem Anspruchsdenken nicht anerkannt.

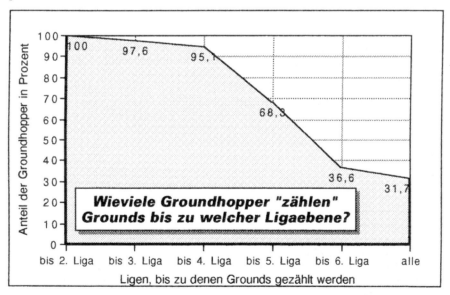

31) Wie z.B. das Jahnstadion in Marl, das Auestadion in Kassel, das zur Zeit quasi nur bei Spielen der französischen Nationalmannschaft genutzte Stade de France in Saint-Denis oder das lediglich für Nationalmannschafts- und Pokalfinalspiele vorgesehene Wembley-Stadion in London.
32) Im Groundhopping Informer 1998/99 sind beispielsweise 98 internationale und 187 nationale „Non League Grounds" verzeichnet.

Nur bei einem Spiel vor Ort zu sein reicht nicht alleine aus. Dann wäre es möglich nach dem Anpfiff wieder das Stadion zu verlassen, um sich anderen Dingen zu widmen oder gar zum nächsten Spiel zu fahren, das man noch „mitnehmen" möchte. 45 Minuten wird von vielen Groundhoppern als minimaler Zeitraum angesehen, damit das Spiel bzw. der Ground gewertet werden kann. Wer das Groundhoppen ernst nimmt und entsprechende Anforderungen hat, dem reicht auch eine Halbzeit nicht zur Wertigkeit. In diesen Fällen muß der Groundhopper die gesamte Spieldauer im Stadion sein, damit Ground bzw. Länderpunkt zählen. Werden die ersten fünf Spielminuten verpaßt, so erkennt er keinen Punkt an und müßte ein anderes Mal einen erneuten Anlauf nehmen, um den verpaßten Punkt verzeichnen zu können. Diesen Groundhoppern ist es meist auch wichtig, rechtzeitig vor Spielbeginn (etwa eine Stunde) im Stadion zu sein, um auch die örtliche Atmosphäre aufnehmen zu können.

Stellen Sie sich vor, Sie befinden sich im Urlaub in Südostasien. Beim Bummel durch Jakarta sehen Sie ein Spielankündigungsplakat für ein am gleichen Tag angesetztes Spiel der obersten Liga des Landes. Da Sie zur Anstoßzeit noch nichts geplant haben und eventuell neugierig auf den Fußball in diesem Land sind oder von den „verrückten Groundhoppern" gehört haben und auch gerne mal einen ungewöhnlichen Länderpunkt hätten, nehmen Sie sich vor, dieses Spiel zu besuchen. Funktioniert das? Groundhopper, die strenge Maßstäbe anlegen, würden Ihnen keinen Länderpunkt für Indonesien anerkennen, da Sie sich auf einer Urlaubsreise befinden, bei der Sie dieses Spiel „nebenbei mitnehmen".

Nach der Groundhopper-Denkweise müssen Ziel und Zweck der Reise der Besuch des Spiels oder mehrerer Spiele sein. Der Unterschied zu den Groundhoppern ist der, daß der touristische Teil „nebenbei mitgenommen wird", das Fußballspiel aber im Mittelpunkt steht. Entsprechend würden auch Stadien bzw. Spiele nicht zählen, die bei Geschäftsreisen aufgesucht werden.

Eine „Nachweispflicht" findet sich in der Groundhopper-Szene lediglich beim Eintrittsspiel in die Groundhopper-Vereinigung (s.o.). Ansonsten hofft man auf die Ehrlichkeit der Groundhopper, bei der Angabe der Stadion- und Länderpunktanzahl korrekt Auskunft gegeben und nicht geschummelt zu haben. Dementsprechend wäre es erforderlich, daß Groundhopper wenigstens für sich selbst dokumentieren können, wo sie schon überall waren und welche Grounds und Länderpunkte sie wann gemacht haben. Dies geschieht in der Form, daß Listen geführt werden. Zusätzlichen Dokumentationscharakter (neben dem Erinnerungswert) hat das Sammeln von Eintrittskarten, Programmen, Vereinsmagazinen, Stadionpostkarten, Wimpeln und Schals, das Anfertigen von Dias oder normaler Fotos der Grounds und das Niederschreiben des Erlebten zur Veröffentlichung in Fanzeitungen mit geringer Auflagenhöhe für Freunde und Bekannte.

Zusammengefaßt müssen folgende Bedingungen erfüllt sein:

Grundlegende Anforderungen nach strenger Sichtweise:
- Zweck der Reise: Besuch eines oder mehrerer Spiele
- Länderspiel
- Spiel eines nationalen oder eines internationalen Pokalwettbewerbs
- Ligaspiel einer der höchsten vier Ligen eines Landes oder Non-League-Ground
- keine Freundschaftsspiele (außer bei Länderspielen)
- Spiel findet statt
- Anwesenheit während des Spiels: komplette Spielzeit
- Länderpunkte nur bei Existenz eines der FIFA angeschlossenen Verbandes
- Dokumentation des Besuchs z.B. durch Eintrittskarte

Minimale Anforderungen nach herrschender Meinung:
- Länderspiel
- Spiel des nationalen oder eines internationalen Pokalwettbewerbs
- Ligaspiel einer der höchsten vier oder fünf Ligen eines Landes oder Non-League-Ground
- Spiel findet statt
- Anwesenheit während des Spiels: wenigstens eine komplette Halbzeit
- Länderpunkte nur bei Existenz eines der FIFA angeschlossenen Verbandes oder selbständigem Staat, der keinen eigenen FIFA-Mitgliedsverband hat

Die verschiedenen Typen

Ein ungewöhnliches Leben haben die Groundhopper gemeinsam. Bereist in jungen Jahren haben sie ihr Herz für einen Verein entdeckt und ein Spiel dieses Vereins besucht.

So zeigt sich in einer 1998 durchgeführten Befragung[33] unter den Mitglieder der V.d.G.D., daß ca. 64% der an der Umfrage teilgenommenen Mitglieder spätestens im Alter von zehn Jahren ihr erstes inländisches Fußballspiel gesehen haben und an dem Spiel auch ihr Stammverein beteiligt war. Älter als 16 Jahre war unter den antwortenden Groundhoppern niemand beim ersten Spiel. Ca. 18% sahen bei ihrem ersten Spiel nicht ihren Stammverein.

Bis zum Alter von 20 Jahren sahen 74% ihr erstes Spiel im Ausland. Im Normalfall handelt es sich beim ersten Auslandsspiel um ein Europapokalspiel des Stammvereins oder ein großes Turnier wie eine Welt- oder Europameisterschaft. Bei 21% der Mitglieder geschah dies lediglich bei einer typischen Groundhopper-Tour.

---

33) *Vgl. Helms, Jörn: Umfrage zum ersten Besuch eines Fußballspiels im Inland, Ausland und außerhalb von Europa, in: Europlan, 5. Jg. (1998), S. 8-9.*

Das erste Fußballspiel außerhalb Europas wird im Schnitt im Alter von 24 Jahren erlebt und in der Regel (70% der Mitglieder) bei einem Spiel der deutschen Nationalmannschaft absolviert. Lediglich in 15% der Fälle handelt es sich beim ersten außereuropäischen Kontinentalpunkt um ein Spiel zweier Vereinsmannschaften.

Je nach Fortschritt der Groundhopper-Tätigkeit unterscheidet man zwischen Junior-Hopper (fünf Länderpunkte und 50 Grounds), Ground-Hopper (zehn Länderpunkte und 100 Grounds) und Profi-Hopper (20 Länderpunkte und 200 Grounds)[34].

Vom Typus her gibt es völlig verschiedene Groundhopper:

Einmal findet man die Einzelgänger, die tatsächlich immer auf eigene Faust auf Reisen gehen, dadurch eventuell nicht ganz so günstig unterwegs sind, andererseits auch sehr selbständig agieren können und weniger Probleme damit haben, etwas zu organisieren. Im Gegensatz zu den Einzelgängern gibt es Groundhopper, die grundsätzlich nicht alleine eine Tour angehen. Hierbei gibt es wiederum solche, die es weniger schwer haben, etwas auf die Beine zu stellen, während andere völlig unfähig sind, selbst eine Reise zu organisieren, und sich daher an andere Groundhopper dranhängen. Meistens spielt es bei Groundhoppern aber keine Rolle, ob sie sich alleine oder in einer Gruppe auf den Weg machen - die Hauptsache ist, daß der vorgenommene Ground erreicht wird.

Eine weitere Unterscheidung bezieht sich darauf, ob der Hopper lediglich auf einen Spielbesuch abzielt oder - soweit möglich - neben einem Ground noch weitere erreichen möchte. In intensiverer Form werden ausgedehnte Touren daraus, die sogar bis zu einem halben Jahr dauern können, wie der Leser in diesem Buch noch erfahren wird. Unabhängig von der Dauer einer Tour wird von einem Groundhopper erwartet, im Jahr nicht nur eine oder zwei Touren zu starten, sondern öfter „auf Achse" zu gehen.

Eine ähnlich gelagerte Differenzierung ist an der Qualität der Spiele orientiert: So gibt es Hopper, die sich vornehmlich darauf konzentrieren, ihre Stadionpunktezahl aufzubessern, was vortrefflich gelingt, wenn Spiele in unteren Klassen - oft in unschwer zu überwindender Entfernung - besucht werden. Die Groundhopper in England meiden aufgrund der totalen Kommerzialisierung und unangemessen hoher Eintrittspreise für ihre Stadien die höheren Ligen und treffen sich regelmäßig in unteren Ligen, wobei hier aber keinesfalls unterstellt werden soll, daß sie dies wegen der Verbesserung der eigenen Bilanz tun würden. Im genauen Gegensatz dazu stehen jene Groundhopper, die als Gourmets mehr Wert auf Qualität statt Quantität achten und praktisch eher zu Topspielen

---

34) Weitere Kategorien: 30 Länderpunkte und 300 Grounds = Eurohopper; Deutschland 1. Bis 3. Liga komplett = German Hopper; England 1. und 2. Liga komplett, Schottland 1. Liga komplett sowie die Länderpunkte Irland, Nordirland und Wales und die Groundpunkte Wembley und Hampdenpark = Inselhopper; Holland, Belgien und Luxemburg 1. Liga komplett = Beneluxhopper; Schweiz und Österreich 1. Liga komplett sowie Länderpunkt Liechtenstein = Alpenhopper; Italien 1. und 2. Liga komplett sowie die Länderpunkte San Marino und Malta = Calciohopper; Tschechien, Slowakei, Ungarn und Polen 1. Liga komplett sowie alle Länderpunkte im Osten = Osthopper; Club 36 = Deutschland 1. und 2 Liga komplett. Diese Bezeichnungen sind aber weniger geläufig und kaum anzutreffen. Vgl. Petz, Bernd: Leserbriefseiten, in: Kick off, 6. Jg. (1998), Nr. 21, S. 42; Stepputis, Harald: Groundhopping: Faszination oder Wahnsinn?, in: Der Leuchtturm, 2. Jg. (1996), Nr. 6, S. 28.

anreisen[35]. So wartet man lieber darauf, daß der Letztplazierte der slowakischen Liga auf den Tabellenführer trifft, und denkt nicht daran, dem Kellerduell gegen den Tabellenvorletzten beizuwohnen.

Eine grundlegende und wichtige Trennung ist zwischen den Groundhoppern zu ziehen, die ihre Grounds fast ausschließlich mit ihrem Stammverein und der deutschen Nationalmannschaft abhaken, und jenen, die sich in den Spielplänen der Ligen Europas umsehen und umfassende Touren austüfteln. Richtige Überflieger sind jene Groundhopper, die - Spiele der U21 und A-Nationalmannschaft vernachlässigt - schließlich noch Stadien außerhalb des europäischen Kontinents ansteuern und dadurch zwangsläufig Spiele des eigenen Stammvereins verpassen, was für die meisten Groundhopper allerdings undenkbar wäre.

Eine letzte Unterscheidung - eventuell mehr eine Distanzierung - soll das Aufzählen der verschiedenen Hoppertypen beenden. So wird mit dem Groundhoppen eigentlich in Verbindung gebracht, daß es sich beim Besuch eines Spiels nicht um ein hofiertes Transportieren und Umsorgen der Reisenden handelt, sondern eine gewisse Mühe notwendig ist, um einen Ground oder Länderpunkt ergattern zu können. So wird das Einfliegen und Versorgen von V.I.P.s bei Länderspielen, die sich um nichts kümmern müssen, in Hopper-Kreisen beispielsweise keinesfalls als Groundhoppen anerkannt. Hier fehlt das Bemühen, die Anstrengung, mit der man sich die Punkte verdienen sollte.

Einige deutsche Groundhopper
Jörn, 34 Jahre alt, Steuerfachgehilfe
Fan des Hamburger SV, 445 Grounds und 49 Länderpunkte

Im Alter von 8 Jahren sah er sein erstes Fußballspiel. Seit September 1989 mit dem Spiel Helgoland - Bergedorf 85 sammelt er Grounds und möchte damit neue Orte, Länder und Leute kennenlernen und miteinander vergleichen können. Für ihn zählt jeder Kreisligaplatz, solange es ein den Regeln entsprechend ausgetragenes Spiel ist. Dafür nimmt er unzählige Überstunden sowie (bis 1999) jährlich ca. zehn Wochen mit jeweils 40 Stunden für die Erstellung des Europlans der V.d.G.D. neben der wöchentlichen Arbeitszeit von ebenfalls 40 Stunden in Kauf. Geographische Grenzen kennt er beim Groundhoppen nicht, nur preisliche, wenn das Preis-/Leistungsverhältnis nicht stimmt. Wegen der unvergeßlichen WM '90, dem Wetter, der Frauen, den idealen Verhältnissen für Bahnreisende und der traumhaften Landschaft hält er sich am liebsten in Italien auf. Seine ungewöhnlichste Tour führte ihn 1995 nach Tiflis, das er durch eine Busfahrt ab dem türkischen Trabzon erreichte, wohin er wiederum flog, ohne sich irgendwie vorab über den weiteren Weg zu informieren. Er sieht das Groundhoppen als ein Hobby an „- und sonst nichts". Trotzdem kommt er im Jahr auf ca. 100 Spiele, etwa 45 mit dem HSV, ca. 15 mit der Nationalelf und ca. 40 sonstige. An einem echten Groundhopper hat er den Anspruch, sich nicht nur auf den Stadionbesuch zu konzentrieren, sondern auch auf den restlichen Zeitraum der gesamten Reise inklusive der Randerscheinungen. Er übt einen weiteren Extremsport aus: Marathonlaufen.

---

35) *Dabei kann es sich um Stadien handeln, in denen man bereits war und mit denen man auch keine neuen Punkte erhält.*

**Matthias, 30 Jahre alt, Kurierfahrer,
Fan vom 1. FC Kaiserslautern, ca. 1.120 Grounds und 38 Länderpunkte**
Durch die Faszination Europa-Cup, die Auswärtsfahrten seines FCK nach Genua, Barcelona und Tarnovo wurde er zum Groundhopper. Dabei zählt für ihn jede Liga, in der es vernünftige Stadien gibt. Jeder Ground wird gleich behandelt. So ist für ihn der Platz der TSG Wörsdorf in der hessischen Landesliga Mitte zum Komplettieren der Liga genauso wichtig wie das Bernabeu-Stadion von Real Madrid für die erste spanische Liga. Von seinem Arbeitgeber erwartet er, daß dieser Matthias' Hobby, auf das er sein ganzes Leben abgestimmt hat, toleriert. 80 Prozent seines Einkommens opfert er genauso für die Touren wie Freundschaften und die Möglichkeit einer Beziehung, obwohl er eigentlich das Bedürfnis dazu hat. Als Begleiterscheinung bringt ihm das Hoppen mit, daß er versucht, positive Eindrücke, die er in anderen Ländern gewinnt (z.B. Höflichkeit und Freundlichkeit), auf den täglichen Alltag umzumünzen. Ein Groundhopper sollte jedes Wochenende mindestens einen neuen Ground „weghauen", was trotz des Verfolgens der Spiele des eigenen Stammvereins immer machbar sei. Er solle auch im Ausland möglichst viele Grounds sammeln und sich nicht nur auf Länderspiele konzentrieren, mit denen man bereits einen Länderpunkt erreicht. Im Jahr kommt er auf 200 bis 230 Spiele. Seine ungewöhnlichste Tour lief über Bonn (zur Visabeschaffung) - Dänemark - Schweden - Finnland (Spiel Tampere - Helsinki) - Estland (Pokalfinale) - Deutschland (über Baltikum und Polen) in sieben Tagen. Matthias, der aus finanziellen Gründen noch bei seinen Eltern wohnt, meint, sein größtes Problem neben den Finanzen wäre der zu geringe Jahresurlaub, da dieser zum Komplettieren von Norwegen, Lettland und Griechenland nicht ausreiche.

**Jörg, 26 Jahre alt, Bürokaufmann,
Fan von Alemannia Aachen, ca. 700 Grounds und 30 Länderpunkte**
Für Jörg ist Groundhoppen das ideale Hobby. Man habe nie Langweile und sei man mal daheim, dann beschäftigt man sich mit den Planungen der nächsten Touren. Er verzichtet auf Luxus - hat nur ein einfaches Auto, aber z.B. keine Anlage -, auf ein geregeltes Familienleben (keine Freundin) und kommt oftmals ziemlich kaputt zur bzw. von der Arbeit, da er ständig unterwegs ist. Bei roten Zahlen auf dem Konto schaltet er allerdings einen Gang zurück. Spiele mit der DFB-Auswahl geben seiner Meinung nach nur bedingt den Liga-Alltag eines Landes wieder und sind daher selten für ihn ein Thema. Da sein Verein international nicht besonders gut vertreten ist, sucht er nach Möglichkeit Top-Ereignisse heraus, nimmt ansonsten aber die Grounds, wie sie kommen. So hatte seine ungewöhnlichste Tour die Stationen Aachen - Berlin - Kaunas (Litauen) - Valmeira (Lettland) - Pärnu (Estland) - Riga (Lettland) - Tallinn (Estland) - Helsinki - Lathi (Finnland) - Helsinki - Tallinn - Torun (Polen) - Lodz (Polen) - Posen (Polen) - Braunschweig - Aachen - und das in ca. einer Woche. Beim Zusammenstellen seiner Touren achtet er auch auf das Komplettieren von Ligen. Im Jahr solle ein Groundhopper mindestens zehn Länder bereisen, mindestens 150 Spiele gesehen haben, dabei über 100 Grounds machen und seinen Heimatverein nicht vernachlässigen, hängt Jörg die Meßlatte nicht gerade

tief. Er selbst kam 1998 inklusive der Spiele der ersten, zweiten und A-Jugend-Teams von Alemannia auf 251 Spiele. Wenn er in fünf Jahren 30 ist, möchte er zwar nicht mit dem Hoppen aufhören, dann sollen bei ihm aber Familie und gesicherter Job im Vordergrund stehen.

Stefan, 27 Jahre alt, Angestellter im öffentlichen Dienst
Fan von Bayern München, 240 Grounds und 24 Länderpunkte
Kam im August 1992, nach der damaligen Europameisterschaft in Schweden zum Groundhoppen. Er hörte von den EM-Erlebnissen seiner Fanclubkollegen und „kam auf den Geschmack". Zudem konnte er sich an einen Beitrag im Sportstudio des ZDF zu diesem außergewöhnlichem Hobby erinnern. Vielleicht sei es auch die Flucht aus dem Alltag und die Möglichkeit, in eine andere Welt zu reisen, gewesen, die ihn zum Groundhopper gemacht hat. Ganz sicher würde er das alles machen, weil es Spaß mache, andere Städte, Länder und Menschen zu sehen, alles mit dem Hintergrund der Faszination des Fußballs: daß Fußball seit jeher ein einfacher Sport ist, der von jedem ausgeübt werden kann und der alle Länder dieser Welt miteinander vereint. Nachdem sein Angespartes für die WM 1994 verbraucht war, sein Verein Bayern München aber in der Champions League in Moskau und Kiew anzutreten hatte, machte er bei seiner Bank Schulden, um mitfahren zu können. England fasziniert Stefan am meisten, warum weiß er aber nicht. Bessere und schönere Grounds als in Deutschland? Die Pubs rund um den Ground? Irgendwann möchte er mal dem Club 92 angehören, irgendwann einmal. Er hat immer Eintrittskarten und Stadion-Programme gesammelt. Nachdem er bei irgendeinem Spiel kein Programm und keine Karte bekommen hatte, hörte er mit dem Sammeln auf. Im August 1995, zwei Tage nach dem Bundesliga-Auftakt, hatte sein Verein ein Freundschaftsspiel in Cartagena in Südspanien, zu dem er mit acht weiteren Fans mit dem Zug fuhr: via Paris, Bordeaux, Irun, Madrid bis Cartagena, 36 Stunden pro Richtung. Die Bayern verloren 0:7, und die Zugfahrer durften zum nächsten Europapokalspiel der Bayern mit der Mannschaft umsonst fliegen. Die Zugfahrt sei gigantisch und die gesamte Tour einfach genial gewesen. Von Mitte 1998 bis Mitte Februar 1999 hatte er kein Spiel mehr gesehen. Im Moment zählen für ihn nur die Arbeit und seine Freundin und die beiden Kinder, die sie hat und die er sehr mag. So verbringt er die Wochenenden lieber mit denen als selbst auf dem Fußballplatz aktiv zu werden oder zu hoppen.

Dirk, 33 Jahre alt, Lagerist
Fan von Eintracht Braunschweig, 630 Grounds und 60 Länderpunkte
Einen Monat unbegrenztes Fahren mit der Deutschen Bundesbahn für 227 DM! So hat im Frühjahr 1986 alles bei ihm angefangen. Es sei die pure Reise- und Abenteuerlust. Er müsse immer etwas Neues kennenlernen, wobei Kultur leider manchmal aus Zeitnot zu kurz kommen würde. So ist er jährlich bei ca. 130 Spielen zugegen. Opfer würde er keine bringen, da er nur für den Fußball lebe. „Ich brauche keine Frau und Kinder - noch nicht!". Je weiter weg ihn sein Hobby führt, desto „geiler" findet er es. So hat er bereits Chile und Argentinien, fünf Wochen WM '94 in den USA und Hongkong hinter sich. Im Jahr 2000 soll es zum Ozeanien-Cup nach Tahiti oder auf die Fidschi-Inseln gehen.

Angst vor Krisengebiete hätte er nicht. Ein bevorzugtes Hopperland habe er nicht, aber er fahre lieber nach Italien, Griechenland, in die Türkei oder nach Argentinien als sich in San Marino vor 20 Zuschauern Fußball anzusehen.

Als Hopper sollte man unbedingt Celtic Glasgow - Glasgow Rangers, Fenerbahçe Istanbul - Galatasaray Istanbul oder das Römer Derby gesehen haben. Derbies seien schlechthin der Hit. Mit den Jahren würden die Zielorte weiter und somit teurer werden. Früher habe er sich noch im Zug „gequält", heute würde er schon öfter einen Flug buchen. Dirk gehört zu den Anspruchsvollen unter den Groundhoppern, die strenge Maßstäbe ansetzen. So möchte nach seiner Meinung ein Groundhopper möglichst viele Stadien kennenlernen, wobei ihm kein Weg zu weit sein darf. Dabei reinvestiere der Groundhopper den Großteil seines Verdienstes in sein Hobby. Ein echter Groundhopper sei erlebnisorientiert und sollte regelmäßig unterwegs sein, alle wichtigen Stadien „abhaken", bestimmte Ligen „komplettieren" und sich mit Vereinsnamen abseits der Großen auskennen. Da es mehr Grounds gäbe als ein Menschenleben Tage habe, gäbe es für ihn kein Leben nach dem Hoppen.

Dieter, 28 Jahre alt, Anlageberater
Fan der Stuttgarter Kickers, 274 Grounds und 35 Länderpunkte

Die Sucht nach „mehr" treibt ihn zum Groundhoppen. Er möchte andere Länder, Kulturen wie auch Fankulturen kennenlernen und Kontakte knüpfen, wobei er dafür nicht nur viel Geld und seinen kompletten Urlaub hergibt, sondern auch - in diesen Kreisen üblich - seinen Bekanntenkreis vernachlässigt. Ein sicherer Arbeitsplatz hat für ihn eine hohe Bedeutung, da das Hoppen sonst nicht zu finanzieren wäre. Schulden würde er keine für das Hobby machen, und auch ein überteuertes Abgeben von Eintrittskarten an Bekannte kommt für ihn nicht in Frage. Da der Fußball dort noch unverbraucht ist und nicht dem Kommerz unterliegt bevorzugt er Polen zum Groundhoppen. Dieter unterscheidet neben Länder- und Ground- auch noch Kontinentalpunkte. Seine ungewöhnlichsten Touren hatten das Zweitligaspiel zwischen Agadir und Casablanca in Marokko und das WM-Qualifikationsspiel zwischen Kanada und Mexiko in Edmonton zum Ziel. Trotz dieser fast schon exotischen Paarungen stellt er seine Touren danach zusammen, möglichst preiswert zu reisen, möglichst viele Grounds zu sammeln und dabei möglichst wenig Urlaub zu verbrauchen. Seine Familie schüttelt zum Hoppen nur den Kopf. Wenn er das Groundhoppen beendet hat, möchte er darüber nachdenken, weshalb er „so einen Schwachsinn" gemacht hat.

Ralf, 31 Jahre alt, Bankangestellter
Fan von Eintracht Braunschweig, ca. 330 Grounds und 46 Länderpunkte

Ralf ist durch seinen Bruder zum Groundhoppen gekommen und nun schon seit 1992 dabei. Ihn faszinieren die unterschiedlichen Stadiontypen und Atmosphären. Zudem würde man fremde Kulturen kennenlernen. Entfernungen sind für ihn kein Hindernis. Die Seychellen sind bereits „gefallen", Tahiti & Co würden auch noch dran glauben müssen. Seine herausragenden Touren sind die in diesem Buch niedergeschriebene Tour

Telefongespräch zweier Groundhopper aus Köln
Montagmorgen, 11 Uhr, Mischas Telefon klingelt:

Mischa: ... (raschel... klapper... keuch)... Moin, hier's da Mischa...

Pätrick: Mischa, Junge! Pätrick hier... bisse noch im Suff?

Mischa: (rotz... stöhn)... Jo, bin eben erst von meiner Tour zurückgekommen.

Pätrick: Ächt! Warste nit beim FC am Wochenende?

Mischa: (hüstel)... nä, kein Bock... Freitag war ich bei Lüttich gegen Brügge, Samstag bei PSG gegen Monaco, un gestern dann zuerst in Nancy und danach in Luxemburg, Esch gegen Dudelange... voll Kult!

Pätrick: Nit schlächt! Bei mir war nit ganz suvill loss. Freitagabend Mainz gegen Jena, Samstag dann FC... nä, wat wor dat widder för e Driss... zum Glück simma danach noch in Belgien gewesen... ja, un gestern hab ich dann die Verbandsliga Westfalen abgehoppt, Lippstadt, Herford, kennste ja...

Mischa: (gähn)... Fährste heute abend mit nach Düren? Westkampfbahn?

Pätrick: Nä, dat muß ich knicken. meine Freundin hat Geburtstag.

Mischa: Ey, ich sach dir, den Ground kriegste nie mehr...

Pätrick: (denk)... Um 17 Uhr an der Shell-Tanke?

Mischa: Jo, wie immer. Un bestell deiner Alten en schönen Gruß!

(Christiane Bernd und Daniela Schulz in Kölner Fanzeitung „Blutgrätsche" Nr. 2 von 1997)

zum Länderspiel nach Armenien über die Türkei und Georgien sowie Wochenendtouren wie VfL Osnabrück - Eintracht Braunschweig am Freitag, Rapid Wien - Austria Wien am Samstag und RWD Molenbeek - RSC Anderlecht am Sonntag. Momentan kann er sich kein Ende mit dem Groundhoppen vorstellen.

Michael, 29 Jahre alt, Chemikant, Fan des Halleschen FC, ca. 480 Grounds, ca. 40 Länderpunkte

Etwa 1993 begann er mit dem Groundhoppen, nachdem er durch sein starkes Interesse zum Fußball schon jahrelang „Land auf, Land ab" gefahren ist. Er konzentriert sich im Gegensatz zu anderen Hoppern mehr auf Deutschland, vornehmlich auf alle Stadien bis zur Verbandsliga, in denen er noch nicht war. Michael lebt ganz einfach, leistet sich kein Auto, hat aber eine Freundin. Er meint, er könne auch mehrere Wochenenden ohne Fußball sein, aber irgendwann würde es wieder jucken. So kommen im Jahr doch zwischen 80 und 130 Spiele zusammen. Von einem echten Hopper erwartet er, daß er auch alleine losziehen können sollte, statt sich nur an andere dranzuhängen.

Jörn, 25 Jahre alt, Beruf nicht bekannt
Fan von Bayern München, 454 Grounds und 39 Länderpunkte

Angesteckt von anderen Groundhoppern, begann er ca. Anfang 1994 mit dem Hobby. Ihn interessieren sowohl die Stadien als „Bauwerke" als auch - wenn vorhanden - die Fanszenen der Vereine. Wochenendarbeit kommt für ihn nicht in Frage, ansonsten ist ihm ein sicherer Arbeitsplatz wichtig, wobei er für ein Europapokalfinale auf jeden Fall auch seinen Job riskieren würde. Er gibt ein „Schweinegeld" aus und hat daheim mangels

Zeit seinen alten Freundeskreis komplett aus den Augen verloren. Spiele seines FC Bayern genießen gegenüber allen anderen Begegnungen oberste Priorität. Er möchte zwar nicht die Liga von Aserbaidschan komplettieren, aber trotzdem jedes europäische Land sowie jeden Kontinent einmal besucht haben. Den Besuch der Bayern-Spiele kann sein Vater gerade noch akzeptieren, beim Thema Groundhopping würde er seinen Sohn allerdings gerne in eine Nervenklinik einliefern lassen. Jörn sieht Touren wie Wuppertal - Kiew - Minsk - Wuppertal mit dem Auto (zum deutschen Länderspiel in der Ukraine und dem Spiel Weißrußland - Schottland), bei einer Gesamtfahrzeit von 80 Stunden inklusive 24 Stunden Anstehen an diversen Grenzen und 30 Polizeikontrollen, als normal an. Für ihn gibt es noch eine Unmenge an Zielen, für deren Verwirklichung er noch Jahre oder Jahrzehnte benötigen würde. Das sei so eine lange Zeitspanne, daß es sich nicht lohnen würde, darüber nachzudenken, wann Schluß sein könnte.

Eckart, 33 Jahre alt, Marketing-Assistent und Übersetzer
Fan von Eintracht Braunschweig, über 200 Grounds und 36 Länderpunkte

1985 kaufte er sich sein erstes Tramper Monats-Ticket, 1986 sein erstes Interrail-Ticket und 1987 hatte er seinen zehnten Länderpunkt. Früher brachte er für sein Hobby hohe finanzielle Opfer, verzichtete auf eine feste Beziehung und führte infolgedessen zeitweilig im Schul- und Berufsleben ein Außenseiter-Dasein. Waren ihm früher auch Südafrika und Lateinamerika (z.B. Tour Santiago de Chile - Asuncion - Montevideo - Buenos Aires) nicht zu weit, so beschränkt sich Eckart heute auf Europa. Job und Freundin sind ihm inzwischen eindeutig wichtiger als der Fußball. Nicht zuletzt durch seine Fußball-Reisen hat er auch fremde Sprachen wie Italienisch und Spanisch gelernt. Heute stellt er seine Touren nach touristischen Kriterien zusammen - auch wenn er dabei das eine oder andere Spiel verpaßt. Zudem erlebt er lieber einmal San Siro statt dreimal Landesliga-Begegnungen in Niederbayern zu verfolgen. Er sieht die Zukunft des Groundhoppens ziemlich kritisch, da man angesichts der immer weitergehenden Kommerzialisierung den Spaß am Fußball zu verlieren scheint.

Fari, 29 Jahre alt, Lebenskünstler
Fan des Hamburger SV, ca. 500 Grounds und 90 Länderpunkte

Der Extremhopper in Sachen Länderpunkte. „Der mit der Latzhose!" Seit September 1989 ist er auf Reisen und fasziniert, neue Stadien, Länder und Fan-Kulturen kennenzulernen. Für ihn bedeutet es etwas, daß er in der Zeit, in der am Hoppen ist, nicht arbeiten muß und somit der Leistungsgesellschaft für kurze Zeit den Rücken zeigen kann. Für ihn zählt nur das Hoppen. So geht er keine Kompromisse mit einem Arbeitsplatz ein. Er kennt keinerlei Grenzen und würde selbst zum Mond fliegen, wenn dort ein Fußballspiel stattfinden würde (neuer Planetenpunkt? Der Autor). Stadionpunkte zählt er eigentlich gar nicht mehr, nur noch Länderpunkte. Die Grounds macht er nur mit Spielen der ersten und zweiten Ligen dieser Welt, in der Regel mit Top-Spielen wie Derbys, Länderspiele, Finalspielen, Welt- oder Europameisterschaften. Als bedeutendste Begleiterscheinungen fallen ihm das Kennenlernen von netten Frauen und die Versuche, neue Sprachen zu lernen, ein. Seine ungewöhnlichste Tour fand auf einem Fahrrad durch West-Afrika statt. Lange war sein Ziel, der Erste in Europa zu sein, der diesen Kontinent hinsichtlich der Länderpunkte „komplett" hat. Statt den letzten fehlenden Länderpunkt Andorra „einzufahren", was im März 1998 nun „endlich" geschehen ist, hielt und hält er sich hauptsächlich fast nur noch in Südamerika auf. Sein Ziel sind 1.000 Spiele in 100 Ländern. Die Frage, was er nach dem Hoppen machen würde, hat er scheinbar nicht ganz verstanden. Er wußte zunächst nicht, was er sagen sollte, bevor er meinte: „Frau, Kinder usw. - warum nicht!" Mit diesem Spezialisten werden wir uns nun ein bißchen näher auseinandersetzen.

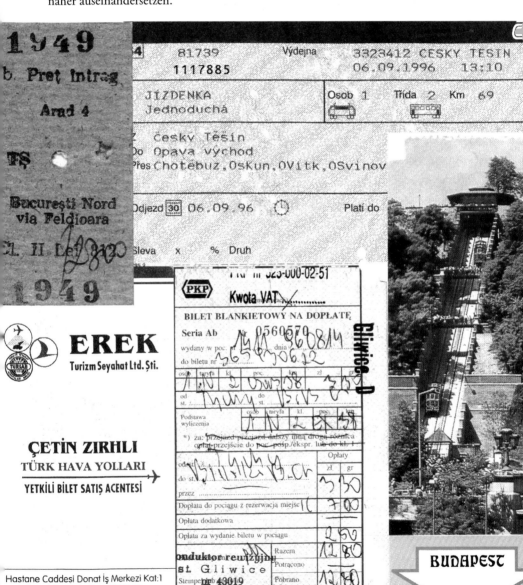

Interview mit dem Länderpunkte-König

Bezeichnender konnte es gar nicht sein. Als ich Carlo Farsang, den Groundhopper mit den meisten Länderpunkten, anrief, um den Interview-Termin abzusprechen, meinte dieser, daß er noch nichts sagen könne, da er ab dem folgenden Tag wohl arbeitslos wäre und sich erst einmal einen neuen Job suchen müsse. Arbeitslos? Nun gut, in Faris Fall aufgrund stetig wechselnder Arbeitsverhältnisse nicht unbedingt eine dramatische Nachricht. Wieso denn arbeitslos? Ja, da ist demnächst ein Spiel in Südosteuropa, das er sich nicht entgehen lassen will. Und wenn ihm sein Chef keinen Urlaub für die zwei, drei Tage geben wolle, dann müsse er eben kündigen, um zu dem Spiel zu kommen.

Ein paar Passagen des folgenden Texts stammen aus einem Interview, das ich für „Fan geht vor" 1997 mit ihm geführt habe und das in den Ausgaben Nr. 53 bis 55 des Fanzines abgedruckt wurde, Anfang 1999 haben wir uns für ergänzende Fragen und eine Aktualisierung erneut zusammengesetzt.

Carlo Farsang, kurz: Fari. 29 Jahre alt, HSV-Fan mit ständig wechselndem Wohnsitz.

Erkläre uns bitte mal den Begriff „Groundhopper"? Was ist ein echter Groundhopper für dich?

Ich kann eigentlich nur für mich sprechen, wie ich das sehe. Ein richtiger Groundhopper ist ein Fußballfan, der außer seinem Fußballverein - falls er einen hat - sich irgendwelche Spiele anschaut, in Deutschland oder außerhalb der Bundesgrenzen, d.h. ins Ausland fährt und dort Erste Liga, Europapokal oder Länderspiele ansieht, und dies mehr oder weniger regelmäßig. Es gibt Leute, die fahren zwei-, dreimal im Jahr ins Ausland - andere fahren am Wochenende in drei verschiedene Länder und sehen sich Freitag, Samstag und Sonntag Spiele an.

Fari trat mit dem Spiel Malaysia - Kuwait am 3. Mai 1993 in die V.d.G.D. ein.

Für mich sind *DIE* Groundhopper, die vielleicht nicht jedes Wochenende fahren, aber schon die meiste Freizeit damit verbringen, in irgendwelchen Zügen oder 30 Stunden im Auto nach Spanien oder Ungarn zu fahren, um sich Spiele anzusehen. Ich fahre jedes Wochenende irgendwo hin und habe eine Erwartung. Einem unterklassigen deutschen Spiel kann ich allerdings nichts abgewinnen.

Für dich geht es aber nicht nur um das Ansehen von Fußballspielen!?

In erster Linie schon, es ist ja der Anziehungspunkt. Alles andere (Landschaft, Kultur, der Autor) nehme ich mit, das ist dann wie ein Bonbon. Wenn ich die Zeit habe, urlaubstechnisch noch ein paar Tage, Wochen oder Monate dranzuhängen, dann versuche ich schon, die ganzen Sehenswürdigkeiten abzugrasen und das, was mich interessiert, aufzunehmen. Dann nehme ich mir auch Zeit und plane das wie ein Tourist mit genauem Ablauf.

Es gibt ja grundsätzlich zwei Kategorien von reisenden Fußballfans: Die einen fahren so hin, daß sie genau zum Anpfiff da sind und fahren danach sofort zurück - egal, um was für eine Stadt es sich handelt - die anderen sehen sich auch mal etwas an.

Aber es gibt auch Städte, da ist das Stadion das Schönste. Da bist du froh, daß das Spiel rum ist, weil du wieder weg kannst, so schnell wie möglich aus dieser Stadt draußen bist. Und dann mußt du natürlich differenzieren, wo du die Reise hinmachst. Wenn du zum x-ten Mal nach Polen oder Italien gefahren bist, ist es sehr schwierig, diesem Land noch irgendwie eine Entdeckung abzugewinnen. Natürlich sieht man immer wieder etwas Neues, aber die Empfindung ist ganz was anderes, als wenn man irgendwo - z.B. auf einen anderen Kontinent - neu hinkommt, allein vom Klima oder den Leuten her.

Ist Groundhoppen ein rein deutsches Phänomen oder gibt es auch ausländische Hopper?

Ja, gibt es. Ich habe in Split einen englischen Groundhopper wiedergetroffen, einen faszinierenden alten Mann, der das inzwischen 20 Jahre macht, überall auf der Welt rumreist und 54 Länderpunkte hat. Den habe ich in Singapur kennengelernt. Nach dem Spiel damals hatten wir zufälligerweise den selben Bus und auch noch das selbe Hotel. Als wir aus dem Bus ausgestiegen sind, hat er mich angesprochen, ob ich Groundhopper bin. Dann habe ich mich mit ihm unterhalten. Das war eine lange Nacht. Er hat mir seinen Reisepaß gezeigt, wo er schon überall war. Ein Jahr später habe ich ihn in Chicago bei der WM wiedergetroffen. Und jetzt letztes Wochenende in Split (Frühjahr 1997, der Verf.) lief mir der graue, alte Mann im Bahnhof plötzlich wieder über den Weg. Da sieht man mal, wie klein die Welt ist. Der ist schon über 50 und auch schon mit dem Zug von England über Moskau nach Peking gefahren, hat aber das Spiel China - Iran verpaßt, weil damals das Spiel einen Tag vorher wegen eines Anschlags auf den Ajatollah Khomeini um vier Wochen verschoben wurde. Dann ist er nach Japan weiter und hat sich dort noch ein

Spiel angesehen. Er hat gemeint, er hätte noch nicht so viele Spiele und so viele Länder wie ich gesehen, aber ich müßte mal berücksichtigen, wie er vor 20 Jahren gereist ist, wie schwierig es war, in den Ostblock zu kommen. Darum beneide ich ihn auch, um diese 20 Jahre, in denen sich Europa so sehr verändert hat. Diesen Ostblock habe ich ja nie richtig erlebt. Dieses Nostalgische, von dem die Fernfahrer erzählen, daß dir die Mädels hinter Strumpfhosen nachgelaufen sind, daß du für zwei Mark im besten Hotel essen konntest. Die Zeiten sind vorbei.

Du hast gerade in Deutschland gearbeitet, um Dir neben den üblichen Europatouren deine nächste Südamerika-Tour finanzieren zu können. Welche Erlebnisse hattest Du bei deinem ersten Besuch in Südamerika?

Der HSV hatte an einem Wochenende noch ein Turnier in Hamburg. Danach sollten zwei Freundschaftsspiele in Brasilien folgen. Da habe ich zum Spaß zu einem Spieler gesagt: Ja, wo fliegt Ihr denn hin? - *„Wir fliegen nach Brasilien".* Ob ich auch mitfliegen würde, hat er dann so ironisch gemeint, weil ich bei denen schon bekannt war, man mich schon oft gesehen hat, ob beim Trainingslager im Schwarzwald oder sonst auswärts. Ich hatte das Ticket schon in der Tasche. Dann habe ich gesagt, nee, so viel Geld habe ich nicht. Aber ich gehe heute Abend noch ins Casino. Sollte ich da gewinnen, werde ich nachfliegen. Da habe ich ihn auf den Arm genommen. Dann bin ich nach Rio geflogen und die letzten 450 km mit dem Bus gefahren, war dann Sonntag Morgen in Sao Paulo, Sonntag Nachmittag war das Spiel. Ich bin dann zum Stadion und habe mit meinem Rucksack bei den Kabinen gewartet. Irgendeiner von der Mannschaft hat mich gesehen, und da sind sie dann alle rausgestürmt und haben gefragt, ja was ich denn hier mache. *Das gibt's doch gar nicht.* Ja, ich habe doch gesagt, wenn ich im Casino gewinne, fliege ich nach. Und dann haben sie gemerkt, daß ich sie auf den Arm genommen habe. Dann war die erste Frage: Ja, wo schläfst du denn? Ich hatte noch nichts. Da haben sie mich dann mitgenommen, und ich habe bei denen geschlafen, im Transamerican Hotel. Da habe ich einen eigenen Paß bekommen, damit ich überhaupt das Gelände betreten konnte. Die hatten Sauna, Maniküre, Fitneßstudio - das habe ich dann natürlich voll ausgenutzt, bin auch mehrmals zum Buffet gegangen. Ich habe dann mit dem Zeugwart das Zimmer geteilt, habe die Schuhe von Manfred Kaltz geputzt - ich habe mich halt angeboten, beim Training die Bälle aufgefangen, die übers Tor gingen, die Koffer mitgeschleppt, die Trikots zusammengelegt. Und dann meinte der Zeugwart, wenn du willst, kannst du hier die Schuhe putzen. Er hatte ein Paar Schuhe in der Hand. Die waren wirklich sehr schmutzig, das waren die vom Kaltz.

Was hast du denn sonst so erlebt?

Die Busfahrt zum deutschen Länderspiel in Eriwan sollte von der Türkei bis Tiflis 30 Mark pro Person kosten, das war ein höllischer Preis. Ich habe damals für fünf Mark ganz andere Strecken abgefahren, mit einem Linienbus! Ich habe dem Verkäufer gesagt, wir kämen gerade aus Van - die haben gegen Trabzon gespielt. Ich konnte mich nur mit Händen und Füßen verständigen. Er konnte kein Englisch und kein Deutsch. Ich zeigte ihm die Eintrittskarten und da stand Trabzon drauf - ich meinte, daß wir beim Spiel waren - und da zog er aus seiner Tasche seinen Mitgliedsausweis von Trabzon raus. Auf jeden Fall hatten wir (es war noch ein Groundhopper dabei) dann die Fahrt für 20 Mark für beide zusammen. Dann sind wir nach Tiflis gefahren und an jeder Straßenkreuzung angehalten worden. Da muß dann in Südwestgeorgien Wegzoll gezahlt werden, und der wird generell von Ausländern abkassiert, also Devisen. Und das war schon nervig, es war eben an jeder Straßenkreuzung. Dann waren wir morgens in Tiflis, und es hieß, mittags um 12 Uhr kommt der Bus, und der fährt dann direkt durch nach Eriwan. Wir sind dann in die Stadt, haben was zum Essen gekauft und waren um 10 Uhr wieder zurück, damit wir ja rechtzeitig waren. Dann war's 12 Uhr und der Bus nicht da. Dann hieß es, ja, der Bus kommt morgen. Dann hieß es wieder, er kommt um 16 Uhr. Keiner wußte etwas Genaues. Und wir hatten auch keine Möglichkeit, irgendwie anders wegzukommen nach Eriwan. Wir haben also gewartet, und dann kam er tatsächlich um 19 Uhr, mit sieben Stunden Verspätung[36]. Da waren dann zwei Frauen, die für jeweils zwei Plätze

„Eisschrankschieben" im Niemandsland zwischen Georgien und Armenien.

36) Siehe auch im Erlebnisbericht von Ralf Schulz mit dem Titel „Eine unglaubliche Odyssee!".

bezahlt hatten. Die sollten die zweiten, mit Gepäckstücken belegten Plätze für uns freimachen. Die haben gemault und geschimpft, sie hätten ja dafür bezahlt. Wir haben zwar nichts verstanden, aber schon gewußt, worum es ging. Jetzt mußten die beiden Frauen zusammensitzen und waren sich wohl auch nicht ganz grün. Dann haben sie relativ schnell gemerkt, daß wir keine Einheimischen sind. Da ist der Tonfall ganz anders geworden. Sie haben gefragt, wo wir herkommen. Aus Deutschland, haben wir gesagt. Dann hat's keine Minute gedauert, daß die eine Frau eine Flasche Schampus aus der Reiseproviantasche geholt hat, Schnittchen angeboten hat und während des Fahrens zu armenischer Volksmusik getanzt hat.

Dort habe ich auch einen gebürtigen Armenier aus Eriwan kennengelernt, der auf einer Tagung in Sofia war und von dort aus mit dem Bus nach Istanbul und dann mit dem Zug weitergereist ist. Der konnte sehr gut Englisch, so daß ich mich gut mit ihm unterhalten konnte. Der hat im Monat umgerechnet etwa 30 Dollar. Und ich habe damals pro Reisetag im Schnitt 20 Dollar auf den Kopf gehauen, nur für Essen und Trinken. Da habe ich gemerkt, wie reich wir doch in Wirklichkeit sind. Wobei ich mich nicht als reich bezeichnen würde.

Wir sind weiter nach Eriwan gefahren, und das war die größte Party im Bus. Bis 2, 3 Uhr in der Nacht haben die Leute noch gesungen und getanzt, hier und da noch eine Flasche aus einer Tüte gezogen. Am Dienstag haben wir dann die getroffen, die nach Eriwan geflogen sind. Nach dem Spiel am Mittwoch, so drei, halb vier nachts haben wir (dann sieben Groundhopper) den nächsten Bus zurück genommen - also Bus, nicht was Du Dir vorstellst - das war ein Eisschrank. Immer wenn der Fahrer vorne umgeschaltet hat, mußte einer nach hinten und dort etwas umstellen, da der Gang noch nicht richtig eingestellt war. Das waren also insgesamt drei Fahrer, der eine hat das Fahrzeug gelenkt, der zweite war immer hinten und hat die Gänge reingehauen, nachgeschoben oder wie auch immer und der dritte ist immer zwischen Fahrer und dem am Motor hin- und hergerannt und hat gesagt, was zu tun ist. Der Bus hatte keine Heizung. Er hatte zwar vorne rechts und links Scheinwerfer. Aber das Licht gab's durch einen großen Scheinwerfer (wie beim LKW der fürs Rückwärtsfahren), der immer ausbrannte. Eine Batterie gab es auch nicht, man konnte den Bus nicht anlassen. Immer wenn bei der Fahrt durchs Gebirge der Bus absoff, mußten alle aussteigen und anschieben. Das war wirklich ein Bild für die Götter. An der Grenze zu Georgien ist der Bus wieder abgesoffen und wir standen im Niemandsland, die Einspritzpumpe war kaputt. Dann haben wir, die drei Fahrer und die sieben Groundhopper, im Sand gestanden und den Bus angeschoben.

Das war so kalt, daß die Scheiben drinnen gefroren waren. Der Fahrer mußte immer anhalten und mit Benzin seine Scheibe freimachen.

Du hast deine Wohnung in Schönwald im Schwarzwald zur EM '96 in England abgegeben und hast seitdem keinen Hausstand mehr: Wo lagern deine Erinnerungen?

Ich habe zwei silberne Metallkoffer, eine Fototasche und einen Rucksack. Das sind meine ganzen Habseligkeiten. Gut, ich habe noch einen Karton, der steht bei meiner Ex-Nachbarin.

Dann verschwindest du teilweise für ein halbes Jahr auf einen anderen Kontinent und fliegst da nur mit einem Rucksack rüber. Wie klappt das alles mit den Klamotten?

In einen 60-Liter-Rucksack paßt doch alles rein. Ich nehme natürlich nur mit, was ich alles brauche. Ich habe im halben Jahr drei paar Schuhe abgelaufen. Die müssen natürlich unterwegs mal erneuert werden. Wenn ein T-Shirt mal ein, zwei Löcher hat, dann wird es entsorgt und ein neues gekauft. Ich bin schon bedacht, mit so wenig Gepäck wie möglich zu reisen, weil das zu sehr belastet, wenn ich dann Touren mache wie Machu Piccu, wenn ich mir den Inka-Pfad vorknöpfe oder durch das patagonische Eisfeld einen Spaziergang mache.

Diese Frage mußte kommen: Wie finanzierst du das alles? Kannst du uns vielleicht ein paar Geheimnisse zu deinen „No-Budget-Reisen" verraten?

Die Leute sehen immer nur, wo du hinfährst. Die sehen aber nicht, wie ich hier in Deutschland lebe, daß ich einer geregelten Arbeit nachgehe (Fari hebt den Zeigefinger, der Verf.). Ich arbeite in der Woche, fahre Freitag abends weg, lege am Wochenende bis zu 3.000 km zurück und bin Montag wieder bei der Arbeit. In der Zeit, in der ich arbeite, lebe ich so sparsam wie möglich: Ich habe so gut wie keinen Hausrat mehr, habe etliche Dinge verkauft: Videorecorder, Fernseher, Möbel... . Das fängt schon beim Kaufen von Klamotten an, da gucke ich nach Sonderangeboten. Ich behaupte von mir, daß ich ein sparsamer Mensch bin.

Und wie werden die Reisen billig?

Es gibt sicherlich paar Tricks, wo man bescheißen kann, aber in erster Linie macht das meine Logistik, das ganze Planen. Mal ein Beispiel: Ich fahre mit dem Zug von Warschau nach Frankfurt/Oder an die Grenze. Eine Woche später spielt Lech Posen zu Hause. Das ist wieder die selbe Bahnstrecke. Das Ticket ist einen Monat lang gültig, und am Stempel kann der Schaffner nicht erkennen, welchen Teilabschnitt dieser Strecke ich bisher gefahren bin. So kannst du das gleiche Bahnticket mehrmals benutzen, egal, bei welcher Strekke. (Anmerkung des Autors: Herr Farsang weist hier lediglich auf Lücken im Kontrollsystem der Eisenbahnen hin.) In erster Linie ist das aber das sparsame Leben. Dann trampe ich z.B. auch mal.

Wenn man versucht, durch Tricks den „korrekten" Eintrittskarten- oder Fahrkartenkauf zu umgehen, geht das auch mal schief, oder?

(Die erste Antwort wird aus Selbstschutzgründen nicht wiedergegeben, der Verf.)
In Polen haben sie mich mal erwischt. Ich bin nachts von Tschechien nach Polen gefahren und wollte eigentlich an der Grenze auf der polnischen Seite aussteigen und eine Fahrkarte kaufen. Ich habe aber verschlafen und wollte dann beim Schaffner von der

Grenze bis Kattowitz nachlösen, obwohl ich an der Grenze aussteigen wollte! Der hat gemerkt, daß ich Ausländer bin und wollte den zehnfachen Preis in DM von dem haben, was die Karte wirklich gekostet hat. Er hat gemeint, entweder ich würde bezahlen oder er würde den Reisepaß einziehen und mich aus dem Zug werfen. Ein neuer Paß kostet 15 DM - er wollte über 40 DM haben. Das steht in keiner Relation - vor allem weil die Fahrkarte nur 4 Zloty, ca. 2,50 DM gekostet hätte. Also habe ich ihm dann den Paß gegeben.

Kürzlich bin ich mit einem Hopperkollegen von Serbien mit dem Zug zurück gefahren, nach Ungarn. Da ist es genauso. Wenn du nicht im Besitz einer Fahrkarte bist und eine beim Schaffner kaufen mußt, ziehen die dich gnadenlos über den Tisch. Ich hatte eine Karte von Belgrad bis zur serbisch-ungarischen Grenze gelöst. Ich löse immer nur bis zur Grenze, da bei grenzüberschreitenden Strecken der internationale Bahntarif zur Geltung kommt. Dieser ist nochmal über 50% teurer als der, der anfällt, wenn man eine Strecke innerhalb eines Landes, ohne Grenzübertritt fährt. So würde ich für die Fahrkarte Belgrad - Budapest etwa 70 Mark zahlen, kaufe ich aber einzeln Karten für die Strecken Belgrad - Grenze und Grenze - Budapest zahle ich nicht einmal die Hälfte. Ich wollte also auf dem ungarischen Grenzbahnhof nach der Paßkontrolle aussteigen, als mir der Schaffner anbot, eine Karte zu kaufen - er wußte, daß meine Karte jetzt nicht mehr galt. Ich meinte *Nee, nee, ich möchte nur was zu Trinken kaufen.* Ich kam wieder zurück, und da meinte er, er wolle meine Fahrkarte sehen. Ich hatte inzwischen meine Fahrkarte gekauft. Und jetzt kommt der Hammer: Er sagte, die Fahrkarte sei nicht gültig! Dies sei ein internationaler Zug - weil er von Serbien kam - und dafür brauche ich eine internationale Fahrkarte. *Wieso, ich steige hier in Ungarn ein!* Ich habe eine gültige Fahrkarte bis hierher gehabt und mir hier eine neue Karte geholt. Er meinte, das ginge nicht, da der Zug nach Fahrplan nur eine Minute halten würde. Außerdem bräuchte ich eine internationale Fahrkarte. Der hat mich nicht mitfahren lassen! Mein Kumpel meinte, ich solle mich doch einfach reinsetzen. Doch dann haben mich zwei Schaffner rausgeschmissen. Der Zug fuhr längst, da haben die die Notbremse gezogen. Ich mußte noch 100 m zum Bahnhof zurücklaufen. Nur, weil ich die Karte bei ihm für ca. 20 Mark (am Schalter ca. 6 Mark) nicht gekauft habe. Aber ich bin trotzdem nach Budapest gekommen.

Hätten wir das Interview 1995 gemacht, hätte ich gesagt, noch ein paar Länderpunkte und dann höre ich auf. Aber mittlerweile bin ich so süchtig. So möchte ich die 203 Länderpunkte machen. In Europa habe ich mit Andorra gerade den letzten fehlenden Länderpunkt gemacht. Es gibt 203 anerkannte Fußballverbände, also nicht *Länder*punkte, z.B. gibt es einen englischen und einen schottischen Verband, aber es gibt nur ein Land, Großbritannien. Du kannst diesen Punkt natürlich nur doppelt zählen, wenn du in beiden Verbänden ein Spiel gesehen hast. Ein anderes Beispiel: Monaco und Frankreich. Monaco hat keinen eigenen Fußballverband, das gehört zu Frankreich.

Ich habe mittlerweile alles im Leben in den Hintergrund gestellt, es ist alles zweitrangig geworden. Die Arbeit, meine Beziehungen. Mein Ziel ist es, meinen Lebensunterhalt zu verdienen, um zum Fußball fahren zu können. Groundhopper und „Privat"mensch - ich möchte das alles so in einen Topf schmeißen. Ich habe mir schon überlegt, daß ich den Leuten ein Komplettangebot zu Spielen wie bei einer WM oder EM mache, oder Touren anbiete, einen Erlebnistag oder -wochenende in Prag mit einem Highlight wie Slavia gegen Sparta Prag oder nach Italien mit einem Spiel Inter Mailand gegen wen auch immer. Bei der WM in Frankreich hat das auch schon geklappt.

Das Organisieren ist immer das Wichtigste. Daß alles aufeinander abgestimmt ist. Zum Beispiel fährst du per Mitfahrerzentrale nach Salzburg, dort erwischst du einen Nachtzug nach Wien. Dort triffst du dich mit einem, der gerade mit dem Auto von Rumänien gekommen ist. Mit dem kannst du dann in die Slowakei. Wenn das dann alles reibungslos ineinander übergeht, kannst du am Freitag ein Spiel in Wien, Samstag eines in der Slowakei, Sonntag morgens eines in Ungarn, am Abend eines in Tschechien machen. Alles reine Organisation. Dort (in Osteuropa, der Verf.) bin ich an meine Grenzen gestoßen, es gibt einfach keine Ziele mehr. Im Osten fährt man einmal zu einem Verein und dann nie mehr.

Du fährst zur Zeit laufend nach Südamerika, obwohl du die Länderpunkte dort schon alle hast. Interessiert es dich mehr, die dortige Atmosphäre aufzusaugen statt neue Länderpunkt anzuvisieren?

Da gibt es mehrere Dinge, die mich nach Südamerika ziehen. In erster Linie die großen Mannschaften und die großen Arenen. Zweitens habe ich Südamerika irgendwie gefressen, die ganzen Sehenswürdigkeiten, die Leute, die Mentalität. Für mich wäre Argentinien oder Chile ein Auswanderungsland.

Ein Kreisligaspiel kann interessanter sein als ein Erstligaspiel. Zählt bei dir hauptsächlich die durch das Publikum verbreitete Atmosphäre oder könnte es dich auch mal reizen, mit 50 britischen Groundhoppern einen Sportplatz in der siebten oder achten Liga zu „beschnuppern"?

Es gibt so viele große Arenen, so viele Fans und geniale Atmosphären - da bleibt mir gar keine Zeit, mich mal zu so einem Sportplatz zu begeben, und es würde mich auch nicht reizen. Wenn man jahrelang Ferrari fährt, dann steigt man danach nicht auf einen Fiat Uno um.

Bei über 100.000 Zuschauern in diesen monumentalen Stadien... . Ich habe so viel erlebt, das kann man gar nicht mehr steigern. Das sind Momente, in denen man alles vergißt, den ganzen Alltag, die Probleme, den Streß. Vom Gefühl her ist das wie eine Droge, die man in regelmäßigen Abständen erleben möchte.

Wie erkennen sich Groundhopper?

(Fari lacht, der Autor) Am Rucksack, einem ganz normalen Rucksack. Da hat jeder seine Spielpläne drinnen, seine Sportzeitung, seinen Terminkalender... . Das habe ich schon oft erlebt. Wenn ich irgendwo im Osten, in Tschechien, im McDonald's gesessen habe, kommen zwei junge Männer herein, haben einen Rucksack auf dem Buckel und unterhalten sich auf deutsch. Ich habe die noch nie gesehen und hätte wetten können, die fahren zum Fußball, da eine Stunde später ein Spiel war. Und im Stadion habe ich sie wieder gesehen und sie gefragt, wo sie herkommen. Ja, wir sind Groundhopper und kommen gerade aus dem Rheinland, um das Spiel anzusehen. Was machst du denn hier? - Ja, ich bin auch Groundhopper und komme gerade von... .

Wenn du einer Frau - oder egal welcher Person - erzählst, du seist Fußballfan oder Groundhopper, wird dann oft schnell die Nase gerümpft?

Es gibt den Typ Frau, der das akzeptiert, bis zu einem gewissen Grad toleriert. Es gibt die Frau, die kein Verständnis dafür hat. Wenn ich davon erzählt habe, dann waren die immer hellauf begeistert. Die meinen dann zwar, irgendwie hast du ein Rad ab, aber das ist auch interessant. Die haben nicht den Fußball im Vordergrund gesehen, sondern die Lebensweise, die Lebenseinstellung. Die fragen natürlich, wie ich das finanziere. Da kommt auch oft Neid auf. Da warst du schon, und da auch? Das würden die Leute auch gerne machen, können es aber nicht, aus welchen Gründen auch immer, ob aus finanziellen oder gesundheitlichen Gründen, wegen der Familie oder dem Job.

Mal ein ernstes Thema...

Das ist ein ernstes Thema. Das ist mein Leben!

... Berufsausbildung. Gibt's ein Leben nach dem Groundhoppen, für das du vorgesorgt hast?

Ich habe erst eine Elektroinstallationslehre gemacht, habe die nach dreieinhalb Monaten abgebrochen und danach noch eine Bäckerlehre, die ich nach einem Jahr abgebrochen habe.

Meinst du, daß du nach dem Groundhoppen einen Job findest, so daß du dann gut versorgt bist?

Ich glaube, ich habe gelernt, daß ich in schlechten Zeiten überleben kann. Ich denke, daß ich so kreativ sein kann, daß ich das Existenzminimum aufbringen kann. Es mag eines Tages nicht mehr genug Geld da sein, um diese Reisen zu finanzieren, doch um dieses bißchen Essen und die Kleidung mache ich mir keine Sorgen.

Es ist übrigens mein großes Glück, daß ich während meiner Touren in jedem Land der Erde eine Arbeit finde. Ich kann Elektro-, Gips-, Maler-, Schreiner- und Maurerarbeiten durchführen und habe schon komplette Küchen renoviert. Wenn ich also mal knapp bei Kasse bin, kann ich mein Budget aufbessern.

Wer bekommt Postkarten von dir?

Leute, die ich gut kenne - meine Ex-Freundin z.B., meine Familie bekommt regelmäßig mal eine Karte. Hin und wieder mal meine Ex-Firmen, um sie ein bißchen zu ärgern: *Es ist Montag, auch diesen Montag werde ich nicht zur Arbeit kommen.*

Wieviel schreibst du dann im Jahr?

(Fari stöhnt, der Verf.) Drei Minimum pro Spiel, bei 110, 120 Spielen Maximum im Jahr.

Du hast jetzt 90 (!) Länderpunkte und 96 bereiste Länder. Was sind sonst deine Rekorde?

Laß mich mal nachrechnen: Dienstag in Lausanne, Mittwoch Europapokalendspiel in Mailand, Donnerstag Liechtensteiner Pokalendspiel, Freitag Bundesligaspiel und am Samstag waren es drei Spiele, Sonntag Morgen eines in Österreich und am Abend eines in der Tschechei - neun Spiele in sieben Ländern in sechs Tagen.

Du hälst dich ziemlich viel in Südamerika auf. Ist dann noch genügend Motivation vorhanden, innerhalb Europas, in den Ostblock oder „nur" innerhalb von Deutschland Spiele zu besuchen?

Die Aktualisierung der einzelnen Ligen in ganz Europa, daß man jedes Jahr zu den Aufsteigern, den Newcomern hinfährt und sie sich ansieht, gehört zur Sammelleidenschaft. Das ist eine Pflichterfüllung, damit man wieder sagen kann, man hat die 16 oder 18 Erstligavereine in Tschechien oder Polen. Wobei ich natürlich mehr dran interessiert bin, wenn der Aufsteiger gegen eine große Mannschaft spielt, weil ich dann eine Gewährleistung dafür habe, daß wenn ich schon dort hinfahre und den Ground mache, auch das vielleicht 15.000 Zuschauer fassende Stadion gut gefüllt ist. Darauf achte ich.

Zitat Carlo Farsang: „Ich werde der erste sein, der Europa komplett hat.... Und jetzt fang ich schon an, die einzelnen Ligen komplett zu machen." Europa hast du nach Länderpunkten nun komplett. Welche Ligen hast du schon komplett?

Türkei, Spanien, Frankreich, Luxemburg, Niederlande, Belgien, Dänemark, Polen, Tschechien, Slowakei, Ungarn, Österreich, Schweiz sowie die erste und zweite Liga in Italien. Belgien und Holland habe ich momentan wieder komplett, in der Schweiz und in Österreich fehlt mir noch ein Verein.

Versuchen die Groundhopper teilweise, sich gegenseitig zu übertreffen?

Natürlich, würde ich schon sagen. Da ist mit Sicherheit ein positives Konkurrenzdenken. In erster Linie fährt zwar jeder für sich, und mir ist es im Großen und Ganzen auch egal, wieviele Länderpunkte der Einzelne hat, wenn aber irgend jemand kommt und sagt, er war in Trinidad/Tobago, hat dort ein Riesen-Spiel und ein super Stadion gesehen, dann ist für mich natürlich klar, daß ich da auch mal hin will und dieses Erlebnis haben möchte.

Du warst auch in Asien und Australien. Was gibt es von dort zu berichten?

Ich bin nach Seoul geflogen. Dann ist das Spiel dort wegen Schneefalls ausgefallen - aber das ist nichts Ungewöhnliches. Es passiert in Deutschland oft genug, daß man schon im Zug sitzt und dann erst die Absage kommt. Der Flug war ja nicht nur wegen eines Spiels. Bei der Landung in Seoul hat's geregnet, und dann ging's in Schnee über. Dann wurde es abgesagt. Da war ja aber eine Tour geplant: danach ging's zum Weltpokalfinale nach Tokio und dann noch einen Monat nach Australien mit dem Spiel South Melbourne - Olympic Sidney.
Dort war ich auch in Cooper Pedy, und was das für lange Straßen sind. Was ich da gesehen habe, kann ich gar nicht beschreiben. Diese Weiten, diese unendlichen Weiten, wo einem stundenlang kein Mensch begegnet. Schnurgerade Straßen. An einem Abend habe ich als ganz kleinen Punkt ein Licht gesehen. Da wußte ich, da kommt ein Auto entgegen. Dann habe ich den Tacho auf Null gestellt und gewartet, wie lange fahre ich dem Auto entgegen, bis es an mir vorbeifährt. Und das waren über 80 km - und das Auto ist ja auch mit einer gewissen Geschwindigkeit auf mich zugekommen. Bei gleicher Geschwindigkeit wäre das also schon die doppelte Entfernung gewesen. So weit konnte man sehen.
Als ich den Stewart Highway hochgefahren bin, kam mir drei, vier Stunden kein Auto entgegen, nur mal ein Känguruh oder ein Baran (große Echsenart, der Verf.). Kam mir dann endlich mal ein Auto entgegen - die Leute haben sich richtig gefreut. Hätte ich angehalten, die hätten ein Picknick mit mir gemacht.

Wie kommst du mit den Sprachproblemen im Ausland zurecht?

Ich habe Landkarten dabei. In Afrika im Busch kann ich natürlich nicht erwarten, daß ich jemand treffe, der deutsch oder englisch spricht. Inzwischen kann ich durch meine Reisen auch spanisch. Ansonsten funktioniert das mit Händen und Füßen. Die Leute wollen natürlich immer viel wissen, wo kommst du her... . Dann schlage ich meine Karte auf und zeige drauf. Und oft kennen die nicht einmal ihre eigene Hauptstadt. Sie wissen zwar, daß es andere, reichere Länder gibt, aber Entfernungen können sie nicht einschätzen.

Wo gefällt's dir am besten? Von der Stimmung? Von den Landschaften?

Wo ich mich wohl fühlen könnte, das wäre Argentinien, Chile - oder Australien! Von der Landschaft, von den Leuten, von der Mentalität, wie sie sich geben. Das ist Zivilisation, und dort bist du mit der Natur eher verbunden als in irgendeinem anderen Land, ausgenommen irgendwelche Buschländer oder Länder, wo man nur auf dem Land lebt. Aber ich kann Albanien genauso viel abgewinnen wie Polen oder England. Jedes Land hat so seinen bestimmten Reiz. Und das ist ja genau das Faszinierende, meine Antriebfeder, daß sich jedes Land so unterscheidet. Die beste Stimmung gibt's in den Ländern südlich der Schweiz...

Italien?

Ja, also Griechenland, Serbien, Türkei - da sind die Leute noch mit dem Herzen dabei.

An was erinnerst du dich am liebsten?

Australien. Und Afrika, als ich getrampt bin und auf eine Reisegruppe gestoßen bin, die in einem umgebauten Bus oder LKW in der Wüste unterwegs war, mit denen ich dann eine Zeit mitgefahren bin, als man auf engstem Raum miteinander leben mußte. Der Zusammenhalt unter den Leuten, wie man sich gegenseitig in schwierigen Situationen geholfen hat. Tagsüber, als der Planet gebrannt hat, hast du unter dem Auto gelegen, danach sind wir paar Stunden mit dem Auto gefahren, und in der Nacht hast du geschlafen, da konnte man eh nichts machen - und das 23 Tage lang. Wenn man da noch nie war, kann man sich das nicht vorstellen. Man muß täglich sechs, sieben Liter Wasser trinken, teilweise aus Benzinkanistern. Und der weiße Mann zahlt mindestens doppelt.

Du hast dir Notizen von Erlebnissen gemacht, von denen du mir nicht erzählen möchtest. Welche sind das denn?

(Fari lacht erst einmal lange, der Verf.) Das wäre fies, wenn ich Dir die sagen würde. Das sind diese Geschichten und Erlebnisse, die ich später für mein Buch brauche. Bei denen weiß ich noch nicht, ob ich die so rüberbringen kann, wie ich sie erlebt habe.

Es gab bereits unzählige Anfragen von Fernsehsendern, die dich für eine Sendung haben wollten. Dann sagst du Termine ab, weil es da irgendwo einen Ort gibt, wo ein Spiel stattfindet, bei dem du noch nicht warst und das du nicht verpassen möchtest?

Weil das wichtiger ist. Ich mache diesen Kompromiß nicht mehr: Arbeit oder Fußball. Fernsehsender oder Fußball. Frau oder Fußball. Für mich gibt es nur noch das eine: Fußball! Diese Einschüchterung, daß man heute froh sein muß, einen Arbeitsplatz zu haben - die wirkt bei mir nicht. Ich habe nicht dieses Sicherheitsdenken. Wenn ich mir ein Ziel gesetzt habe, ich muß dahin, dann werde ich auf Biegen und Brechen versuchen, da hinzukommen.

Viele halten Euch Groundhopper für verrückt. Was sagst du dazu?

Ich kann ja nur für mich sprechen. Wenn ich von meiner Leidenschaft erzähle, dann nennen die das zwar verrückt - aber im positiven Sinne. Weil sie sehen, daß man eine

Das langsame Sterben

Fari offenbart sein Seelenleben

Ich habe die Wahl zwischen einer Freifahrt zum Bundesligaspiel KSC - HSV oder einem Abendessen mit einer tollen Frau. Doch ich fahre wieder einmal mehr nach Karlsruhe (habe ich gar keinen Verstand mehr?), wo der HSV wieder einmal - wie sollte es auch anders sein - mit dem Rücken zur Wand spielt. Vor einem Jahr hätte ich mich noch geärgert, doch heute läßt es mich kalt.

„Ich fange an zu sterben"
Ich stehe im Fanblock und weiß nicht, was ich hier mache. Ich hasse die ganzen Affen um mich herum.

„Ich fange an zu sterben"
Es ist 00:58, und ich steige in den Nachtzug nach Graz (wie gern wäre ich jetzt zu Hause). Der Schaffner kommt und will mein Ticket sehen, doch ich kann es nicht finden. Mein Inter-Rail-Ticket ist weg - warum bin ich heute nicht im Bett geblieben?

„Ich fange an zu sterben"
Meine Fahrt ist in Stuttgart Hbf zu Ende (AK Graz - Admira Wien und Florenz - Juventus Turin adé). Ich schäume vor Wut, spüre tiefe Enttäuschung, fühle Trauer und endlosen Haß.

„Ich fange an zu sterben"
Doch nun die Krönung an diesem Abend: ich werde aus dem Bahnhof verwiesen (Unternehmen Zukunft DB), weil ich nicht im Besitz eines Fahrscheins für eine Fahrt von mehr als 100 km Entfernung bin. Als Zugabe stehe ich nun im kalten Regen, der nicht charakteristischer sein könnte als mein Seelenleben.

„Ich fange an zu sterben"
Und genau an dieser Stelle im Tunnel, wo ich kein Licht mehr sehe, frage ich mich, „was tue ich hier?" und stelle fest:

„Ich bin tot"
Ich habe keine Kraft mehr, zu kämpfen. ich sehe keine Ziele mehr. Ja, die Routine hat mich aufgefressen. Ich bin müde. Ich habe keine Lust mehr. Ich bin tot. Ich brauche eine Pause.

Fari, eine (poetische) Leiche
(aus: Farsang, Carlo: Das langsame Sterben, in: Fan geht vor, 6. Jg. (1996), Nr. 43, S. 28)

Lebensart hat, mit der man auch existieren kann, aber noch mehr dem Leben abgewinnen kann, als man dies selber kann, wenn man normal seiner Arbeit nachgeht, Kinder oder Freundin hat. Die freuen sich über kleine Dinge im Leben wie Weihnachten und Ostern, die für mich eigentlich mehr oder weniger lästige Tage sind, da es nirgendwo Fußball gibt. Das sind Tage, die in meinem Leben verloren sind, weil ich diesen Tagen nichts abgewinnen kann.

Eine oder mehrere Spielzeiten ohne den HSV, deinen Verein, besucht zu haben: Ist das nicht ein besorgniserregender Zustand?

Angefangen hat es mit der Abschaffung des Tramper-Monats-Tickets. Von hier aus (Schwarzwald, der Autor) bin ich zu einem Heimspiel 800 km - pro Richtung - gefahren.

Damals war das finanzierbar. Dann nicht mehr. Heute sind das mit dem Supersparpreis locker 180 DM hin und zurück. Dieses Preis-/Leistungsverhältnis stimmt nicht mehr. Dazu kommt, daß ich meine Reisen ausgeweitet habe. Ich habe eine Zeit lang in Europa, in der Türkei gelebt. 1997 war ich ein halbes Jahr in Südamerika, 1998 fünf Monate. So bleibt einfach keine Zeit dafür. Wenn ich in Deutschland bin fallen andere Dinge an: Geld verdienen, Fotos an den Mann bringen, private Sachen in Reih und Glied zu bringen. Man hat zu viel erlebt, um noch der Bundesliga etwas abgewinnen zu können.

Aber trotzdem ist es ja dein Verein!

Als Fan bleibt man seiner Mannschaft immer treu. Wenn ich in Südamerika oder woanders eine Zeitung mit Bundesligaresultaten gefunden habe, dann hat mich als erstes immer brennend interessiert, wo der HSV steht. Inzwischen habe ich aber auch noch den Kontakt zu den Leuten verloren, mit denen ich zum HSV gefahren bin.

Wann hörst du auf?

Ich weiß es nicht. Wann auch immer. Es gab mal eine Zeit, da hat der HSV in Karlsruhe verloren. Damals habe ich eine Karte geschrieben, die hat angefangen mit „Ich fange an zu sterben..." (siehe Kasten Seite 49, der Verf.). Das war ein total demoralisierendes Wochenende: der HSV hat verloren, und ich habe meine Interrail-Karte verloren.
Ich hatte mit dem Ticket eine geniale Tour vorgehabt. Ich hab's erst einmal benutzt und hätte es noch dreimal nutzen können, das sind drei Wochenenden - und die Touren hatte ich geplant. Freitag KSC gegen HSV, Samstag wäre das Wiener Derby gewesen, Sonntag Florenz gegen Juve. Ich hatte schon die Akkreditierungen (Presseakkreditierungen, der Autor), und die Tour ist gescheitert, weil ich dieses Ticket nicht mehr hatte.
Etwa in der Zeit habe ich eine Frau kennengelernt. Da habe ich mal eine Aussage gemacht: „Die Frau an meiner Seite, ich würde nie wieder zum Fußball fahren." Es ärgert mich schon, daß ich mich von einer Frau zu so einer Aussage habe hinreißen lassen. Zufällig habe ich mit dieser Frau an diesem einen Abend das Hotelzimmer geteilt. An diesem Abend habe ich mich so richtig kopfüber verliebt.
Ohne Spiele bzw. Erlebnisse würde mir aber die Decke auf den Kopf fallen.

Keine drei Spiele pro Wochenendtag sind eine Enttäuschung!
Ein Lagebericht zur englischen Groundhopper-Szene
von Dave Woodings

In England gibt es zur Zeit mindestens 1.000 Fußballzuschauer, die man als Groundhopper bezeichnen könnte. Einige dieser besuchen in einer Saison vielleicht nur 20 oder 30 verschiedene Grounds, das eigene Team oder Spiele in ihrer Nähe. Wie auch immer - ich vermute, daß es zwischen 100 und 200 wirklich ernsthafte Groundhopper gibt, die jede Saison alles zwischen 50 und 200 neuer Grounds „abhaken" und zu so vielen Spielen fahren, wie sie nur können - in einigen Fällen weit über 200.

Die ernsthaftesten Groundhopper folgen auch weiterhin ihrem Team - besonders bei Heimspielen -, verbringen aber die restliche Zeit damit, neue Grounds zu suchen, die sie besuchen können. Im Gegensatz zu ihren kontinentalen Kollegen sehen sich englische Groundhopper Fußball in allen Ligen an, unabhängig ihrer Ebene, ihres Levels, inklusive einer Menge „non-league"-Fußballs. Bei uns gibt es viele Stadien mi Flutlicht (Voraussetzung für alle Ligen bis zum 8. Level). Zudem nehmen viele englische non-league-teams an mehreren verschiedenen Wettbewerben teil, wodurch die Möglichkeit gegeben ist, an den meisten Abenden - sogar über den Winter - Wochentagsspiele zu verfolgen. Wir achten ebenfalls auf frühe Anstoßzeiten am Anfang und Ende einer Saison, um Spiele von Vereinen ohne Flutlicht innerhalb der Woche sehen zu können.

Weitere Möglichkeiten sind Jugendspiele am Samstagmorgen und verschiedene Anstoßzeiten an den meisten arbeitsfreien Tagen - wenn wir an solchen Tagen keine drei Spiele sehen können, ist das für uns eine Enttäuschung. In den letzten Jahren haben zwei Ligen, die Northern League in Nordost-England und die Devon League in Süd-Wales, spezielle „hops" über Ostern arrangiert - mit sieben oder acht Spielen über drei Tage -, sowie Quartier- und Transport-Packete organisiert. Diese haben über 200 Groundhopper angelockt, die das ganze Wochenende gebucht haben, und viele, die nur zu einigen Spielen gekommen sind, die sie noch „gebraucht haben".

Wir haben ein paar internationale Groundhopper, manche, die jede Saison für ein paar Wochenenden in die nähergelegenen Länder Europas (Frankreich, Belgien, Holland, Deutschland) fahren, aber auch ein paar, die sich weiter entfernten Zielen wie Afrika und Südamerika widmen, und einige, die fast jeden Sonntag Frankreich oder Belgien besuchen.

In den letzten Jahren ist das Hobby schnell gewachsen, besonders durch solche Fans, die von den gestiegenen Eintrittspreisen des Top-Fußballs in England und Possen gieriger Vereine, Spieler und Agenten genug haben und zur freundlicheren und entspannteren Atmosphäre der non-league gewechselt sind. Die von uns, die mit dem Groundhoppen vor vielen Jahren begonnen haben, hatten viele Unannehmlichkeiten, Informationen und Spielansetzungen herauszufinden, aber seit den letzten zwölf Jahren haben wir unterstützende Hilfe durch den wöchentlich veröffentlichten „Football traveller", der detaillierte Spielansetzungen bis zu untersten Klassen enthält, bekommen. Unsere international Reisenden abonnieren zudem die deutsche Groundhopping-Publikationen, den Europlan und den Groundhopping Informer.

Neben dem „92 Club", der sich hautsächlich an jene Hopper wendet, die sich für die „league grounds" interessieren, gibt es keinen formellen Klub bzw. Organisation für englische Groundhopper, obwohl sich die üblichen Fahrer alle gegenseitig kennen. Besonders wenn ein Verein in ein neues Stadion zieht und sein erstes Flutlichtspiel oder eine ungewöhnliche Anstoßzeit hat, erscheinen Horden von Groundhoppern.

Viele der lustigsten Geschichten passieren einzelnen Groundhoppern, die man kennen muß, um zu verstehen, warum sie so lustig sind. Unser exzentrischster Hopper ist ein früherer Straßenbahnfahrer in Blackpool, der allgemein als „Tram" bekannt ist. Er weigert sich einen Ground als besucht anzuerkennen, wenn in dem Spiel kein Tor fällt und muß zu einem anderen Spiel wiederkommen, wenn er ein 0:0 erwischt. Natürlich bedeutet dies, daß wenn er bei einem Spiel ist, bei dem auch viele andere Hopper sind, daß wir alle hoffen, daß es torlos bleibt, weil wir dann beobachten können, wie er sich mit der Zeit immer mehr ärgert. In der letzten Saison reiste er nach Sunderland dreimal an, bevor ein Tor fiel, und ein paar Jahre zuvor benötigte er gar einen vierten Versuch bei einem Highland-League-Ground, bis letztendlich ein Tor fiel.

Wir haben einige Hopper, die ihr Essen wirklich mögen (einer ist bekannt für das Essen einer großen Anzahl Mars-Riegel, und ich bin dafür bekannt, häufig in Stadien mit Fisch und Chips anzukommen), und einige, die ebenso ihr Bier mögen. Glücklicherweise benehmen sich sogar letztere selten schlecht, obwohl ein Hopper einmal die Schlüssel aus einem Bus genommen hat, weil er verhindern wollte, daß der Bus abfährt, bevor das Spiel, das er sah, beendet war.

Manche Hopper fallen auf die eigene Nase, worüber man sich auch mal amüsiert. Der vermutlich beste Vorfall dieser Art betrifft einen Burschen, der ein totaler Angsthase ist, sehr an seinem Geld festhält und wie besessen von Programmen ist. Er mag es auch, sich über anderer Unglück lustig zu machen. An einem feuchten Tag in Wales sah er den Programmverkäufer kommen und stürmte an der Vorderseite der Tribüne vorbei, wo er auf einer schlammigen Bank nach seinem kleinem Geldbeutel greifend - natürlich ausrutschte, rechts neben die Bank kam, was damit endete, daß er schließlich kräftig mit Schlamm bedeckt war. Selbst die Ortsansässigen lachten - wie ich auch, bis mir ein einfiel, daß er den Rest des Tages in meinem Auto mitreiste. Der selbe Bursche zahlte £ 400 für einen Trip unter der Woche nach Guernsey, und alle seine Spiele wurden verlegt. Es geschieht ihm recht, wenn er über andere Leute lacht.

Mein höchstes Ziel zur Berühmtheit ist mein eigener „persönlicher Zug". Vor vielen Jahren, als ich in St. Helens lebte, fuhr ich mit dem Zug nach Darlington, wobei mir falsche Information zu Fahrtzeitänderungen gegeben wurden, was bedeutete, daß ich in dieser Nacht nicht mehr nach Hause kommen sollte. Ich beschwerte mich lange und laut. Wenn ich nach Manchester fahren würde - so hieß es schließlich - würde man mich nach Hause bringen. Der Zug, den ich erreichte, ging weiter nach Liverpool - via St. Helens! -, aber nur als Güterzug! Nach vielem Ausfüllen von Formularen und viel Beschweren wandelten sie den Zug in einen Personenzug um - nur für mich!

Englische Groundhopper nehmen einigen Ärger in Kauf, um ihren Haken zu bekommen, oftmals versuchen sie, Schiedsrichter zu überreden, Spiele auf unbespielbaren Plätzen nicht abzusagen. Manchmal hilft man sogar durch das Ziehen von Gräben Überschwemmungswaser abfließen zu lassen. Einige Hopper haben sogar schon als Ersatz-

Linienrichter ausgeholfen, wenn einer der vorgesehenen Offiziellen sich verletzte oder einfach nicht kam.

Letztendlich könnte ich viele lustige Geschichten über Leute auflisten, die lange Entfernungen zurückgelegt und entweder ihr Spiel verpaßt haben oder Spielverlegungen hinnehmen mußten - der schlimmste Fall war der eines Hoppers, der zu einem internationalen Spiel nach China flog, das dann abgesagt wurde.

Der klassische Flop
Ein Erlebnisbericht von Jörg Laufenberg, März 1998[37]

Groundhopper haben zweifelsohne einen Hang zum Außergewöhnlichen. Je kultiger, desto besser! Man stelle sich einmal vor, daß diverse Kollegen einem morgens auf der Arbeit erzählen, daß sie am Abend zuvor im Kino waren. Eine Kollegin erwidert daraufhin, daß sie mit ihrem Freund gestern Abend essen war. Plötzlich kommt auch unsereiner zu Wort und erzählt, daß er gestern Abend - nach der Arbeit wohlgemerkt - in England war und dort ein Fußballspiel gesehen hat.

Am 17. März hätte diese Geschichte, die selbst in unseren Kreisen für viele Leute nur ein Traum bleiben wird, Realität werden können. Durch den Verzicht auf meine Mittagspause durfte ich meinen Arbeitsplatz ohne Abbau von Überstunden bereits um 15.15 Uhr verlassen. Die Chefs der Herren Markus Ross aus Bischofsheim sowie Andreas Werner aus Köln ließen sich mit ihren Angestellten auf ähnliche Deals ein, ohne jedoch zu wissen, was ihre Angestellten an diesem Abend geplant hatten. Der zur Zeit arbeitslose Dirk Apel („De Cologne") komplettierte unsere Autobesatzung.

Eine leichte Verspätung des Herrn Ross warf unseren Zeitplan bereits bei der Abfahrt etwas durcheinander. Das hohe Verkehrsaufkommen, allem voran die gegenseitigen Überholmanöver einiger LKW-Fahrer, trieben einem den Zorn ins Gesicht, was dazu führte, daß es mit Sicherheit keine gemütliche Fahrt wurde. Immer wenn der Tacho die 120 km/h-Grenze überschritt, mußte man wenig später abrupt abbremsen. Die letzten Kilometer auf belgischem Territorium erreichte man endlich einmal einen Schnitt oberhalb dieser Grenze, so daß unsere Hoffnung auf einen reibungslosen Ablauf wieder stiegen. Unseren Elan wußte der französische Zoll jedoch schon wieder zu stoppen: In einer Schlange von etwa zehn Autos wurden wir als einziges rausgewunken und nach ausgiebiger Kontrolle unserer Personalien konnte es zehn Minuten später endlich weitergehen. Mit Vollgas ging's über Lille und Dünkirchen bis nach Calais, wo man gegen 19.10 Uhr eintraf. Es wäre wirklich zu schön gewesen, nun einen möglichst umgehenden Transport durch den Tunnel geboten zu bekommen. Aber bis 19.51 Uhr fuhr überhaupt nichts, danach ging es sinnigerweise im 10-Minuten-Takt weiter. Es sollte also verdammt eng werden, zumal die Fahrt statt 35 Minuten inklusive Verspätung fast 45 Minuten dauerte. Dank der Stunde Zeitunterschied und erneutem Fahren am Tempolimit erreichte man exakt um

---
37) Vgl. Laufenberg, Jörg: Arbeitstag eines Hoppers ..., in: Europlan, 5. Jg. (1998), Nr. 2/98, S. 45.

19.45 Uhr (=Anstoßzeit) Dover. Jetzt nur noch den Ground finden, dachte man...

Doch da hatte man die Rechnung anscheinend ohne meinen Tank gemacht, da der Wagen bedenklich zu stottern anfing. Glück im Unglück war, daß die nächste Tankstelle nicht lange auf sich warten ließ und so gerade noch erreicht wurde. Der Tankwart erklärte uns zwar den Weg zum Ground, dennoch konnte dieser auch nach nochmaligem Fragen nicht gefunden werden. Schließlich brachte uns ein PKW-Fahrer bis direkt vor den Stadioneingang. Doch dafür, daß das Spiel bereits vor zehn Minuten hätte beginnen sollen, war hier jedoch alles stockfinster: kein Flutlicht, keine Autos, keine Zuschauer, einfach nichts! Ein Passant erklärte uns, daß Dover AFC am Wochenende sein FA-Cup-Qualifikationsspiel zu Hause unentschieden gespielt hatte und am heutigen Abend das Replay[38] irgendwo in der Nähe von Manchester stattfinden würde. Haß!!!

Dabei hatte man sich doch noch am Tag zuvor in der „Times" sowie noch am Spieltag selbst auf Videotext über die Ansetzung vergewissert. Nach einem Blick in den dunklen Ground beschloß man dann gleich die Heimreise anzutreten, zumal die Chancen auf ein eventuelles Ausweichspiel nicht nur aufgrund der Uhrzeit äußerst gering waren. Hätte Dover wenigstens auswärts im FA-Cup-Hinspiel gespielt, dachte man, so hätte zumindest das Replay hier stattgefunden.

So verfolgte man das Replay im Lokalradio, ferner wurde noch ausführlich über ein Replay in Ashford berichtet. Da man jedoch keine Straßenkarte mitgenommen hatte, wußte natürlich niemand, wo dieser Ort lag.

Während meine Mitfahrer immer noch fassungslos waren, kommt bei mir erneut der Punkt auf, laut über das Ende meiner Hopper-Karriere nachzudenken. Da klingelt mein Handy. Ein Freund aus Aachen erzählt mir, daß unser Meisterschaftsspiel am Sonntag in Verl wegen des Castor-Transportes abgesagt wurde. Kaum ist das Gespräch beendet, verabredet man sich mit dem „dicken Hammer" zu einer Kroatien/Ungarn-Tour für das kommende Wochenende. So schnell kann das mit uns gehen.

Es paßte natürlich gut ins Bild, daß die Rückfahrt durch den Tunnel sich aufgrund eines „technischen Defekts" um eine satte Stunde verspätete. Bei einem Stopp auf einem belgischen Rasthof stellte man übrigens fest, daß Ashford nur 15 Kilometer von Dover bzw. Ramsgate entfernt liegt und man problemlos noch eine Halbzeit hätte sehen können.

Irgendwann gegen 3.00 Uhr war der leidgeplagter Erzähler dann wieder zurück in Aachen, für meine Mitfahrer dürfte es noch ein bzw. zwei Stündchen später geworden sein. Trotz allem - sollte sich die Gelegenheit noch einmal bieten - wird wahrscheinlich die gleiche Autobesatzung den Anlauf ein zweites Mal wagen.

Und hoffentlich lautet unser Fazit dann nicht mehr: Außer Spesen nichts gewesen...

---

38) *Wiederholungsspiel mit umgekehrter Ansetzung, das bei einem Unentschieden in England erforderlich wird.*

Die Tourenplanung

Wie zuvor mehrmals zu lesen war ist das Planen und Organisieren der Touren ein sehr wichtiger Aspekt, wenn man groundhoppen möchte. Ohne eine sorgfältige Vorbereitung können neue Grounds schnell ins Wasser fallen.

In der Regel beginnt man damit, sich aus dem Europlan oder einem aktuellen Magazin ein oder zwei „Ziel-Begegnungen" aus den Spielplänen herauszusuchen. Dabei handelt es sich je nach Groundhopper-Typ in der Regel um Spiele des eigenen oder eines im Auge des Hoppers sympathischen Vereins, um Spiele der Nationalelf oder um Top-Spiele (Spiel gegen Top-Team, Derby, Länderspiel, WM, EM, Finalspiele). Vielen Groundhoppern ist es allerdings auch egal, wer spielt, wenn einfach nur ein neuer Ground abgehakt werden kann. Um diese Begegnung(en) herum versucht man dann, mit Hilfe weiterer Spielpläne eine Tour aufzubauen, sollen doch möglichst viele Spiele „mitgenommen" werden. Das Austüfteln einer Tour kann gerade beim Besuch unterklassiger Spiele so weit gehen, daß aus allen Regionen Deutschlands Regionalzeitungen im Abonnement bezogen werden, um Informationen über aktuelle Spielansetzungen zu bekommen.

Dabei können natürlich nur solche Spiele eingeschoben werden, die auch unter Berücksichtigung der zeitlichen Komponente erreichbar sind[39]. Es ist ratsam, durch einen Blick ins Internet, den Videotext oder in aktuelle Tageszeitungen des jeweiligen Landes die Spielansetzungen zu überprüfen, da unabhängig vom Wetter heutzutage durch TV-Übertragungen oder kurzfristig angesetzte Spiele bei der Teilnahme in anderen Wettbewerben oft genug Spiele vom einen auf einen anderen Tag verschoben werden. Auch ein Anruf beim entsprechenden Verband kann unliebsamen Überraschungen vorbeugen[40].

39) Dirk „Teamchef" Schulz von der V.d.G.D. meint sogar, mit sieben Urlaubstagen und einer geschickten Planung könnte man heutzutage Spanien „komplett machen".

40) Die Anschriften, Telefon- und Faxnummern von weltweit allen Nationalverbänden und zahlreichen Vereinen können dem Groundhopping Informer entnommen werden, der jährlich aktualisiert von der V.d.G.D. aufgelegt wird - seit 1999 sogar als im Handel erhältliches Buch. Die Vereinsinformationen sind für Deutschland bis zur 5. Ebene (Landes- / Verbandsliga), England bis zur 7. Ebene, die meisten sonstigen westeuropäischen Länder bis zur 2. oder 3. Ebene und die näheren osteuropäischen Länder bis zur 1. Ebene enthalten. Für ferne Länder wie die USA, Japan, Mexiko und ein paar südamerikanische Länder sind die Kontaktadressen ebenfalls abgedruckt.

Zu berücksichtigen ist auch das Einplanen von genügend großen Zeitpolstern, weil Zugübergänge scheitern könnten oder man doch z.b. auf dem Weg zum Spiel zwischen Weißrußland und Schottland an der polnisch-weißrussischen Grenze mit wenigstens sieben Stunden Wartezeit rechnen muß. Tut man das nicht, könnte es passieren, daß man trotz schließlich zehn Stunden Wartens an der Grenze kehrt machen muß, weil man die letzten 350 km nach der Grenze zum Spielort nicht mehr hätte rechtzeitig schaffen können[41].

Meistens kann man Dinge wie eventuell benötigte Unterkünfte, Zahlungsmittel oder Eintrittskarten vor Ort klären, in vielen Fällen muß man sich darum allerdings genauso zu Hause kümmern wie um das Erfüllen einiger Einreisevoraussetzungen. So werden z.b. unter Umständen ein Visum[42], Versicherungskarten, ein internationaler Führerschein, ein Reisepaß (in den arabischen Ländern ohne israelischen Stempel), förmliche Einladungsschreiben oder Hotelbuchungsbestätigungen benötigt. Hierzu sollte man sich allerdings genauestens in Reisebüros, Konsulaten oder Botschaften informieren.

Für fliegende Groundhopper hält der Groundhopping-Informer inzwischen sogar Orientierungserleichterungen bereit, welche und wie oft Transportmöglichkeiten zwischen Flughäfen und Städten bestehen und mit welchen Kosten etwa zu rechnen ist[43]. Dabei wird kein europäisches Land ausgelassen. Bei einem Blick auf diese Liste wird bereits deutlich, wie wichtig es ist, in den ost- und südosteuropäischen Ländern harte Währung mit sich zu führen. So wird z.B. in Ländern des früheren Jugoslawiens oft nur DM akzeptiert, während die Einheimischen in Albanien oder Aserbaidschan US-Dollar fordern. Aber auch im Europlan werden hilfreiche Informationen zusammengetragen: Sind bei der Einreise nach Saudi-Arabien Impfungen vorgeschrieben? Kann man zum deutschen Spiel im Oman einen Abstecher zum Derby in Kalkutta (130.000 Zuschauer) machen? Welche Bootslinie muß ich zum Stadio Pierluigi Penzo in Venedig nehmen? Auch das Weitergeben von während der Touren gesammelten Informationen gehört zum Groundhoppen.

Nicht zu unterschätzen ist die Kartensituation vor Ort. Inzwischen wurden in Holland und Belgien infolge von Zuschauerausschreitungen Clubkarten eingeführt, ohne die es „Normalsterblichen" nur noch unter Schwierigkeiten bzw. durch Tricks gelingt, dort Spiele zu besuchen, wenn man sich nicht eine „Club Card" besorgt, für die die persönlichen Daten anzugeben sind. Doch auch Besitzer einer dieser Karten können sich nicht sicher sein, Zutritt zum gewünschten Stadion zu bekommen. Bei manchen Vereinen gelten Anhänger bestimmter Vereine als Störenfriede und werden bei neutralen Spie-

---

41) *Vgl. Reuter, Alexander: Polnisch-weißrussische Tragikomödie, in: Matchday, 1. Jg. (1997), Nr. 3, S. 5-6.*
42) *Achtung! Die Bearbeitung eines Visumsantrages kann sich Wochen hinziehen. Wer dann gleich für mehrere Länder Visa braucht, der sollte sich noch früher bemühen, da ein Bearbeiten der Visa aufgrund der Abgabe des Reisepasses oft nur hintereinander möglich ist.*
43) *Vgl. Hardt, Thomas / Seiß, Michael: Goundhopping Informer zur Spielzeit 1998/99, Herne 1998, S. 120-121.*

len wieder nach Hause geschickt. Bei Vitesse Arnheim ging man sogar so weit, inzwischen nur noch Dauerkarteninhabern den Zutritt zu gewähren - neutrale Zuschauer werden pauschal ausgeschlossen. Darüberhinaus dürfen in Belgien bei Spielen, die vom belgischen Innenministerium als Risikospiele klassifiziert werden, nicht mehr als 10.000 Karten verkauft werden. Ohne die Gewißheit, auch eine Karte für Spiele in Holland bzw. Belgien zu bekommen, sollte man sich demzufolge nicht dorthin auf den Weg machen[44].

Bei Top-Spielen oder Derbies sind oft genug keine Karten an den Tageskassen zu bekommen. Auf Schwarzmärkte darf man sich - von den Preisen schon mal ganz absehen - heutzutage nicht verlassen. In Schottland gibt es so etwas wie einen Schwarzmarkt zum Beispiel gar nicht. Wie Groundhopper diese Probleme lösen - es gibt nicht bei jedem Spiel einen unüberdachten Zaun, über den man springen kann, einen Schleichweg oder eine erhöhte Stelle direkt am Stadion, von der man auf das Spielfeld und die Ränge blicken kann - wie dieses alles zu lösen ist, soll in diesem Buch nicht verraten werden. Groundhoppen soll auch in der Zukunft noch möglich sein. Aber vielleicht weiß es der eine oder andere Leser ja nach dem Lesen dieses Buches - so schwierig ist es nicht.

Hat man eine fremde Stadt, in der man ein Fußballspiel verfolgen möchte, erreicht, so ist man vor diverse Probleme gestellt: Wie finde ich das Stadion - zumal die Zeit zum Anpfiff immer knapper wird und auch Einheimische bei der Lösung dieses ersten Problems nicht immer die beste Auskunft geben können? Bin ich mit dem Auto unterwegs, wo kann ich dann in Stadionnähe mein Auto abstellen? Möchte ich in den Gästeblock, wo ist dieser bzw. das zugehörige Kassenhäuschen?

In den letzten Jahren wurden diverse Stadionführer angeboten, die sich teilweise schon deutlich unterscheiden. Dabei ist gerade bei den als kommerziell einzustufenden Guides festzustellen, daß man jene Anhänger als Zielgruppe ausgesucht hat, die sich auf Fahrten innerhalb der Bundesliga beschränken. Dies verspricht nachvollziehbar ein größeres Geschäft als ein Führer für Regionalligavereine. Enttäuschend ist bei einem Blick in diese kommerziellen Guides dann, wie wenig Informationen man als anreisender Fußballanhänger erhält. So gehen hier die Informationen kaum über jenes hinaus, was bereits aus den Jahres-/Sonderheften zu Saisonbeginn entnommen werden kann. So findet man in der Regel Anfahrtswege für Auto und Zug, Kurz-Chronik, Kader und Termine, eventuell noch Ticketpreise[45]. Zudem sind die Anfahrtswegbeschreibungen viel zu knapp gehalten und in zwei Fällen völlig veraltet und zudem falsch[46].

Zwei Stadionführer, die sich auf spezielle Dinge konzentrieren, sind das im Oktober 2000 erschienene große Buch der deutschen Fußball-Stadien, in dem Portraits und die Geschichten von fast 300 Arenen erzählt werden (eine ca. 500 Seiten starke Perle für den

---

44) Vgl. Hardt, Thomas / Seiß, Michael: *Goundhopping Informer zur Spielzeit 1998/99*, Herne 1998, S. 56 / 59.

45) Vgl. Baingo, Andreas: *Der Fußball-Saisonplaner (Bundesliga) 98/99*, Berlin 1998; Beckmann, Reinhold (Hrsg.): *SAT.1-Ran-Fanbuch*, Hamburg 1996; Zulauf, Harald: *Bundesliga Timer*, Köln 1998.

46) Vgl. Zulauf, Harald: *Bundesliga Timer*, Köln 1998; Richardt, Oliver / Simon, Sven: *Bundesliga-Guide 2000/2001*, München 2000.

Sammler, aber alleine aufgrund des Formats nichts für die Hosentasche des Stadiongängers[47]) und der in der Saison 1998/99 erstmals veröffentlichte Polyglott-Reiseführer[48], der in Zusammenarbeit mit der „Die Fußball Bundesliga (DBL) Marketing GmbH" entstand, was leider wohl auch vor falschen Informationen bei den Vereinsdaten nicht schützt - diese wurden jedenfalls auch ohne große Sachkenntnisse geschrieben. Fanshopadressen sind verzeichnet, allerdings nur die offiziellen Fanshops der Vereine - für Fans im Prinzip unverzichtbare Besuche in namenhaften Shops wie Sport Bock in München werden - sicherlich im Sinne der Vereine - im Polyglott-Führer unterschlagen. Die Stärke des Führers liegt ansonsten - wie gewöhnlich für die Publikationen des Verlages - im Stadtrundgang mit der Vorstellung der wichtigsten Gebäude und Plätze, sowie bei praktischen Hinweisen wie Ausgeh- und Einkaufstips.

Groundhoppen ist ein Hobby, das sich gar nicht auf die Fußball-Bundesliga beschränken kann. Stadionführer für Groundhopper sollten wenigstens auch Stadien der 3. Liga berücksichtigen. Diese wird man nicht in jedem Buchgeschäft finden, trotzdem gibt es sie - und die bieten dann aber auch etwas! Der bei den Fans bisher wohl beliebteste Führer ist nun seit 1993 auf dem Markt und längst auch wieder aktualisiert worden. 75 deutsche Stadien von Aachen bis Zwickau werden in den „1.000 Tips für Auswärtsspiele" vorgestellt. Es gibt ausführliche Informationen zur Geschichte des Stadions, dem Anfahrtsweg per Auto und Zug und eine ganze Menge Tips zur Situation im und um das Stadion, einen Stadionplan, Eintrittspreise, Informationen zum Speiseangebot, zu Stadion- und Fanzeitungen und Treffpunkten[49]. Ebenso erfreulich sind die zur Saison 1998/99 erstmals erstellten Supporters' Guides - sechs Führer, von denen jeder eine der obersten Liga behandelt: Bundesliga, 2. Liga, Regionalliga Nord, Nordost, Süd, West-Südwest[50]. Umfassender geht es kaum noch. Hier bleiben praktisch keine Fragen mehr offen: detaillierter Anfahrtsweg, Stadion in Gegenwart und Geschichte, Beschreibung der örtlichen Fanszene, sportlicher Rück- und Ausblick, Spielplan, Fanshop, Stadionprogramm, Behindertenservice, Fanzines, Internet, Freundschaften, Rivalitäten, Fanprojekt, Radiosender für Anfahrtsweg, Heimatzeitung, Essen, Trinken, Toiletten, Kneipe, Restaurants, Imbisse, Vereinsinfos. Ist das noch zu steigern?

Was aber tun, wenn die „Hopperei" ins Ausland führt und die aufgezählten Guides nicht weiterhelfen? Handelt es sich um große Turniere wie eine WM oder EM könnte man sich erkundigen, ob eigens hierfür ein Guide herausgebracht wurde, wie es 1998 einen WM Reiseführer gab[51], der über alles aufklärt, was man an Grundwissen nötig

---

47) Vgl. Skrentny, Werner (Hrsg.): *Das große Buch der deutschen Fußball-Stadien*, Göttingen 2000.
48) Vgl. Polyglott (Hrsg.): *Fußball-Bundesliga 1998/99*, München 1998.
49) Vgl. Grüne, Hardy / Müller-Möhring, Michael: *1.000 Tips für Auswärtsspiele, 3. Auflage*, Kassel 1999. Aus dem gleichen Verlag, der noch die zweite Auflage herausbrachte (Autoren Bernd Imgrund und Michael Müller-Möhring), stammt ein Guide, der zu allen Vereinen aus Nordrhein Westfalen von der ersten bis zur dritten Liga führt, beschränkt auf eine Saison, mit zusätzlichen Infos, Kader, Spielplan und historischem Vereinsrückblick: Radio NRW GmbH (Hrsg.): *Fußball-Fan-Guide der NRW-Lokalradios*, Oberhausen 1998.
50) Vgl. Grüne, Hardy / Weinrich, Matthias: *Supporters' Guide Regionalliga Nordost*, Kassel 1998; dto. für Regionalligen Nord, West-Südwest, Süd, Bundesliga und 2. Liga.
51) Vgl. Grüne, Hardy: *WM Reiseführer Frankreich 1998*, Kassel 1998.

Groundhopper Fari bei der Tourenplanung.

haben könnte: neben den bei den Supporters' Guides angeführten Stichpunkten auch Autobahngebühren, Bahninfos, Unterkünfte, Lebensart, Kultur, Sprachinfos, Medien, Telefonieren, Post, Geld, Botschaften, Kranksein, Notfälle, Stadtplan, Entertainment und Erläuterungen zum heimischen Verein. Dieser Führer kann auch nach einem Turnier weiterhin von großem Nutzen sein. Sehr gut - zudem auch noch kostenlos - sind die zu großen Turnieren herausgegebenen WM/EM-Fanzines der Koordinationsstelle der Fanprojekte[52]. Hier finden sich neben den zahlreichen Tips für das Ausland und den Informationen zu den Gegnern auch Hinweise auf den Standort der Fanprojektmitarbeiter und des DFB-Büros vor Ort, die bei der Lösung mancher Probleme hilfreich sein können. Fährt man mit dem eigenen Club ins Ausland, so bietet ein gutes Vereins-Fanzine bei rechtzeitiger Erscheinung auch einen Anfahrtsweg. Damit ist aber weniger zu rechnen - diese Hilfe gibt es auch nicht bei normalen Groundhopper-Touren, bei denen der eigene Verein gar keine Rolle spielt. Hier sollte man auf richtige Groundhopper-Werk-

---

52) *Vgl. Koordinationsstelle Fanprojekte / Bundesarbeitsgemeinschaft Fanprojekte / Football Supporters Association (Hrsg.): Das Euro-Fanzine, Frankfurt 1996; Bundeszentrale für politische Bildung / Koordinationsstelle Fanprojekte / Bundesarbeitsgemeinschaft Fanprojekte (Hrsg.): Das WM Fanzine '98, Frankfurt 1998.*

zeuge zurückgreifen: Informationen durch Groundhopper-Kollegen, den Europlan der V.d.G.D. oder der europäischen Version der „1.000 Tips für Auswärtsspiele": Die „1.000 Tips Europacup"[53)] führen zu über 222 Vereinen in 25 Ländern, von Aberdeen bis Zrenjamin. Es gibt Geschichtliches zum Verein, die Erfolge, große Spielernamen, Internetkontakt, Beschreibung des Stadions inklusive Kapazität Anfahrtweg für Auto und Zug, Unterkunftsmöglichkeiten (auch Jugendherbergen) und die Adresse zum Tourismusbüro. Vor der Besprechung der Stadien eines neuen Landes werden wichtige Wörter und Zahlen in die jeweilige Landessprache übersetzt[54)].

Zu einer sorgfältigen Planung gehört auch, daß man sich wirklich rechtzeitig um alles kümmert - sei es das Visum oder die Prüfung, ob verkehrstechnisch überhaupt noch eine Anreise möglich ist. Wem kurzfristig einfällt, einen Abstecher machen zu wollen, um einen weiteren Ground zu sammeln, dem könnte Ähnliches wie Fari passieren, der während seiner Afrika-Tour im September 1993 ein neues Ziel vor Augen hatte.

Hier ein Ausschnitt aus seinem Bericht, den er speziell zum Länderspiel Deutschlands in Tunesien verfaßte[55)]:

„Nach meinem siebentägigen Aufenthalt in Deutschland bin ich via Rom am Dienstag den 21. September 1993 gegen 15 Uhr wieder in der tunesischen Hauptstadt Tunis gelandet.... Freudestrahlend suchte ich gegen 21 Uhr meine doch sehr bescheidene Unterkunft auf, da ich am Spieltag, ich spreche vom 22.09.93, noch einiges zu tun hatte, da mir zu Ohren gekommen war, daß der HSV (mein Club) am 4. Oktober in Teheran im Iran ein Freundschaftsspiel bestreiten würde. Weil ich diesen Ground bzw. Länderpunkt noch nicht verzeichnen konnte, versuchte ich, ein Visa bzw. einen Hin- und Rückflug zu organisieren. Also war mein erster Schritt in die iranische Botschaft, und nach einem kurzen Wortwechsel gelang es mir, den Botschafter zu überzeugen. Der versprach mir, innerhalb von zwei Tagen ein Visum zu besorgen. Überglücklich verließ ich die Botschaft. Nun war der Rest nur noch Routine. Denkste!

Nicht einen Direktflug gibt es nach Teheran (Anm.: vom Iran gibt es nur eine Direktverbindung nach Afrika: Teheran - Kenia), und so klapperte ich an diesem Tag acht Flugbüros ab, wobei ich für ca. 1.600 DM nur die eine Wahl hatte: Tunis - Moshan, in Moshan eine Nacht verbringen (nie wieder!) Moshan - Teheran und das Gleiche zurück. Nach so viel Anstrengung beschloß ich, den Länderpunkt zu verschieben."[56)]

53) *Vgl. Müller-Möhring, Michael: 1.000 Tips Europacup, Essen 1997.*
54) *Für das Groundhoppen auf der britischen Insel existieren mehrere hilfreiche Bücher, bei denen eine Besprechung an dieser Stelle zu weit gehen würde. Wer die Gelegenheit hat, kann aber zumindest mal einen Blick in die nachfolgend erwähnten Bücher hineinwerfen. Die Titel: „Football fan's guide" von Janet Williams (92 Premiership und League Grounds) und „The rough guide / European football - A fan's handbook" von Simon Evans (ausgewählte europäische Vereine). Für Anhänger des Non-League-Groundhopping quasi unverzichtbar ist „Non League Club Directory 2000" (22nd edition) von Tony Williams, außerdem noch: die Supporters' Guide-Reihe inkl. Scottish Football 2001.*
55) *Vgl. Farsang, Carlo: Eine Fußballreise durch Afrika, in Fan geht vor, 3. Jg. (1993), Nr. 20, S. 28.*
56) *Faris ungewöhnliche Erlebnisse direkt nach seinem Aufenthalt in Tunis folgen an einer späteren Stelle in diesem Buch. Nicht verschieben mußte den Länderpunkt Iran HSV-Fan Hauke Neuendorf, der im WM-Fanzine '98 darüber berichtet. Wen es interessiert, der kann hier noch einmal einen Blick hineinwerfen: Neuendorf, Hauke: Mit dem HSV im Iran, in: Das WM Fanzine'98, hrsg. von Bundeszentrale für politische Bildung/Koordinationsstelle Fanprojekte/Bundesarbeitsgemeinschaft Fanprojekte, Frankfurt 1998, S. 27-30.*

Bei den schönsten Planungen sollte man nicht vergessen, auf seinen Geldbeutel zu achten und den Preis der Tour durchzukalkulieren. Wie man günstiger reisen kann, wird an einer späteren Stelle des Buches noch behandelt. Doch wer weite Strecken wie nach Spanien oder Norwegen mit dem Auto zurücklegen möchte, der sollte schon darauf achten, auch ein paar Mitfahrer dabei zu haben, damit die Kosten ein wenig verteilt werden. Ob Freunde aus der eigenen Fanszene oder Groundhopper anderer Vereine - untereinander kennt man sich eigentlich - es gibt inzwischen genug hoppende Fußballanhänger. Um miteinander in Kontakt treten zu können, kann man die Adressen und Telefonnummer zumindest aller V.d.G.D.-Mitglieder dem Groundhopping-Informer oder dem Anhang der V.d.G.D.-Satzung entnehmen. Änderungen sind in jeder Ausgabe des alle drei Monate erscheinenden Europlans verzeichnet.

Wer bisher noch nicht viel mit Fußball zu tun hatte, aber durch das Lesen dieses Buches eventuell Geschmack am Groundhoppen gefunden zu haben meint, der möge bitte aufpassen, bevor er auf Grundlage dieses Abschnittes gleich eine Tour zusammenstellen möchte. Ein Groundhopper meinte zu mir: „Man kann einen neuen Orangensaft ausprobieren, aber kein Groundhopping. Entweder man hat Interesse am europäischen und außereuropäischen Fußball und ist bereit, große Opfer - auch finanzielle - in Kauf zu nehmen, oder nicht." Zum Groundhopper muß man wachsen. Man muß als Fußballanhänger einen Prozeß durchmachen. Wenn sich der Anhänger entsprechend weit entwickelt hat, dann sollte er erst einmal in dieses Hobby hineinschnuppern, bevor er sich gleich die europäische Fußballkarte vornimmt und eine Linie nach der nächsten zieht. Man sollte zunächst mal alles langsam angehen und vielleicht mit näheren Zielen, den Nachbarländern, beginnen. Wer gleich alles sehen möchte, verliert schnell sein Interesse. Hilfreich ist am Anfang sicherlich, zusammen mit erfahrenen Groundhoppern loszuziehen. Und wer dann unterwegs ist, der sollte sich auf das jeweilige Spiel konzentrieren und nicht schon die nächsten Trips durchdiskutieren, wie es bei einigen Hoppern bereits verbreitet ist. Eine sinnvolle Empfehlung ist zudem, lieber qualitativ gute Spiele zu besuchen statt Begegnungen auf unterstem Niveau, weil man ein Liga komplettieren möchte. Sonst droht einem die Luft auszugehen. Die Anhänger, die auch über viele Jahre fahren, sind nicht nur „Anhänger, die mal gehoppt sind", sondern sind wirklich „Groundhopper".

Eine gute Organisation, die frühzeitig begonnen wird, ist aber noch nicht alles, wie uns nachfolgend gezeigt wird. Beim ersten Erlebnisbericht zeigt sich, wie wichtig Vorbereitungen sind, beim zweiten, daß ein glückliches Händchen und spontane Entscheidungen vor Ort ebenfalls oft genug getroffen werden müssen, wenn sich eben nicht jede Kleinigkeit vor Antritt der Reise regeln läßt.

Vorbereitung fürs Belgrader Derby muß sein!
Ein Erlebnisbericht von Jens Hilgert, 27. September 1997[57]

Jedem von Euch, der sich einmal entschließen sollte, zum Fußball nach Jugoslawien zu reisen, seien hiermit erst einmal einige Reisevoraussetzungen genannt: Zunächst wird

---

[57] Vgl.Hilgert, Jens: Vorbereitung für's Belgrader Derby muß sein, in: Sauerland-Echo, 6. Jg. (1998), Nr. 15, S. 6-10.

ein Visum benötigt. Dieses erhält man allerdings nur mit einer entsprechenden Einladung ausgehändigt. Die Einladung muß von einem Jugoslawen stammen und dürfte in der Regel bereits zu ersten Schwierigkeiten führen. Für solche Fälle ist dann eine Hotelbestätigung geeignet, die man in jedem Reisebüro erwerben kann. Mit etwas über 200 DM fürs Hotelzimmer im Intercontinental (war das einzige Hotel, für das eine Bestätigung erhältlich war) ist man schon einmal mit einem Bett dabei. Mit der Bestätigung (wichtig ist der Zahlungsbeleg), zwei Paßbildern, Auslandskrankenschein, Autopolice, grüner Versicherungskarte und dem Reisepaß marschiert man schließlich zum Konsulat und wird beim Konsul vorstellig. Entsprechende Geduld mußte man in Düsseldorf mitbringen, doch schließlich ist der erste Papierkrieg mit 50 DM Kostenbeitrag beendet.

Dies ist übrigens auch kurzfristig möglich, wie der Bischofsheimer bewies, da er sich erst am Mittwoch zum Belgrad-Trip entschied und auch am Freitag alles Notwendige zum Start bereit hatte - mein Respekt für die Spontaneität an den Hessen. An der Grenze stellte sich dann allerdings heraus, daß meine schriftliche Erklärung der Autoversicherung nicht reicht, und so mußte eine grüne Versicherungskarte für 50 DM zusätzlich erworben werden. Schließlich war noch einmal ca. der gleiche Betrag für Autobahngebühren in Jugoslawien fällig, womit die Fixkosten einer Tour in dieses Land erheblich sind. Daß allerdings nur DM an den Mautstationen akzeptiert wird, verwunderte dann schon ein wenig. Zunächst erklärten wir uns dies mit „Abzockerei", doch selbst die Einheimischen wedelten mit unserer Währung herum - merkwürdig. Dafür sind die Straßen und auch die Rasthöfe auf hohem deutschen Niveau, und spätestens wenn die Autobahn zwischen Budapest und Belgrad komplett ist, dürfte die Anreise vom Zeitaufwand kein Problem darstellen. Um die Mittagszeit kamen wir in Belgrad an (die Stadt ist sauber und machte auf Anhieb einen sympathischen Eindruck). Nach kurzer Ruhepause im Hotel (sehr zu empfehlen) stand der erste Kick des Tages mit FK GRO Rad Belgrad - FK Hajduk Kula an. Das große Derby war auf die Abendstunden verlegt worden.

Auf dem Weg zum Rad-Ground passierte man bereits die beiden in unmittelbarer Nähe liegenden Spielstätten von Roter Stern und Partizan, so daß unser Fußballfieber bereits erheblich anstieg. Auch die Heimat vom Belgrader Club Rad liegt in der Nähe der beiden großen Mannschaften von Rest-Jugoslawien, doch mit 600 Zuschauern ist halt hier das Interesse nicht vergleichbar. Dafür beinhaltet die zweistöckige Haupttribüne ein Restaurant und kann auch aufgrund ihrer Größe gefallen. Aber auf den restlichen drei Spielfeldseiten ist gähnende Leere, womit wohl kaum Heimspiele gegen die beiden führenden Mannschaften Belgrads hier ausgetragen werden könnten. Kurz vor Anpfiff war bereits abzusehen, daß auch fürs Auge von den Rad-Fans etwas geboten werden sollte. Wir wechselten die Seite, um das entstehende Bild zu konsumieren und trauten unseren Augen kaum. Im Oberrang hatten sich rund 200 Supporter angesammelt, die beim Einlaufen der Teams knapp 30 Bengalen zündeten. Dazu einige Schwenkfahnen auf dem Unterrang und massig kleine Vereinsfahnen überhalb der Bengalreihe. Die Fackelei war so euphorisch, daß gar einige recht nette Fanclubfahnen in Flammen aufgingen. Dazu wurde die nächsten 90 Minuten ohne Unterbrechung angefeuert, wobei vor allem die Länge vieler Songs beeindruckt hat. Es wäre hochinteressant, einmal die Übersetzung der lautstark gegrölten Lieder zu bekommen. Es haben nur noch ein paar Gästefans gefehlt, um hier Fankultur pur zu erleben - doch die glänzten trotz ca. 150 km Entfernung mit Abwesenheit. In einer kampfbetonten Partie gewann Rad mit 1:0, doch hätten beide Mannschaften sicherlich Schwierigkeiten, bei uns in der 2. Liga zu bestehen. Die Spielstärke hat logischerweise unter dem Zerfall der Liga erheblich gelitten. Doch hatten wir angenommen, daß die Heimsups ihr Pulver zu Beginn komplett verschossen hatten, so durften wir uns mit Beginn der zweiten Hälfte eines besseren belehren lassen. Zündeten die Kameraden im Oberrang doch erneut so um die 20 Nebeltöpfe. Aufgrund dieser enormen Fanaktivität war bei mir das Thermometer vor dem großen Derby mittlerweile fast zum Zerplatzen erhitzt, und so brachen wir kurz vor Schlußpfiff zum Crvena Zvezda-Ground auf.

Die erste Liga von Jugoslawien gehörte einst zu den besten Europas. Doch neben einem Fußball auf hohem Niveau nahm die Politik auch immer Einzug in die Fußballarenen. Spätestens nach dem Tod von Tito wurden die Spannungen immer deutlicher spürbar. So unterschiedliche Republiken wie Serbien, Kroatien, Slowenien, Bosnien-Herzegowina, Makedonien und Montenegro in einem Land vereint, führten im Fußball immer wieder zu Zuschauerausschreitungen. Nach der politischen wie auch sportlichen Zersplitterung Jugoslawiens spielt die heutige erste jugoslawische Liga ohne Probleme, doch gibt es trotz aller unübersehbaren Vorteile sicherlich auch etliche Fußballfans, die den großen Derbies zwischen Roter Stern Belgrad bzw. Partizan Belgrad mit Hajduk Split, Dinamo Zagreb, Olimpija Ljubljana, RSD Mostar, FK Sarajevo, FK Vardar Skopje etc. nachtrauern. Aber wenigstens das Derby zwischen den beiden großen Belgrader Teams bewegt auch heute noch die Massen in die Arena. Und genau diesem galt es ja heute beizuwohnen, und so waren am „Czvena Zvezda-Ground" bereits die Menschenmassen unterwegs.

Wir erhielten unser Ticket für den Oberrang auf der Haupttribüne, von wo wir den besten Ausblick über die riesige Schüssel hatten. Die Dauerkarten sind hier übrigens der absolute Kult. So ist dort ein riesiges, farbiges Bengalspektakel als Hintergrund ausgewählt worden. Na ja, andere Länder, andere Sitten. Knapp 100.000 Leute finden im Ground ein Plätzchen, doch aus Sicherheitsmaßnahmen wurde die Kapazität zwischenzeitlich auf 70.000 reduziert. Aber auch diese Zuschauerzahl ist mittlerweile unrealistisch. Und so waren an diesem Tag rund 50.000 Personen zugegen. Der Ground ist komplett überdacht und zum Glück für die Spieler mit einer Tartanbahn ausgestattet. Ansonsten würde wohl der hohe Hitzegrad der Bengalfackel zu etlichen Verbrennungen bei den Spielern führen. Hinter beiden Toren befinden sich zwei identische und riesige Stehplatzkurven, in denen je über 20.000 Leute einen Platz finden. Ich schätze auf rund 15.000 Roter Stern Supporter, denen etwa 12.000 Partizanen gegenüberstanden. Die Sitzplätze waren auch überwiegend in heimischer „Sternchen-Hand", doch ging es hier ein wenig ruhiger her. Dagegen waren diverse Sicherheitsbeauftragte bereits vor den beiden Kurven fleißig am „Wässern", damit die Laufbahn nicht allzu große Schäden durch die Fackelei davonträgt. Kurz vor Anpfiff kam Bewegung in den Heimblock, wo etliche

Schwenkfahnen und „Wurfbanderolen" verteilt wurden. Die Verteilung der geschlossenen Wurfbanderolen erinnerte an eine wilde Schneeballschlacht, doch das beim Einlaufen der Mannschaften entstehende Bild stellte das von mir bisher Gesehene in den Schatten. Weit über 10.000 Banderolen rollten sich beim Wurf auf Kommando aus und ergaben das Bild einer riesigen weißen Wand. Der gesamte untere Block war jetzt von Papier übersät, was sich durch etliche gezündete Bengalen ebenfalls entzündete. So standen ca. 10% der gesamten Heimkurve unter Flammen, was die Feuerwehr fleißig mit „C-Rohren" zu löschen versuchte. In München wäre spätestens jetzt unser Sicherheitsbeauftragter Alfred Ziegler mit einem Herzinfarkt umgefallen. Doch in Belgrad ist dies noch kein Grund zur Hektik. So waren die Flammen auch innerhalb von zwei bis drei Minuten gelöscht. Auf Partizan-Seite konzentrierte man sich zunächst auf den Support. In für Deutschland auf ewig unerreichbarer Lautstärke peitschten beide Teams ihre Elf nach vorne. Regelmäßig flogen wieder einige Bengalen durch die Kurven und in den Innenraum, wobei sich hier vor allem der Wassergraben für den Ordnungsdienst positiv bemerkbar machte. So zwischen 150 und 200 Bengalen dürften wohl heute Abend hier abgebrannt worden sein, womit selbst das Römer Derby kaum noch mithalten kann. Auf Seite von Roter Stern wurden noch etliche Beute-Fahnen präsentiert. Ein riesiges Plakat provozierte mit Anspielungen auf die 5:0 Schlappe von Partizan bei Croatia Zagreb.

Es entwickelte sich ein hochklassiges Spiel mit massig Torchancen auf beiden Seiten. Etliche 100%ige wurden fahrlässig vergeben, doch kurz vor der Halbzeit gab es dann endlich einen Torjubel zu genießen. Crvena Zvezda oder auch Roter Stern, Red Star, Etoile Rouge oder Stella Rossa, war in Führung gegangen. Die gesamte Mannschaft rannte zum Heimblock und wich dabei den entgegenfliegenden Bengalen geschickt aus - unfaßbar! Doch auch die Partizan-Fans haben einiges in ihrem Repertoire zu bieten. So gab es zur 2. Halbzeit ein dreifaches „Hossa" und anschließend setzten gut 40 Bengalen den Ground für fünf Minuten komplett unter Nebel. Doch besser kam die Aktion Mitte der 2. Hälfte, als rund 30% der Stehplatzbesucher aus dem Stadion herausrannten, um anschließend wieder wie wild zurückzuspurten und weiter abzufeten. So bleiben Gedanken über die trostlose Stimmung bei z.B. Bayern-Schalke am Vortag im Oly-Ground einfach nicht aus. Kurz vor Ende gab es dann den Siegtreffer, und spätestens jetzt war das heimische Volk gänzlich „aus dem Häuschen. Auffällig war auch noch der hohe Anteil an „Beutefahnen", der von den Roter Stern-Anhängern präsentiert wurde. Überhaupt war im Ground, wo Uli H. seine schwärzeste Fußballminute erlebte, ein Pitch-Sturm[58)] recht einfach möglich. Der Bayern-Anhang, der hier beim letzten Europacupauftritt von uns vor Ort war, kann dies sicherlich bestätigen. Trotz des sicherlich nicht geringen Gewaltpotentials wurde auf dem Fußweg zum Hotel keine Auseinandersetzung gesichtet. Dafür streckte sich unser Fußmarsch ewig in die Länge, da vor lauter Menschenmassen an ein Taxi nicht zu denken war. Am nächsten Tag ging es schließlich die rund 1.600 Kilometer nach Hause. Für das Belgrader Derby hat sich der Ausflug hundertprozentig gelohnt.

---

58) *Stürmung des Platzes.*

Eine unglaubliche Odyssee!
Ein Erlebnisbericht von Ralf Schulz, 3. bis 13. Oktober 1996

Zunächst wollten mein Bruder Dirk und ich zum Länderspiel Armenien - Deutschland mit dem Deutschen Fußball-Bund fliegen. Dieses Unternehmen scheiterte aber genau 16 Tage vor dem A-Länderspiel in Eriwan, sagte uns doch das DFB-Reisebüro Euro-Lloyd für die Länderspielreise ab. Begründung: Das Kontingent sei aufgrund der großen Nachfrage bereits erschöpft. Man muß wissen, daß in der offiziellen DFB-Maschine beide Nationalmannschaften (A-Team und U21), Trainer, Betreuer und Funktionäre, Pressevertreter, Sponsoren, VIPs etc. mitfliegen, und normalerweise eine kleine Fangruppe den DFB-Troß begleiten darf.

Na klasse, da melden wir uns Monate vor dem Länderspieltrip für die Reise an, rufen mindestens zwanzig Mal (!!!) beim DFB an, ob alles „klargeht", und dann erreicht uns diese kurzfristige Absage.

Es half nichts, jetzt mußte schnell eine Lösung gefunden werden. Mein Bruder schloß sich in letzter Sekunde der vom Eintracht-Shop in Frankfurt organisierten Länderspielreise über Moskau an. Ich hingegen zog es vor, die Türkei in meine Groundhopping-Tour zu integrieren. Mit viel Glück konnte ich noch einen Flug Frankfurt/Main - Istanbul - Van reservieren. Van liegt übrigens in der Osttürkei, ungefähr 100 Kilometer von der iranischen Grenze entfernt. Für den Rückflug buchte ich die Strecke Trabzon - Istanbul - Düsseldorf.

Ihr werdet Euch jetzt fragen, wieso ich ausgerechnet einen Flug nach Van gebucht habe, obwohl mein eigentliches Reiseziel doch Eriwan hieß. Das hatte natürlich seine Gründe. Zum einen wollte ich möglichst wenig Geld ausgeben, um nach Armenien zu kommen (da es für Flüge in die Türkei besonders günstige Tarife gibt, kam für mich nur diese Route in Frage). Gleichzeitig hatte ich in Erfahrung bringen können, daß am Wochenende vor dem Länderspiel Armenien - Deutschland mit dem Spiel Vanspor gegen den Titelaspiranten Trabzonspor der absolute „Kracher" in der ersten türkischen Liga auf dem Programm stand. Meldungen des Auswärtigen Amtes in Bonn, nicht in die Osttürkei zu reisen, weil dort bereits viele ausländische Touristen von Mitgliedern der kurdischen Arbeiterpartei PKK verschleppt wurden, konnten mich jetzt nicht mehr von meiner Tour abhalten. Im Gegenteil, so etwas erhöht nur noch den Reiz. Aber Spaß (?) beiseite, mein Plan war es, von der Osttürkei über Georgien nach Armenien einzureisen. Ein direktes Einreisen von der Türkei nach Armenien ist leider nicht möglich, da beide Länder total verfeindet und die Grenzen hermetisch abgeriegelt sind.

Bereits vier Wochen vor Beginn meiner „Odyssee" beantragte ich über ein Braunschweiger Reisebüro das armenische Visum. Damals war ich davon ausgegangen, daß dieser Zeitraum locker ausreichen müßte, um im erforderlichen Fall auch noch das georgische Visum beantragen zu können. Doch die armenische Botschaft hatte es mit der Bearbeitung meines Visa-Antrages gar nicht eilig. Erst drei Tage vor Beginn meiner Reise schickten sie meinen mit einem Visum versehenen Reisepaß (nach viermaliger Anfrage) an mein Reisebüro zurück! Für die schriftliche Beantragung eines georgischen Transitvisums war es jetzt natürlich zu spät. Zum Glück konnte ich einen befreundeten Groundhopper damit beauftragen, für mich das erforderliche Visum bei der Botschaft in Bonn-Bad Godesberg abzuholen.

Am Tag der Deutschen Einheit konnte es endlich losgehen. Gegen Mittag fuhr ich zum Braunschweiger Hauptbahnhof, wo mir erst einmal Eintrachts türkischer Mittelfeldstar Hakan Bicici über den Weg lief. Ich sprach ihn an, und Hakan erzählte mir, daß er schon seit Jahren in Hannover wohnt, gerade kein Auto hat und mit dem Zug zwischen der Landeshauptstadt und Braunschweig pendeln muß. Kaum zu glauben, ein Fußballspieler ohne Auto...! Als ich Hakan von meiner bevorstehenden Reise erzählte, war er doch sehr erstaunt, daß es einen Fußballfan in solche Gefilde zieht. In die Osttürkei würde er jedenfalls freiwillig nicht reisen. Nach einiger Zeit kam mein Zug, und ich mußte mich von ihm verabschieden. Ich wünschte ihm noch viel Glück für die kommenden Aufgaben und mit dem pfeilschnellen ICE war ich in noch nicht einmal drei Stunden in der Mainmetropole.

Vom Frankfurter Flughafen flog ich abends nach Istanbul und „übernachtete" auf den unbequemen Stühlen in der grell erleuchteten Wartehalle des Istanbuler Inlandflughafens. Da an Schlaf kaum zu denken war, blätterte ich im Magazin einer türkischen Fluggesellschaft und erfuhr so ganz nebenbei, daß das ostanatolische Van weiter von Istanbul entfernt ist als Wien. Da kann man doch mal sehen, welch riesige Entfernungen innerhalb der Türkei überbrückt werden müssen.

Gegen 9.00 Uhr morgens hob meine Maschine in Richtung Van ab. Da der Flieger nicht einmal zu einem Drittel gefüllt war, konnte ich es mir dort richtig bequem machen. Nach zweistündigem Schlaf setzte das Flugzeug auf der Landebahn des „Flughafens" Van auf. Da vor dem kleinen Flughafengebäude keine Busse bereitstanden, die mich in das gut fünf Kilometer entfernte Stadtzentrum von Van hätten bringen können, fragte ich kurzerhand einen Autofahrer, der mich auch tatsächlich dorthin mitnahm. Ich erkundete zunächst die Innenstadt und quartierte mich für zwei Tage bzw. Nächte in einem sehr preiswerten Hotel ein.

Das Stadtzentrum von Van liegt ca. vier Kilometer vom gleichnamigen See entfernt, der ungefähr sieben Mal (!!!) so groß wie der Bodensee und gleichzeitig der größte der Türkei ist. Die ganze Gegend um Van ist gebirgig und baumlos, muß aber trotzdem recht fruchtbar sein, denn das Obst- und Gemüseangebot auf den unbefestigten Marktstraßen fiel sehr üppig aus.

In einem kleinen Juweliergeschäft fand ich mit viel Glück jemanden, der etwas Englisch verstand. Ich bekam heraus, daß Vanspor am folgenden Samstag (5. Oktober) um 13.00 Uhr gegen Trabzonspor spielen sollte. Am nächsten Tag machte ich mich gleich nach dem Frühstück zum Stadion auf. Bereits 90 Minuten vor Spielbeginn war der Ground gut zur Hälfte gefüllt. Am Ende wollten sich ungefähr 8.000 Zuschauer dieses Schlagerspiel nicht entgehen lassen. Das Stadion war somit ausverkauft! Unter den Zuschauern waren auch der Schalker „Spion" Klaus Fichtel (der für die „Königsblauen" Europapokalgegner Trabzonspor „unter die Lupe" nehmen sollte) und - wie sich später herausstellte -

Gegenüberliegende Seite: Tankstelle in Armenien.

mit dem Weltreisenden Fari und dem Deiminger Josef (Club-Fan) zwei weitere deutsche Groundhopper. Nach dem Spiel fragte ich mich nur, warum der FC Schalke 04 die „Tanne" in diesen baumlose „Pampa" geschickt hat, denn was sich die Spieler von der Schwarzmeerküste zusammenspielten, war schlichtweg katastrophal. Nur dem desolaten Torhüter der Gastgeber hatte es Trabzon zu verdanken, daß der Kick mit 2:1 Toren gewonnen werden konnte. Mit ein wenig Glück hätte Vanspor sogar in Führung gehen können, doch ein fulminanter Weitschuß landete Mitte der ersten Halbzeit nur an der Latte. Die Fans von Vanspor machten während der gesamten Zeit eine ordentliche Stimmung, insbesondere vor dem Spiel und nach dem 1:2 Anschlußtreffer „tobte der Mob". Vor dem Anstoß konnten sich die Supporter sogar optisch mit lilafarbenen Rauchbomben in Szene setzen. Das war ja nicht unbedingt zu erwarten. Dieser „Ausflug" in die türkische Fußballprovinz hatte sich jedenfalls gelohnt.

Einen Tag später fuhr ich mit dem Bus von Van nach Trabzon. Täglich fährt nur um 10.00 Uhr morgens ein Bus in die ca. 750 Kilometer entfernte Provinzhauptstadt am Schwarzen Meer. Die in der Türkei üblichen Nachtfahrten für sehr weit entfernte Ziele werden in der Osttürkei aus Angst vor kurdischen Übergriffen nicht angeboten. Auf der Fahrt nach Trabzon passierte unser Bus auf den ersten rund 200 Kilometern alle 20 bis 30

Kilometer einen Armeeposten, an dem wir im Schrittempo vorbeifuhren. Zweimal mußten wir jedoch anhalten, und es kam wie bei einer Grenzkontrolle an der ehemaligen deutsch-deutschen Grenze ein Soldat durch den Bus, um die Ausweise zu kontrollieren. Die Busfahrt dauerte knapp zwölf Stunden.

Am nächsten Morgen holte ich vom Flughafen in Trabzon drei befreundete Fans des VfB Stuttgart ab, die schon seit geraumer Zeit vorhatten, sich auf dem Landweg von der Türkei nach Armenien durchzuschlagen. Bereits vor dem Flughafengebäude in Trabzon sprachen uns ein paar Jungs an, und nur wenige Minuten später saßen wir in einem Sammeltaxi nach Rize (70 Kilometer östlich von Trabzon gelegen). In Rize mußten wir in ein anderes Sammeltaxi umsteigen. Knapp drei Stunden später wurden wir direkt an der türkisch-georgischen Grenze abgesetzt. Hier war die Fahrt zunächst für uns zu Ende. Wir gingen zu Fuß zum türkischen Abfertigungshäuschen, und zwei Kontrollen und eine Viertelstunde später standen wir bereits vor dem georgischen Kontrollposten. Dort wurde zuerst unser tolles georgisches Transitvisum von einem alten sowjetischen Stempel verhunzt, und bei der nächsten Kontrolle wurden noch einmal jedem von uns zwölf US-Dollar „Wegezoll" abgeknöpft, obwohl wir bereits in Deutschland 40 DM dafür bezahlt hatten, daß wir durch Georgien reisen dürfen. Nach insgesamt vier unfreundlichen Kontrollen befanden wir uns endlich in der Kaukasusrepublik. Hinter der Grenzanlage wartete bereits eine ganze Schar von Taxiabzockern auf uns, die für die knapp fünfzehn Kilometer lange Strecke bis zur Hafenstadt Batumi 15 Dollar haben wollten. Diese ließen wir natürlich links liegen. Schließlich fuhr uns ein Einheimischer für fünf Dollar mit seinem klapprigen Lada zum Hauptbahnhof von Batumi. Von dort fuhren auch Busse nach Tbilisi und Eriwan. Mit „Händen und Füßen" und mit Hilfe eines georgischen Wörterbuches fanden wir heraus, daß der Bus, der bereits bei unserer Ankunft abfahrbereit stand, für fünf Dollar nach Tbilisi fahren sollte. Die ganz Sache hatte nur einen Haken, denn außer den wenigen Reisenden, die bereits im Bus saßen, und uns fehlten ja nur noch 25 - 30 Mitreisende... . Obwohl wir wußten, daß der Bus nur voll besetzt losfahren würde, buchten wir die Fahrt Batumi - Tbilisi. Doch wir hatten Glück und mußten „nur" 3 1/2 Stunden auf die Weiterfahrt warten.

Während unserer Wartezeit lief uns am Bahnhof noch der Siggi von der Dortmunder Borussenfront über den Weg, den die Stuttgarter bereits von so mancher deutschen Länderspielreise kannten. Der erzählte uns, daß seine drei Essener Kumpel (RWE-Fans) und er bereits seit fünf Tagen (!!!) unterwegs seien; mit dem Zug über Ungarn, Rumänien und Bulgarien bis Istanbul und von dort mit dem Bus die ganze Schwarzmeerküste entlang bis Batumi! Die Vier hatten für den gleichen Betrag wie wir die Zugfahrt Batumi - Tbilisi gebucht - doch zurück zu unserem Bus. Dieser war nach der Wartezeit nicht nur voll besetzt, einige unserer Mitreisenden hatten sogar nur einen Stehplatz erwischt, so daß es kurz nach der Abfahrt zu einem filmreifen Handgemenge kam.

Trotz aller Widrigkeiten erreichte unser Gefährt nach ca. zehn Stunden Fahrt am frühen Morgen die Hauptstadt Georgiens. Obwohl die „Zugfahrer" knapp zwei Stunden vor uns losfuhren, mußten wir noch zwei Stunden in Tbilisi auf sie warten. Am Bahnhof liefen uns überraschenderweise noch drei weitere mir bekannte Groundhopper über den Weg, die sich uns anschlossen. Um nach Eriwan zu gelangen, mußten wir jetzt noch den Busbahnhof wechseln. Dort „charterten" wir zu elft einen mehr als desolaten Bus, um nach Armenien zu kommen. In unserem Bus saßen bereits einige Georgier und Armenier, von denen die meisten auch nach Eriwan wollten. Waren die Straßenverhältnisse bis Tbilisi noch einigermaßen akzeptabel, so verschlechterte sich der Zustand der Straße hinter der georgischen Hauptstadt schlagartig. Für die wenig über 100 Kilometer lange Strecke bis zur armenischen Grenze brauchten wir rund vier Stunden. Wir mußten quasi um jedes Schlagloch herumfahren. Ich bekam schon Zweifel, ob wir jemals in Eriwan ankommen würden.

Kurz vor der Grenze trauten wir unseren Augen nicht, kam uns doch in den herrlichen georgischen Wäldern ein dicker, neuer Mercedes-Benz mit Karlsruher Kennzeichen entgegen... Ob dieser Wagen Deutschland „freiwillig" verlassen hat? Aber das ist ein anderes Thema!

An der georgisch-armenischen Grenze standen nur ein paar Hütten und Butzen. Das hatte ich mir doch ein wenig anders vorgestellt. Nun ja, erst einmal sammelten ein Grenzsoldat von uns Deutschen die Reisepässe ein. Daraufhin mußten wir den Bus verlassen. Nach einigen Minuten Wartezeit im Freien wurden wir in eine dieser Baracken geführt. Wir mußten uns im Halbkreis um einen jungen, sogar deutsch sprechenden Grenzsoldaten stellen. Jeder von uns wurde von ihm aufgerufen und ganz genau beäugt, ob es sich tatsächlich um den Paßinhaber handelt. Nach und nach wurde jeder Name mit der dazugehörigen Reisepaßnummer handschriftlich in ein Heft eingetragen. Während dieser Prozedur ließ der Grenzer anklingen, daß er von jedem noch zehn Dollar für die Ausreise bekäme. Doch dabei spielten wir nicht mit. Siggi zückte sein Handy und drohte dem Grenzsoldaten, die georgische Botschaft anzurufen und zu fragen, ob diese Ausbeuterei denn seine Richtigkeit habe. Das sollte seine Wirkung nicht verfehlen. Zähneknirschend gab er unsere Reisepässe, ohne einen Obolus erhalten zu haben, zurück. Auf der armenischen Seite mußten wir nur das für solche Länder übliche Einreiseformular ausfüllen. Nach einem etwas mehr als einstündigem Grenzaufenthalt konnten wir endlich weiterfahren.

Die Straßenverhältnisse wurden wieder etwas besser, aber nun machte unser klappriger Bus an einer Steigung schlapp. Das hatte sich schon längere Zeit angebahnt, roch es doch von Beginn an nach verbranntem Kabel. Das war's, dachte ich im ersten Augenblick, präsentierte sich doch der Motor unseres Busses in einem unglaublich verheerenden Zustand. Glücklicherweise lag noch eine Ortschaft, die wir gerade durchfahren hatten, in Sichtweite hinter uns. Unser Fahrer baute das durchgeschmorte Kabel aus und ließ sich von einem entgegenkommenden Autofahrer in diese Ortschaft mitnehmen, um ein Ersatzkabel zu besorgen. Währenddessen besuchten wir den genau neben uns befindlichen Laden (unglaublich, aber wahr!), der ein kleines Sortiment an Getränken mit Cola, Mineralwasser, Wein und Schnaps hatte. Ich muß Euch ja nicht extra sagen, daß wir den ganzen Laden in „null-Komma-nix" leergekauft haben. Ein paar Meter neben dem Laden grillten ein paar Einheimische noch Schaschlik-Spieße, übrigens die armenische Spezialität, so daß wir auch mit Essen versorgt waren. Nach gut einer Stunde kam unser Busfahrer tatsächlich mit einem Ersatzkabel wieder. Es war schon erstaunlich, wie der das „Teil" in dem „Kaff" aufgetrieben hatte. Weiterfahren konnten wir aber immer noch nicht, stellte sich doch heraus, daß auch die Batterie unseres Busses ihren Geist aufgegeben hatte. Jetzt mußten wir noch auf die Starthilfe eines Lastwagens warten. Nach einer Dreiviertelstunde Wartezeit kam endlich ein Armeelaster vorbei, der uns tatsächlich Starthilfe geben konnte. War das eine Freude, als wir endlich „weiterrumpeln" konnten. Doch bereits nach wenigen Kilometern Fahrt stoppte uns ein weiteres Problem.

Bei unserem Bus funktionierten nämlich die Scheinwerfer nicht, und wir standen direkt vor einem langen unbeleuchteten Tunnel. Doch auch das sollte kein wirkliches Problem für uns darstellen, denn durch den Tunnel sind wir dank eines hilfsbereiten Autofahrers gekommen, indem er vor uns herfuhr und uns so den Weg leuchtete. Aber nicht nur im Tunnel war es sehr dunkel, so allmählich brach auch die natürliche Dunkelheit, sprich Dämmerung herein.

Zunächst „hängten" wie uns an einen Lastwagen, der aber bei einem Durchschnittstempo von 20 bis 25 Stundenkilometern extrem langsam fuhr. Nach einiger Zeit wurde unser „Gespann" von einem etwas schnelleren Gefährt überholt, an das wir uns natürlich sofort „dranklemmten". Doch irgendwann (so ca. 30 Kilometer vor Eriwan) war auch dieser Wagen an seinem Ziel. Jetzt konnte nur noch die Taschenlampe von unserem BVB-Siggi weiterhelfen. Das muß man sich mal vorstellen: Die armenischen Straßen haben keinen Mittelstreifen und keine Seitenbegrenzung, zudem ist es mittlerweile „zappenduster", und wir sind tatsächlich mit Hilfe einer Taschenlampe weitergefahren!!!

Der Beifahrer leuchtete so gut es ging die Straße aus, was natürlich auch seinen Vorteil hatte, konnte uns der Gegenverkehr zumindest erahnen. Irgendwann erreichten wir die armenische Hauptstadt, obwohl unser Bus zwischenzeitlich noch einmal „abgesoffen" war.

Am nächsten Morgen schauten wir zunächst einmal im Hotel der deutschen Fußballnationalmannschaften vorbei. So nach und nach liefen auch die Fans, die mit der russischen Fluggesellschaft Aeroflot über Moskau geflogen waren, im Hotel ein. Schließlich besaßen fast alle deutschen Supporter noch kein Ticket für das A-Länderspiel. Gegen einen Obulus von fünf DM bekam dann, nach einigem Chaos, jeder sein Kärtchen. Anzumerken sei noch, daß es dem DFB mit seinem VIP- und TV-Troß äußerst peinlich gewesen sein muß, daß der ganze „asoziale Fanpöbel" das gesamte Foyer des Hotels Armenia in Beschlag genommen hatte. Der verängstigte ZDF-Moderator Dieter Kürten traute sich jedenfalls noch nicht einmal, die Treppe zu uns hinunterzugehen.

So gegen halb drei machte sich ein Großteil der Fans auf, um mit Taxen zur ungefähr 15 Kilometer entfernten Nachbarstadt Abovyan zu fahren, wo nachmittags (16.15 Uhr) die deutsche Junioren-Nationalmannschaft gegen die U21 Armeniens spielen sollte. Nach einem grausam schlechten Kick konnte sich unser deutsches Juniorenteam nur mit viel Glück 1:0 gegen die tapferen Armenier behaupten. Einziges „Highlight" dieses Spieles war, als in der zweiten Halbzeit unter dem Jubel der deutschen Groundhopper ein HSV-Fan zwei für die deutschen Spieler gedachten Wasserflaschen, die an der Seitenauslinie lagen, durch zwei Bierdosen ersetzte. Da konnten sich sogar die armenischen Zuschauer ein Schmunzeln nicht verkneifen. Leider wollte kein deutscher Spieler den Gerstensaft probieren.

Nach dem Match fuhren wir mit den bereitstehenden Taxen sofort nach Eriwan zurück. Wir ließen uns so dicht wie möglich zum Nationalstadion Armeniens, dem „Hrazdan Stadium", kutschieren. Das mit vier gewaltigen Flutlichtmasten „dekorierte" Stadion liegt - unglaublich aber wahr - in dem fast ausgetrockneten Flußbett einer Schlucht!! Es ist schon erstaunlich, wo in der ehemaligen Sowjetunion Stadien hingebaut wurden.

Viele Armenier kletterten über Absperrungen oder liefen einen steilen Abhang hinunter, um so das für sie hohe Eintrittsgeld von umgerechnet drei DM (für den Kurvenbereich) zu sparen. Auch vor den Eingangstoren herrschte ein sagenhaftes Gedränge und Gewusel, so daß ein Großteil der Zuschauer gar keine Eintrittskarte vorzeigen mußte. Mein Bruder und ich sind dann irgendwie auf der Haupttribüne gelandet, schräg gegenüber den anderen deutschen Fans. Dort sprach mich überraschenderweise ein armenischer Student in Deutsch an, und wir unterhielten uns während des sehr gut anzusehenden Spieles. Die armenischen Zuschauer peitschten ihre Elf von Beginn an mit „Hayastan, hayastan"-Rufen nach vorn. Wir wunderten uns zunächst über diesen Anfeuerungsruf, doch mein armenischer Freund erklärte uns, daß mit Hayastan ganz einfach Armenien gemeint ist.

Die lautstarke Begeisterung der Armenier nutzte jedoch nicht viel, denn dank eines überragenden Thomas Häßler führte die deutsche Mannschaft schnell mit 3:0 Toren und erstickte somit die guten Ansätze der Gastgeber bereits im Keim. Kurz vor Schluß gelang den Einheimischen beim Stand von 0:5 noch der mehr als verdiente Ehrentreffer, der von den armenischen Fans frenetisch bejubelt wurde.

Ein bißchen enttäuscht waren diese aber schon, mußten sie doch neidlos anerkennen, daß die Deutschen an diesem Abend eine Nummer zu groß für ihre Elf waren. Anzumerken sei noch, daß während des Spieles der Zuschauerandrang vor den Eingangstoren so groß wurde, daß der eigentlich wegen Baufälligkeit gesperrte obere Teil der Haupttribüne geöffnet werden mußte. So strömten noch einmal bestimmt 10.000 Armenier ins Stadion, so daß am Ende wohl weit mehr als 50.000 Zuschauer im Ground gewesen sein dürften. Nach dem Spiel gingen wir sofort zum Hotel Dvin, wo die „Moskau-Flieger" ihr Quartier aufgeschlagen hatten. Dort hatte ich mit meinen „Mitfahrern" den Treffpunkt für die Rückfahrt vereinbart. Auf dem Weg dorthin stand vor fast jedem Haus ein Holzkohlegrill, wo die Einheimischen Schaschlik-Spieße brutzelten und zum Verkauf anboten. Im Hotelfoyer trudelten nach und nach fast alle deutschen Fußballfans ein. Meine Weggefährten und ich verabredeten uns für den nächsten Morgen (5.00 Uhr), um rechtzeitig den einzigen, zwei Stunden später abfahrenden Bus nach Batumi zu erreichen. Anschließend verteilten wir uns auf die Hotelzimmer der anderen Groundhopper, um noch ein wenig Schlaf zu finden. Leider stand diese Nacht aber unter keinem guten Stern für mich. Nicht nur, daß meine Brille kaputt ging, so daß ich die restlichen Tage meiner Reise mit einer dunklen Sonnenbrille herumlaufen mußte, die ich als einzige Ersatzbrille dabei hatte, nein, als ich zur vereinbarten Zeit im Foyer des Hotels aufkreuzte, war keiner meiner Kameraden zu sehen.

Zum Glück hielten sich aber noch einige deutsche Fans dort auf. Diese sagten mir, daß „meine Leute" bereits um 3.00 Uhr aufgebrochen seien. Ich konnte es nicht fassen, daß mich meine Weggefährten einfach so im Stich lassen würden. In Panik fragte ich an der Rezeption des Hotels nach, ob mich jemand so schnell wie möglich zum Busbahnhof fahren könne. Daraufhin wurde erst einmal ein Taxi für mich geordert, das tatsächlich nach wenigen Minuten vor dem Hotel eintraf. Als ich gerade ins Taxi einsteigen wollte, kam ein Angestellter des Hotels auf mich zu und deutete auf ein anderes Auto. Schließlich fuhr ich mit dem Hotelangestellten und einem Freund los. Doch die Beiden wußten nicht so recht, wo sie mich im stockfinsteren Eriwan hinfahren sollten. So steuerten wir zunächst einen Busbahnhof an, wo aber kein einziger Bus stand. Ich gab den Beiden zu verstehen, daß es in Eriwan noch einen zweiten Busbahnhof geben müsse, wo Busse Richtung Batumi und Tiflis abfahren.

Nach einer kurzen Zeit des Überlegens brachten sie mich dann tatsächlich zum richtigen Busbahnhof. Dort stand gegen 5.45 Uhr zwar auch nur ein verlassener Bus herum, aber eine gute Stunde später trafen nach und nach einige Busse ein, und zu meinem Glück war einer dabei, der nach Batumi fahren sollte. Den beiden Armeniern mußte ich insgesamt zehn Dollar für ihre hilfreichen Dienste geben.

Für 20 weitere Dollar durfte ich im Bus nach Batumi mitfahren. Dieser war gut zur Hälfte mit Klopapierrollen und schweren Metallplatten beladen! In der Stadt Gyumri, dem ehemaligen Leninakan, stiegen u.a. noch fünf russische Soldaten in unseren jetzt übervollen Bus. Während der Fahrt und in den eingelegten Pausen wurden die Soldaten und ich von den anderen Fahrgästen mit Hähnchenschenkeln, Fleischklöpsen und Käse versorgt. Ich konnte es kaum glauben, daß man mich so gastfreundlich behandelte.

An der armenisch-georgischen Grenze wurde unsere Busbesatzung, insbesondere meine Wenigkeit, gut 1 1/2 Stunden von den armenischen Grenzsoldaten schikaniert, bevor wir auf den katastrophal holprigen „Straßen" Georgiens weiterfahren konnten. Irgendwann machten wir in einem total trostlosen „Nest" halt. Hier wurde die nächste größere „Pause" (90 Minuten) eingelegt. Pause ist gut gesagt, denn der Busfahrer und einige Helfer mußten die ganze Zeit die schweren Metallplatten entladen. Die anderen Mitreisenden sahen dabei zu. Ich hingegen stand fassungslos daneben, mußte ich doch zu einem bestimmten Zeitpunkt wieder in der Türkei (Trabzon) sein, um den Rückflieger nach Istanbul zu bekommen. Mit solchen Zeiteinbußen hatte ich natürlich nicht gerechnet. In der Folgezeit wurde die Weiterfahrt von ständigen Polizeikontrollen unterbrochen. Bis Batumi wurde unser Bus bestimmt zehn- bis 15mal von den „Gesetzeshütern" angehalten und kontrolliert. Teilweise wurden wir im wahrsten Sinne des Wortes zurückgepfiffen. Manchmal wurde nur der Kofferraum durchsucht, ab und zu wurde im Bus „gewühlt", meistens konnten wir jedoch, nach einer kurzen Debatte zwischen Busfahrer und Polizist, weiterfahren. Hierbei war aber jeweils ein kleines Bestechungsgeld in Form von Dollar nötig!

Gegen 2.00 Uhr in der Nacht erreichten wir endlich Batumi. Für die noch nicht einmal 500 Kilometer lange Strecke hatten wir somit, wegen der vielen Stops sage und schreibe 18 Stunden benötigt! In Batumi „empfing" mich schon eine „Meute" von Taxifahrern. Nach einigem Durcheinander fuhr mich letztendlich ein älterer Herr für sechs Dollar an die türkische Grenze. Auf dem Weg dorthin wurde unser Wagen bereits nach ungefähr einem Kilometer von der Polizei angehalten und mein Fahrer um zwei Dollar geschröpft. Verärgert brabbelte er bis zur Grenze immer wieder „Police, Mafia, Police, Mafia" vor sich hin. Die einheimischen „Gesetzeshüter" können mit Fug und Recht mit mittelalterlichen Wegelagerern verglichen werden.

An der Grenze staunte ich nicht schlecht, als ich meine in Eriwan „verlorenen" Kameraden wiedertraf. Diese erzählten mir, daß die drei Essener in einer kleinen Kneipe in Eriwan von der Busfahrercrew, die uns auf der Hinfahrt von Tiflis nach Armenien mitgenommen hatte, aufgespürt wurden und die Abfahrtszeit kurzfristig auf 3.00 Uhr morgens vorverlegt wurde. Alle, bis auf mich, hätte man in dem mächtigen Hotel Dvin finden können. Die „Jungs" sind dann, wie auf der Hinfahrt, über Tiflis gefahren.

Zusammen fuhren wir nun von der Grenze in einem großen Sammeltaxi nach Trabzon und erreichten Freitag morgens die Provinzhauptstadt am Schwarzen Meer. Nach einem Frühstück und Mittagessen in Trabzon konnte ich am Nachmittag beruhigt in das Flugzeug nach Istanbul steigen, wo ich mir am darauffolgenden Tag im Inönü-Stadion von Besiktas Istanbul das türkische Erstligaspiel zwischen Istanbulspor und Trabzonspor ansah. Von den gut 18.000 Zuschauern waren erstaunlicherweise nur wenige hundert Fans auf Seiten von Istanbulspor. Das lag zum einen daran, daß der Verein wegen des traditionell großen Zuschauerinteresses bei Gastspielen von Trabzonspor in der kosmopolitischen Metropole in das viel größere und weit vom heimatlichen Ground entfernte Stadion von Besiktas ausweichen muß. Zum andern leben viele ehemalige Bewohner der östlichen Schwarzmeerregion in Istanbul und sind traditionell Anhänger von Trabzonspor. Beide Mannschaften trennten sich nach einem wirklich guten Spiel schiedlich friedlich 2:2 Unentschieden.

Nach elf erlebnisreichen und anstrengenden Tagen erreichte ich am späten Sonntag abend wieder die Löwenstadt Braunschweig.

Interview mit dem Ur-Groundhopper

Die höchste Stufe auf der Groundhopping-Skala teilen sich zwei Extremisten: Fari, das Nonplusultra bei den Länderpunkten und Karl-Heinz Stein, zu dem man eigentlich nur eine Zahl sagen muß: „überschlagen - 6.000..." - der erste Groundhopper überhaupt - und der, der die meisten Spiele und Grounds gesehen hat. Der Düsseldorfer ist der erste Nichtbrite, der die 92 Stadien der vier höchsten englischen Klassen zu Spielen besucht hat, und ist eigentlich kein typischer deutscher Groundhopper, versteht er unter dem Groundhoppen teilweise auch etwas anderes als seine jungen Landsmänner.

Sein wohl erstes Spiel sah er etwa 1947 auf dem alten Platz des SV Mörsenbroich, dort wo er heute einen Garten besitzt[59]. Selbst aktiver Fußballer, bekam er vom Fußball nicht genug und fuhr mit dem Großvater im Linienbus zum Fußball nach Aachen oder stieg auf das Fahrrad, um so - neben der Fortuna - auch Spiele in Leverkusen, Mönchengladbach, Herne, Schalke und bei Rot Weiß Essen zu besuchen. Anhänger ist er vom MSV Duisburg und vor allem von West Ham United, wie es ihm der Fußball auf der britischen Insel und ganz speziell in Schottland überhaupt angetan hat. Seit 1998 ist der ehemalige Versicherungskaufmann, der das letzte Spiel vor dem Holztribünenbrand von Bradford (mit zahlreichen Toten) verfolgte, nun im Vorruhestand und kann noch mehr Zeit für sein Hobby investieren.

Karl-Heinz amüsiert sich über die dummen Kommentare von den Trainerbänken, in deren Nähe er oft steht, und berichtet von Geschichten, die man gar nicht alle hier wiedergeben kann: Von Eisenstangen, die - für Berliner Sportplätze üblich - als Hilfsfahnen auf den Außenlinien befestigt sind, vom zweiten Dienstag hintereinander, als der Schiedsrichter ausfällt (im zweiten Fall gar eine Schiedsrichterin), von ihn plötzlich ansprechenden Fußballbekannten von vor mehreren Jahrzehnten, vom Pferdelotto bei Viktoria Bregenz, wenn die Pferdeäpfel auf das in Lottozahlen-Felder aufgeteilte Spielfeld plumpsen, von einem anderen englischen Groundhopper, der sicher war, daß Karl-Heinz seinen unterklassig spielenden Verein noch nicht kennt - Karl-Heinz konterte mit der Frage, ob denn immer noch der Chinese im Tor stehen würde - von der gerade einmal ein Pfund teuren Karte für einen Sitzplatz einen Meter über der Grasnarbe beim eigentlich ausverkauften Spiel zwischen Norwich und Oxford oder anderen „Anormalien" - wie er sie nennt -, wenn die Schlangen vorm Kassenhäuschen nicht vor dem Stadion, sondern im Stadion stehen, weil aufgrund eines Spielabbruchs das Eintrittsgeld wieder ausbezahlt wird. Wenn Karl-Heinz anfängt, ins Schwärmen zu geraten, dann ist er nicht mehr zu stoppen und springt von einer Geschichte zu einer anderen, um diese eventuell gar nicht fertig zu erzählen, weil er schon wieder irgendwo anders gelandet ist[60].

---

59) *Während des Interviews griff Karl-Heinz Stein ein offenbar altes Diskussions-Thema auf, als er seiner Lebensgefährtin scheinbar erneut vorschlug, den Garten zu verkaufen - dem sie sich regelmäßig widmet -, um von dem Geld eventuell ein Wohnmobil anschaffen zu können, mit dem man noch bequemer auf Tour gehen könnte. Sie schien davon allerdings nicht angetan zu sein!*

60) *Bei der hier gedruckten Version des Interviews handelt es sich um einen Ausschnitt eines ca. achtstündigen Gespräches.*

6.000 verschiedene Grounds? Wie geht denn das?

Das geht schon so los: Wie zählst Du? Diese Zahl ist nicht gelogen. Und die Engländer, die mich kennen, wissen auch, daß das stimmt. Wenn einer ungläubig ist, dann frage ich immer „Wie zählst du denn die Grounds?" - „Ja, wie? Wenn ich da war!". Bei uns in Düsseldorf gibt es den Deutschen Amateurmeister von 1957, den VfL Benrath. Gegen die habe ich in der Ersten auf dem Rasenplatz gespielt, in der Jugend auf einem Nebenplatz, einem Ascheplatz, und als das Stadion später verlegt wurde, war ich als Zuschauer da. Zählt das drei- oder einmal? Der eine sagt ein- der andere dreimal.

Nächste Frage: In Holland gibt es einen Verein, MVV Maastricht, der hat das Spielfeld um 90 Grad gedreht. Da war ich auch mindestens einmal. Zählt das ein- oder zweimal? Was ist, wenn ein Ground verändert wurde? In Schottland habe ich einmal auf einem Bauernhof übernachtet. Auf einmal sehe ich Flutlicht und wundere mich,

Tribüne im Upton Park von West Ham United. (Foto Marcel Schneider)

da doch kein Spiel angesetzt war - ein Greyhound-Rennen auf der Laufbahn! Und auf dem Platz in der Mitte spielt normalerweise ein Verein. Zählt das Stadion oder nicht? Zählt der Besuch, wenn ein Spiel wiederholt werden muß, oder nicht?
Ich stehe auf einem Damm. Rechts vom Damm läuft ein Spiel, links vom Damm läuft gleichzeitig ein Spiel. Zählen beide Grounds?
In Cardiff in Wales wird gerade das Millenium-Stadion gebaut. Daneben ist ein kleineres Stadion, in dem Rugby gespielt wird. In diesem Stadion hat aber auch der Verein Ton Pendre vor etwa drei Jahren im UEFA-Intertoto-Cup gegen die Holländer von Heerenveen gespielt. Wenn ich dort jetzt ein Rugby-Spiel gesehen habe, zählt der Ground oder nicht? Mir ist das egal. Wenn da ein Fußballspiel ist und ich bin dort in der Nähe, dann gehe ich dorthin.
Ich gehe zwar auch nach der Pyramide und habe z.B. in den sieben Bezirksoberligen in Hessen 70 bis 80% der Vereine schon besucht, aber auch schon darunter in den Bezirksligen. Ich versuche auch, zu komplettieren. Aber es muß nicht sein - ich will mich ja nicht unter Druck setzen. Phönix Lübeck habe ich noch nicht gesehen, obwohl ich schon

vielleicht zehnmal bei denen vorbei gefahren bin. Habe ich aber noch nicht getan, da ich mir woanders mehr Spiele ansehen konnte. Aber die 6.000 Spiele sind echt, wenn ich das überschlage.

Wer aus England nach Düsseldorf kommt, der will das Rheinstadion sehen. Das ist aber nur ein städtisches Stadion. Wenn du da ein Länderspiel ansiehst, dann kannst du den Ground auch abhaken - aber nicht unter Fortuna! Fortunas Ground ist das Paul-Janes-Stadion in Flingern, wo die Amateure und die Jugend spielen. Oder Schalke, die Glückauf-Kampfbahn, in Frankfurt der Riederwald, nicht das Waldstadion! Die Deutschen fahren da jetzt hin, weil die Amateure dort spielen - die Engländer aber nicht. Oder der HSV, du hast den Rothenbaum versäumt - den gibt es ja nicht mehr. Da könntest du dir in den Arsch beißen!

Dieses Zählen, diese Rekorde oder Schlagzeilen wie „Weltmeister im Stadionhüpfen", das ist doch nichts. Jeder Groundhopper hat andere Voraussetzungen. Bei der Formel 1 herrschen mit den verschiedenen Autos ungleiche Voraussetzungen. So ist es auch beim Groundhoppen. Ich bin früher mit dem Fahrrad zu Spielen gefahren und habe heute ganz andere finanzielle Mittel. So soll jeder mit sich selbst ausmachen, was er zählt.

Du bist jetzt 58 Jahre alt! Wie lange bist du schon am Groundhoppen?

Im Unterbewußtsein habe ich das schon immer gemacht. Als ich in der C-Jugend war bin ich sogar mit dem Fahrrad zum Nachholspiel zu Union Ohligs in Solingen gefahren. 1955 bin ich als 14jähriger mit meinem Fahrrad nach Norddeutschland gefahren, 100 bis 120 Kilometer jeden Tag - und immer dorthin, wo ich ein Spiel sehen konnte. Am ersten Tag habe ich schon 12 DM für ein Messer ausgegeben, das dann mein Fahrtenmesser wurde. Auf dieser und der nächsten Reise habe ich mir dann gesagt, wie mein Leben verlaufen soll: du versuchst einen vernünftigen Schulabschluß, einen vernünftigen Beruf und Reisen mit Fußball - das war schon als Kind mein Wunsch. Dann habe ich auf einem niedersächsischen Bauernhof mit Gaststätte gesessen - ich weiß nicht wo, und bei einer Flasche Sinalco im Hinterzimmer Radio gehört. Da spielte erstmals UdSSR gegen Deutschland, wieder mit acht Spielern aus der 54er WM-Elf. Das kann man vielleicht heute nicht mehr nachvollziehen, aber für mich war das ein wunderbares Erlebnis.
Mein erstes Spiel überhaupt in Großbritannien war am 10. August 1957, da war ich gerade 16. Ich hatte eine englische Brieffreundin in Watford und bin per Anhalter durch England und Schottland. In Edinburgh an der Easter Road habe ich das Liga-Pokalspiel zwischen Hibernian und East Five gesehen. Da ist diese Liebe zum Groundhoppen so richtig entflammt.

Wieviele Spiele siehst du dann im Jahr?

Also im vorigen Jahr waren es mindestens 320. Ich setze mir aber keine Anzahl zum Ziel. Wenn ich mir eine bestimmte Zahl vornehmen würde, dann würde ich mich ja unter Druck setzen, was ich jahrelang im Beruf hatte, und müßte ja zu jedem Zweitligaspiel am

Montag hinfahren. Ich wollte mal mehr Spiele in einem Monat machen als der Monat Tage hat. So waren es einmal 44 Spiele - das hat keinen Spaß gemacht! Ich hätte sogar 50 Spiele machen können.

Ist das alles für Deine Lebensgefährtin kein Problem?

Nein, es ist genau umgekehrt. Wir telefonieren jeden Tag, nachdem wir inzwischen beide ein Handy haben. Ich bin auch schon eine Stunde vor Silvester nach England gefahren, war aber Weihnachten zu Hause. Bei uns ist Weihnachten, Geburtstag, Muttertag kein Problem. Wie haben zwölfmal Weihnachten und Geburtstag. Und Leute, die nur am Muttertag zu ihrer Mutter gehen, sind für mich scheinheilige Individuen. Dazwischen gibt es ja auch Zeit. Das Schlimme ist, Freunde von uns drehen das ja dann genau rum, die sagen zu ihr dann „Daß du den fahren läßt!" Dann sage ich immer: „Meine Frau kann immer mitfahren, dein Fritz ist in zwei Kegelvereinen, im Fußballverein engagiert und immer unterwegs, jeden Abend in der Kneipe. Ich nicht!

Wieviele Grounds hat denn Ihre Lebensgefährtin... - so ungefähr?

Eine gute Frage, denn sie macht ja halbe Grounds, um nach diesen Spinnern zu gehen. Ich weiß noch, ihr allererster englischer Ground war Charlton. Letztes Jahr Pokalendspiel im Berliner Olympiastadion: MSV Duisburg - Bayern München. Sie hat eine Schwester in Berlin, wo wir auch wohnen können. Ich wollte gar nicht hin, obwohl mein MSV vielleicht nie wieder ins Finale kommt, solange ich noch lebe. Ich habe dann zu ihr gesagt: „Wenn du ins Olympiastadion willst, kümmere ich mich um den Hund und gehe mit ihm zu einem Amateurspiel", die gab es an dem Nachmittag. Ich muß auch Rücksicht nehmen.

Bei deiner Bilanz mußt du deinen MSV Duisburg aber ganz schön vernachlässigen, oder?

Ja, inzwischen. Es gab Phasen, da habe ich mir bis auf Schalke in Gelsenkirchen alle Spiele angesehen, natürlich auch auf den Wegen dorthin und zurück Amateurvereine besucht.

Was macht das Groundhoppen aus?

Das Ziel ist das Spiel, die Grundidee ist Spaß zu haben. Drumrum ist so viel Interessantes: der Ort spielt eine Rolle, die Fahrt dorthin...

Was ist das Spezielle bei dir?

Ich weiß mehr als der Durchschnitt von den Regeln. Ich interessiere mich vor allem auch für die Geschichte der Vereine. In England gibt es Bücher mit allen Terminen und Informationen zu den Vereinen bis zu den untersten Klassen. In Deutschland gibt es das nicht. Du mußt dir hier von allen Verbänden etwas zusammenklauben. Vom Niederrhein bekommst du ein vernünftiges Buch, vom Mittelrhein noch besser, aber sonst… .

Hast du eine ganz spezielle Groundhopper-Eigenart?
Bei mir ist es so, daß ich um den Platz rumgehe. Ich war neulich bei einem Spiel in Korschenbroich. Mit mir zusammen waren es sechs Zuschauer. Es war ziemlich kalt, und ich bin bestimmt zwanzig Mal um den Platz rumgelaufen. Nachher hat mich der Torwart der Auswärtsmannschaft dann gefragt, warum ich immer um den Platz rumlaufe. „Jung, die, die da stehen und quatschen, kriegen kalte Füße. Und denkste, ich will mir dreißig Mal den selben Quatsch anhören?" Das war jetzt mal ein Extremfall. Aber ich laufe wenigstens einmal um den Platz rum, und manchmal entdecke ich sogar ein verstecktes Denkmal. Das sind alles Teile des Hoppings, was man mitnehmen sollte. Es geht ja nicht nur um das Spiel, es geht um den Verein und den Ground - es heißt ja „Groundhopping". Die meisten englischen Groundhopper erkennt man. Die haben Turnschuhe an, Jeans, eine Jacke und eine Schultertasche - und beim Spiel erkennst du sie sowie daran, daß sie ein Programm haben und sich die Mannschaftsaufstellung aufschreiben. Und wenn dann etwas passiert, ein Tor oder eine Auswechslung, dann sind die sofort am Schreiben. Dann gibt es Groundhopper in und um London, die bei den Reservespielen um 14.00 Uhr oder 19.30 Uhr sind - ca. 50 Groundhopper mindestens, Rentner. Der eine hat eine Aktenmappe, der andere hat eine Tüte - die selbe hat er nächstes Jahr auch noch! Da gibt es Extreme, das kannst du dir gar nicht vorstellen!

Die sind also viel mehr Statistiker…

Das sowieso, das ist ja auch interessant. Das ist drüben ja eine heiße „Competition". Die Programmhefte werden drüben richtig benotet. Ich kenne Leute, die leben davon, solche Hefte zu machen.
Ich war mit meiner Frau zum 100. Jahrestag des höchsten Sieges, den es jemals auf der Insel gegeben hat, eingeladen: 36:0, 1885 war das. Arbroath, das ist ein Ligaverein in Schottland, der das Stadion direkt an der See hat, spielte gegen Bon Accord. Damals gab es keine Netze. Eine Torlatte gab es auch nicht - die haben ein Seil drüber gespannt. Mit Netzen wäre das Ergebnis noch höher geworden, weil der Ball ja 36 Mal durch die Gegend rollte. Am selben Tag gab es ein 35:0 in Aberdeen. Die Ur-Kinder der Torleute haben später sogar geheiratet. Und deren Nachkommen waren genauso eingeladen wie einer des Schiedsrichters und ich.

Dir bedeuten also auch die vielen Geschichten um den Fußball und außerhalb des Fußballs etwas…

Ich bin einmal bei einem Verein gewesen, der heißt West Auckland (W.A.). Die schimpfen sich „der erste Weltmeister" 1909 / 1911. Diese Geschichte interessiert diese Rotznasen (er meint die jungen Groundhopper-Kollegen, der Verf.) auch nicht. Damals wurde aus Italien oder der Schweiz eine Turniereinladung verschickt, für Woolwich Arsenal (damals nannte sich Arsenal noch so), adressiert an W.A. Dieser Brief ist aber fälschlicherweise nach County Durham zu West Auckland geschickt worden. Dann sind die nach Italien und haben da den Pokal gewonnen. Dieser Pokal stand dort im Workmen Club, ist aber inzwischen gestohlen worden. Solche Geschichten machen das Hopping aus.

Ich gehe ja nicht nur zum Fußball, sondern auch mal zum Beispiel ins Museum. Ich versuche, mich nebenbei auch zu bilden. Dann kann ich nämlich Arbeitskollegen und Freunden übers Maul fahren, die sagen: „Hör mal Kalle, wie war der Urlaub? Wo warst du denn wieder? Wieviele Grounds hast du gemacht?" - Dann sage ich: „Weißt du denn, was Brackenheim Besonderes hat?" - „Wo liegt das denn?" - „Zwischen Heilbronn und Stuttgart." - „Nee!" - „Kennst du denn noch den Theodor Heuss?" - „Ja, na klar!" - „Der kommt daher. Das ist die Theodor-Heuss-Stadt," oder die Gebrüder-Grimm-Stadt oder was auch immer. Da kannst du Leute mit beschämen, die wissen, das ich... „fußballgeil" bin - nur die wissen den Hintergrund nicht. Die meinen, es würde mir Spaß machen, zum MSV, zur Fortuna oder zur Eintracht in vollgepackte Stadien zu fahren. Da war ich schon zigmal. Aber das macht mir heute keinen Spaß mehr. Damit bestrafst Du mich. Von der ARAG (Ex-Arbeitgeber, der Verf.) aus war ich Erster bei einem speziellen Versicherungswettbewerb zusammen mit einem Automobilklub. Dafür wurde ich zum Rennen an den Hockenheimring eingeladen. Gleichzeitig hat der MSV in Stuttgart gespielt. Was habe ich gemacht? Urlaub eingereicht und nach England gefahren.

Ur-Groundhopper Karl-Heinz Stein mit Moira.
(Foto Karl-Heinz Stein)

Nach meiner Krebsoperation bin ich in die Kur gefahren. In den 28 Tagen Kur habe ich 31 Grounds gemacht. Die Professorin hat gesagt, ich soll das machen. Ich bin sogar mit dem Langzeitdingens unterwegs gewesen und habe einmal sogar drei Grounds an einem Tag gemacht. Als ich das letzte Mal in die Kur gefahren bin, war ich mit Rosie - in einem schönen orangefarbenem Kostüm mit hochhackigen Schuhen - und Moira (die Lebensgefährtin und der Westhighland-Terrier, der Verf.) bei einem Spiel direkt an der Lahn. Dann meinte ich zu Rosie: „Mach'se mal los", und Moira ist ja „ballgeil". Eine Minute vor der Halbzeit will der eine Torwart einen Abstoß machen. Da läuft die Moira auf den Platz und nimmt sich den Ball. - „Rosie! Dein Hund!" - Rosie mit den hochhackigen Schuhen und dem Kostüm hin, aber der Hund ließ sich nicht einfangen. Als sie dann zurückkam - ich hatte das längst fotografiert - waren alle 200 Zuschauer am Klatschen. Diese Storys gehören dazu!

Was ist, wenn mal etwas schief läuft?

Bischofswerda sollte neulich gegen den FC Berlin spielen. Die frühere Stasi-Truppe ist morgens um 9.00 Uhr losgefahren. Um 14.00 Uhr sollte Anstoß sein, die Berliner waren aber noch nicht da. Dann sagte der Stadionsprecher, der Schiedsrichter hätte sich bereit erklärt noch bis 15 Uhr zu warten. Später gab es eine neue Durchsage - der Schiedsrichter würde auch noch bis 15.30 Uhr warten. Um 15.25 Uhr kam der Bus. Zehn Minuten später waren die Jungs auf dem Platz. Da kam plötzlich die Durchsage: „Der Schiedsrichter sieht sich nicht imstande, das Spiel zu Ende zu führen. Das Spiel findet nicht statt." Wenn alles normal verlaufen würde, dann wäre es schlimm. Ich bin aber immer so clever, daß ich mir Ersatzspiele suche, Möglichkeiten woanders hinzufahren, und wenn es 100 oder 200 km weiter ist. Das kannst du aber nur machen, wenn du einen Wagen hast und dich vorher orientierst.
Weltmeisterschaft. Du sparst jetzt vier Jahre für die nächste Weltmeisterschaft, freust dich daß alles klappt, und dann bekommst du wie für Frankreich keine Karte oder wirst reingelegt und mußt Unsummen bezahlen. Das ist bei mir anders. Ich kann jeden Tag woanders hin.

Du möchtest eine ungewöhnliche Wette vorschlagen!?

Ich suche jemanden, der meine Wette annimmt, daß ich an einem Tag alle 40 schottischen Ligavereine besuche, ohne Spiele natürlich. Da sind ja jetzt mit Inverness Caledonian und Ross County auch zwei ehemalige Highland-Clubs dabei. 1.000 Pfund, also 3.000 DM - sonst kriegen die anderen das, und das Benzin. Ich habe es schon geschafft. Es ist machbar, nur es ist auch eine körperliche Anstrengung. Ich habe um 0.00 Uhr im Süden bei Queen of South angefangen, unterwegs im Wagen geschlafen, habe aber den Fehler gemacht, daß ich mich am Tag zuvor nicht ausgeruht habe. Ich habe am Abend noch ein Spiel gesehen, wollte dann eineinhalb Stunden schlafen, war aber zu nervös. Da suche ich jetzt noch jemanden, der mit mir wettet.

Was ist der Höhepunkt deiner Groundhopper-Karriere?

Ich könnte sagen, ich habe das 100. Cupfinal in Wembley gesehen, Tottenham - Manchester City 1981. 600 DM habe ich für zwei Stehplatzkarten bezahlt. Das Spiel war extrem schwach. Tommy Hutchinson hat zwei Tore geschossen, ein Selbsttor und ein normales Tor. Samstags war das. Damals wurde das Cupfinal noch wiederholt, donnerstags. Ich saß mit einem Kunden und Fußballern zusammen. Plötzlich meint der: „Sag mal, warum quatschen wir eigentlich? Guckst du dir die Wiederholung vom Cupfinal nicht an?" - Ich sage: „Du A..., ich war am Samstag da. Warum sagst du mir das nicht?" Da habe ich schnell meine Sachen zusammen gepackt, auf British Forces Network im Radio die erste Halbzeit gehört und dann noch die zweite Halbzeit im holländischen Fernsehen gesehen.

Für mich mein bestes Spiel ist das 5:3 zwischen den A-Jugend-Mannschaften von Bayer Uerdingen und Eintracht Frankfurt in den 80er Jahren[61] - trotz 52mal Wembley und Deutschland - Italien (3:4) 1970 in Mexiko.

Hast du noch ein Ziel vor Augen?

Die Ziele werden vom Zeitrahmen immer kürzer. Ich kann nicht mehr wie früher sagen, daß ich mich auf die nächste Weltmeisterschaft freuen kann, und alles, was dazwischen ist, ist auch gut. Ich kann mich nicht mehr auf solche Ziele freuen. Heute kommt ja jeden Tag ein Spiel im Fernsehen. Früher habe ich mir so etwas gewünscht. Heute wäre es mir lieber, die würden davon was wegnehmen. Für mich ist jeder Ground am Wochenende ein Höhepunkt. Manchmal bist du vielleicht enttäuscht, weil du dir nach dem Namen des Vereins etwas vorstellst, was aber nicht so ist. Oder es ist das Gegenteil, und der Ground ist klasse. Oder siehst du z.B. von der Straße aus einen Ground, und der sieht nach nichts aus, aber den mußt du jetzt machen, weil der von oben runter der nächste in deiner Liste ist. Sind da 150 Zuschauer, sieht der Ground schon ganz anders aus. Dann ist da Leben!

Als ich vor drei Jahren die Krebsoperation hatte und in dem Krankenhaus lag, in dem ich auch geboren wurde, habe ich mich an ein sogenanntes Streitgespräch mit meiner Mutter erinnert. Die hat immer gesagt: Wenn Du nicht immer so viel für den Fußball und die Reisen ausgegeben hättest, dann hättest Du ein richtig großes Haus. Ich habe ihr gesagt: „Mutter, wenn ich mal sterbe, dann erinnere ich mich nicht an die blöde Mauer, die 100.000 DM gekostet hat, das Dach für 250.000 DM oder den Ärger mit dem Architekten oder dem Mieter. Hier, meine Reisen... ." Und das hat mir unheimlich geholfen. Ich habe gekämpft und kann nochmal 5.000, 6.000 Grounds machen.

Von Gockeln, Selbstbetrügern und Wahrheitssuche

England. Irgendeine unterklassige Liga. Zahlreiche Groundhopper sind vor Ort. So auch Karl-Heinz. Ein Groundhopper nähert sich ihm mit seiner Freundin. Als dieser bemerkt, daß Karl-Heinz Deutscher ist, wird dieser gefragt, „Na, auf Urlaub hier und mal sehen, wie hier Fußball gespielt wird?" - „Eigentlich nicht, ich mache wegen des Fußballs hier Urlaub" - ??? - die Freundin des Engländers grinst, aber er versteht noch nicht ganz. Stolz zeigt er auf seine für alle sichtbar angebrachte Krawatte mit der großen 92. Ob Karl-Heinz wisse, was die 92 zu bedeuten hätte? - „Ja, schon" - die Freundin grinst. Karl-Heinz: „Ich habe nur noch 18 bis..." - der Engländer stößt einen Schrei aus

---

[61] *Viertelfinalrückspiel Deutsche A-Jugendmeisterschaft 1988.*

und ist fassungslos. Dann hallt es über den Platz: „Hier ist ein Deutscher, der sagt, er hätte nur noch 18..." - Karl-Heinz: „Laß mich doch aussprechen. Ich habe nur noch 18 bis ich die 92 zum zweiten Mal komplett habe." - Die Freundin grinst, der Krawattenträger bekommt erst einmal kein Wort heraus.
So spielte sich Ur-Groundhopper Karl-Heinz' Begegnung mit jenem „92 Club"-Mitglied etwa ab. Nachzutragen ist noch, daß der Engländer nicht verstehen wollte, warum der Deutsche nicht in den 92 Club eintreten wollte. Dann könne er doch auch so eine Krawatte tragen.

Unter den Groundhoppern gibt es ein paar, die mit stolzgeschwellter Brust durch das Leben laufen, bereit, jedem (und insbesondere neugierigen Journalisten, die auf der Suche nach einer ungewöhnlichen Geschichte sind[62]) über die eigenen (und fremden) „Heldentaten" aufzuklären. Dabei handelt es sich manchmal um eine über den Stolz hinausgehende darstellerische Art, die in Groundhopperkreisen nicht immer gut ankommt.

Nach Meinung vieler Groundhopper wird auch oft gelogen. So z.B. bei der Zahl der besuchten Grounds und gesammelten Länderpunkte. Wer stellt sich manchmal nicht gerne größer dar, als er/sie ist. Es mag vielen egal sein, wenn Groundhopper-Kollegen nicht ganz ehrlich sind - jeder müsse mit sich selbst ausmachen, wie er dazu steht, meinen z.B. Karl-Heinz und Fari. Unehrlichkeit ist Selbstbetrug - ob Groundhopper sich bei einem Groundbesuch nur über die nächste Tour unterhalten und das laufende Spiel gar nicht mitbekommen, ob man nur 20 Minuten verfolgt, um dann schon zum nächsten Spiel aufzubrechen oder ob man sich neben dem Platz ins Gras legt, das Spiel das Spiel sein läßt und ein Nickerchen einlegt. Hier ließen sich weitere Beispiele aufzählen[62a]. Daß ein Groundhopper (wie Fari) einen Ground gar nicht zählt, wenn er seine Eintrittskarte verloren hat, wird für viele undenkbar sein[62b]. Ganz sicher trifft das auf jene zu, die innerhalb der Groundhopperkreise als Fehlentwicklungen angesehen werden, wenn „reisserische Medienberichte" zur „reinen Selbstdarstellung" führen[62c]. Der eine Hopper zählt erwas, der andere kann diese Möglichkeit gar nicht nachvollziehen.

62) *Hinter Fari waren z.B. bereits TV-Produktionsteams vom Südwestfunk (zweimal), vom Ostdeutschen Rundfunk Brandenburg, vom Süddeutschen Rundfunk, von SAT.1, vom Westdeutschen Rundfunk, von der Deutschen Welle, von VOX, vom Hessischen Rundfunk und selbst ein amerikanischer TV-Sender her. Zu deren Leidwesen interessiert ihn aber ein Zweitligaground in Südamerika mehr als ein TV-Auftritt. Beim V.d.G.D.-Vorsitzenden Jörn Helms gehen wenigstens zweimonatlich Anfragen von TV-Sendern ein. Die erhöhte Präsenz auf den Bildschirmen hat schon zu V.d.G.D.-interner Kritik geführt. So sieht man die Gefahr, durch derartige Rundfunkauftritte mehr „Modehopper" anzuziehen. Vernünftige Diskussionen zum Thema Groundhopping kämen aufgrund der zu knapp angesetzten Zeit, aufgedrehter Moderatoren und Werbeunterbrechungen sowieso nicht zustande. Vgl. Pfohmann, Patrick: Leserbrief, in: Europlan, 5. Jg. (1999), S.8.*
62a) *Siehe auch Schäfer, York: Ich wollte den Länderpunkt Libyen, in Bremer – Die Stadtillustrierte, 25. Jg., März 2000, S. 26.*
62b) *Vgl. Haarmeyer, Jan, in: Verlängerung, Sportgespräch mit Carlo Farsang, in: Hamburger Abendblatt, 12.02.2000, S. 36.*
62c) *Vgl. Schäfer, York: Ich wollte den Länderpunkt Libyen, in Bremer – Die Stadtillustrierte, 25. Jg., März 2000, S. 26*

Klingen erlebte Geschichten oder überhaupt das „Hobby Groundhoppen" unglaublich, kommt oft Zweifel auf. Steht dort etwa ein Hochstapler vor einem? Als Fari in südamerikanischen Stadien wiederholt auf einen dort lebenden Reporter der französischen Sportzeitung „France Football" traf, kam man miteinander ins Gespräch. Der Reporter erfuhr von Faris Hobby und war begeistert. Er schickte seiner Redaktion in Europa einen Bericht über Fari zu, in dem auch sein Sprung über den um das Stadion führenden Zaun beim WM-Eröffnungsspiel in Paris erwähnt wurde. Die Redaktion reagierte. Ob er den wisse, was er da für eine Geschichte geschickt hätte. In Frankreich glaubte man nicht daran. Zuvor hatte man nämlich einen Bericht über die Sicherheit der französischen WM-Stadien gebracht, wonach keine Maus unkontrolliert in die Stadien kommen würde. Monate später mußte man erkennen, daß der Bericht über die Sicherheit doch nicht ganz korrekt war: Fari lief dem Reporter in Südamerika wieder über den Weg, zeigte ihm Fotos von seiner Tour und eine Videokassette, auf der zu sehen war, wie er bei der WM - als es keine Karten mehr gab - einfach über einen Zaun sprang und dadurch das Spiel verfolgen konnte[63]. Kurz darauf erschien der Artikel doch noch in France Football.

Daß Groundhoppen in manchen Ländern auch sehr gefährlich sein kann, das zeigen uns die nächsten beiden Berichte:

Der Spion aus der westlichen Welt
Ein Ausschnitt aus dem Tagebuch von Carlo Farsang, 25. bis 27. September 1993
3. Station: Algerien

Nach einer sehr ungemütlichen Zugfahrt von 24 Stunden von Tunis erreichte ich todmüde am Morgen des 25. September 1993 die algerische Hauptstadt Algier. Jetzt schnell ein ruhiges Hotelzimmer und erstmal richtig ausschlafen, mehr wollte ich eigentlich nicht! Nachdem mich an diesem Tag auch das dritte Hotel abwies - billige Hotels waren zu dieser Zeit Mangelware -, kam zum ersten Mal richtiger Frust auf. Irgendwie hatte ich es mir doch anders ausgemalt, dieses Afrika. Na ja, bis jetzt sah alles noch so aus wie in Südeuropa. Völlig entnervt blieb mir nur noch der Gang in ein Vier-Sterne-Hotel - was aber eher vier afrikanische Sterne waren

Sonntag, 26 September 1993

Mittlerweile konnte ich in Erfahrung bringen, daß der große Fußball-Klassiker zwischen USMH Algier und MPO Oran erst am Montag stattfand - „Bingo"! So blieb heute genug Zeit, um eine der schönsten Hauptstädte der Welt zu erkunden. Die historische Altstadt ist gesäumt von Jugendstil-Häusern und engen Gassen, immer mit einer leichten Meeresbrise versehen, konnte aber auch nie ganz darüber hinwegtäuschen, daß man sich in einem der gefährlichsten Länder der Welt bewegte - zu aufdringlich und lästig zugleich waren die Blicke der Einheimischen, die ich auf den Marktstraßen erntete. Das „Sightseeing" endete mit dem Besuch des Nationalstadions, das sich ein ganzes Stück

---

63) *Ein Kamerateam des Hessischen Rundfunks begleitete Fari ein paar Tage während der WM und konnte diese Szene (angeblich eher zufällig) filmen.*

außerhalb des Zentrums befindet und in dem leider nur noch Länderspiele ausgetragen werden. Am späten Nachmittag tauschte ich trotz aller Warnungen noch 100 DM schwarz auf der Straße. Bei dieser Gelegenheit brachte ich auch meine Flasche Whiskey für schlappe 80 Dollar an einen Dealer - der Sonntagabend war gerettet.

Montag, 27. September 1993
Es sollte der schwärzeste Montag in meinem Fan-Dasein werden. Nach Korea zu fliegen, und das Spiel fällt aus - na gut, solche Kapriolen können vorkommen, in Bukarest ein Spiel wegen Lokschadens verpassen - was soll's? Aber bitte nicht hier, jetzt, in einem Land, wo der Terror an der Tagesordnung steht, wo gefoltert und gemordet wird und für ausländische Journalisten jeder Tag zu einem Spießroutenlauf um das eigene Leben wird. Nun also war der Zeitpunkt gekommen, an dem mich mein Schicksal hinter die Facetten dieser „Demokratie" führte.

Aber nun der Reihe nach. Punkt 12.00 Uhr checkte ich endlich bei dieser Vier-Sterne-Bruchbude aus. Mit einem Trolley-Bus ging's dann direkt zum Stadion des 5. Novembers. Dort angekommen, reihte ich mich in die einzige Schlange ein, um eines dieser begehrten Tickets für 30 Dinar (ca. eine DM) zu erwerben. Auch hier wurde man von den Eingeborenen von Kopf bis Fuß gemustert - noch nie einen Hopper gesehen?

14.30 Uhr. Simsalabim, die Einlaßtore öffnen sich für ca. 3.000 Glaubensbrüder (es war wirklich keine Frau auszumachen). Nun konnte man den Ground etwas näher unter die Lupe nehmen. Dieser wird aber bei der maroden Flutlichtanlage und dem doch sehr lädierten Kunstrasen keinen Hopper vom Hocker reißen. Einziger Lichtblick an dieser für ca. 8.000 bis 10.000 Mann gebauten Arena waren die zwei überdachten Tribünen.

Der Countdown lief, nur noch 27 Minuten trennten mich vom Länderpunkt Algerien. So nutzte ich die verbleibende Zeit, um von der Vereinsführung die Erlaubnis zum Betreten des Innenraums einzuholen. Gesagt, getan, und wie es sich für einen guten Reporter gehört, zwang ich gleich noch den Trainer von USMH zu einem Frage- und Antwortspiel.

Doch plötzlich, aber nicht unerwartet, hörte ich von hinten eine rauhe, tiefe Stimme. Ich drehte mich um und sah einen fetten, riesigen Fleischberg unkontrolliert mit knallrotem Kopf auf mich zu rollen - wie eine Dampfwalze. Oh Gott, jetzt nur keinen Fehler machen, da dieser leicht gereizte Cop das Kommando über die Sicherheitskräfte im Stadion hatte. Er fragte nach meiner Akkreditierung, und ohne zu zögern zog ich meinen internationalen Presseausweis, was wohl der Fehler meines Lebens war, denn ab nun sollte auch ich am eigenen Leib die Gesetze dieses Landes zu spüren bekommen. Ehe ich mich versah, saß ich in einem Militär-Jeep - links und rechts zwei schwer bewaffnete Cops. Und ab ging die Post zur nächsten Polizeiwache, die nur einen Steinwurf entfernt lag. Dort angekommen wurde erst mal mein Rucksack durchsucht, wo man zu meinem unglaublichen Pech auch noch meinen zweiten Reisepaß fand - „jetzt war alles aus!" Dem Kommissar versuchte ich zu erklären, was der Presseausweis bzw. der zweite Reisepaß[64]

---

[64] Den zweiten Reisepaß braucht Fari deshalb, weil man ihm bei der Einreise nach Ägypten - wie in der islamischen Welt überhaupt - eventuell Probleme bereit hätte, wenn man in seinem Paß einen israelischen Stempel gefunden hätte. Normalerweise ist es nicht üblich, daß man zwei Reisepässe besitzt.

auf sich hat. Mir wurde auch noch der Grund für meine Verhaftung genannt: ich war nicht im Besitz einer gültigen Arbeitserlaubnis. Na prima! Sogar mit der Beschlagnahmung meiner Fotokamera wurde gedroht. In weniger als zehn Minuten fand das Topspiel der Woche zwischen USMH Union Sport Musulman Harrach Algier, dem Fünften der Liga, und MPO Mouloudia Petrol Oran, dem Ersten der Liga, statt, und ich kochte vor Wut auf einer Polizeiwache. Jedoch gelang es mir, mit allen Tricks der Überredungskünste dem Kommissar davon zu überzeugen, wie wichtig dieses Spiel für mich sei. So ging es zurück zum Tatort. Zusammen mit dem Kommissar wurden wir noch Zeuge, wie die 22 Akteure den Rasen betraten. Um noch ein wenig Zeit zu gewinnen, wollte ich noch von der anderen Seite des Stadions ein Beweis-Foto schießen. Der nette Kommissar willigte ein, und so sah man immerhin noch die Anfangsminuten von diesem Klassiker. Doch die restlichen Minuten waren für mich passé. Nun ging's wieder zurück zur Wache, wo mir - man kann es kaum glauben - Hasch angeboten wurde. Das war dann doch zu viel des Guten. Ich lehnte dankend ab. Während meines Aufenthaltes in der Polizeiwache wurde ich nicht eine Minute schlecht behandelt, selbst Kaffee und Kuchen wurde mir angeboten. Für Einheimische wäre so eine Situation ein Zuckerschlecken. Ansonsten: Was ich hier gehört und gesehen habe, verletzt zutiefst die Menschenrechte - so viel zur Demokratie in diesem Land.

Gegen 16.00 Uhr traf dann endlich der Oberkommissar persönlich ein. Er überprüfte jeden Winkel in meinem Rucksack. Jedem Fetzen Papier schenkte er seine ganze Aufmerksamkeit. Auch hier versuchte ich, alles in die richtiger Reihe zu bringen[65]. Dabei erzählte ich von meinem Trip durch Afrika, was der mißtrauische Kommissar jedoch nicht ganz nachvollziehen konnte. Vielleicht lag es auch daran, daß sein Englisch-Vokabelschatz noch weit unter meinem lag. Erst als er mein altes Tagebuch fand und die Seite entdeckte, wo meine Route durch Afrika niedergeschrieben war, sprach dieser Mister Wichtig seine Hochachtung und meinen Mut aus. Zum Abschied lachte er und meinte nur noch „No problemo", doch die Story ist noch nicht zu Ende.

Das Auswärtige Amt hatte wohl Wind von der ganzen Sache bekommen - nun war also auch der Weg dorthin mein nächstes ungewolltes Ziel. Mit einem Polizeiauto der Marke VW-Golf sollte dann die Odyssee weitergehen. Zusammen mit drei weiteren Männern in Uniform durfte Platz genommen werden. Allerdings sprang die uralte Kiste nicht an, was den Fahrer zur Weißglut brachte und Wörter von sich gab wie: „Alemao Alemao nix gut Auto Golfo". Dabei konnte ich mir das Zucken meiner Bauchmuskeln gerade noch verkneifen. Nach ca. zehn Minuten brachte man den Volkswagen zum Laufen bzw. die anderen zwei Männer in Uniform schoben das Mobil rückwärts aus dem Hof, da der Rückwärtsgang kaputt war.

Aber nun ging's los, wenn auch nur bis zur nächsten Straßenkreuzung, denn als der total entnervte Fahrer in den zweiten Gang schalten wollte, fiel der Ganghebel aus der Getriebestange. Ab diesem Moment ließ ich meiner Schadenfreude freien Lauf. Es war ein Bild für die Götter. Der Fahrer hätte für sein dummes Gesicht mindestens zwei Os-

---

65) *Fari beteuerte mehrmals, kein Spion zu sein, nichts Schlimmes wolle, nur dieses Spiel brauche, um in Guiness-Buch zu kommen. Den Torjubel vom keine 100 m entfernten Spiel konnte er noch hören ...*

cars erhalten müssen - so blöd kann einfach keiner schauen! Blitzschnell versuchte man, die peinliche Situation aus der Welt zu schaffen, indem man einen Ersatzwagen organisierte, aber das Einzige, was sich auftreiben ließ, war ein uralter Ford-Taunus. Wie im Krimi wurde noch schnell ein Blaulicht aufs Dach montiert, und los ging's.

Die Fahrt war dann genauso verrückt wie der ganze Tag. Am Auswärtigen Amt angekommen wurde nur noch mein Name aufgeschrieben - so war ich gegen 17.00 Uhr wieder ein freier Mann.

Zur Feier des Tages ging ich noch richtig schick Essen, bevor ich gegen 22.00 Uhr am Busbahnhof mein Nachtquartier suchte. Denn schon am nächsten Tag wartete schon das nächste Abenteuer auf mich. 2.500 km Sahara und ein geniales Fußballspiel in Tamanrasset. (Weiters in einem späteren Kapitel, der Autor.) Das nicht gesehene Spiel endete übrigens 2:1 für USMH. Fazit: Irgendwie war es doch ein ultrageiler Tag!

Der Standard-Trip nach Istanbul
Ein Erlebnisbericht von Matthias Müller, 1. bis 4. November 1993

Am 1. November 1993 ging's zu viert, Schorsch (Tribuna Nord/Kaiserslautern), Clive (damals Ruhrpower 88/Schalke) und Wolfgang, einem VfL Bochum-Fan und gleichzeitig Initiator der Reise, los[66]. Ab Düsseldorf starteten wir für vier Tage mit der uns allen unbekannten Fluggesellschaft Onur Air Richtung Bosporus. Für 350 DM mit Hotel und zwei tollen Kicks (Besiktas Istanbul - Ajax Amsterdam und Galatasaray Istanbul - Manchester United) kein schlechter Kurs, dachten wir uns. Gut gelaunt kamen wir in der türkischen Metropole an. Es sollten unvergeßliche Stunden werden.

Per Bus wurden wir zum gebuchten Hotel gebracht, welches sich als noble Behausung entpuppte, was man so nicht erwartet hatte. Ohne langen Aufenthalt zogen wir direkt los in die Stadt. Irgendwann hörte man laute Musik und erblickte das Schild „Disco". Na ja, nix wie rein. Man wunderte sich schon über die gesalzenen Bierpreise und die kontaktfreudigen Frauen in dem Schuppen, bis wir bemerkten, daß wir in einer Art Puff gelandet waren. Die Frauen kamen aus allen Teilen des Ostblocks und waren bei der Anmache keineswegs zimperlich - sogar unsere Jeans wollten sie gegen die ihrigen tauschen. Nein Danke! Ihre billigen Fetzen konnten sie behalten. So verdrückte man sich wieder ins Hotel, um am nächsten Tag fit für den eigentlichen Grund unseres Besuches zu sein.

Morgens ging es per Bus (muß man mal gefahren sein) zum „Inönü Stadi" von Besiktas. Dort standen zehn Stunden vor Spielbeginn schon tausende Fans vorm Ground - etliche waren sogar schon drinnen. Absolut crazy! Karten gab es keine mehr. So mußten wir uns auf dem Schwarzmarkt bemühen. Einem Türken hielt man 50 DM unter den Schnurrbart. Dafür gab's dann vier Tickets. Dem Gepöbel und den Gesten nach zu urteilen hielten uns die Leute wohl für Holländer. Wir richteten uns schon mal darauf ein, daß es heute Abend wohl recht ungemütlich werden könnte. Also ab und Karten für das morgige Spiel auftreiben. Per Taxi fuhren wir zum „Ali Sami Yen Stadi" von Galatasaray. Dort gab's aber keine Billets. Man schickte uns zur Geschäftsstelle. Hier ging's dann

---

[66] *Hier zeigt sich wieder die vereinsübergreifende Kameradschaft unter den Groundhoppern. Matthias selbst ist Lauterer.*

schon mal gut ab. Die Türken tobten vor dem Laden, mit bündelweise Knete in den Händen, um noch ein Ticket zu ergattern. Wir als Mitteleuropäer durften den Laden ohne Probleme entern und bekamen noch vier Karten für je 20 DM. Das Wichtigste war jetzt geschafft. So konnte man sich beruhigt etwas zu Essen besorgen. Gegen Mittag fuhren wir dann wieder zum Besiktas-Stadion. Hier waren schon ohne Ende Türken unterwegs.

Besiktas Istanbul - Legia Warschau 1996.

Wir wollten uns zuerst auf die Pressetribüne schmuggeln, doch daraus wurde leider nichts. So mußten wir uns in die überfüllte Kurve quetschen. Am Eingang wurden einem Feuerzeuge und Münzen abgenommen. Wir waren wohl die einzigen Blonden in der zum Bersten überfüllten Kurve. Irgendwann wurde mein Arsch heiß, und ich bemerkte, daß einer an mir rumzündelte. Das war das Signal zum Aufbruch - wir mußten woanders hin. Nach einiger Hektik mit den Ordnern steckten diese uns auf einen abgesperrten Teil der Haupttribüne - zu den Ajax-Supportern. Das war dann wohl auch das kleinere Übel. Die Niederländer waren aber nur mit einer Handvoll Leuten angereist. Davon waren die meisten ältere Herrschaften, nicht das aus Amsterdam gewohnte Volk. Im Stadion ging nun total der Punk ab. Erst brüllte die eine Kurve - die andere brüllte zurück.

Besiktas Istanbul - Legia Warschau 1996.

Bengalos wurden überall gezündet, und alle hatten kleine Plastikfähnchen. Was da los war, hatten wir bis jetzt noch nirgends erlebt. 42.000 Zuschauer waren zugegen. Nach Spielbeginn hatten diese aber anscheinend schon ihr Feuer verschossen. Es wurde ruhiger, wozu wohl auch das souveräne Spiel der Holländer beitrug, die Besiktas mit 4:0 abfertigten.

Nach dem Spiel mußte man wie immer noch einige Zeit im Stadion verharren, bevor man raus durfte. Auf der Straße vor dem Stadion wurde es dann schon etwas kritisch. Die Holländer stiegen in ihre Busse, während wir krampfhaft ein Taxi suchten. Die Muselmänner beäugten uns mit grimmigen Blicken, und wir marschierten zum Stadion zurück. Dies erwies sich aber auch als Fehler, denn hier flogen Steine auf die Gästebusse und uns um die Ohren. Nun organisierten uns die Bullen ein Taxi. So konnten wir uns vom Acker machen. Wir bekamen noch zu Ohren, daß Türken in der Nacht schon Kämpfe mit den Engländern hatten. Was sollte da morgen noch passieren?

Am nächsten Tag ging's erst einmal zum Sightseeing in die Hagia Sophia und auf einen Bosporus-Kutter zur feuchtfröhlichen Rundfahrt. Danach war wieder König Fußball angesagt. Galatasaray - Man U. Am Ground die selbe Hektik wie am vorherigen Tag. Ein deutsch sprechender Türke lotste uns diesmal von seinen Landsmännern weg in den Block der Briten. Hier waren wir die Ersten und hinter uns ein Mob Fanatiker, die uns auspfiffen und den Finger quer an ihrem Kehlkopf hin und her bewegten - vielen Dank! Blanker Haß! Unser Block füllte sich als dann mit ca. 500 Engländern, von denen aber nur die wenigsten der rauflustigen Garde zuzurechnen waren, da nur Vereinsmitglieder mitfahren durften und in der Nacht schon etliche Leute bei Randalen festgenommen wurden. Die Türken dagegen hatten Transparente, auf denen „Welcome to hell" zu lesen war. Ferner glänzten sie mit dem Schlachtruf „Manchester, Manchester, who is Manchester - Manchester, Manchester, I fuck your mother". Die Engländer lachten sich einen Ast und konterten „There is only one Salman Rushdie".

Heute waren 35.000 Zuschauer zugegen. Auch die Stehplätze waren total voll. Um UEFA-Richtlinien kümmert sich hier kein Mensch. Der Support während des Spiels war absolut geil und in vorher noch selten gehörter Lautstärke. Dazu trugen auch die guten Chancen auf ein weiteres Weiterkommen bei - das Hinspiel endete 3:3. Die Engländer ihrerseits gaben auch alles, hatten aber logischerweise gegen die Übermacht der Türken wenig zu melden. Das Spiel endete 0:0, was für Man U das Aus bedeutete. Es spielten sich nun tumultartige Szenen ab. King Eric sah noch die rote Karte, da er sich mit dem Schiri anlegte. Wir durften jetzt noch ewig im Block bleiben, bis irgendwann das Flutlicht ausging. Als es dann rausging, lief man durch ein Polizeispalier von 200 m zu den Bussen der Engländer. Die Grünen Schulter an Schulter und wir mitten drin. Aber jetzt wohin? Die Türken waren total am Ausrasten. So verdrückten wir uns durch eine dunkle Seitenstraße bis irgendwann ein Taxi gesichtet wurde - rein und weg! Was hier in der Stadt los war, kann man kaum beschreiben. Die Leute hockten auf ihren Autodächern oder auf total überfüllten Lastern. Alle waren am Hupen und völlig Durchdrehen. Der Weg ins Hotel dauerte ewig. Dort angekommen ging's erst mal auf ein paar Bier in die gegenüberliegende Kneipe. Auf dem Zimmer gab's dann noch Essen, und man feierte noch etwas die Unversehrtheit unserer Körper. Am nächsten Tag flogen wir back to Düsseldorf.

Wer wirklich mal abgefahrene, durchgedrehte, total verrückte Fußballanhänger erleben will, der sollte sich auf jeden Fall mal einen Kick in der Türkei geben. Die Kultur ist halt eine ganz andere als die unsrige, sollte man aber alles mal erlebt haben.

Die Opfer: Der Job, die Familie und die Freunde

Es ist nichts Ungewöhnliches, daß bei manchen Hobbies andere leiden müssen. Der Familienvater bastelt an der Modelleisenbahn, die Ehefrau muß sich im Wohnzimmer alleine beschäftigen. Im Fernsehen wird ein Fußballspiel übertragen, die Männer hocken vor der Glotze, „schon wieder Fußball!" Hier ließen sich beliebig viele Beispiele aufführen. Groundhoppen ist allerdings kein normales Hobby - hiermit kann schon ein extremes Leiden verbunden sein... .

Muß ein Arbeitgeber vorsichtig sein, einen Groundhopper zu beschäftigen? Könnte das Hobby auch der Firma Nachteile bringen? Groundhopper verplanen ihre freie Zeit und kalkulieren knapp. Zeit ist ein kostbares Gut und darf nicht verschwendet werden. Für Außenstehende ist es unbegreiflich, daß man für ein Zweitligaspiel in Palermo 72 Stunden im Zug verbringen kann. Viele Touren sind nur über ein eventuell noch verlängertes Wochenende durchführbar. Oft zieht der Hopper kurz nach Arbeitsende los und kommt total übermüdet zum Arbeitsbeginn, gerade noch pünktlich, um sich zu seinem Arbeitsplatz zu begeben, wo er sich bis Dienstende mehr quält als - wie ein Arbeitgeber eigentlich hofft - mit seiner ganzen Kraft sich dem Unternehmen zu widmen. Für Groundhopper stellt sich eine grundlegende Frage: Was ist mir wichtiger, mein Arbeitsplatz oder meine Hopperfreiheit - schließlich schränkt mich der Beruf ein - an den Arbeitstagen komme ich meistens nicht weg. Den Arbeitgebern zum Trost sei gleich gesagt: Für den eindeutigen Großteil der Hopper ist die Arbeitsstelle wichtiger. Das erklärt sich ganz einfach: Durch den Job verdient der Hopper das Geld, das er für seine Touren braucht. Trotzdem achten viele Hopper darauf, möglichst eine Arbeitsstelle zu bekommen, die sich mit dem Hobby bestmöglichst vereinbaren läßt. Man versucht, einen Kompromiß zwischen Job und Hobby zu finden und hofft auf einen zumindest fußballinteressierten Arbeitgeber zu treffen, der das Hobby toleriert. So sind Arbeitsplatz und Hopperfreiheit oft gleichgewichtig. Es gibt aber auch Ausnahmen unter den Groundhoppern, die sich nicht auf Kompromisse mit einer Arbeitsstelle einlassen und für das Hoppen mit keinerlei Einschränkungen einverstanden sind. Sollte seitens des Jobs ein Problem im Wege stehen, wenn man sich einen Ground vorgenommen hat, wird dieser Job notfalls gekündigt. Um Touren zu ermöglichen, werden Urlaubstage investiert, wodurch schließlich auch auf einen richtigen Urlaub verzichtet wird. Selbst unbezahlter Urlaub wird genommen, Überstunden gemacht oder neue Jobs angenommen, um mit dem zusätzlich verdienten Geld, neue Groundbesuche verwirklichen zu können. Ihren Job würden allerdings nur wenige Hopper gefährden - sonst würde automatisch der Geldhahn für das Groundhoppen geschlossen werden. So wird es wohl auch kaum vorkommen, daß ein Krankheitsfall vorgetäuscht werden würde. Nur in extremen Fällen würde ein derartiges Risiko von einem Groundhopper eingegangen werden - z.B. wenn es keinen anderen Weg gibt, um das Europapokalfinale des eigenen Vereins verfolgen zu können.

Welche Opfer nehmen Groundhopper für ihr Hobby dennoch in Kauf, wo liegen ihre Grenzen?

Es ist ein Hobby, das zweifelsohne ins Geld geht. Quasi jeder Groundhopper nimmt deutliche finanzielle Einbußen hin. Bedenkt man, daß teilweise 80% des Einkommens für das Groundhopping ausgegeben wird, so bleibt für das eigentliche Leben gar kein Geld übrig - die Miete muß bezahlt werden, und zum Essen braucht man schließlich auch noch etwas. So ist es nicht verwunderlich, daß manche Hopper noch bewußt bei ihren Eltern wohnen, um solche Kosten minimal halten zu können. Wenn man sich noch ein Auto leisten kann, dann handelt es sich sicherlich nicht um einen Luxuswagen. Für andere Hobbies, Disco, Kino, eine Musikanlage oder z.B. Zigaretten fehlt das Geld genauso wie die Zeit knapp ist. Wer schon Schlafmangel hat, dem fehlen ebenso die Stunden für die Unterhaltung, für das Treffen von Freunden, für die Familie oder gar zum Lernen für die Schule. Das hat natürlich ziemlich negative Auswirkungen: Man verliert seinen Freundeskreis fast komplett aus den Augen, bis er sich schließlich nur noch aus Personen zusammensetzt, die man vom Fußball her kennt. Dies bedeutet auch, daß man - wenn man eine Beziehung hat - mit dem Lebensabschnittspartner einige Krisen zu meistern hat, was keinesfalls immer gelingt. Viele Groundhopper nehmen somit in Kauf, keine Freundin zu haben - wenngleich das Bedürfnis schon vorhanden wäre, aber das Groundhoppen eben vorgeht. Einige gehen da überhaupt keine Kompromisse ein. Das gilt aber nicht unbedingt für alle. Manchem Groundhopper ist die Beziehung letztendlich doch wichtiger als eine geplante Tour: Wenn die Freundin im Extremfall die allesentscheidende Frage stellt („Fußball oder ich"), wird zurückgesteckt.

Fragt man nach den Grenzen, jenen Dingen, auf die man nicht verzichten würde, so gibt es auch jene, die meinen, es gäbe keine Grenzen. Hopper Markus Roß hingegen erklärt: „Die zwischenmenschlichen Kontakte, die geblieben sind, würde ich nicht für irgendeine Tour aufs Spiel setzen. Was bedeutet, daß wenn jemand aufgrund eigener Probleme dringend einen zum Zuhören braucht, wäre ich dann nicht auf dem Fußballplatz aufzufinden. Darüberhinaus würde es mir nicht in den Sinn kommen, meinen Arbeitsplatz für eine Tour zu riskieren. Also entweder bekomme ich Urlaub oder nicht. Krankmachen kommt nicht in Frage!" Als ebenfalls häufige Antwort hört man neben der Beziehung und der Arbeitsstelle jedoch auch, daß man keine Schulden für das Groundhoppen machen würde, wobei selbst hiervor einige Groundhopper nicht zurückschrecken. Vereinzelt haben auch andere Lebensbereiche Vorrang: gute Freunde, die Familie, die Gesundheit (Hygiene-Standard in den Ländern), der eigene Verein, der eigene Sport oder der Kneipenbesuch. Keinesfalls akzeptabel sind bei einzelnen Groundhoppern teure Flüge, „Sinnlostouren mit der Fußball-Mafia DFB[67]", Reisen im Krankheits- oder Sterbefall oder sogar auch mal Situationen, in denen kein Geld für etwas anderes als Fußball übrig bleibt.

---

67) Näheres hierzu in einem späteren Kapitel zur Zukunft des Hoppens.

Man fährt die Nacht durch mit dem Auto und dann nochmal 1.000 km mit dem Zug, zu einem Spiel in einer ausländischen Liga, einer dritten Liga. - Für Groundhopper existiert die Problematik - wenn sie es als eine solche verstehen -, daß Familie und Kollegen nicht nachvollziehen können, was hinter diesem Hobby steckt, da sie nicht diese Erlebnisse hatten, nicht diese Atmosphären aufsaugen konnten. Vielleicht könnten sie es auch nicht, wenn sie mal dabei wären - nicht umsonst durchläuft man als Fußballanhänger einen Entwicklungsprozeß, bis man Groundhopper ist. Alexander Reuter, Herausgeber des Fanzines „Matchday" meint folgendes hierzu: „Die Kommentare reichen von >Du spinnst ja< bis zu >Finde ich klasse, was du machst<. In der Familie ist man dann auch schon mal besorgt, daß der Junge auch wieder heil nach Hause kommt. Viele Leute halten einen meiner Meinung nach aber nur deshalb für bescheuert, weil sie intolerant sind und unser Hobby nicht in ihr kleinbürgerliches Bild paßt. Vielleicht ist es in dem Fall aber auch so etwas wie Neid, denn es gibt auch Leute, die zugeben, daß sie einen um die Freiheit beneiden, sich ins Auto zu setzen und nach X oder Y zu fahren. Vielleicht ist in einem Hopper so eine Art Revoluzzer enthalten, der gegen den Strom schwimmt. Dabei sind wir aber auch nur normale Menschen, wobei es mich aber jedes Mal aufregt, wenn sich Leute über unser Hobby lächerlich machen. jedem das Seine, ich verbringe ja auch nicht meinen gesamten Jahresurlaub am Ballermann 6 - wobei ich aber gestehen muß, daß ich über die Leute manchmal auch mit dem Kopf schütteln muß. Die Geschmäcker und Meinungen sind halt verschieden - zum Glück!"

Kopfschütteln, Unverständnis, Neid, Skepsis, Ablehnung, Desinteresse, Sprachlosigkeit, Bewunderung, Respekt und Akzeptanz, wenngleich man es nicht nachvollziehen kann. So groß ist die Reaktionspalette bei der Umfrage unter den Hoppern, wenn das Hobby zur Sprache kommt - „Du bist verrückt!", „Bekloppt!", „Geil!", „Wo warst du?", „Warum?", „Was willst du da?", „Du spinnst", „Mußt du eigentlich jemandem etwas beweisen?", „Prima, da sieht man viel von der Welt!", „Du bist dumm, gibst so viel Geld für Fußball aus", „Mach' weiter so, ich würde auch gerne, aber ich kann nicht mehr...", meinte Ex-Freundin Birgit zu Fari. Einige Male ist sie mit ihm auf Tour gegangen, wobei sie nicht die einzige Freundin bzw. Lebensabschnittsgefährtin ist, die das macht bzw. gemacht hat[68]. So gibt es tatsächlich Fälle, in denen Partner durch eigene Erfahrungen das Besondere an diesem Hobby entdecken und dazu ermuntern, weiterhin durch fremde oder auch schon bekannte Gegenden zu fahren, eventuell sogar ab und zu den Groundhopper zu begleiten, in jedem Fall aber ihm keine Steine in den Weg legen und ihn bei ihrem Hobby unterstützen.

Manche Hopper erzählen an ihrer Arbeitsstelle gar nicht, welches Hobby sie haben, da sie fürchten, eventuell schief angesehen zu werden, oder weil sie wissen, daß es die Kollegen sowieso nicht verstehen werden. Auch die eine oder andere Familie weiß nicht,

---

68) Anmerkung zur Wortwahl: Bewußt wurde hier „gemacht hat" und nicht „mitgemacht hat" gewählt. Der Unterschied dürfte klar sein. Birgit versteht beispielsweise, was hinter diesem Groundhoppen alles an positiven Dingen verbirgt - für sie war es kein Opfer, mitzufahren. Nur gehen solche Touren irgendwann auch an die Reserven ... .

was ihr Sprößling so treibt. Manche Eltern können sich denken, was ihr Fußballanhänger macht, wollen es aber nicht wissen, woraufhin der Nachwuchs auch nie genau sagt, was er wieder vorhat. Andere Eltern wissen nur von Fahrten zu den Spielen des eigenen Vereins, aber nicht mehr. „Gesteht der Groundhopper der Familie das Hobby", so sind die Reaktionen unterschiedlich. Einer Familie ist es egal, eine andere akzeptiert es, „solange der finanzielle Background stimmt", eine weitere lehnt den Fußball (außer im Fernsehen) total ab, und wiederum in einem weiteren Fall kann man noch verstehen, wenn die Spiele des eigenen Vereins besucht werden, für das Groundhopping ansonsten hätte der Vater seinen Sohn aber am liebsten in eine Nervenklinik einweisen lassen. Im Regelfall haben sich die Familien allerdings daran gewöhnt - sie mußten sich daran gewöhnen bzw. haben sich damit abgefunden.

Wenn letztendlich alles nur dem Fußball untergeordnet wird, dann gibt es sogar Groundhopper - zumindest einen - der dafür seinen Wohnsitz aufgibt oder gleich in die entsprechenden Regionen zieht, um dort die anvisierten Fußballstadien besser erreichen zu können:

Ultra-Groundhoppen in Südamerika
Zwei Erlebnisberichte von Carlo „Fari" Farsang[69]
Frühjahr 1997 sowie August bis Dezember 1998

1997 war Fari mehrere Monate in Südamerika „auf Achse". Ein Kurzbericht[70] zeigt, welche Reisestrapazen er für das Groundhoppen in Südamerika auf sich nimmt:

Asuncion - Lima in „nur" vier Nächten und fünf Tagen. Über die Ruta Trans-Chaco (Savannen-Ebene in Paraguay) ging's in „nur" 31 Stunden nach Santa Cruz (fast nur staubige Schotterstraßen, die ohne Allradantrieb unpassierbar sind). Nach Hamburgesas ging's gleich weiter durch die tropischen Regenwälder nach Cochabamba (der Fahrkartenkauf war ein Alptraum), steige in den überfüllten Bus (nur Indios), die schwülheiße Luft (30°C) war zum Schneiden, der Sauerstoffgehalt gleich Null. Versuche zu schlafen - „unmöglich". Der Schweiß von über 50 Rothäuten zerstörte das Innenleben meiner Nase. Über 14 Stunden bade ich in nassen Klamotten (es war wie in einer Sauna), ehe ich das Tageslicht von Cochabamba erblicke, kurzes Frühstück, und weiter ging die Fahrt durch das Tibet Südamerikas, noch bis auf 4.000 m ü.M., wo sich langsam aber sicher der Mangel an Sauerstoff sowie starke Kopfschmerzen bemerkbar machen. Kotzübel erreiche ich nach 54 Stunden La Paz, tanke eine Nacht Schlaf auf, um weitere 38 Stunden zu überleben. Vorbei am Titicaca See entlang des Inka-Pfades passiere ich das breite peruanische Andengebirge, und auch hier nicht eine geteerte Straße (spüre alle meine Knochen). Dafür entschuldigt die phantastische Berglandschaft alle mein Leiden. Das letzte Stück führt über die berühmte Trans-Panamerican entlang der Pazifik-Küste (fast nur Wüste). Dann erreiche am Dienstag, 5. August um 0:30 Uhr die Monster-Stadt Lima. (Die Größe von Lima ist geradezu einschüchternd, die Stadt ist unüberschaubar, überfüllt, ver-

---

69) Die Berichte konnte ich mittels zahlreich geschickter Postkarten „zusammenbasteln".
70) Vgl. Farsang, Carlo / Heinisch, Jörg: Fari in Südamerika, in: Fan geht vor, 7. Jg. (1997), Nr. 57, S. 38.

schmutzt und sehr gefährlich). Der Lohn für diese Odyssee ist das Finale der Copa Libertadores: Sporting Cristal - Cruzeiro

1998 machte sich Fari erneut auf den Weg. Ursprünglich hatte er mir versprochen, für „Fan geht vor" einen großen WM-Bericht zu schreiben. Doch er meinte, er hätte nichts erlebt... - Fari und nichts erlebt!? Wer ihn kennt, der kann das einfach nicht glauben. Als „Ersatz" versprach er dann, einen Bericht vom Final-Hinspiel im Südamerikapokal für Vereinsmannschaften zu verfassen. Dann wartete man und wartete. Faxe und Nachrichten auf seinem Anrufbeantworter im Schwarzwald blieben unbeantwortet. Das Spiel war doch schon lange vorbei. Was ist mit dem Bericht? Fari müßte doch längst zurück sein! Falsch gedacht! Es wurde wieder eine Tour, die er in Brasilien und Argentinien begann. Auf zwei Kartenausschnitten hat der Leser die Möglichkeit, die Tour zu verfolgen.

Begleitet wurde Fari diesmal von „Stelli", einem Fan von Fortuna Düsseldorf, der nicht so ein Überlebenskünstler wie Fari ist und entsprechend weniger gut mit den „Fari-Tours" zurecht kommt. Entsprechend wurde ihm von Fari auch schon bald - sehr bezeichnend - der Name „Hungermüdetaxi" verliehen.

Chile - Argentinien 1997.

Die Beiden flogen nach Buenos Aires, sahen San Lorenzo - Velez Sarsfield, reisten mit dem Bus nach Cordoba weiter, wo man Talleas Cordoba - Racing verfolgte, um anschließend in Rosario das Lokalderby zwischen Old Boys und Central Rosario zu besuchen. Von Buenos Aires ging es mit dem Flugzeug via Sao Paulo nach Rio.

Hier fand das erwähnte Hinspiel in der Copa Liberatores zwischen Vasco da Gama aus Brasilien und Barcelona Guayaquil aus Ekuador statt. Über Sao Paulo wurde nun Caracas angeflogen. Hier steigen wir ein[71]:

71) Vgl. Farsang, Carlo / Heinisch, Jörg: Ultra-Groundhoppen in Südamerika, Teil I in: Fan geht vor, 8. Jg. (1998), Nr. 68, S. 32-34; Teil II in: Fan geht vor, 8. Jg. (1998), Nr. 70, S. 22-25; Teil III in: Fan geht vor, 9. Jg. (1999), Nr. 71, S. 15-17.

Teil 3
16. August. Venezuela:
Neuer Länderpunkt mit dem Spiel FC Caracas - US Tchira 0:4. Habe ein neues Hobby! Seit 48 Stunden erzähle ich meinem Freund Alias Hungermüdetaxi „Stelli" Schauergeschichten über Kolumbien. Jetzt will er gar nicht mehr nach Kolumbien (Stelli live: „ist zu gefährlich"). Doch der Gipfel ist: Hungermüdetaxi will nicht mehr duschen. Die Bäder hier haben nicht den internationalen Standard. Ohne Worte.

Barcelona Guayaquil (Ekuador) - Vasco da Gama (Brasilien).
Rückspiel Copa Libertadores '98.

Teil 4
23. August. Kolumbien:
Das Tor Südamerikas. Und durch dieses Tor fuhren wir 29 Stunden mit dem Bus mitten durch das Guerilla-Gebiet. Mein Freund Hungermüdetaxi ist vor Angst fast gestorben, als wir mitten in der Nacht von Soldaten angehalten worden sind. Tja, und irgendjemand hat meinen Freund Hungermüdetaxi einen Floh ins Ohr gesetzt, da draußen stehen die Guerillas. Da hat er voll die Nerven verloren - das war ein Bild für die Götter. Stelli wäre besser Buchautor geworden mit seiner Phantasie. Na ja, und als wir in Bogotá waren hat er sich auch nicht mehr überreden lassen, weitere sieben Stunden Busfahrt auf sich zu nehmen, um in Manizales, eine der schönsten Städte Südamerikas, das Topspiel der Woche, Erster gegen Zweiter, Once Caldos Manizales - National, zugleich Derby, anzusehen. Erst als mein Freund Hungermüdetaxi merkte, daß ich ohne ihn fahren würde, zog er es vor, mitzufahren, und wir waren Zeuge vor 28.675 Zuschauern, wie aus einem 1:1 ein 4:3 n.E. wurde. Manizales hat das schönste Stadion Kolumbiens.

Teil 5
26. August. Ecuador:
Das Wunder von Guayaquil blieb aus... Nach 24 minutos zerstörte der brasilianische Luizao alle Illusionen von 12 Millionen Ecuadorianern. Jedoch lebte ich einen Traum mehr, live dabei zu sein vor 90.000 im vielleicht schönsten Stadion in ganz Südamerika: Estadio Isdro.

Wir rafteten von Match zu Match (siehe Foto unten): Deportivo Quito - T. Ambato 3:1 sowie das Meisterschaftfinale Liga Universität Quito - Emelo Guayaquil 1:3. Vier rote Karten und eine geile Prügelei auf dem Spielfeld.

TEIL 6
6. September. Peru:
Kennt Ihr einen Traum-Tag? Der 6. September 1998 war einer! Es ist Sonntag-Morgen, 11:00 Uhr. Mein Freund Hungermüdetaxi liegt noch im Bett. Da war meinereiner schon im Estadio Miguel grau.
Beim Erstligamatch zwischen Deportivo Municipal Lima - Union Minas: Halbzeit 2:0, 88. min: 2:2, 90. min: 2:3. Tja, das Mittagessen fällt heute leider aus, da um 13 Uhr das Topspiel der Woche Erster gegen Vierter stattfand: Sport Boys Lima - Sporting Cristal Lima 2:0. (Oh, Stelli hat ausgeschlafen.)
Doch ein echter Hopper kennt keinen Schmerz. Um 15:30 Uhr war noch der Super Claski Alianza Lima - Universitario Lima 1:0, und zwar im Estadio Matute. Nach einem Zwischenstop in Cuzco (ultrageile Stadt) ging es drei Nächte und vier Tage per pedes über drei Pässe. Dabei waren mehr als 4.200 m. ü.M. zu bewältigen. Leider ohne meinen Freund Hungermüdetaxi, der Inka-Pfad war ihm wohl zu hart. Tja, Fari-Tours sind nun mal kein Zuckerschlecken und schon gar nichts für Neckermann-Reisende, hihihi. Der Lohn für die Schinderei war am vierten Tag die „verlorene Stadt", Machu Picchu, die das Tor zum Paradies ist und wohl das Spektakulärste, was ich je gesehen habe.

TEIL 7
16. September. Bolivien:
Tja, liebe Leute! Da sich mein Freund Hungermüdetaxi in Cuzco über beide Ohren verliebt hat - kann man den Kerl keine vier Tage alleine lassen? - ging mein Weg solo zum Südufer des Titicacasees, genauer gesagt zur Copacabana. Von dort aus ging es mit einem Boot zur Sonnen- und Mondinsel. Eine ultrageile Landschaft oder liegt das an dem leckeren Titicaca-Fisch? Na, egal, heute war in La Paz erste Runde Copa Merconorte: The Strongest La Paz - Nacional Medellin 0:2. Werden wir Stelli alias Hungermüdetaxi je wiedersehen??? Per Bus weiter nach Oruro, von dort aus mit einem Jeep zum Salzsee Uyuni und nach San Pedro de Atacama, wo das höchstgelegenste Geysir-Gebiet der Welt ist - der Name: del Tatio. Per Autostopp ging es weiter durch die Atacama-Wüste bis Santiago de Chile, wo ich wieder auf Hungermüdetaxi traf.

TEIL 8, CHILE:
Beim größten Stadtderby des Landes Colo-Colo - „LI" waren wir dann wieder gemeinsam Zeugen. Dann bestiegen wir wieder den Bus, diesmal Richtung Osorno und Puerto Montt.

Links: Universidad Católica - C.S.D. Colo Colo, Santiago de Chile 1998.
Seite 96:
Oben links: Sport Boys Lima - Sporting Cristal, Peru 1998.
Oben rechts und Mittel links und unten:
Begegnungen in Machu Piccu, Inkapfad in Peru.
Seite 97: In der SalzwüsteUyuni, 1998

9. Oktober.
Puerto Montt ist der südlichste Erstligaclub auf der Welt: Puerto Montt - Dep. Coquito 3:0. Tja, und in Osorno ging es mit Skiern auf den Vulkano Puyehe, ein Abstecher in Punta Arenas, und weiter ging die Fahrt über die Magellan-Straße nach Feuerland.

Teil 9, Argentinien:
Warum heißt eigentlich Feuerland „Feuerland"? Hier gibt es nur Schnee und Eis, und es ist saukalt hier. Viele Grüße aus Ushuaia, dem Ende der Welt.

Mit einem Flieger erreichten wir Rio Gallegos und wechselten dort in einen Bus nach Calafate. Hier trennten sich noch einmal die Wege Hungermüdetaxis von meinen. Per Anhalter und 24 Stunden zu Fuß gelangte ich zu der berühmten Granitsäule Fitzroy. Einfach nur spektakulär! Doch der Höhepunkt war der gewaltige Perito Moreno Eis-Gletscher, „die Grenze zwischen Leben und Tod"! (Bis zu 80 Meter hoch türmt sich das Eis. Immer wieder brechen Stücke des Gletschers ab und stürzen in die Tiefe. Beim Aufprall auf den Gletschersee werden derartig starke Kräfte frei, daß die im Wasser schwimmenden Eisschollen wie Geschosse in alle Richtungen fliegen. Wer sich in einem der „falschen Momente" zu nah am Wasser befindet, schwebt in größter Lebensgefahr. Auch Fari war zu nah am Wasser und hatte Glück, als die Eisstücke nur um seine Ohren flogen, ihn aber nicht trafen, der Verf.)

*In der südlichsten Stadt der Erde:
Ushuaia, Feuerland, Agentinien 1998.*

24. Oktober:

Nach der Rückkehr nach Rio Gallegos ging die Odyssee per Autostop weiter in das Tierschutzgebiet Punta Tombo. Hier leben über eine halbe Million Magellan-Pinguine, sowie ein kurzer Abstecher auf die Halbinsel Valdes. Hier sieht man unzählige Seelöwen, Guanahos-See-Elefanten sowie Wale, die ganz nah an die Küste kommen.

Esta sabado mirar el partido Velez Sarsfield - Gimnasia La Plata 0:1.

River Plate - Boca Juniors vor 60.000 im Stadion Monumental.
Seite 101: oben und Mitte: Tierwelt in Feuerland und Patagonien.
Unten: Groundhoppen per Autostop, Argentinien 1998.

25. Oktober:

Prohibido perder! River Plate - Boca Juniors 0:0. 60.000 hinchs im Stadion Monumental. Tja, und mein „Freund" Hungermüdetaxi war bei Spielbeginn immer noch draußen vor dem Stadion. Wer halt geizig ist und kein Ticket kauft, der darf halt nicht alles sehen.

27. Oktober:

Der goldene Oktober oder die Woche der Wahrheit! Viertelfinalhinspiel der Copa Merkursur: Ohne Krimi geht der Fari nie ins Bett: Velez Sarsfield gegen Olimpic Asuncion war eine Schlacht der ersten Klasse! 1:0, 1:1, 1:2, 1:3, 2:3, 3:3 - „tja", und dann war da

noch die 89. Spielminute, 3:4 nach viermal Gelb und dreimal Rot ging Olimpia als Sieger vom Platz. Als Zugabe gab's noch eine dritte Halbzeit auf den Rängen. Ein Tag später war noch: Viertelfinalspiel River - Cruzeiro 1:4. Und heute war ich noch beim dritten Viertelfinalspiel. Mein Racing holte in San Lorenzo ein 0:0. Mein Tip fürs Finale: Racing gegen Palmeiras aus Brasil.

Oben und unten: Zweitligaspiel Arsenal - El Porvenir in Lanus, Argentinien 1998.

30. Oktober:
Live aus Lanus: Heute stand mal wieder ein echtes Derby auf meinem Terminkalender. In Lanus ging es um die Vorherrschaft Atletico - Independiente 2:2. Da ich schon mal in Lanus bin, nehme ich das Top-Spiel der zweiten Liga gleich mit.

31. Oktober:
Arsenal - El Porvenir 1:0 ist im übrigen ein echtes Haßspiel. Der Support von beiden Lagern war mehr als erstligareif. Tja, und da mein Taxi kostenlos nach La Plata fuhr, wurde ich noch Zeuge, wie Gimnasia La Plata in einer kuriosen zweiten Halbzeit aus einem 1:2 ein 3:2 gegen die alte Dame River Plate schaffte. Und nun sollten in neun Tagen neun Spiele folgen.

1. November:
Nach einer sehr kurzen Nacht (in San Telmo tanzen die Puppen bis in den Morgen) ging's heute mal wieder in die „La Bombonera" zum Match Boca Juniors - Estudiantes 3:0.

4. November:
Viertelfinalrückspiel der Copa Merkursur Boca - Palmeiras 1:1. Tja, und einen Tag später verschießt mein Racing im Viertelfinalrückspiel sage und schreibe vier Elfmeter gegen San Lorenzo (1:1) 1:2 n.E. („diese Holzköpfe", wie kann man nur vier Elfer verschießen. „Holzköpfe".)

6. November:
Erstmals verliert Independiente gegen Union Santa Fé mit 0:1.

7. November:
Heute im Doppelpack, erst in Lanus El Porvenir - Quilmes 1:1, („Achtung": Zahle für Postkarten aus Lanus Höchstpreise). Danach ging's nach: Lomas de Zamora, hier war das Top-Spiel der zweiten Liga J. Defesnsa - Arsenal 2:0

9. November:
Diesmal zog mich das Stadtderby nach La Plata: und es war ein Sonntag, wie ich ihn „liebe", mit Kaffee und Kuchen. Gymnasia La Plata führt 2:0 zur Halbzeit, doch wie Ihr schon wißt, werden Spiele hier in Argentinien erst in der zweiten Halbzeit entschieden, und so sorgte ein roter Elfmeter für Zündstoff auf den Rängen.  Freude auf der einen, der nackte Haß auf der anderen Seite. Und so schoß der Mann des Tages, Rudolfo Cardoso, nach einer großen Schlacht das 2:2 für Estudiantes La Plata.

Kaffee und Kuchen, „wie ich euch liebe"!

Was wäre eine Südamerikareise ohne das Endspiel um die paraguayische Meisterschaft?

Am Sonntag, 15. November,
war es soweit.

Teil 10, Paraguay:
Cerro Porteno - Olimpia Asuncion 1:4, gleichzeitig größtes Stadtderby in Paraguay.

Dienstag, 17. November:
SCHIRI IST K.O. - Spielabbruch in der 76. Minute im Halbfinalrückspiel der Copa Merkursur zwischen Olimpia Asuncion und Pameiras (0:1).  Man hat einfach den Schiri mit einer Kugel (Projektilgeschoß) eliminiert. „Tja",  das ist Paraguay pur, un grand Saluto aus einem Land, wo für mich die Sonne nie unter geht.

Teil 11, Brasilien:
Samstag, 21. November:
Das Wunder von Santos: Nachdem ich heute morgen in Sao Paulo mal wieder einen dicken Fisch an Land ziehen konnte, ging's mit guter Laune und in Begleitung einer netten brasilianischen Señorita zum Viertelfinal-Play Off-Rückspiel zwischen dem FC Santos und Sport Recife. Und siehe da! War er es wirklich

oder kann ich meinen Augen nicht mehr trauen? Sitzt da, gerade aus Alemania eingeflogen, mein allerbester Freund J. M.[72]. Oh, wie wir uns freuten. Das war ein Bild für die Götter. Meine rechte Faust fing vor Freunde gleich an, zu zucken, und meine neuen Schuhe waren auch noch nicht richtig eingefettet. Oh, wie wir uns gefreut haben, uns wiederzusehen.... Ach ja, das Spiel gewann Santos durch ein Wembley-Tor mit 2:1. Live aus Santos Wunderknabe J. M. und sein bester Freund Fari.

22. November:

Coritiba. Todmüde erreiche ich nach lächerlichen neun Stunden Busfahrt die ganz moderne Stadt Coritiba. Hier war heute das Play Off-Rückspiel Coritiba - Portuguesa 0:0. Ach übrigens wohne ich jetzt in Sao Paulo. Hier leben ca. 20 Millionen Menschen, davon ca. fünf Millionen Top Models aus Coritiba.

25. November:

Heute war das dritte Play Off-Spiel im Viertelfinale in der Hölle von Pacaembu: Corinthians - Gremio 4:0. Corinthians hat die meisten Anhänger in Sao Paulo und ist der zweitgrößte Club in Brasilien.

26. November:

Tja, und heute ein Besuch im Parque Antartica Sao Paulo beim Fußball Club Palmeiras gegen Cruzeiro. Cruzeiro schaffte mit einem 3:2 den Einzug ins Halbfinale.

29. November:

Die blaue Invasion: Neunzigtausend passen rein, Neunzigtausend werden kommen! Und Neunzigtausend waren da beim ersten Halbfinal-Play off zwischen Cruzeiro Belo Horizonte und Portuguesa Sao Paulo: 3:1. Tja, und habt ihr schon mal gehört, wenn Neunzigtausend auf der Stelle hüpfen und dabei die Hände überm Kopf zusammenschlagen. „Leute", das ist die Melodie von Fanatikern. Live aus einer der schönsten Fußballarenen der Welt. 90.482 Pagantes. Das war heute der neue Zuschauer-Rekord in dieser Saison. Viele Grüße aus Belo-Horizonte, Faribrasilero

---

72) *Ein anderer Groundhopper (Name vom Autor gekürzt), von dem sich Fari betrogen fühlt und weswegen er und andere Personen peinliche Momente durchleben mußten, die hier nicht vertieft werden sollten. Seitdem haben beide eine Fehde. Als sich beide bei der WM in Frankreich über den Weg liefen, prügelten sie sich, was zur Folge hatte, daß Fari einen Kurzaufenthalt in einer Zelle einer französischen Gendarmerie-Station hatte.*

Sonntag, 06. Dezember 1998

Estadio Dr. Oswaldo Teixeira Durate. Heute hatte der Nikolaus was Besonderes im Sack. Das Halbfinal-Rückspiel Campe Brasilero: Portuguesa - Cruzeiro 2:1. Das Highlight an diesem Spiel war der Schlußpfiff. In diesem Stadion habe ich vor acht Jahren meinen Brasilien-Länderpunkt gemacht!

Mittwoch, 9. Dezember 1998

Nachsitzen in Pacaembu! Heute ging's um den Einzug ins Finale. Das dritte Play off war ein echter Klassiker: Corinthians - FC Santos 1:1, 37.771 Zuschauer, ausverkauft.

Sonntag, 13. Dezember 1998

Das erste Finale Campeonato Brasileiro: Cruzeiro - Corinthians 2:2. 90.000 Zuschauer sahen ein Hammer-Spiel im Estadio Mineirao, und ich hab' die Fotos davon.

Morumbi.

Das ist der Moment, für den ich lebe. Stundenlang stehe ich an einer einsamen Landstraße, warte geduldig auf eine Mitfahrgelegenheit. Dabei schikanieren Hunger und Durst meinen leeren Körper, und die Sonne brennt rücksichtslos in mein Gesicht. Erschöpft steige ich in einen Nachtbus, und wieder warten unendliche Stunden auf mich. Das Kreuz spürt den Schmerz nicht mehr. Die Waden sind voller Wasser, und das verschwitzte T-Shirt klebt auf der Haut, an Schlafen ist nicht zu denken. Nach 23 Horror-Stunden steige ich, (reif für den Psychiater) aus dem Bus. Nur noch 3 km bis zum Stadion. Meine Füße sind sehr müde, doch ich gehe weiter und weiter. Erblicke den ersten leuchtenden Flutlichtmasten in der Abenddämmerung, spüre wie mein Puls von Minute zu Minute schneller schlägt. Nun nehme ich die letzte Hürde vorbei an den Ordnern und stehe wieder einmal im Innenraum einer großartigen Arena. Atme die verbrannte Luft der Bengalos. In meinen Augen spiegelt sich ein prächtiges Fahnenmeer, und ich höre den unverkennbaren Klang von hunderttausend fanatischen Kehlen... „Ool .. la .. la .. la". Meine Knie sind butterweich, und immer wieder geht ein eiskalter Schauer über meinen Rücken. Das ist der Moment, für den ich lebe: Finale Copa Merkursur am

Mittwoch, 16. Dezember 1998
mit Cruzeiro - Palmeiras 2:1, live aus Belo-Horizonte.

Sonntag, 20. Dezember 1998
Das zweite Finale der Compeonato Brasilero: Corinthians - Cruzeiro 1:1. Was soll ich über dieses Spiel nur schreiben? Langweile pur - oder bin ich zu verwöhnt!? Fröhliche Weihnachten!

Mittwoch, 23. Dezember 1998
Morumbi, die letzte. Timáo Bicampeao Brail. Corinthians - Cruzeiro 2:0. Campeao '98: Corinthians. Der Kleinste auf dem Rasen war am Ende der Größte. Marcelinho und sein Traum-Flugkopfballtor.

Samstag, 26. Dezember 1998
Das zweite Finale der Copa Merkursur im Estadio Parque Antarctica: Palmeiras - Cruzeiro 3:1. Das war das schönste Weihnachtsgeschenk in meinem Leben!

Die megaultrageile Südamerika Tour 98, das war sie. Mit schwerem Herzen und leichtem Gepäck nehme ich Abschied von meinen neuen Freunden, verlasse dieses schöne Land mit Tränen in den Augen. Über zigtausend Kilometer Landstraße und Autopista quälte ich mich fast sechs Monate. Außergewöhnliche Lichter der Gastfreundschaft haben meinen Lebensweg lebendig werden lassen. Begleitet von dem unbeschreiblichen Gefühl der endlosen Einsamkeit sahen meine Augen oft am Rande des Menschlichen das Schöpferische dieser Welt. Der totale Verzicht auf das Verwöhnaroma der Wohlstandslangweile ist zu meinem erklärten Lebensziel geworden. Banal bezeichnet hat „unsere" Welt zwei Namen, die eine heißt Brot und wohnt im Norden. Die andere vegetiert hier unten im Süden. „Wir" nennen sie mitleidend Armut. Doch die Zukunft unserer Kinder ist unteilbar und der Tag wird kommen, an dem selbst der böseste Egoist (so sehr er auch fromm tun mag) verstehen wird, daß unsere doch so „heile" Welt nur im gemeinsamen Miteinander und Füreinander eine Chance hat.

Mucho suerte Südamerika. Adios, Fari

Warum: Sammeln, Leidenschaft und Sucht

„Als Gegengewicht zu einer empfundenen Berufsroutine will das Schöpferische und die Gestaltungskraft im Menschen zur Geltung kommen. Der Traum von einer eigenen persönlichen Welt wird Wirklichkeit. Das Hobby ist ein schöpferischer Teil unseres Daseins, es vervollkommnet das Leben" - der Titel des Buches, aus dem dieses Zitat stammt, sagt schon einiges: „Sammeln - ein Stück mehr Leben[73]". Groundhopper sammeln Grounds und Länderpunkte, je mehr desto besser. Auch Don Juan Teneria, der nicht gerade einen guten Ruf genießen konnte, kann als „Sammler" bezeichnet werden, ein Sammler von Frauen, die er verführte[74]. Je weniger die Damen, die er begehrte, verfügbar waren, desto mehr begeisterten sie ihn, woraufhin er über ungewöhnliche Ideen sie zu erobern versuchte. Wie sehr sich das doch mit manchen Groundhoppern deckt, die mit Hilfe von viel Phantasie und Abenteuergeist zu ungewöhnlichen Spielorten anreisen und manchmal auf verschiedenste Arten versuchen, auch das Problem eines ausverkauften Stadions zu meistern.

Was tun, wenn man tausende Kilometer weit angereist ist, und es gibt keine Karten mehr? Ein unbewachtes Stadiontor steht, na ja, einladend offen, ein Zaun sieht leicht zu überwinden aus - Groundhopper finden oft Wege, die manchmal nicht ganz mit den Gesetzen zu vereinbaren sind. Die Alternative: sich ins Auto setzen und umkehren - für Groundhopper keine Alternative! Eigentlich recht nachvollziehbar. Hier nun zwei ähnlich gelagerte Beispiele aus anderen „Sammelgebieten": Zunächst ein Zeitungsausschnitt: „In München ist es gelungen, eine Art Diebstahl einer seltenen alten Münze - der Tetradrachme aus Naxos im Werte von mehr als 10.000 DM - aus der staatlichen Münzensammlung zu überführen. Der Dieb war geständig, er war leidenschaftlicher Sammler und hatte die Münze nicht des Geldes wegen, sondern als Stück für seine Sammlung entwendet.[75]" Das zweite Beispiel stammt aus der Frührenaissance und bezieht sich auf Poggio Bracciolini (1380-1495), „der von modernem Denken und Intelligenz motiviert war. Seine Sammelleidenschaft hatte dermaßen von ihm Besitz ergriffen, daß er nichts dabei fand, seltene Dokumente zu stehlen und ahnungslose Mönche zu täuschen, um wertvollen Handschriften, die in Klosterverließen vor sich hinmoderten, habhaft zu werden."[76] Nun, in beiden Beispielen gibt es Opfer, die einen hohen finanziellen Verlust zu beklagen haben. Um derartig hohe Beträge geht es beim Groundhoppen natürlich nicht. Die Beispiele sollen keinesfalls eine Rechtfertigung für nicht ganz legale Verhaltensweisen von Groundhoppern darstellen. Sie helfen allerdings, sich in den Groundhopper und seine Denkweise hineinzuversetzen. Der Einnahmeverlust einer Eintrittskarte - erst recht bei einem ausverkauften Haus, wo theoretisch keine höhere Einnahme mehr zu erzielen wäre - dürfte die Vereine bei der relativ bescheidenen Zahl an Groundhoppern nicht so

---

73) *Vgl. Schwieger, H.G. / Omm, Peter: Sammeln - ein Stück mehr Leben (Die blaue Reihe), Wiesbaden 1991,* S. 8.
74) *Vgl. wie auch in der Folge Muensterberger, Werner: Sammeln - eine unbändige Leidenschaft, Berlin 1995,* S. 30-31.
75) *Vgl. Schwieger, H.G. / Omm, Peter: Sammeln - ein Stück mehr Leben (Die blaue Reihe), Wiesbaden 1991,* S. 45.
76) *Vgl. Muensterberger, Werner: Sammeln - eine unbändige Leidenschaft, Berlin 1995, S. 332.*

sehr treffen - so die Überlegung des Groundhoppers. Ganz außer Acht sollte man die sorgsame, zielgerichtete und mit Bedacht vorgenommene Planung aus dem zweiten Beispiel allerdings nicht lassen - denn tatsächlich erkennt man manche Groundhopper auch in diesem Punkt wieder.

Bei Grounds und Länderpunkten hört die Sammelleidenschaft nicht auf. Die Eintrittskarte, der Beweis für den Spielbesuch, gehört zu den ganz wichtigen Dingen. Ohne eine richtige Eintrittskarte zählt für manche Hopper das Spiel nicht richtig. Doch wenn nun einmal irgendwo im tiefsten Osten keine Eintrittskarten gedruckt werden, dann kann das auch kein Groundhopper ändern - hier tröstet vielleicht noch ein begehrter Stempel im Paß.. Zur Eintrittskarte kommt das Programm zum Spiel. Das „Hobby im Hobby" der Groundhopper ist oft das Stadionfoto. Es gehört für viele einfach dazu, das Stadion von innen (mit Sicht auf die Tribüne) oder für eine Totalübersicht leicht erhöht (z.B. von einem benachbarten Berg oder Turm) abzulichten oder entsprechende Stadionansichtskarten zu erwerben. Hierzu sind in England bereits zahlreiche Bücher erschienen, in denen großformatige Fotos die Arenen und auch deren Veränderungen infolge eines gesetzlich festgelegten Umbaus von Steh- in Sitzplätze[77] (auch noch in den Ligen unterhalb der vier Profi-Ebenen) zeigen. In Deutschland ist besonders der AGON-Sportverlag an einer Dokumentation der Stadien durch Fotos interessiert und konnte dies im Rahmen seiner Supporters' Guide-Reihe immerhin ganz nebenbei auch schon bereits bis zur dritten Ebene umsetzen[78]. Während mit Fotos und Programmen zum Teil auch noch ein gewisser Handel betrieben wird, so ist dieses bei den Eintrittskarten nicht der Fall. Diese dienen bei den Groundhoppern alleine der Dokumentation. Mit ihnen sind alle Erinnerungen an Erlebnisse geknüpft, die man bei den jeweiligen Touren erleben durfte.

Fragt man Groundhopper, warum sie groundhoppen, was es ausmacht, was sie dabei fasziniert, dann hört man zumeist davon, neue Länder, neue Kulturen und neue Menschen kennenlernen zu wollen, neue Fanszenen und neue Stadien. Für viele ist es die reine Reise- und Abenteuerlust. So kommt man in Länder und Orte, die man sonst nie kennenlernen würde[79]. Ist es das Gefühl etwas ganz Besonderes erreicht zu haben? Steht man alleine auf dem Felsen, blickt auf eine traumhafte Landschaft, eine weite Ebene hinab und hört dazu einen der legendären „Scores" von Filmmusikkomponist Ennio Morricone aus den Italo-Western des Sergio Leone? Bei manchen der Hopper ist es das

---

76) Vgl. Muensterberger, Werner: *Sammeln - eine unbändige Leidenschaft*, Berlin 1995, S. 332.
77) *Verpflichtung aufgrund des sogenannten „Taylor-Reports".*
78) *Für die Sammler von Programmen und Stadionansichtskarten sind bereits eigene Vereinigungen entstanden - die Kontaktadressen entnehmen Sie bitte dem Adressenteil im Anhang. Für die Sammler von Eintrittskarten erschien kürzlich der „Welz-Katalog", der Richtlinien für die Bewertung von Eintrittskarten der Fußball-Bundesliga enthält.*
79) *So war es für die Fraktion von Eintracht-Fans z.B. ein ganz besonderes Gefühl, an Bord einer Charter-Maschine zusammen mit der Frankfurter Mannschaft und einer Hand voll Journalisten 1993 zum Zweitrundenrückspiel im UEFA-Pokal beim ukrainischen Meister Dnjepr Dnjepropetrowsk zu fliegen. Erstmals überhaupt landete ein Flugzeug mit Passagieren aus einem nicht früher der Sowjetunion angehörenden Staat. Für fast alle Anhänger war es kein Groundhoppen, doch die Faszination für die treuen „Pioniere" war genauso gegeben. Vgl. Hornung, Andreas / Scheel, Anjo: Dnjepr - Eintracht, in Fan geht vor, 3. Jg. (1993), Nr. 20, S. 15-18.*

wohl auch. Allgemein ist es aber für viele eine spezielle Form der Freiheit, die Flucht aus dem Alltag und den sich stellenden Problemen in eine andere Welt oder einfach nur das Vermeiden langweiliger Sonntage. Weil dies wenige Fans machen, ist es noch etwas Besonderes. Es ist mit den Extremsportarten zu vergleichen, statt Bungeejumping, Fallschirmspringen oder Freeclimbing ist es Groundhoppen[80]. Aber es ist auch mehr: es ist das Pflegen von Kameradschaft und das Knüpfen neuer Kontakte.

Ein wesentlicher Punkt ist die Leidenschaft, welche gerade durch die Stimmung, die Atmosphäre in den Stadien hervorgerufen wird. Die Fußballbegeisterung auf den Rängen, der Fanatismus (im positiven Sinne) mit choreographierten Shows und beeindruckenden und/oder respekteinflößenden Gesängen zieht viele Anhänger magisch an - nicht umsonst ist Italien mit seinen Ultras eines der Lieblingsländer der Groundhopper.

Wenn man derartig Stadien sammelt, wie es manche Groundhopper tun, immer unterwegs ist, gar seinen Wohnsitz in Deutschland auflöst und z.B. nach Budapest zieht, weil man von dort aus die Stadien in Osteuropa besser erreichen kann, dann kann man dies vielleicht nicht mehr mit Weltenbummlerei abtun. In solchen Fällen ist man sicherlich nicht nur ein (Über)lebenskünstler, man ist einer Leidenschaft, vielleicht gar einer Sucht erlegen. Don Juans erfolgreiche „Eroberung" hatte auch nur eine kurzzeitig andauernde Befriedigung zur Folge - nachdem eine Verführung Erfolg hatte, wurde schon die nächste Dame anvisiert - „einem Ground folgt gleich der nächste".

Jede Leidenschaft kann zur Sucht werden: Drogen, Alkohol, Tabletten, Rauchen, Essen, Arbeiten, Fernsehen, Spielen oder Kaufen[81]. Trotzdem gilt Leidenschaftlichkeit aber weniger als psychische Störung, sondern wird eher als eine den Menschen mehr oder weniger kennzeichnende Eigenschaft angesehen[82]. Wenn man sich eine Grenze auferlegt, über die man bei seinem „Hobby" nicht gehen möchte, und es auch schafft, diese nicht zu überschreiten, dann hat man sein Leben noch im Griff. Hat man das auch noch, wenn man Schuldentürme in großer Höhe aufbaut und diese gar nicht gleich wieder abbauen kann? Oder ist man dann bereits einer Sammelsucht erlegen, die krankhafte Ausmaße angenommen hat? Wann eine Sucht als Krankheit klassifiziert wird, ist weniger von medizinischen oder psychologischen Erkenntnissen hinsichtlich ihrer Ursachen und ihres Verlaufs abhängig, sondern von gesellschaftlichen Vorstellungen und Normen hinsichtlich ihres Ausmaßes, in dem eine Person auf die Entstehung und Weiterentwicklung ihrer Sucht Einfluß nehmen kann[83].

Das hört sich schon sehr wissenschaftlich an und ist es wohl auch schon. Eine wissenschaftliche Ausarbeitung sollte dieses Buch allerdings nicht werden. So soll dieser ganz kurz eingeschlagene Weg auch nicht weiter verfolgt werden. Wenn man seine Schulden aber nicht mehr unter Kontrolle hat, man also nicht mehr weiß, wie man die Schulden in

---

81) *Vgl. Gross, Werner: Hinter jeder Sucht ist eine Sehnsucht, Freiburg / Basel / Wien 1995, S. 14-15.*
82) *Vgl. Eckert, Jochen, Editorial, in: Persönlichkeitsstörung - Theorie und Therapie, 2. Jg. (1997), Nr. 3/98, S. 110.*
83) *Vgl. Eckert, Jochen, Editorial, in: Persönlichkeitsstörung - Theorie und Therapie, 2. Jg. (1997), Nr. 3/98, S. 110.*

absehbarer Zeit zurückzahlen kann, dann dürfte es sich schon um eine Sucht krankhaften Ausmaßes handeln. Nimmt der Hopper die eventuelle Brisanz seiner Situation wahr, kann sich in Zukunft zurückhalten und zugunsten des „knappen Geldbeutels" auf größere Touren bzw. Turniere verzichten, so besteht allerdings auch die Hoffnung, daß man sich um ihn keine ernsthafte Sorgen mehr machen muß.

Interview mit einem Süchtigem

Thomas Kratz - auch „OFC-Thommy" oder nur „der Offenbacher" genannt - wohnt im hessischen Rodgau und ist sowohl von Werder Bremen als auch Kickers Offenbach Fan. Seine größte Tour führte ihn im Frühjahr 1997 nach Asien, wo er in Thailand, Indonesien, Singapur, Malaysia, China, Macau und Hongkong Station machte und auch in allen Ländern außer Indonesien Spiele besuchen konnte. Dieser 26tägigen Reise lag ein Prämienflug zugrunde, den er sich aufgrund seiner Vielfliegerei verdiente. Doch die Vielfliegerei brachte auch schwergewichtige Nachteile, wie sich im folgenden Interview zeigen wird.

Thomas, du hast 460 Grounds und 75 Länderpunkte, das ist eine sehr stolze Zahl! Seit wann bist du denn unterwegs?

Mit dem Groundhopping habe ich 1987 angefangen.

Da du jetzt 29 bist, hast du also im Alter von 16 Jahre begonnen. War das für deine Eltern damals kein Problem?

Das war für meine Eltern deshalb kein Problem, da ich die ersten Spiele erst nur hessenweit gesehen habe. Nach dem Aufstieg von Kickers Offenbach in die zweite Liga wollte ich dann Offenbach überall in der 2. Liga unterstützen. Da es sich nur auf einen Verein bezogen hat, war das für die Eltern kein Problem.

Was hat bei dir höhere Priorität: ein sicherer Arbeitsplatz oder mehr Hopperfreiheit?

Ohne Job, ohne Einkommen kann man das Groundhoppen natürlich vergessen. So zählt der Arbeitsplatz natürlich mehr als das Hoppen. Ob das andere aus der V.d.G.D. anders sehen, lassen wir mal dahingestellt sein.

Welche Opfer bringst du für das Groundhoppen?

Materielle...

Hohe finanzielle Belastungen? Wie hoch sind die denn schon geworden?

Bei 73 Länderpunkten (Anm.: Inklusive Libyen. Über den Besuch von Australien und

Neuseeland Mitte 2000 ist zudem auf den folgenden Seiten zu lesen), die ich bisher besucht habe, kann man sich vorstellen, daß es relativ hohe Ausgaben sind. In einem früheren Interview habe ich 1997 mal gesagt, ich könnte mir für das Geld locker einen 600er Benz leisten, wenn ich sonst nichts ausgegeben hätte.

Du bist Angestellter bei der Deutschen Bahn AG. Da ist man nicht unbedingt ein Großverdiener. Meinst du, du bekommst deine Schulden in Griff? Wenn ich mal von 25.000, 30.000 DM ausgehe. Schließlich willst du das Groundhoppen ja auch nicht aufgeben...

Gut, es gehen immer durchaus verschiedene Schuldensummen rum. Ich habe kürzlich bei der Bank mal locker 30.000 DM aufgenommen und davon 15.000 DM meinen Eltern zur Verfügung gestellt, weil sie mich jahrelang subventioniert haben. Die 30.000 DM sind über sechs Jahre zurückzuzahlen. Somit habe ich durchaus ein finanzielles Budget, um zum Fußball zu fahren.

Man kann ja nun ohne Zweifel sagen, daß du süchtig bist, abhängig von der Droge „Groundhoppen". Eine Sucht ist eine Art Krankheit - und die soll man ja möglichst kurieren. Siehst du da Chancen für Dich?

Eine Droge? Wo fängt die „Droge Fußball" an? Wenn Du Dich nur auf die Spiele Deines Vereins und vielleicht noch die der Nationalmannschaft konzentrierst? Oder fängt sie dort an, wenn Du sagst, Du mußt jedes Wochenende vier, fünf Spiele sehen? Ich denke mal, der Begriff „Droge" oder „Sucht" ist ziemlich fließend auszulegen.

Ich meine das auch vom finanziellen Gesichtspunkt her - wenn man solche Schulden macht?

1994 hat man das Länderspiel gegen England abgesagt, weil man es dann doch nicht an einem 20. April[84]. in Deutschland austragen wollte. So ist man dann eine Woche später in die Emirate gedüst. Und weil man da unbedingt dabei sein mußte, habe ich da meine Rücklagen für die WM angegriffen. Da es von meinem damaligen Arbeitgeber nur so ging, daß ich dienstags hinfliege, mittwochs das Spiel sehe und donnerstags zurückfliege,

[84] *Geburtstag Adolf Hitlers.*

115

- wo ich übrigens einer von nur vier deutschen Fans war - wurde der Trip in die Emirate doch ziemlich teuer. So bin ich ohne jede finanzielle Rücklage zur WM nach Amerika geflogen. Da darf man sich nicht wundern, wenn man aus den Staaten zurückkommt und eine fünfstellige Summe minus hat. Ob das eine Droge, eine Sucht ist? Aus der WM in Frankreich habe ich mich komplett rausgehalten, nachdem ich gehört habe, daß so gut wie keine Eintrittskarte auf dem Markt sein würde und es eklatant hohe Schwarzmarktpreise sein würden. Insofern ist die Sucht wohl relativ. Sonst wäre ich ja nach Lyon und Montpellier gefahren und hätte alles ausgegeben, was ich bekommen hätte, nur um Karten für die Spiele zu bekommen. So fahre ich die Grounds lieber in der französischen Liga mit Olympic Marseille oder Girondins.

Meinst du nun, du kannst deinen finanziellen Verpflichtungen nachkommen? Ein verstorbener V.d.G.D.-Kollege von dir mit - Gerüchten zufolge - vielleicht sogar 100.000 DM Schulden konnte dem nicht nachkommen.

In dem Augenblick, wo es beruflich nicht mehr klappt..., wenn mein Arbeitsvertrag, der immer nur auf ein Jahr befristet läuft, nicht mehr verlängert wird, müßte ich beim Fußball gewaltig kürzer treten. Aber normalerweise sehe ich da keine Probleme.

Buchst du laufend die teuren Flugreisen des DFB und seiner Partner, bei denen den Anhängern das Geld nur so aus der Tasche gezogen wird?

Ich bin einmal mit dem DFB geflogen. Das war die Südamerika-Tournee '92 mit den Spielen in Porto Alegre und Montevideo. Da man als Fußballfan beim DFB nicht so gut aufgehoben ist, verzichte ich seitdem auf die Reisen mit dem Deutschen Fußball Bund, zumal auch noch einige der Mitglieder der V.d.G.D. seit der legendären Moldawien-Reise 1994 beim DFB gesperrt sind.

Was ist da passiert?

Eigentlich gar nicht so viel. Nur, wenn Du im Flieger drinnen sitzt, vorne die Spieler, Offiziellen, Presse usw.... - und die letzten fünf Reihen mit Fans besetzt, die ewig lange keine Verpflegung und nichts zu trinken bekommen - dann packen die irgendwann ihre eigenen mitgebrachten Getränke aus. Das kam bei den Herren vom DFB nicht so gut rüber.

Du bist 1993 zum US-Cup in die USA geflogen. Das ist ein Freundschaftsturnier zwischen England, Brasilien, den USA und Deutschland gewesen. Von Frankfurt aus bist du nach Boston geflogen, hast dort USA - England gesehen und bist dann mit dem Zug nach Washington D.C. gefahren, wo du das bemerkenswerte Brasilien - Deutschland verfolgt hast, das Deutschland nach einem 0:3 Rückstand noch 3:3 Unentschieden beenden konnte. Bis hierher ist ja noch alles „relativ normal". Aber dann: du bist nach dem Spiel nach Frankfurt zurückgeflo-

gen und von dort mit dem Zug nach Berlin in das Olympiastadion, wo das deutsche Pokalfinale zwischen Bayer Leverkusen und den Amateuren von Hertha BSC Berlin ausgetragen wurde. Anschließend ging es direkt nach Sandhausen, wo du das Endspiel um die deutsche Amateurmeisterschaft zwischen Sandhausen und den Amateuren deines Clubs, dem SV Werder Bremen, besucht hast.... Und dann bist du zurück in die USA geflogen, um in Detroit das deutsche US-Cup-Spiel gegen England und kurz danach noch vier Spiele bei der Copa America in Ekuador zu sehen...!? Was hat dich dann da geritten?

Tja, da habe ich gesagt, das will ich sehen, das muß ich sehen, nach dem Motto „Koste es, was es wolle". Das war der Einstieg zu meinem damaligen finanziellen Minus. Das ist ja klar, innerhalb von zwei Wochen zweimal nach Amerika zu fliegen, dazu noch Ekuador mit Hotelkosten und allem drum und dran.

Hast du dir da vorher keine Gedanken drüber gemacht?

Nee! Absolut nicht. Ich hatte das vor und dachte, ich hätte ja genug Geld. Während der Reise war auch alles noch normal, goldene Karte macht's möglich. Und dann war's plötzlich weg, als ich zurück nach Deutschland kam und die Kontoauszüge gesehen habe. Da wurde es ein bißchen heikel und ich habe mich ein wenig zurückgehalten. Später kamen dann die Emirate und die Weltmeisterschaft. '92, '93 und '94 war in der Summe etwas zu viel. Aber es waren bis zu den Reisen nach Rußland und Israel auch 17 Länderpunkte, und zwar nicht die nächsten!

Was sind deine nächsten größeren Pläne?

Im Juni 1999 die Copa America in Paraguay - ist schon mal ganz nett als Starter -, bei Teilnahme eines der deutschen Klubs vermutlich das Weltpokalfinale in Tokio Anfang Dezember, wobei ich dann erst mit UEFA oder FIFA verhandeln müßte, ob ich dafür eine Karte bekomme. Ich würde mir aber auch Real Madrid gegen Montevideo dort ansehen, aber die WM 2002 wird alleine schon aufgrund der Lebenshaltungskosten in Japan und Südkorea[85)] zu teuer sein - da werde ich mich mit Sicherheit raushalten. Die WM könnte mich nur reizen, wenn sie es tatsächlich schaffen, Nordkorea mit in die WM miteinzubeziehen, dann dürfte es kein Problem sein, z.B. vom Strand in Thailand mal schnell nach Pjöngjang rüberzufliegen.

85) Vermutliche Hotelkosten von vielleicht 500 DM pro Nacht.

Meilensammeln auf dem Weg nach Ozeanien
Ein Erlebnisbericht von Thomas Kratz, 6. bis 28. März 2000

Am 6. März ging es mit meiner Lieblingsairline United bei meiner dritten großen Tour binnen neun Monate zunächst via Chicago nach Los Angeles. Australien und Neuseeland waren mein Ziel. Warum dieser Umweg? Die Antwort ist einfach: Die kürzere Strecke via Bangkok oder Singapur war bei Star-Allianz-Flügen ausgebucht. Als Mileage Plus-Mitglied will man natürlich sein Konto für den nächsten Bonusflug auffüllen. Für einen Flug mit Singapore Airlines wären von Frankfurt via Singapore oder Bangkok nach Melbourne und zurück von Auckland 2.500 DM plus Steuer fällig gewesen – und das noch ohne die Strecke Sydney – Auckland. So hätten insgesamt deutlich mehr als 3.000 DM bezahlt werden müssen. Für die selbe Summe via Chicago mit United gibt es ca. 12.000 Meilen mehr auf's Konto.

So erreichte ich 20.30 Uhr Ortszeit Los Angeles, von wo ich gleich um 22.30 Uhr nonstop weiter nach Melbourne durchstartete. Nach 15,5 Stunden Flugzeit sah ich am Mittwoch-Morgen nur noch die Rücklichter meines Hotel-Shuttles – der nächste sollte erst zwei Stunden später fahren. Da tauchte ein Sammeltaxi auf, das mich zum Spottpreis (na ja) von 25 australische Dollar binnen 90 Minuten (!) in mein Hotel im Randbezirk Ferntree Gully brachte. Nun stand erst einmal das Ausschlafen und die Körperpflege im Mittelpunkt.

Die nächste Bahnstation ist nur zehn Minuten Fußweg entfernt. Nach 57 Minuten Fahrzeit stand ich am nächsten Tag vor dem Hard Rock Cafe Melbourne. In der Stadt traf ich auf massenhaft gruppenweise auftretende deutsche Touristen, die sich meist lautstark unterhielten. Ich hasse diese für Eigeninitiativen unfähigen Neckermänner mit ihren DER-Tour-Sportreisen. So flüchtete ich in das Hard Rock Cafe, wo aufgrund der Vorfreude auf den bevorstehenden Formel 1-Grand Prix bereits eine gute Stimmung herrschte. Ich knüpfte rasch Kontakte zu den Ferraristi. Reichlich angeschlagen kehrte ich am Abend ins Hotel zurück.

Abgesehen vom Besorgen von Informationsmaterial und Fahrplänen für unsere Olympia-Touristen unter den Groundhopper-Kollegen verlief der Freitag wie der Donnerstag. Etwas Kultur mußte auch sein. So wurde eine Stadionführung im Melbourne Cricket Ground, dem Olympiastadion von 1956, dazwischen geschoben. Hier spielte zuletzt im November Australien gegen Brasilien, während ich in Südamerika verweilte. Auch die letzten WM-Qualifikationsspiele der Australier ihrer Ozeanien-Gruppe wurden hier ausgetragen. Unbedingt besichtigen!

Am Samstag führte mich mein Weg dann endlich in den Albert Park, in dem die Formel 1-Strecke liegt. Es herrschte eine derartige Hitze, daß ich nach der Quali die Flucht ergriff und mein Gesicht genauso so rot war wie mein Ferrari-Shirt. Im Albert Park befindet sich auch das Bon Jane Stadium, in dem normalerweise South Melbourne spielt. Deren Heimspiel gegen Canberra Cosmos sollte eigentlich heute stattfinden, wurde aber – wen wundert's – auf den 5. April verlegt. Nichts war's mit Länderpunkt 74.

Leuchtende Flutlichtmasten lockten mich zur zum Melbourne Tennis Park gehörenden Rod Laver Arena, in der aber nur ein Soundcheck für das am nächsten Tag stattfindende Barbara Streisand-Konzert lief, und zum Olympic Park Stadium, wo der Rugby-Klub Melbourne Storms beheimatet ist. Die Herrschaften dieses Teams trainierten wegen der Hitze nur unter Flutlicht. Doch was ist das für ein Plakat an der Kasse? Soccer Australia 1st Division, Sunday 12th March at 6.00 PM, Carlton SC vs Brisbane Strikers! Dann würde der Länderpunkt ja doch am nächsten Tag fallen. Also ging es erst einmal per Metro ins Hotel. Schließlich sollte der nächste Tag hart werden.

Schon am frühen Sonntag zog ich wieder Richtung Down Town, wo ich ab 11:30 Uhr die Vorbereitungen für den Formel 1-Grand Prix genoß. Die Doppel-Pole der Silberfische hielt nicht lange. Nachdem auch Frentzen früh ausfiel, war der Weg für die Roten aus Maranello frei. Ferrari landete einen Doppelsieg, der kleine Schumi kam sogar noch auf Platz 3. Nach der Siegerehrung und einem Zwischenstopp im Hard Rock Cafe stand ein Pflichttermin an: Kurz vor Anpfiff betrat ich den Ground, um dieser relativ ereignislosen Partie beizuwohnen, die Carlton vor 3.000 Zuschauern in der 85. Minute gewann.

Der Montag war mehr ein Ausruhetag nach dem anstrengenden Sonntag. Am Dienstag checkte ich gut erholt aus und nahm einen Bus nach Sydney, der für die 900 km fast zwölf Stunden brauchte. Zwei Stopps auf Rastanlagen kamen zwar gut an, aber bei zwei weiteren Greyline-Bussen neben unseren zwei Bussen und somit 240 Personen in den Läden, die zudem kein Bier hatten, sollte man in jedem eigene Vorräte mitnehmen. Außerdem nett: Es gab nur zwei Toiletten für 210 Männer und zwei Toiletten für 30 Frauen.

Glücklicherweise konnte ich mich in meinem neuen Hotel bereits kurz nach der Ankunft in Sydney am frühen Morgen hinlegen. Nachmittags folgte ein kurzer Orientierungsspaziergang durch Downtown Sydney mit Besuch im United Airlines-Büro zwecks Umbuchung des Fluges Melbourne – Auckland. So konnte ich auf den Bustransfer zurück nach Melbourne verzichten.

Am folgenden Tag besichtigte ich das sehr beeindruckende Olympiastadion. Hier fand der Probelauf für eine am 17.3. (St. Patrick's Day) geplante Veranstaltung statt. Daran sollten alle katholischen Schulkinder Sydneys teilnehmen – und das sind nur knapp 100.000.

Am Freitag wird der Länderpunkt Australien mit der Partie Parramatta Power vs Carlton SC (2:0) bestätigt. Ca. 3.500 Zuschauer kamen, von denen meinereiner sogar im Fernsehen auftauchte.

Nach ausschließlichem Sonnenbaden am Wochenende konnte ich am Montag gut erholt nach Neuseeland aufbrechen. Nach 3,5 Stunden Flug landete ich in Auckland und nach Klärung meines Hotels in einem Irish Pub, in dem ich noch ein paar Drinks zu mir nahm.

Durch ein Fax der New Zealand Soccer F.A. wußte ich, daß die Spiele erst am Wochenende anstanden. So hatte ich Zeit, den Urlaub zu genießen und Sight Seeing zu betreiben. Als ich dann doch noch bei der F.A. zwecks Informationsmaterial-Beschaffung vorbei schaute, kam die Frage auf, ob ich nicht noch am gleichen Abend die Auckland Kinks gegen Adelaide Forces sehen wolle. Da ein gewisser Wynton Rufer bei den Kings Spielertrainer und sein Bruder Shayne Co-Trainer ist, stellte sich diese Frage nicht lange. So stand ich 1,5 Stunden später vor dem North Harbour Stadium der Auckland Kings. Die Kings sind ein Retortenclub, der nur für die Aufnahme in die australische 1st Divsion gegründet wurde. Dafür gaben die Adelaide Sharks ihre Lizenz zurück bzw. fusionierten mit Adelaide City zu Adelaide Forces. In dem sehr umkämpften Spiel gab es ein 2:0 für Adelaide. Die Stimmung durch die 5.500 Zuschauer war typisch britisch: laut und gut. So wurde Verteidiger Lammers trotz roter Karte gefeiert, während der Schiedsrichter mit Schirmen geschützt werden mußte, als er den Platz verließ. Eine Orange traf ihn trotzdem – Werfer war ein 12jähriger Bub.

Ein erster Versuch eines Gesprächs mit Wynton und Shayne scheiterte trotz meiner Werder-Jacke. Da zahlreiche Kids von Wynton Autogramme haben wollten, blieb es zunächst bei einem kurzen Hallo. Nachdem ich Shayne doch noch ansprechen konnte, lud der mich in die Katakomben ein, um dort mit Wynton reden zu können. In einem interessanten Gespräch konnte ich endlich das Gerücht beseitigen, daß ich in Bremen gewohnt hätte – 175 Heimspiele in Bremen hieß für mich viereinhalb Mal um die Welt – ohne Away-Spiele oder andere Partien.

Am nächsten Tag feierte ich im Planet Hollywood Auckland mit fünf deutschen Bundeswehr-Angehörigen, die in Auckland einen NATO-Lehrgang absolvierten. Zwei Tage später holte ich mir meinen zweiten Ground in Neuseeland: Central United FC vs Nelson Suburbs im Fairfields Ground in der Kewilea Street von Sandringham.. 2:2 war vor 2.000 Zuschauern das Endergebnis – Schiedsrichter war das Orangen-Opfer vom Donnerstag. Und der steht auf der FIFA-Liste.

Am Montag sollte die erste Etappe der Rückreise anstehen. Ereignislos war sie überraschenderweise nicht. Ein 22jähriger Jungspund rastete während des Fluges aus und schlug ein Crewmitglied zusammen. Das mag zwar auf Langstrecken heute nicht mehr ungewöhnlich sein, doch zum Zeitpunkt der Tat stand ich – von der Toilette kommend – gerade zwei Meter hinter diesem Typ, riß ihm instinktiv den Arm in den Polizeigriff und ließ mich auf sein Kreuz auf ihn fallen. Schnell war der Chef des Kabinenpersonals da. In Zusammenarbeit mit einem Polizisten des Los Angeles Police Departments wurde der Typ kalt gestellt. Nach der Landung stürmten vier Flughafen-Polizisten das Flugzeug und brachten ihn raus – dies nicht gerade zärtlich. Natürlich brauchte man von mir eine Zeugenaussage, wodurch ich meinen fünfstündigen LA-Aufenthalt auf der Wache verbrachte. Die weitere Rückreise verlief ohne besondere Vorkommnisse.

Sucht oder Sammelleidenschaft? Der Länderpunkt Färöer Inseln, auf halbem Weg zwischen Schottland und Island gelegen, wird nicht oft „gemacht" und hat daher einen hohen Stellenwert. Dafür nimmt man auch größere Anstrengungen in Kauf:

Länderpunkt Färöer oder Man bekommt im Leben nichts geschenkt!
Ein Reisebericht von Christian Doehn, 26. bis 30. September 1997[86]

Donnerstag, 26. September 1997

Am Vormittag traf man sich in Duisburg an der mdx'schen Wohnung, und am Nachmittag zog uns dann das DFB-Pokalspiel der zweiten Runde zwischen dem VfB Lübeck und dem KFC Uerdingen in den Bann. Der Ground in Lübeck ist für Autofahrer übrigens extrem schwer zu finden - Abfahrt Lübeck-Zentrum, und man steht direkt davor. Dabei auch einige Rentner, denen die Anstoßzeit von 16.45 Uhr wohl nichts ausmachte. Trotz guter Unterstützung seitens ihrer Fans konnte der VfB sich heuer nicht durchsetzten. Auch der Bear wollte den Ground machen und war somit wohl der einzige Krefelder, der mit dem Auto angereist war.

Freitag, 27. September 1997

Man selbst zog heute seinen Joker für ein Bayern-Heimspiel schon in der Vorrunde und fuhr nach Billund, wo am Flughafen bereits solche Gestalten wie „der dicke Hammer", LEV-Karsten und Bayern-Patrick abhingen. Als wir gegen 11 Uhr den Flieger betraten, konnte keiner von uns den außergewöhnlichen Charakter dieser Reise erahnen. Positiv fiel zunächst der freie Alkoholausschank auf diesem Maersk Air-Flug auf. An Bord war auch ein Zeitgenosse, der sich als Abwehrspieler von GI Gotu, zuletzt viermal färöerischer Meister, ausgab. Ich weiß nicht, ob das die Wahrheit war, könnte aber durchaus sein. Denn der Fußball dort ist wirklich noch reiner Amateurfußball, wo die Spieler hauptsächlich zum Vergnügen spielen. Der enorme Tabak- und Alkoholgenuß des Kollegen könnte aber Aufschluß darüber geben, warum er zuletzt über die Rolle des Ersatzspielers nicht hinauskam.

Als wir nach etwa 90 Minuten die Färöer-Inseln erreicht hatten, kam die Durchsage des Kapitäns, daß starker Nebel herrsche und man deshalb noch etwas kreise. Als wir dies etwa eine Stunde getan hatten, erklärte uns der Kapitän, daß die Sicht sich nicht verbessert habe und man nun zurück nach Billund fliegen müsse, da sonst der Treibstoff ausgehe. Na klasse! Sofort wurde die Minibar in Gang gesetzt, wobei einem die alkoholischen Getränke teilweise richtig aufgedrängt wurden. Erstaunlich auch die Gelassenheit der einheimischen Faringer, die dergestalt Ungemach wohl gewöhnt sind. Einer erzählte vom bisherigen Rekord, als die Landung im siebten (!) Anlauf glückte.

Als man den dicken Hammer aus dem Flugzeug getragen hatte, mußte man in der Flughafenhalle erstmal dem Personal der Fluglinie klarmachen, daß man nicht mit dem Bus zur bereitgestellten Unterkunft mitfahre, sondern später mit dem Auto nachkomme, da man heute Abend noch einen Termin habe. Nach etwas Anlaufschwierigkeiten gelang dies dann auch, und man bekam Name und Anschrift des Hotels. Dann ab zum Auto und zur dänischen Erstligapartie Ikast - Aarhus GF (1:3). Hierüber war besonders der Dicke sehr unglücklich und machte in kontroversen Diskussionen mit seinen Mitfahrern klar, daß er eigentlich keine Lust habe, „zum dritten Mal nach Ikast zu fahren". So kon-

---

[86] *Vgl. Reuter, Alexander*: LP Färöer oder Man bekommt im Leben nichts geschenkt, in: Matchday, 2. Jg. (1998), Nr. 4, S. 7-10.

zentrierte er sich auch mehr auf den Genuß von alkoholischen Getränken als auf das Fußballspiel, aber das ist ja nichts Neues. So verpaßte er ein durchaus ansehnliches Match, bei dem drei der vier Tore in den letzten fünf Minuten fielen. Dies erfreute auch die ca. 800 AGF-Supporter, die mehrmals eine Seenotlage vortäuschten.

Als man am Abend ins Hotel einlief, wurde man - ohne sich vorgestellt zu haben - bereits mit den Worten „Wie war das Fußballspiel?", an der Rezeption begrüßt. Wohl eine Folge der lebhaften Diskussionen im Flugzeug. Den Rest des Abends verbrachte man mit sinnlosen Gesprächen über seine Hopperkollegen und hoffte auf seine zweite Chance.

Samstag, 28. September 1998

Nach dem Frühstücksbuffet folgten wir dem Bus mit dem Auto zum Flughafen. Um 12.00 Uhr startete dann der Flieger erneut. Nachdem man die Inseln erreicht hatte, kam die Durchsage, daß es besser aussehe als gestern, aber noch nicht gut genug zum Landen. So kreiste man wieder etwas herum und labte sich an alkoholischen Getränken. Nun wurde man schon etwas nervöser. Mein Sitznachbar lief nun Gefahr, seinen Fischkutter, der für ein paar Monate auslief, zu verpassen, was ihn nach eigener Aussage 20.000 DM kosten würde. Dafür blieb er jedoch relativ ruhig. Plötzlich kam dann das Signal zum Anschnallen und Zigaretten löschen, der Landeanflug begann. Als dieser eine Zeit lang gedauert hatte, merkte man jedoch, wie der Pilot wieder durchstartete. Kurz darauf kam dann die Message, daß eine Landung nicht möglich sei und man wieder nach Billund zurückfliegen müsse. Nun war die Freude natürlich groß. Das für heute geplante Zweitligaspiel konnte man abhaken. Ebenso war auch klar, daß man es morgen wohl kaum zu einem Spiel schaffen würde, wenn der Flieger um 12.00 Uhr losfliegt und tatsächlich pünktlich landen sollte - zumal man auf jeden Fall noch die Insel wechseln müßte. (Die Färöer-Inseln sind eine Inselgruppe aus 24 Inseln.) Kurz vor der Landung wurde uns dann mitgeteilt, daß der dritte Versuch morgen früh um 6.00 Uhr beginnen solle. Schnell einigte man sich darauf, es noch einmal zu versuchen. Von der Fluggesellschaft wurde man wieder in ein Hotel gefahren, welches diesmal noch deutlich besser war (4 Sterne?). Nachdem man seine luxuriösen Zimmer bezogen hatte, wurde man zu einem mehrgängigen Abendessen gebeten. Natürlich waren die Getränke auch wieder frei, was sogar einem Faringer zum Verhängnis wurde. Nach dem Essen machte man in der (geschlossenen) Hotelbar weiter. Immer wenn man nichts mehr zu trinken hatte, ging einer mit seinem Tablett an die Rezeption, gab seine Bestellung auf und sagte kurz „Auf Maersk Air". Sehr nett. Auch der Faringer, der beim Essen noch schlapp gemacht hatte, war plötzlich wieder da. Der Versuch, mit ihm Billard zu spielen, scheiterte aber aufgrund mangelnder Koordination seinerseits.

Sonntag, 29. September 1997

Nachdem man nur kurze Zeit in den Zimmern verweilen konnte, wurde man geweckt, und es ging zum Flughafen. Dort hatte der besagte Faringer bereits wieder die Wodkaflasche am Hals. Nicht schlecht!

Einige hatten wohl aufgegeben, die Flugzeuginsassen waren jetzt weniger. Es folgte das Übliche: Hinfliegen, Kreisen wegen schlechter Sicht, etc. Bei einem Landeanflug konnte man bereits die Dächer der kleinen bunten Häuser sehen, als die Maschine wieder durchstartete. Daraufhin folgte wieder langes Kreisen und dann ein erneuter Landeanflug, der wegen der Treibstoffsituation der letzte sein würde. Und... yes, der Pilot brachte den Vogel runter. Da war die Erleichterung natürlich groß.

Auf der anschließenden Busfahrt (inklusive Fährüberfahrt) in die Hauptstadt Torshaven konnte man sich an der einzigartigen Landschaft (hügelig, viel grün, glückliche Schafe und steile Klippen in der Brandung) gar nicht sattsehen.

Endlich näherte man sich dem eigentlichen Grund unserer Anreise. Früh war man überrascht, als man beim Kartenkauf auch ein erstklassiges Programmheft erhielt. Das Gundalur-Stadion, welches sich die beiden Gegner (B36 Torshaven und HB Torshaven) teilen, weist einige interessante Merkmale auf. Auf der Gegengeraden steht eine große Sitzplatztribüne für vielleicht vier- bis fünftausend Menschen. Auf der anderen Seite stehen zwei kleinere Tribünen auf Höhe der Platzhälften, die jeweils mit den Fahnen der Vereine beflaggt sind. Auch befindet sich jeweils im hinteren Teil der Tribüne so etwas wie ein Vereinsheim des entsprechenden Vereins. Groundsharing einmal anders. Zwischen den beiden Tribünen und hinter den Toren ist soweit nichts. Was das Sportliche angeht, so stand B36 an diesem vorletzten Spieltag bereits als Meister fest. Rekordmeister HB gilt jedoch als der beliebteste Verein der Färöer-Inseln. So war das Spiel heute eher ein Prestigeduell. Nach ruhigem Anfang nahm das Match auf dem Kunstrasenplatz dann einen dramatischen Verlauf, als die Tore im Minutentakt fielen und Führung und Spielanteile im hartumkämpften Spiel ständig wechselten. Ich weiß, es glaubt mir wahrscheinlich sowieso keiner, aber die Stimmung war am Überkochen. Auf der Gegentribüne fielen mir wildfremde Menschen um den Hals! Von hier hatte man auch einen sehr guten Blick auf die Haupttribünenseite. Es sah schon klasse aus, wie jeweils abwechselnd eine Tribüne am Toben war. Teilweise wähnte man sich eher bei einem Football League-Derby als auf den Färöer-Inseln. Letztendlich konnte HB mit 3:2 den Sieg erringen. So fällt auf die überlegene Meisterschaft von B36 ein kleiner Makel: Die einzigen beiden Niederlagen kassierte man ausgerechnet gegen HB. Nach dem Spiel besuchte man noch jeweils die beiden Vereinsheime, wobei man bei B36 bereits auf uns gewartet hatte. Durch die hier übliche Mund-zu-Mund-Propaganda hatte man mitbekommen, daß vier Deutsche auf den Inseln sind, die wegen des Fußballspiels angereist waren. So lagen für uns jeweils Anstecknadeln und Schlüsselanhänger bereit.

Montag, 30.09.1997
Am nächsten Morgen flog man dann wieder zurück. Diesmal problemlos. Man hätte sicher gerne insgesamt etwas länger hier verweilt und sich auch die Gegend noch ein wenig mehr angeschaut. Andererseits hat man aufgrund der geschilderten Umstände auch billig gelebt und viel Spaß gehabt. Auch fußballerisch war die Tour natürlich ein voller Erfolg. Ich werde in nächster Zeit sicher noch einige dieser kleinen Länder besuchen, deren Amateurfußball mit Herz in positivem Kontrast zum Angestelltenfußball der gro-

ßen Fußballnationen steht. Dabei werde ich auch mal Fußballverbände besuchen, die (noch) kein offizielles Mitglied der UEFA sind (z.B. Kanalinseln, Grönland oder Aland).

Und wieder 60 DM gespart
Über Sparbemühungen in der reisefreien Zeit

Das Leben kann ja so teuer sein. Für Groundhopper gilt das natürlich erst recht, denkt man an die Ausgaben für die Verkehrsmittel, Übernachtungen, Speisen und natürlich Eintrittskarten. Auch wenn hier alleine durch die Wahl einer günstigsten Reisevariante gespart werden kann (siehe hierzu das nächste Kapitel), so versucht man natürlich auch in der eigentlich reisefreien Zeit sparsam zu leben, um entsprechend mehr Mittel für Touren übrig zu haben. Dieses kann sich z.b. durch den Verzicht auf Kino, Disco, Freundin oder Auto ausdrücken. Im Extremfall kann man fast auch schon von Formen von Geiz reden, wenn eine pfenniggenaue Abrechnung bei Mitfahrern von Groundhopping-Touren erfolgt. Aber nicht nur in „Luxusgütern" liegt ein Sparpotential. Folgende Geschichte aus dem Jahr 1999 zeigt, wie selbst im Arbeitsleben große Anstrengungen unternommen werden, wenn es um die Finanzen geht:

Daniel[87] war mal wieder mit einer LKW-Tour unterwegs. Bei einem Ortsausgang installierte die Polizei eine Geschwindigkeitsmessanlage. Fünf Kilometer später wurden zu schnell gefahrene Autos herausgewunken. Daniel war mit seinem LKW in entgegengesetzter Richtung unterwegs, kam also zuerst zu der Stelle, bei der die Autos angehalten wurden. Zu spät erkannte er den Polizeiposten ... — zu spät um sich noch anzuschnallen. Das hatte er nämlich versäumt. Ein Polizist erkannte dies und gab seitlich der Straße Zeichen, den LKW anzuhalten. Daniel hingegen sah den Polizisten an und fuhr einfach weiter. Der Schwarzwälder ist schon länger auf Achse und weiß, wie laut Vorschrift PKWs bzw. LKWs anzuhalten sind. Aus wenigstens 50 Meter Entfernung, mit Kelle durch einen als Polizisten Erkennbaren, der beschirmt ist. Da dies hier nicht der Fall war, fuhr er einfach weiter. Fünf Kilometer weiter erreichte Daniel den Zivilwagen, aus dem ein Beamter die Geschwindigkeit der Fahrzeuge überprüfte. Als er Daniel mit seinem LKW auf sich zukommen sah, sprang der Polizist aus seinem Wagen und die Hände hochhaltend auf Daniels Fahrspur, unmittelbar vor den LKW. Daniel mußte scharf bremsen und hatte Glück, daß kein PKW hinter ihm auffuhr. Er solle kehrt machen und zurück zu dem fünf Kilometer entfernten Anhalteplatz mit den anderen Polizisten zurückkehren. Daniel tat so, als ob er kein Deutsch verstünde und wandte Englisch und Spanisch an. *Nichts verstehen.* Der Beamte versuchte, Daniel irgendwie verständlich zu machen, daß er zurückfahren solle, bis Daniel dann einlenkte und meinte: *Ich verstehen.* Er fuhr an, um hinter der nächsten Kurve zu drehen. Er kannte die Stelle bereits. Der Polizist dachte, Daniel würde entfliehen und sprang in seinen Wagen. Während er die Verfolgung aufnehmen wollte und ortseinwärts losbrauste, kam Daniel bereits auf der Gegenfahrbahn zurück — doch der Polizist im Zivilwagen übersah (!) den entgegenkommenden LKW und brauste zu Daniels Überraschung an ihm vorbei. Auf seinem Weg die fünf Kilometer zurück machte

---

87)   *Der Name dieses Groundhoppers wurde vorsorglich geändert, damit er durch diese Veröffentlichung nicht noch im Nachhinein Probleme bekommt.*

er weitere Bekanntschaft mit einem an ihm vorbeibrausenden Streifenwagen (mit Blaulicht). Auch die beiden Insassen hatten den LKW mit seinem Fahrer nicht erkannt. Grinsend fuhr Daniel weiter ... *Wenn die nicht wollen, selber schuld* ...

Doch als er bei dem Halteplatz ankam, stand dort „einsam und verlassen" ein dritter Polizist des Haltekommandos, der sich wunderte, wo seine Kollegen geblieben waren. Man hatte ihm nicht Bescheid gegeben und ohne ein Funkgerät zurückgelassen. Lediglich ein Aktenordner mit gesammelten Strafzetteln lag dort noch herum. Daniel meldete sich bei dem Beamten im spanisch-englischem Kauderwelsch, so, wie man es ihm sagte. Der Polizist wußte von nichts und verzweifelte in der Folge daran, wie er dem vor ihm stehenden, offensichtlich kein Wort Deutsch verstehenden LKW-Fahrer klarmachen sollte, was er wollte. Ausweis? Keinen dabei. Verbandskasten? Nach Minuten zeigte Daniel ein Einsehen und zeigte mit einem begleitendem *Aaaahhhh* auf selbigen. Irgendwann, als der Beamte kurz vorm Durchdrehen war, wurde Daniel angeschrien: *Sprich Düütsch!!*(auf Hochdeutsch Sprich Deutsch!) Nachdem er sich wieder beruhigt hatte, meinte der Polizist zu sich: *Wie erkläre ich ihm nun: Warndreieck?* Er wandte sich Daniel zu legte seine beiden Arme wie zu einem spitzen Dach über seinem Kopf zusammen und ging dabei in die Knie: *Warndreieck, Warndreieck* .... Daniel: *What's Warndreieck?*, hielt seine Arme ebenfalls zum Dreieck und ging dabei in die Knie. Aber auch hier gab Daniel irgendwann nach. Zwischendurch hatte sich der verzweifelte Polizist ein wenig von Daniel entfernt. Daniel nutzte nun die Gelegenheit und blätterte ein wenig in dem Aktenordner mit den Strafzetteln. Um später ein möglicherweise erforderlichen Beweis für seine Geschichte zu haben, nahm er sich einfach einen Strafzettel heraus und steckte ihn ein.

Inzwischen kamen die beiden Polizeiwagen zur Haltestelle zurück. Die Insassen der beiden Wagen glaubten ihren Augen nicht zu trauen. *Wie kommt denn der hierher?* Der zurückgebliebene Polizist rannte auf die Polizisten im Streifenwagen zu und schrie sie an: *Was fällt Euch ein? Wie könnt Ihr einfach abhauen, ohne mir Bescheid zu geben?* Er kochte ...

Nachdem sich der Zurückgelassene wieder einigermaßen beruhigt hatte, wiederholten die zurückgekehrten Beamten die Prozedur mit Verbandskasten und Warndreieck. Daß er nicht angeschnallt gewesen sei, bestritt der Groundhopper in dem lange andauernden Hin und Her in den verschiedensten Sprachen. Zum Leidwesen der Polizisten konnte keiner von ihnen einigermaßen Englisch und Spanisch, während Daniel nach seinen Reisen durch die Welt keinerlei Probleme damit hatte. Beim deutschen Führerschein wurden sie stutzig. *Der muß doch Deutsch sprechen können, das gibt's doch gar nicht.* Aber Daniel verneinte in den für die Polizisten kaum zu verstehenden Sprachen. Er sei nur kurz in der Schule gewesen und lebe eigentlich in Argentinien, sei nur ab uns zu in Deutschland und helfe in der Spedition aus.

Dann kontrollierten die Polizisten die Lieferpapiere und kamen auf die Idee, in Daniels Spedition anzurufen. Dort war eine der jungen Auszubildenden dran, die bereits das Flattern bekam. Der Chef war zufällig da. Und den bekam die Polizei an die Strippe. *Ob ein Daniel ab und zu für mich fährt? Aber ja! Ob er Deutsch sprechen kann? Aber ja, Daniel kann so viele Sprachen fließend!* — ...

Die Polizisten waren kurz vor der Explosion. Daniel erklärte jedoch weiterhin in seinem Kauderwelsch bzw. auch fließenden Spanisch, daß er nicht bestreiten würde, daß er auch Deutsch kann, aber kaum etwas versteht und die anderen Sprachen viel besser sprechen würde ...

Etwas später flatterte die Aufforderung in Haus, zu den Vorwürfen der Polizei Stellung zu beziehen. Das nahm sich Daniel zu Herzen und schilderte ganz genau, was alles passiert war. Dabei ging er so vor, daß er zu Beginn den Hinweis „DIESER TEXT WURDE VON EINEM FAMILIENMITGLIED ÜBERSETZT" notierte. Der ganze Text wurde mit schwieriger lesbaren GROSSBUCHSTABEN geschrieben. Eine zusätzliche Schwierigkeit für jene, die den Text zu lesen bekamen, bestand darin, daß die Schrift immer kleiner wurde — der Text von drei Seiten wurde schließlich auf einer einzigen untergebracht.

Natürlich stritt er ab, nicht angeschnallt gewesen zu sein. Dafür gab er genaustens an, wie der Polizist am Ortseingang sich selbst in Lebensgefahr gebracht hatte, als er vor Daniels LKW gesprungen war, daß keine Schirmmützen getragen wurden, daß die 50 Meter Signalabstand nicht eingehalten wurden, daß er einen Strafzettel auf dem Boden gefunden hätte (Kopie als Beweis beigelegt), daß ein Polizist ihn einfach geduzt hätte, wie die Erklärung des Begriffes Warndreiecks aussah usw. ... — das Verfahren wurde eingestellt.

60 DM waren gespart!

P.S. Nachdem sich Daniel vor einer neuen Tour unmittelbar danach auch beim Einwohnermeldeamt abgemeldet hatte, ging auch ein weiterer Zahlungsbescheid für Falschparken als „unbekannt verzogen" an die entsprechende Behörde zurück — noch einmal 30 DM gespart.

Die Tricks und Tips

An was man bei der Tourplanung zu denken hat, wurde bereits besprochen. Ein entscheidender Punkt wurde in dem Kapitel allerdings ausgeklammert: Wie kann man eine Tour so günstig wie möglich absolvieren? An dieser Stelle hat man die Gelegenheit, anhand grundsätzlicher Überlegungen sowie bisher gemachter Erfahrungen sehr hilfreiche Anregungen zu sammeln.

Wie reise ich am billigsten? Bin ich mit dem Auto unterwegs, so senkt sich mit der Zahl der Mitfahrer der Preis für Benzinkosten und Straßengebühren. Bei einer Reise in ein hinsichtlich des Kraftstoffes teureres Land den Kofferraum mit gefüllten Benzinkanistern zu füllen - wie in einem Erlebnisbericht in diesem Buch beschrieben - halte ich für unverantwortlich. Mit einer derart gefährlichen Ladung quer über Europas Straßen zu fahren, ist nicht nur für die eigene Sicherheit mehr als bedenklich. Bei solchen Fahrten, wie sie Groundhopper unternehmen, sollte auf diesen eingesparten Geldbetrag - im Verhältnis zu den Gesamtkosten gering genug - verzichtet werden. Wer unbedingt ein paar

Mark sparen möchte, kann sich von Autobahnen fernhalten und so anfällige Mautgebühren umgehen, ist allerdings dafür auch länger unterwegs.

Bei der inzwischen höheren Anzahl an reisenden Groundhoppern ist es inzwischen auch möglich, sich mit anderen Hoppern für Teilstrecken zu verabreden: z.B. Treffpunkt Prag, Mitfahrt bis Budapest usw. . Auf diese Weise können sich Reisekosten merklich verringern. Dieses Modell findet besonders in der Kombination Auto/Eisenbahn Anwendung.

Bahnfahrende Groundhopper haben eine ganze Menge Möglichkeiten, günstiger zu reisen. Sei es das „Schöne-Wochenende-Ticket", mit dem man einen Wochenendtag von 0.00 Uhr bis 3.00 Uhr am Folgetag alle Regionalzüge der Deutschen Bahn AG und inzwischen auch einiger privater Anbieter für zusammen 35 DM nutzen kann (hier sogar bis zu fünf Personen auf einem Ticket), das Guten-Abend-, Herbst-Spezial-, Sommer-Spezial- oder ICE-Sonntagmorgen-Ticket - je nach Ticket 60 DM bis 110 DM - für eine Fahrt in eine Richtung, unabhängig des Ziels, sowie viele andere Angebote wie z.B. mit Bahncard und/oder Mitfahrerpreis.

In den Geburtsstunden des deutschen Groundhoppings war das damals existierende Tramper-Ticket , mit dem man für einen relativ geringen Betrag einen längeren Zeitraum mit allen Zügen durch Deutschland fahren konnte, sehr beliebt. Dieses wurde dann allerdings stärker eingeschränkt und hinterließ eine Lücke, die z.B. vom heute noch existierenden Twen Ticket (25% Ermäßigung in Deutschland und 20 bis 60 % in anderen Ländern für 12 bis 25jährige) nicht geschlossen werden konnte. Mit diversen Sparpreisen, Interrail-Tickets (teilweise mit Fährverbindungen), speziellen Tickets für das Ausland (Euro-Domino), die eine festgelegte Anzahl von Tagen gültig sind, und z.B. dem Eurostar-London-Ticket, mit dem man schon für 180 DM von Köln durch den Kanaltunnel bis nach London und zurück fahren kann, gibt es zumindest viele speziell für Groundhopper reizvolle Angebote. Ein ganz heißer Tip ist die lediglich 19,- bzw. 32,- DM teure (aber von der Steuer absetzbare) Mitgliedschaft im Deutschen Jugendherbergswerk. DJH-Mitglieder können bei der Bahn ermäßigt fahren! So kann man sogar im Vergleich zu den schon günstigen Sparpreisen nochmalig bis zu etwa 50 % sparen.[88]

Ein weiterer das Bahnfahren betreffender Trick bezieht sich z.B. darauf, einen Fahrschein nur bis zur Grenzstation zu lösen, dort auszusteigen, einen neuen Fahrschein für die Reststrecke zu kaufen, um dann wieder in den Zug einzusteigen. Hintergrund ist ein bei Grenzüberschreitung zur Geltung kommender höherer internationaler Tarif. Dies lohnt sich in den Länder Osteuropas besonders, wo das Bahnfahren an sich für Westeuropäer schon sehr billig ist, durch den internationalen Tarif dann aber unverhältnismäßig teurer wird. Soweit die völlig legalen Tricks beim Bahnfahren.

---

88) Die Fahrkarten müssen allerdings beim DJH (32754 Detmold) bestellt werden. Der Hinweis, daß die Herberge vor Ort gebucht wird, reicht bereits. Bitte die Bearbeitungszeit von 8 bis 10 Tagen beachten. Die Rückfahrt kann erst am Folgetag angetreten werden.

Allgemein ist festzuhalten, daß man auf manchen Strecken heute schon sehr günstig fliegen kann. Über das Internet kann man z.B. viele Schnäppchen ausmachen. Trotzdem findet sich oft genug für das eigene Ziel kein Angebot. Hier kann wieder die Mitgliedschaft im Deutschen Jugendherbergswerk weiterhelfen: DJH-Mitglieder haben bei Flügen mit der Lufthansa wie bei der Bahn Ermäßigungen. Näheres sollte man allerdings beim DJH erfragen[89]. Wer nicht auf vergünstigte Flugangebote zurückgreifen kann, könnte sich überlegen, ob er per Bahn zu einem Flughafen der näheren osteuropäischen Hauptstädte fährt und von dort aus fliegt. Hier sind die Flugpreise oft nicht so hoch wie in den meisten westeuropäischen Städten.

Die Teilnahme an Meilen-Sammel-Programmen wie „Miles & More" bei Lufthansa und United Airlines lohnt sich nur bedingt. Wer nicht häufig fliegt, der wird auch lange auf Freiflüge oder Upgrades für die Business Class warten müssen. Oft lockt zudem ein besonders günstiges Angebot einer anderen Fluggesellschaft, weshalb man dann trotz des Fluges nicht für das gleiche Meilenkonto Meilen sammeln kann. Billigangebote von Fluggesellschaften wie Ryanair, Go oder Virgin in westeuropäische Städte sind teilweise schon ab 30 DM pro Richtung (London, Glasgow, Dublin) zu bekommen.

Man sollte allerdings auch nicht vergessen, daß billigeres Fliegen auch „weniger Komfort" bedeuten kann. Aber manchmal gibt es eben auch keine Auswahl. Eine derartige Flugerfahrung, auf die hier angespielt wird, sammelte Phillip Arens zusammen mit der Mannschaft des 1. FC Kölns auf dem Weg zum Freundschaftsspiel unmittelbar nach dem Kölner Abstieg 1998 beim bulgarischen Spartak Varna. Hier ein Auszug[90]: „Richtig heftig wurde es auf dem Weiterflug (von Sofia nach) Varna. Eine mehr als 30 Jahre alte Propellermaschine der Balkan Air wartete auf uns. Sauerstoffmasken gab es nicht, die Teppiche lagen kreuz und quer in der Kabine herum. Die „Fasten seat belts"-Hinweise wurden aus dem Cockpit projiziert. Und das Ding machte einen Krach, daß man sein eigenes Wort nicht mehr verstehen konnte.... Nachdem das Spiel auch noch 2:3 verloren ging, hatte man sogar einen angenehmen Flug nach Sofia, mußte aber dann mit einer Tupolew weiterfliegen: Das Ding war ein reiner Vieh-Transporter, die Klimaanlage war natürlich hin, und bei der Landung (Münch mal witzig: „Hurra, wir leben noch!") flogen die Bierdosen krachend durch die Bord-Küche."

Eine wesentliche Frage ist, wie man möglichst günstig in die Stadien kommt. Bei der Masse an Spielen, die ein Groundhopper im Jahr verfolgt, ist dies unter Kostengesichtspunkten sehr entscheidend. Wer im Auftrag der Presse unterwegs ist, also für Magazine oder Zeitungen schreibt, hat weniger Probleme, einen Platz - auch noch umsonst - zu bekommen. Wer nicht für die Presse tätig ist, zahlt ganz normal für die Kategorie, in der man sitzen möchte. Groundhopper, die keine Eintrittsgelder abgeben möchten, haben auch schon Schlupflöcher wie z.B. offene Tore. Da einerseits dieses Buch keine Anregungen zum „Betrug" geben sollte und das Groundhoppen auch in Zukunft weiter möglich sein soll - es gibt schon genug Hürden - decken wir über die sonstigen Tricks hier nun das Mäntelchen des Schweigens.

---

89) *Telefon: 05231-7401-44, Fax: -49.*
90) *Vgl. Arens, Phillip: Balkan Air, take us home!, in: Blutgrätsche, 2. Jg. (1998), Nr. 4, S. 10-12.*

Nach Unterkünften sollte man sich möglichst schon vor dem Besuch eines Spiels umgesehen haben. Wer das nicht getan hat und nach dem Spiel nicht mehr aus dem Spielort abreisen kann, hat ansonsten eventuell ein Problem. Es gibt Groundhopper, die allerdings (bereits so geplant) auch nicht davor zurückschrecken, im Bahnhof oder Flughafen auf einer Bank oder im Schlafsack in der Natur zu nächtigen.

Wer für ein Dach über dem Kopf nicht viel ausgeben will, der findet in mehreren Ländern Hotelketten mit geringem Komfort. Dazu zählen die Ketten Formel 1, Premiere Classe und Etap. DJH-Mitglieder finden in den bereits günstigeren Jugendherbergen und -häusern eine weitere Ermäßigung. Beliebt ist der Nachtzug, der nicht nur den Vorteil hat, daß man mit ihm in der Nacht viele Kilometer zurücklegen kann, sondern gleichzeitig Hotelkosten sparen würde, wenn weder Schlaf- noch Liegewagen gebucht werden. Hier ist allerdings zu beachten, daß in spanischen, französischen und britischen Reisezugwagen die Sitze nicht ausgezogen werden können.

Wer vom menschlichen Eindruck her bei Einheimischen ankommt, kann sogar in den Genuß kommen, kostenlos zu übernachten. Davon profitiert z.B. Groundhopper Fari bei seinen Südamerikaaufenthalten regelmäßig. Da er kurzerhand mitanpackt und auch häusliche Renovierungen oder Reparaturen übernimmt, für die man schlecht Handwerker bzw. Facharbeiter findet, hat er schon Unsummen eingespart. Und auch hier handelt es sich immerhin um ein Geben und Nehmen, Leistung und Gegenleistung.

Mit etwas Ideenreichtum sind aber auch ganz andere Dinge machbar. In Deutschland ausrangierte Gegenstände mögen im westlichen Europa vielleicht keine Abnehmer finden, dafür aber vielleicht um so mehr in den ärmeren osteuropäischen Ländern. So macht man unter Umständen sogar durch die Ersparnis einer in Deutschland anfallenden Verschrottungsgebühr noch ein Geschäft. Statt anfallenden 120 DM Verschrottungskosten bekommt man in manchen Ländern bis zu 300 DM für ... ein Auto, das dann nicht unbedingt noch fahren soll, aber zumindest zum Ausschlachten herhalten kann - der Käufer hat Ersatzteile und der Groundhopper finanzielle Mittel für eine weitere kostenlose Reise. Darum geht es dann auch im an diesem Kapitel anschließenden Erlebnisbericht.

Aber nicht nur das letzte Beispiel ist eine Möglichkeit, als Groundhopper etwas Geld zu verdienen. So bringen viele Groundhopper bereits Souvenirs wie Programme, Fanmagazine oder Anstecknadeln mit, für die manche Sammler auch etwas mehr Geld hinlegen. Auch im Osten günstiger einzukaufende Stangen Zigaretten bringen Geld ein.

Wer wie Fari dann auch noch gleich für ein halbes Jahr auf einen anderen Kontinent zieht, hat auch mal Tage, an denen er nicht auf dem Weg von einem Stadion zum nächsten Stadion unterwegs ist bzw. keine Natur genießt. An solchen Tagen könnte auch die jeweilige Arbeitskraft angeboten werden, um wieder etwas zahlungskräftiger zu sein. Dementsprechend befand sich die auf der nächsten Seite folgende Anzeige Anfang Dezember 1998 in einer brasilianisch-deutschen Wochenzeitung.

Ein wirklich ernst gemeinter Tip, der sich auf zahlreiche Groundhopper-Erfahrungen stützt, ist, niemandem zu trauen, den man nicht kennt. Gerade in Osteuropa sind z.B. derartig viele Personen unterwegs, die versuchen, Reisende auszunehmen, so daß man trotz des Aufenthaltes in einem vielleicht armen Land selbst ganz schnell „arm" dasteht. Gerade hinsichtlich Uniformierter ist leider der Eindruck bei Groundhoppern sehr festgefahren, daß sie beim Kassieren von Wegzoll ganz besonders fleißig sind. Darum wird man allerdings auch nicht herumkommen.

Auto im Gepäck und Elend am Rockzipfel
Ein Erlebnisbericht von Michael Seiß, 15. bis 17. November 1994

Als im Juni 1994 die Auslosung der EM-Qualifikationsgruppen Albanien als deutschen Gruppengegner zu Tage brachte, war für mich sonnenklar: Tirana - da mußt du hin. So dachten denn auch viele andere Fußballfreunde aus dem Dunstkreis der V.d.G.D.. Und doch taten sich in Sachen Tourenplanung einige Hindernisse für unseren Reiseorganisator OFC-Thommy auf. Dank der Unzuverlässigkeit einiger vorlauter Schreihälse, die mit dem Vorstrecken der Gelder nicht nachkamen, mußte unser angedachter 30-Mann-Flieger kurzerhand gecancelt werden. Schließlich fand unser Offenbacher Koordinator nach mühevoller Kleinarbeit doch noch eine bezahlbare Alternative, nach Tirana zu fliegen. Mit 890 DM war ein jeder Interessent dabei.

Und doch stand ein weiteres Fragezeichen vor der Reise. Es stellte sich nämlich die Frage, ob man wieder gesund aus dem Lande rauskäme. Schließlich überboten sich die deutschen Presseargenturen nur so mit Schlagzeilen um die schwerwiegende Cholera-Epidemie in weiten Teilen Albaniens. Durch Wasserkontakt könne man sich leicht mit dem Erreger infizieren. Doch dem half meinereiner im Vorfeld ab. Mein Reisegepäck bestand vorwiegend aus fester und flüssiger Nahrung für gut zwei Tage sowie aus ein paar Litern Mineralwasser für die Körperpflege. Und doch hatte man das Zitat des holländischen Journalisten, der mit der Organisation dieses Spiels beauftragt war, stets im Hinterkopf: „Sechsmal war ich in Albanien, viermal bin ich schwerkrank heimgekehrt."

Dienstag früh traf sich unser 15köpfiges Grüppchen am Frankfurter Flughafen. Die Anspannung und das Magenkribbeln angesichts der Reise ins Ungewisse wich schnell allgemeiner Erheiterung, die mit ein paar Bierchen und spaßigen verbalen Schlagabtauschen schnell hergestellt war. Im slowenischen Ljubljana mußten wir umsteigen. Beim dortigen Aufenthalt schien unsere gute Laune der Flughafenpolizei überhaupt nicht zuzusagen, wurden uns doch glatt die Reisepässe weggenommen, kurze Zeit später aber wieder ausgehändigt. Es schickt sich halt nicht, mit freiem Oberkörper durch die Wartehalle zu pogen ... . In Ljubljana kam man mit zahlreichen Albanern ins Gespräch, die ebenfalls auf dem Weg zum großen Spiel in Tirana waren. Einer meiner Gesprächspartner stellte sich gar als albanischer Ex-Nationalspieler heraus, der zu diesem Zeitpunkt beim Oberligisten Germania Teveren aktiv war. Daß er uns keinen Stuß erzählt hat, merkten wir spätestens nach der Landung in Tirana, als ihm jegliche Einreiseformalitäten erspart blieben und die Herren der Zollabfertigung ihn überschwenglich umgarnten. Unsereins durfte sich in die lange Schlange einreihen, wo jedem Deutschen fünf US-Dollar als Einreiseentgelt abgenommen wurden. Der Dollar ist übrigens gegenüber der eigentlichen albanischen Währung „Lek" das wesentlich willkommenere Zahlungsmittel.

So stand man nun gegen 19 Uhr auf dem Flughafen von Tirana und wußte nicht, was als nächstes geschehen sollte. Um Hotels etc. hatte man sich im Vorfeld nicht gekümmert, obwohl man wußte, daß es in Tirana ganze zwei Hotels gibt, die westeuropäischem Standard auch nur annähernd entsprechen. Den zahlreichen Taxifahrern, die unser 15köpfiges Grüppchen zum Mitfahren drängten, standen die Dollarzeichen nur so in den Augen. Doch ließ man diese Nepper links liegen, denn plötzlich tauchte aus dem Nichts die Lichtgestalt Fari auf und machte uns ein verlockendes Angebot... .
Aus einem Anzeigenblättchen hatte er sich einen beinahe schrottreifen PKW für 120 DM gekauft und sich mit diesem auf dem Landweg über Jugoslawien nach Albanien durchgekämpft. Neben dem Vorteil, einige Spiele auf der langen Distanz besuchen zu können, war der Grund dieses Tuns natürlich sein ausgeprägtes Geschäftsinteresse. Den Wagen vermachte er in Tirana einem Autohändler, der jedoch nicht bar bezahlte, sondern Fari im Gegenzug seine Wohnung für zwei Nächte zur Verfügung stellte. In dieser Wohnung gedachte Fari uns schließlich unterzubringen - schon waren alle organisatori-

schen Probleme unserer Reisegruppe binnen Sekunden gelöst... . Ein jeder von uns drückte 25 Dollar an Fari ab, der von dieser Einnahme den Rückflug begleichen konnte und auf diese Art und Weise zum völligen Nulltarif seinen Weg zu diesem attraktiven Reiseziel fand. Ein paar weitere Dollar latzte man für den Shuttle-Service, der aus einem kleinen Auto-Konvoi unseres Gastgebers bestand, der uns in das etwa zwölf km vom Airport entfernte Stadtzentrum brachte. Auf den holprigen Zubringerstraßen, bei denen der Auspuff so manches Mal im Erdreich hängen blieb, erreichten wir schließlich das traute Heim. Die Furcht, hier an Gangster geraten zu sein und sein ganzes Hab und Gut zu verlieren, war schnell verflogen. Die Wohnung machte einen recht feudalen Eindruck, hatte fast westeuropäischen Standard. Wäre da nur nicht die Toilettenanlage gewesen, die ich mied wie der Teufel das Weihwasser... . Dort stand eine 200-Liter-Regentonne, prallvoll mit Wasser - einerseits aufgrund der bereits geschilderten gesundheitlichen Ungewißheit, aber auch, weil fließendes Wasser hier nur zu bestimmten Stunden zu bekommen ist.

Die Familie unseres Gastgebers zog sich bei unserem Erscheinen völlig zurück und überließ uns das gesamte, großzügig eingerichtete Wohnzimmer. Und wenn sie doch mal das Zimmer betraten, wurde vorher zaghaft angeklopft. Hier konnte man sich wie zu Hause fühlen, ließ den Abend bei deutschen TV-Programmen und mit Eurosport ausklingen. Unfaßbar, selbst in der Hauptstadt Tirana machen so ziemlich alle Menschen einen bettelarmen Eindruck, doch beinahe jeder Haushalt verfügt über eine Satelliten-Anlage.

Nach gutdurchschlafender Nacht, die wir entweder in den zahlreichen Sesseln oder aber im Schlafsack auf dem Fußboden verbrachten, sowie nach einer feudalen Bonaqua-Dusche machten wir uns am Morgen geschlossen auf in die Innenstadt. Und siehe da - bei Tageslicht kam einem die ganze Landschaft doch irgendwie vertraut vor. Die Hauptstraßen sind zum Großteil fachmännisch asphaltiert oder gepflastert. Neben zahllosen Fahrrädern - bis vor wenigen Jahren noch das Verkehrsmittel Nr. 1 in Albanien - fahren hier mittlerweile auch verstärkt Autos über die Straßen, die jedoch stellenweise für grauenhafte Luftverhältnisse verantwortlich sind. Sehr auffallend auch der relativ hohe Anteil an PKWs mit deutschem Kennzeichen. Touristen? Mitnichten! Wohl aber eine recht gut funktionierende Auto-Mafia, die auch auf bundesdeutschem Boden schon so manche Karosse ergaunert hat.

An diesem Tag war das Wetter war mit 20 Grad und herrlichem Sonnenschein perfekt. Diese Stadt offenbarte nicht von all den schauderhaften Dingen, von denen man im Vorfeld gewarnt worden war. Einen faden Beigeschmack hinterließen lediglich die vielen Kleinkinder mit zerfetzter Kleidung, verwundeten Hautstellen und literweise Rotz unter der Nase, die uns in penetranter Manier meilenweit hinterher liefen und anbettelten. Ansonsten wurde man von den Einheimischen aber sehr freundlich aufgenommen und überall willkommen geheißen. Unser Land genießt in Albanien scheinbar ein sehr hohes Ansehen, was wohl mit politischen Aktivitäten aus der Vergangenheit zu begründen ist.

Das heutige Spiel war für 14 Uhr angesetzt. Eine spätere Anstoßzeit war in Ermangelung von Flutlichtanlage nicht machbar. Stunden vor dem Anstoß konnten wir ungehindert das Stadion betreten und aus allen Lagen abfotografieren. Dieses „Qemal Stafa" ist wirklich unterstes Niveau. Brüchige Stehplätze allüberall, und so mancher Sitzplatzkarten-Käufer fand abgebrochene Rückenlehnen oder in hunderte kleiner Teile zersplitterte Sitzflächen vor. Eigentlich hatte jeder der 2.000 Sitzplatzinhaber etwas an seinem Platz auszusetzen. In Deutschland wäre eine Arena dieses Standards gesperrt und zugenagelt - selbst Amateurspiele würden dort nicht mehr stattfinden. Ich fand es ja ganz nett von den UEFA-Verantwortlichen, daß sie den Fußball-Entwicklungsländern mit ihrer Paragraphenreiterei in Bezug auf All-Seater-Stadien[91] einen etwas größeren Bonus einräumen als uns Westeuropäern, da das Geld in solchen Ländern für andere Dinge besser eingesetzt wäre, andererseits betrachte ich es als Schwachsinn, daß beim Rückspiel gegen Albanien in Kaiserslautern - einer auch unter Sicherheitsaspekten jederzeit vorzeigbaren Arena - sämtliche Stehplätze leer bleiben mußten. Da haben einige UEFA-Greise einen rostigen Nagel im Kopf.

Umgerechnet 15 DM hatte man für das über den DFB bestellte Ticket zahlen müssen. An der Tageskasse wäre man für 4 DM dabeigewesen, für einen Stehplatz gar mit einer lumpigen Mark. Das Ticket hatte absolutes Überformat und war auf dünnem, blassem Papier gedruckt und teils mit handschriftlichen sowie gestempelten Eintragungen versehen. Um in das zwei Stunden vor Anstoß weiträumig von Polizei und Militär abgeriegelte Stadion zu gelangen, mußte man zahlreiche Absperrungen passieren, wurde aber immer wieder zurückgewiesen, da man hier falsch sei. Die Organisation war völlig mangelhaft. Nach einiger Hektik waren wir doch noch sehr zeitig, 90 Minuten vor dem Anstoß im Stadion. Dieses war schließlich ausverkauft - restlos überfüllt war die Hütte. Wer sich kein Ticket leisten konnte oder keines mehr bekam, der kletterte eben über das unüberwindbar erscheinende Gemäuer. Aber die Lust auf Fußball verleiht ja bekanntlich Flügel ... Einige Experten riskierten auch in Gruppen einen Blocksturm, um gratis dabei zu sein. Auch im ausverkauften Tribünenbereich ließ sich mancher Einheimischer ohne Karte nieder. Doch wer hier kein Ticket vorweisen konnte, der wurde ohne Gnade von der Miliz wieder nach draußen geschleift.

Das albanische Team wurde beim Warmlaufen mit einem gellenden Pfeifkonzert empfangen. Doch kein Grund zur Unruhe, denn das Pfeifen ist hierzulande ein Ausdruck großer Begeisterung und Verehrung - bei uns in Deutschland ja auch, wenn eine adrette Dame an einem vorbeiläuft ... Aber auch das deutsche Team wurde fair begrüßt. Auffallend, daß viele Albaner mit Deutschland-Flaggen ihre Zuneigung zum Gäste-Team bekundeten. Der Support für die eigene Elf beim Spiel jedoch war frenetisch. Das deutsche

---

91) *Zu einem UEFA- oder FIFA-Wettbewerb gehörende Länderspiele dürfen inzwischen offiziell eigentlich nur noch in Stadien ausgetragen werden, in denen es nur (noch) Sitzplätze gibt. Für internationale Vereinswettbewerbe kam es zu einer Regelung, nach der der Anteil der zum Verkauf erlaubten Stehplätze stufenweise immer weiter zurückgeschraubt wurde, bis in der letzten Stufe der Verkauf von Stehplatzkarten gar nicht mehr zulässig ist. Begründet wird dieses seitens der Verbände mit einer nicht nachgewiesenen höheren Sicherheit für die Zuschauer auf Sitzplätzen. Seitens organisierter Fans sieht man in dem Paragraphen allerdings den totalen Kommerz und das den Fußballfunktionären zu Kopf gestiegene Geld. Vgl. Bündnis Aktiver Fußballfans (B.A.F.F.): Geschichte, Selbstverständnis, Vereinssatzung, Düsseldorf 1999, S. 9.*

Führungstor durch Klinsmann konnte nach 35 Minuten egalisiert werden. Was nun im Stadion los war, läßt sich überhaupt nicht in Worte fassen. Und auch die nächsten zehn Minuten bis zur Pause waren ein wahrer akustischer Genuß, machte der Fußballzwerg doch ernsthafte Anstalten, gegen Deutschland in Führung zu gehen. Dies jedoch mißlang. Die Euphorie war nach dem Wechsel schnell dahin, denn Ulf Kirsten erzielte in der 46. Minute wiederum die deutsche Führung. Nicht auszudenken jedoch, was hier losgewesen wäre, als ein Albaner in den Schlußsekunden nicht nur den Pfosten getroffen hätte... Doch trotz der (erwarteten) Niederlage sah man den Albanern den Stolz auf ihr Team an, das wirklich einen heroischen Kampf geliefert hatte. Unsereins hatte nun zahllose albanische Hände zu schütteln. Keiner hier, der uns den Sieg nicht gegönnt hätte. Einige hundert Albaner stürmten nach dem Spiel auf das Feld und wurden unter radikalem Einsatz von Miliz und wilden Hunden wieder zurückgedrängt. Einem Fan jedoch widerfuhr ein unglaubliches Glücksgefühl. Er knutschte Lothar Matthäus ab, der gerade im Innenraum mit Waldemar Hartmann auf Sendung gehen wollte. Lothar jedoch stieß diesen Knaben angewidert zur Seite ...

Nachdem der Support der deutschen Anhänger während des Spiels noch eher gegen Null tendiert hatte, wollten wir wenigstens beim Verlassen der Arena die Puppen ein wenig tanzen lassen. Wir tanzten eine Polonaise. Das war jedoch der Staatsmacht nicht geheuer. So versuchten etliche Ordnungshüter, uns vom Stadiongelände zu treiben, wobei sich die Provokationen der Uniformierten ins Maßlose steigerten. Bis zum Verlassen des Stadiongeländes hatten wir somit eine unfreiwillige Polizeieskorte, danach waren wir wieder auf uns allein gestellt. Ein Spießrutenlauf bahnte sich an. Ich weiß nicht, ob es ein- oder zweitausend albanische Kids waren, die draußen auf uns warteten. Von allen Seiten wurde man bedrängt, angerotzt, angebettelt, teilweise gar beklaut. Einige von uns hatten heftige materielle Verluste zu beklagen (Schals, Sweatshirts etc wurden aus Rucksäcken geklaut). Es blieb leider nicht aus, daß hier und da mal Kids böse zur Seite getreten werden mußten. Nur dank unserer Besonnenheit, die man sich durch seine Routine am Rande so manch heikler Situation bei Fußballspielen angeeignet hatte, konnte eine Massenschlägerei verhindert werden. Bei einer solchen hätte es wohl ganz bitter für uns ausgesehen - bis auf die Haut hätte man uns in einer Extremsituation ausgezogen. Erst nach vielen hundert Metern wurde eine Polizeistreife auf unsere Situation aufmerksam. Schließlich kam Verstärkung in Uniform, die mit den Kids grobschlächtiger umgingen als wir zuvor. Ich jedoch entging selbst in dieser Situation der ersten Fußballprügelei meines Lebens.

Mehr oder weniger wohlbehalten kamen wir schließlich wieder im Wohnzimmer unseres Gastgebers an. Dank der Sat-Anlage konnte auch dieser Abend vergnüglich gestaltet werden (mit Italien - Kroatien (1:2) live auf Raiuno). Und schon war dieser Tag, vor dem soooo viele Fragezeichen gestanden hatten, lebend überstanden. Am nächsten Morgen wurden wir in aller Hergottsfrühe von unserem Hausherren und seinem Fuhrpark für sechs Dollar pro Nase wieder zum Airport kutschiert. Weitere zehn Dollar kostete das Ausreisevisum. Kurz darauf ließen wir Albanien nach gut 36 Stunden Aufenthalt hinter uns.

Zu Ostern auf die grüne Insel
Ein Erlebnisbericht von Oliver Zorn, 31. März bis 4. April 1994

Da Ostern war, mußte man etwas finden, was die Ostertage überbrücken würde. Zwei Länderpunkte waren geplant, beide auf der grünen Insel und mit meinem Auto. Doch zunächst mußte noch die Pflichtaufgabe - der HSV spielte in Wattenscheid - bewältigt werden. Tisot hatte sich erbarmt, mit mir im Auto dorthin zu fahren. Warum auch immer, wir kamen wieder zu spät in Wattenscheid an. Passiert war noch nichts. 3.000 Hamburger waren wieder da, und alle warteten auf einen Sieg. Selbst ein Unentschieden wäre in Hinblick auf die Meisterschaft eine Katastrophe gewesen. Bei einem sicheren Absteiger muß man bei normaler Leistung eigentlich gewinnen. Doch das lustlose Gekicke spottete jeder Beschreibung Wir wurden überrannt - nur durch ein Eigentor fiel noch der 1:3 Anschlußtreffer. Selbst ein 7:0 wäre noch gerecht gewesen - jeder Spieler hätte eine „6" verdient gehabt.

Nach einer Tristesse wurde wieder auf Vergnügen umgeschaltet. Auf dem Weg zum Wagen gabelten wir noch drei Mädels auf, eine hübscher als die andere. Zu siebt ging es dann in meinem Polo weiter: Borste war mit allen Dreien hinten alleine - kein Kommentar! Fari machte es sich auf der Handbremse gemütlich, während Helms ganz rechts saß. An einer Kneipe wurden die Mädels rausgelassen. Am Bochumer Hauptbahnhof luden die anderen dann ihr Gepäck ein. Damit war das Auto eigentlich schon voll, dabei sollte doch in Aachen noch Fump hinzukommen. Dieser ließ dann noch lange auf sich warten. Nachdem schließlich auch sein Gepäck verstaut war, konnte man endlich weiterziehen.

Mit einer guten Viertelstunde Verspätung kam man nun in Calais an. Auf der Strecke hierher war es sehr windig. Unsere Vermutung bestätigte sich - die Fähren hatten ewige Verspätungen. So konnten wir unsere Anschlußfähre in Holyhead bereits vergessen. Da täglich aber nur zwei Fähren auf jener Strecke fahren, mußte umdisponiert werden. Zunächst stand aber erst einmal die erste Fährfahrt bevor. Und die sollte es in sich haben. Schon kurz nach dem Ablegen fing es übelst an zu schaukeln. Bis Dover ging das so. Entsprechend dauerte die Fahrt auch doppelt so lange wie normal. Um dem drohenden Erbrechen zu entgehen suchte ich etwas Ablenkung bei einem französischen Mädel, das mit seiner Schulklasse unterwegs war. Fump und Fari mußten sich inzwischen bereits übergeben. Helms lag auch schon bewußtlos auf dem Boden. Nur Borste und ich blieben noch standhaft. Überall lagen „Kotztüten" rum, die Toiletten waren längst eingesaut - es war ekelhaft! Raus konnte man auch nicht gehen, da man spätestens nach einer Minute von dem Salzwasser durchnäßt war. Fari hatte eine Videokamera dabei, um die Tour für SAT 1 aufzunehmen - da wurden einige üble Dinger festgehalten. Irgendwann hatte man aber auch das alles überstanden.

Dann waren wir endlich in Dover und wußten immer noch nicht, wo wir hinfahren sollten. Zur Auswahl standen Leeds - Newcastle und die erste walisische Liga, die einen Länderpunkt und die Nähe zur Ablegestelle Richtung Dublin zum Vorteil hatte. Wir entschieden uns für Leeds. Das Spiel war „all ticket"[92]. So mußte man erst einmal an Karten kommen. Über die Pressestelle erhielten wir zwei Presse- und drei normale Kar-

---

92) Kein offizieller Kartenverkauf am Spieltag.

ten. So saßen Borste, Fump und ich auf der normalen Tribüne. Die Stimmung bei den 2.000 Gästen war äußerst gut. Vor allem nach der Führung ging es ordentlich rund. Von den Heimfans war nicht viel zu hören. In der Pause traf man noch einige Bremer, die ebenfalls wegen des Fußballs auf der Insel weilten. Es fiel noch der 1:1 Ausgleich - Newcastle zeigte wieder einmal, daß sie auswärts doch sehr stark sind.

Die Fähre nach Holyhead wurde pünktlich erreicht. Wegen der Witterungsbedingerungen hatte aber auch diese drei Stunden Verspätung. Während der vierstündigen Fährfahrt gönnte man seinem Körper dann etwas Ruhe.

Am späten Vormittag erreichte man dann endlich Dublin. Von hier aus sollte sich das Fahrzeug nun weiter in den Norden Richtung Belfast bewegen - tat es aber nicht! Am Ortsausgang ging plötzlich nichts mehr. Irgendwie schien der Vergaser verstopft zu sein. Nach langem Rätseln, Rumprobieren und Gasgeben kam er plötzlich wieder. Auf dem Weg ins krisengeschüttelte Belfast wechselten sich dann Sonnenschein, Regen und Schneefall immer wieder ab, bis dann vor der Grenze nur noch Schnee lag. Dort sah man dann überall Nagelbretter, Schikanen und monströse Grenzbauten, Polizei und Militärfahrzeuge - alles sehr bedenklich! Aber kontrolliert wurden wir nicht, nicht einmal den Ausweis mußten wir zeigen.

Nach der Grenze schien dann auch die Sonne wieder. Kurze Zeit später fuhr man in Belfast ein. Dort erkannte man schon die ersten IRA-Sprüche an Häuserwänden. Aber auch das Stadion hatte man entdeckt. Den Länderpunkt vor Augen ordnete man sich in einen Kreisverkehr ein - und da passierte es: auf der regennassen Fahrbahn kam man zu spät zum Bremsen, es macht PAFF, und man saß einem Nordiren hinten drauf. Beim Aussteigen schleuderte ich Fump noch die Tür an den Kopf, so daß dieser benommen in den Wagen fiel. Bei dem Belfaster war es nur ein kleiner Kratzer und bei mir ein kleiner Schaden am Kotflügel. Die Adressen wurden getauscht, und schon ging es weiter zum Stadion. Dort traf man gleich auf die Niederrheiner, und auch der Offenbacher traf noch ein - der war natürlich nach Belfast geflogen. Heute spielte der 3. gegen den 13. - Meisterschaftskandidat Linfield Belfast FC gegen Abstiegskandidaten Carrick Rangers FC. Bei den kühlen Temperaturen kamen lediglich 2.500 Zuschauer. Der 13. ging überraschend in Führung, die dann auch sehr lange hielt, bevor doch noch der Ausgleich und in letzter Sekunde sogar noch das 2:1 erzielt wurden. Wie man erfuhr, wurde Linfield sogar noch Meister. Wunderbar! Mit zwei Autos legte man die Strecke nach Dublin wieder zurück und sicherte dort eine Übernachtungsmöglichkeit ab, bevor noch ein Zweitligaspiel von UC Dublin auf dem Programm stand, das diese auch vor 150 Zuschauern gewannen. Helms und Borste ersparten sich dieses Spiel und blieben im Bett, das wir dann auch gleich aufsuchten.

Gut ausgeschlafen machten wir uns nach einem deftigen Frühstück auf in die Dubliner Innenstadt. Wir wußten nicht, wo das Stadion der Shamrock Rovers lag, deren Spiel gegen Cork City wir uns ansehen wollten. So hielt man bei den ersten parkenden Autos an. Dort liefen Leute mit Schals und ähnlichem Fankram rum. Aus allen Richtungen kamen sie, und es wurden immer mehr. Mit so vielen Zuschauern hatten wir nun doch nicht gerechnet. An den Fanständen sah man haufenweise Material, aber unsere beiden Mannschaften waren irgendwie nicht dabei. Am Stadion traf man dann auf noch mehr Menschen. Doch leider gestalteten sich die Tore etwas anders. Es waren noch Stangen drüber. Auch das Feld sah anders aus. Hier sollten heute zwei Viertelfinalspiele um die irische Meisterschaft im Gaelig Football stattfinden - die Sportart überhaupt in Irland. 30.000 Zuschauer wurden erwartet. Eine geniale Stimmung war vorprogrammiert. Der Vollständigkeit halber nenne ich mal die Partien: Dun na nGall - Laois und An Dun - An Mhi. Alles klar! Man spielte durchaus mit dem Gedanken, hier zu bleiben und sich so etwas mal anzusehen, aber der Fußball siegte wieder. Weiter ging es mit der Suche. Von weitem erblickte man dann endlich die Flutlichtmasten. Wieder wurde das Auto geparkt. Nur war hier überhaupt nichts los. Mit so wenig Zuschauern hatte man auch wieder nicht gerechnet, und es wurden auch gar nicht mehr. Das Stadion war dann noch viel genialer als das vorherige. Und wieder war es eine andere Konstruktion der Tore. Diesmal nur Stangen. Hier wurde Rugby gespielt - und das im Nationalstadion, wo auch Fußballländerspiele ausgetragen werden. Gut 100 Zuschauer wurden erwartet.

Beim dritten Versuch wurde man dann aber fündig. Es war kein reines Fußballstadion, sondern mehr eine überaus geniale und kultige Reitanlage. Sie nennt sich Royal Dublin Showground und kann 28.000 Zuschauer fassen. Ich habe zwölf absolut unterschiedliche Tribünen gezählt. Irgendwie sah's aus wie im Phantasialand oder im Holiday Park. Um den ganzen Platz wurde eine ein Meter hohe Hecke gepflanzt. Hier und da war mal ein Pferdestall. Das Ding kann man nicht beschreiben, man muß es einfach gesehen haben! 5.000 Zuschauer waren da und feierten zu Beginn die bereits gewonnene Meisterschaft. Der heutige Gegner und Meisterschaftskonkurrent aus Cork wurde rechtzeitig abgehängt. Aus Cork waren trotz allem gut 500 Mann anwesend. Auf beiden Seiten gab es reichlich Fahnen. Die Stimmung konnte sich durchaus sehen lassen. Nur das Match war nicht allzu besonders. Nach dem Spiel begab man sich in ein Pub nebenan. Jetzt gönnte man sich auch zum ersten mal ein Guinness im Heimatland dieses Bieres. Man spazierte noch etwas durch Dublin, bevor es wieder zur Fähre ging. Nach dem üblichen Anstehen legte man pünktlich ab. Da am folgenden Tag eventuell noch ein Spiel in Belgien oder Holland gesehen werden konnte, war dies auch nötig.

Auf der Suche nach einer netten Bleibe fielen einem sofort zwei Mädels auf, welche hinten an der Scheibe saßen und sich unterhielten. Die eine sah wirklich nicht besonders aus, und die andere war Durchschnitt. Man setzte sich dazu und fing gleich an, übelst über sie zu urteilen. Beide unterhielten sich total unbeteiligt auf Englisch weiter. Man benahm sich während der Fahrt nicht gerade gut und bezog dabei sehr oft auch die beiden weiblichen Wesen ein. Zwischendurch traf man noch auf einen ganzen Schwung Man United-Fans, die zum Spiel gegen Oldham unterwegs waren. Es wurden noch einige nicht unbedingt jugendfreie Fußballstories erzählt und ein paar frauenfeindliche Themen angeschnitten. Als die drei Stunden Fährüberfahrt dann fast vorbei waren, erhoben sich die beiden Mädels und gingen hinaus. Auf dem Weg dorthin fragte die eine noch die andere: „Hast du alles?" Sie verabschiedeten sich mit den Worten: „Vielen Dank für die

137

nette Unterhaltung!"... - und weg waren sie. - Totenstille war eingekehrt. Jeder atmete ein paarmal tief durch. Dann stellte man fest, die haben Deutsch verstanden. Das war aber noch nicht alles - die waren Deutsche und kamen gar aus Hanau - sie hatten alles verstanden! Man hatte eine derbe Niederlage gegen das weibliche Geschlecht eingesteckt - die hatten es die ganze Fahrt nur darauf abgezielt, uns reinzulegen. Fari filmte noch kurz das Hanauer Auto mit den Insassen, bevor es weiter ging. Noch lange wurde darüber gesprochen.

Dann wollte mein Wagen ein zweites Mal nicht anspringen. Erst nach endlosem Gasgeben zündete er wieder. Als nach ca. 4 km wieder das selbe passierte, glaubten wir nicht, noch weiterfahren zu können. Wir hatten allerdings wieder Glück. In London wurde Fari rausgelassen, nach einer endlich wieder ruhigen Fährfahrt auch Borste und Helms in Aachen. Fump und ich gaben uns noch das Rheinlandpokalspiel zwischen Koblenz und Trier, das die Trierer letztendlich gewannen.

Groundhoppen für Exoten
Ein Erlebnisbericht von Jörg Laufenberg, 3. bis 6. Mai 1998

Die Insel Jersey, die größte der zwischen England und Frankreich gelegenen Kanalinseln, dürfte wohl selbst eingefleischten Sportsfreunden eher als beliebtes Urlaubsziel für die Flitterwochen bekannt sein. Dabei verfügt die Insel über einen eigenen Fußballverband mit über 50 Vereinen. Neben mehreren kleinen Pokalwettbewerben geht es für die Inselkicker einmal im Jahr um die bedeutendste Trophäe, den „Muratti-Cup". Dieser wird zwischen den Nationalteams der Inseln Alderney, Guernsey und eben Jersey ausgespielt. Alle drei Verbände fungieren unter dem Dach der englischen Football Association, gehören aber nicht direkt der UEFA an. Bis auf eine Ausnahme im Jahr 1920 wechselte der Titel zwischen den Inseln Jersey und Guernsey. Kein Wunder, schließlich verfügen diese Inseln über mehr Vereine, als die restlichen Inseln Alderney, Herm und Sark aktive Fußballer haben. Gerüchten zufolge soll es Anfang der Achtziger Jahre sogar zu Ausschreitungen rivalisierender Fangruppen gekommen sein - es gab also genügend Gründe, um dieser Kult-Veranstaltung einen Besuch abzustatten. Nachdem man sonntags noch ein Spiel in Remscheid konsumiert hatte, ging es nachts zügig durch das Franzosenland Richtung St. Malo. Ab dort fahren zweimal täglich (morgens und abends) Fähren auf die Insel. Nach ca. 55 Minuten ist der Spaß vorbei - das kostet für Fußpassagiere unverschämte 130 DM! Vom Fährhafen St. Helier erreicht man die Fußgängerzone in etwa zehn, das „Springfield Stadium" in etwa 15 Minuten. Hotels gibt es massig zu zivilen Preisen (ca. 50 DM).

Am Spieltag war man bereits sehr früh am Stadion, um das Kartenproblem zu lösen. Dabei traf man auf eine weitere Autobesatzung mit deutschen Hoppern, wodurch unsere Zahl auf sieben Leute anwuchs, sehr zur Verwunderung der Offiziellen des Verbandes. Für sechs Pfund durfte man auf der netten, etwa 1.000 Sitzschalen zählenden Haupttribüne mit Jersey-Schriftzug Platz nehmen. Ansonsten verzierten Grashügel und Grünanlagen die Arena, die ein Fassungsvermögen für etwa 5.000 Menschen hat. Wer lieber stehen wollte, durfte dies für vier Pfund bzw. zwei Pfund (ermäßigt) tun.

Vor Spielbeginn gab's ein nettes Rahmenprogramm. Als die Spieler zur Nationalhymne den Platz betraten waren etwa 4.000 Zuschauer vor Ort. Etwa ein Viertel davon waren mit Schiffen von der Nachbarinsel Guernsey gekommen und trugen teilweise grün-weiße Perücken oder hatten bemalte Gesichter. Auch wenn die sportliche Darbietung vom Niveau her maximal einem Kreisliga-Spiel glich, war sie doch stets unterhaltsam. Am Ende konnten die rot-weißen Gastgeber die Partie mit 2:0 für sich entscheiden - Grund genug für die meist jugendlichen Fans, zur Siegerehrung den Platz zu stürmen.

Nach Spielende ließ man sich - wie viele andere Zuschauer auch - in einem Pub in der City nieder, wo viele Freunde des runden Leders den Abend gemütlich ausklingen ließen. Etwas Kultur sollte auch eingefleischten Kultur-Banausen dennoch empfohlen werden - wer weiß, vielleicht kommt der eine oder andere ja irgendwann aus einem anderen Grund noch mal nach Jersey.

Am nächsten Morgen ging's dann zurück nach St. Malo. Der französische Spielplan meinte es dabei äußerst gut mit uns und hatte für dienstags einen kompletten Zweitliga-Spieltag angesetzt. Unsere Wahl fiel auf ein Spiel in Niort. Von dort aus stand dann am Abend noch eine achtstündige Heimreise an, da alle damit spekulierten, einen Urlaubstag sparen zu können. Dank einer Vollsperrung auf der Peripherie rund um Paris und der damit verbundenen unfreiwilligen Stadtrundfahrt durch Paris kam man noch in den Genuß, sein KFZ einmal durch das legendäre Verkehrschaos rund um den Triumphbogen zu chauffieren, von wo aus man stadtauswärts Richtung Norden am Stade de France vorbei wieder die richtige Autobahn fand. Netter Abschluß einer Tour, die man jedem Fußballabenteurer einmal ans Herz legen dürfte.

Die beliebtesten Touren

Fast jeder Groundhopper hat bestimmte Präferenzen, welche Länder er bevorzugt bereist. Gerade einmal sieben von insgesamt 46 sich auf meine Befragung hierzu äußernden Groundhopper verneinten, ein bevorzugtes Hopperland zu haben. Da jedes Land praktisch seinen eigenen Reiz hat und die Geschmäcker der Hopper durchaus verschieden sind, kann nicht die Rede davon sein, daß es ein bestimmtes Land gibt, das für alle Groundhopper gemeinsam das Nonplusultra darstellt. Trotzdem heben sich sehr deutlich zwei Länder von allen anderen ab: England und Italien wurden jeweils von ca. 36% der Groundhopper mit als Präferenzländer genannt[93].

Die Beliebtheit Italiens begründet sich dadurch, daß man mit Choreographien und pyrotechnischen Shows optisch, aber auch akustisch - sogar bei unterklassigen Spielen - einiges geboten bekommt. Hier ist in dieser Hinsicht „am meisten was los!" Die relative Nähe, das warme Wetter und ein meist gutes fußballerisches Niveau ziehen zudem an.

Trotz teilweise katastrophaler Stimmung in den höheren Spielklassen Englands (teilweise 65,- DM für die günstigste Karte verdrängt die Arbeiterklasse, während vom „Klientel" her mehr Eigenheimbesitzer mit ihren Kinder ins Stadion gehen) werden die Groundhopper durch die eher noch in unterklassigen Spielen anzutreffende Tradition in das „Mutterland des Fußballs" gelockt. Trotzdem findet man aber auch in den höchsten Ligen noch gute Stimmung mit Sangesschlachten. Faszinierend wird die Identifikation der Menschen - ob jung oder alt - mit ihrem Verein aufgenommen. Selbst 50jährige fahren mit Schal und Trikot zum Auswärtsspiel mit. Aber auch die Stadien als Bauwerke, die inzwischen teilweise schon von „Kommerzbunkern" verdrängt werden, und die um sie verteilten Pubs machen Groundhoppen in England interessant. Im Vergleich zum Kontinent ist der Fußball sauberer[94] und die Wehleidigkeit der Spieler bei sogar mal zwei Spielen an aufeinander folgenden Tagen viel geringer.

Osteuropa genießt aufgrund der „paradiesisch" günstigen Reisen einen hohen Stellenwert. Bis zu 28% der Groundhopper mit bevorzugten Ländern schlagen häufig den Weg in den noch nicht kommerzialisierten Osten ein. Am beliebtesten ist dabei noch Tschechien, gefolgt von der Slowakei und Ungarn, wobei im letztgenannten Land gute Stimmung herrsche, kreative Aktionen erlebt werden könnten und durch Rivalitäten viel „Feuer" dabei sei. Im Osten seien zudem immer wieder Abenteuer möglich.

Erstaunlich häufig wurde Belgien aufgezählt (17%). Hier mache das Hoppen Spaß, es sei nah und vor allem gemütlich. Noch vor Deutschland (8%) liegt Frankreich (10%), das noch mit gutem fußballerischem Niveau und ein paar Showeinlagen auf den Rängen Interesse weckt. Spanien, Holland und Luxemburg werden weniger häufig angeführt, die Schweiz, Portugal, Schweden und Dänemark gar nur noch vereinzelt.

93) *Mehrfachnennungen waren möglich.*
94) *Ur-Groundhopper und England-Experte Karl-Heinz Stein meint beispielsweise, daß es in der deutschen Bundesliga nur rote Karten hageln würde, wenn britische Schiedsrichter die Spielleitung dort übernehmen würden. Wenn er nach vielen Tagen oder gar Wochen aus England zurückkommen und deutsche Spiele sehen würde, dann kämen ihm die Spiele „schmutzig" vor.*

Für den Rest dieses Kapitels übergebe ich den Stab: Anhand von Beispielen zeigt der „internationale Experte", Carlo „Fari" Farsang, worin er den Reiz des Groundhoppens in den verschiedenen Ländern sieht. Wer auch sonst könnte für diesen Überblick so sehr prädestiniert sein wie er?

Ungarn
Das Paris Ost-Europas. Pusta, Tokai oder eine würzige Gulaschsuppe gehören heute genau so zum Aushängeschild wie die „treuen" und „ehrlichen" Schaffner der ungarischen Eisenbahn.

Finnland, Schweden, Norwegen
Vielleicht die schönste Ecke in Europa, und das nicht erst nach einer unvergeßlichen Mittsommernachtsparty anno 1992. Wenn nur nicht alles so verdammt teuer wäre.

Österreich
Wo auf der Welt gibt es so leichtgläubige Ordner wie im Öziland - oder liegt es einfach am Zauberwort: „Wir sind von der deutschen Presse!"???

Schweiz
Gehörte immer schon zu den lästigen Pflichtaufgaben. Schnell hin, schnell weg.

Ehemalige UdSSR
Ukraine, Weißrußland oder Moldawien. Wer kennt sie nicht, diese lästige Visabeschaffung und die viel zu persönlichen Fragen wie zum Beispiel nach dem Anlaß der Reise nach Batumi.

Belgien
Nicht nur große Namen wie RSC oder Standard findet hier das Hopper-Herz - Nein, auch eine reichhaltige Speisekarte lädt jeden Hopper ein - angefangen von Pommes mit Mayo über Pommes mit Essig bis hin zu extravaganten Pommes mit Frikadelle.

Seite 141: Groundhoppen in Sarajevo. Es gibt Wichtigeres als Fußball.

Alltag in Polen. Anhänger von Legia Warschau und LKS Lodz, 1997.

Polen
Harte Jungs, Wodka ohne Ende und keine Arbeit.

Frankreich
Bitte nie wieder eine WM in Frankreich!

Italien
Für mich gibt es nur einen wahren Champion - die italienischen Tifosi. Daran wird kein Skeptiker etwas ändern. Und wenn es auch in der legendären Anfield Road aus 35.000 Kehlen schallt „You'll never walk alone" - für mich steht der unermüdliche Einfallsreichtum ganz oben; die ohne Alk verbrüderte Kameradschaft und der ungebremste Enthusiasmus; alles verschmilzt zu einer Dimension, die von der Architekturkunst des Meazza- oder Luigi-Ferrari-Stadions wiedergespiegelt wird. Die beste Liga der Welt. Basta!

Türkei
Fanatismus heißt am Bosporus Cim - bum - bum, Cim - bum - bum, Cim - bum - bum, olé! Die Farben der wahren Religion sind schwarz - weiß - man ruft sie „ohh... Bee... sik... tas - ohhh... . Außerdem sind Deutsche in der Türkei immer noch willkommen. Ich frage mich nur, wie lange noch?

Tschechien
Ich glaube, kein anderer Club verkörpert so wie Viktoria Zizkov, der seine Heimspiele immer Sonntag morgens 10.15 Uhr austrägt, den Klimax, wo in 90 Minuten Arbeiter und Bessergestellte zu einem verschmelzen, Seite an Seite stehen, wo das Gefühl aufkommt, man gehört dazu, statt Anonymität, genauso wie die noch echte Bratwurst auf dem Holzgrill. Genau diese vertraute Atmosphäre, die in vielen unserer Arenen inzwischen vernichtet ist, ließen mich auf nostalgische Art mehr als einmal in das verfallene Viktoria-Stadion pilgern, das nur einen Steinwurf vom Hlavni Nadrazi Hauptbahnhof entfernt liegt.

Rumänien
War Anfang der 90er Jahre eine wichtige Brücke in meinem Leben. Timisoara und Craiova waren die besten Umschlagplätze für Schrott-Autos, doch mein Herz hängt heute immer noch an Cluj-Napoca.

Nach einem WM-Spiel bei der Weltmeisterschaft in Frankreich 1998 sammelt ein japanischer Fan im eigenen Block den Müll ein. (Foto Matthias Thoma)

Aserbaidschan

Tiflis ist Vergangenheit, Baku ist Gegenwart und Alma-Ata ist die Hopper-Zukunft. Im Übrigen ist für 99% aller Bundesbürger auch heute noch das Kaspische Meer eine Bildungslücke.

Japan

Die Japaner spinnen, und das nicht erst seit der WM '98. Die zahlen fast jeden Preis für ein Fußball-Ticket. 400 DM für das Weltpokalendspiel der Clubmannschaften sind da fast schon ein Schnäppchen.

Afrika, egal wo!

Im schwarzen Kontinent mit seinen ganzen Problemen sind wohl die größten und meisten Hindernisse zu überwinden. Es ist ein echter Prüfstein für Aussteiger, Lebenskünstler und Außerirdische. Mein Tip: Nur etwas für ganz Kranke.

San Marino, Färöer Inseln, Andorra

Tatort: Ein 5-Sterne-Hotel am Genfer See, EM-Qualifikationsauslosung. Das ist der Moment, in dem die Hopper-Gilde feuchte Hände bekommt und die tagelange Anspannung ins Unerträgliche steigt. Doch wie die übermenschlichen Sinne geht an diesem Tag zur gleichen Zeit ein Urschrei durch ca. 50 deutsche Wohnzimmer: „Jaaaaaa!" Malta gegen Färöer Inseln, ein Traumlos für jeden Hopper. Die Zwergen-Duelle waren immer schon echte Klassiker.

Südamerika, eine andere Fußball-Welt?: Chile, Peru, Kolumbien, Argentinien, Brasilien

Hierzu fällt mir eigentlich nur ein Satz ein: „Das Schweigen der Hopper". Oder Ihr fahrt am besten selber mal hin und taucht in die monströsen Arenen wir Maracana oder La Bombonera ein, denn so ein eiskalter Schauer über Deinem Rücken wie z.B. beim Stadt-Derby in Santiago de Chile begleitet Dich Dein ganzes Leben. Seguro 100%.

Island
Ein Erlebnisbericht von Petra Criwitz, 19. bis 22. Juni 1997[95]

Am Sonntag, den 1. Juni 97, stand es fest: Der HSV spielt auf Island. Montags wurde natürlich sofort im Reisebüro angerufen. Aufgrund der Sommersonnenwende sah es allerdings sehr schwierig aus, eine Flugreise dorthin zu ergattern, doch wir gaben nicht auf. Die Fähre sollte schließlich mit Zwischenaufenthalt auf den Färöer-Inseln eine Woche tuckern. Soviel gab der Urlaub dann doch nicht her. Telefonate, Faxe hin und her, alles sauteuer. Endlich hatten wir Aussicht auf zwölf Plätze, kurz danach hatten wir sie. Die Preisklasse war zwar in den höheren Regionen, aber die Leute hatten wir schnell beisammen. Der eine oder andere mußte notgedrungen noch schnell Omas, Opas und Tanten anhauen, um Urlaubszuschuß zu ergattern. Entschieden, gebucht, wir fahren.

Mit Flug 209 und Iceland Air ging es am 19. Juni ab Hamburg. Vorher noch schnell einen internationalen Führerschein besorgt und überlegt, was mit soll - die zwölf Dosen Bier bloß nicht vergessen.

Nach 3,5 Stunden landeten wir in Keflavik, ca. 35 km vor Reykjavik. Unsere Mietautos standen schon bereit, und ab ging es Richtung Akureyri in den Norden der Insel - es waren ja nur schlappe 500 km. Entlang der Ringstraße 1 sah man kilometerweit nur Lavafelder, kein Baum, kein Strauch, kein Busch, kein Garnichts, und ich merkte allmählich, daß die Männer mir gegenüber einen Vorteil hatten. Zwischenzeitlich kam man voran. Die Landschaft entlang der Fjorde war traumhaft, nur kam es uns etwas komisch vor, als Stefan bat, die Sonnenblende doch bitte herunterzumachen, da er fast nichts sehen könne, die Sonne blende so. Es war 23.50 Uhr, fast Mitternacht, taghell und draußen saukalt. Ein merkwürdiges Gefühl, irgendwie hatte man die Zeit verloren. Nach einem kurzen Nickerchen suchte man nach etwas Eßbarem und setzte anschließend die Reise fort. Am Mittag erreichten wir Akureyri und suchten uns eine Bleibe. Der Ort war nach zehn Minuten durchquert und umrundet - na ja, es war immerhin die viertgrößte Stadt auf Island.

Nachmittags fuhren wir zu den Wasserfällen, sonnten und erholten uns. Christian zog es derweil vor, Golf zu spielen. Unterwegs erfuhren wir, daß um 20 Uhr ein Zweitligaspiel stattfinden sollte. Damit war klar, was am Abend unternommen werden würde. Akureyri - Viking ??? - Hauke hatte sich den Namen gemerkt. Unterwegs traf man noch Jörn und Borste, die kurz entschlossen mit der Mannschaft geflogen waren. Wir waren für die Gäste, die aufgrund ihrer plötzlichen und unermüdlichen Fankurve dann natürlich auch gewannen. Eine Schar von Kindern hatte in Frank ihren Lehrmeister gefunden: „Hiieensetzen, gebt mir ein uuu, gebt mir ein ffff", usw. - auch die Welle war den Kindern noch nicht bekannt. Wir hoffen, daß wir dort einen Grundstein legen konnten. Nach dem Spiel den Kindern schnell noch eine Supporters Club[96]-Nadel in die Hand gedrückt und ab in Richtung „Innenstadt". Marco Riegel und Tibor Nadj erkundeten ebenfalls noch die Stadt. Nach einem Smalltalk und einem Bierchen ging es in die Heia.

---

95) Vgl. Criwitz, Petra: 12 HSV-Fans auf Islandtour, in: Supporters News, 5. Jg. (1997), Nr. 15, S. 12-13.
96) Der Hamburger SV hat eine eigene Vereinsabteilung für seine Anhänger, den "Supporters Club".

Dunkel war es immer noch nicht, obwohl Mitternacht schon lange vorbei war. Mit einem Kissen auf dem Kopf schlief man schnell ein. Am Samstag folgte dann der Rest der Strecke Richtung Olafsfjördur. Nach einer Fahrt durch sehr schöne Fischerdörfer und schneebedeckte Berge entlang des Fjordes erreichten wir nach einem 3,5 km langen Tunnel das 1000-Seelen-Dorf. Eine Wiese am Wasser vor ein paar Bergen mit Naturtribüne sollte das Stadion sein (Foto siehe Umschlagseite dieses Buchs). Die UEFA-Flagge wehte einsam im Wind. Die Umkleidekabinen waren noch nicht ganz fertiggestellt, aber schon im Betrieb.

Da wir noch ein paar Stunden Zeit hatten, machten wir uns wieder einmal auf die Suche nach etwas Eßbarem. Eine Shell-Tankstelle mit Burger-Bistro war alles, was es gab. Na ja, nachdem wir die Bedienung völlig durcheinander brachten - könnten wir die Spielplakate aus dem Fenster haben? Danke. Haben Sie noch ein paar mehr? Danke. Und noch ein Hamburger ohne Gurks?? And one Hamburger without onions. Es kam soweit, daß alle Hamburger mit Gurken und ohne Zwiebeln kamen. Hauptsache was im Magen. Dann ging es Richtung Stadion, flugs eine Karte und ein Programmheft erworben, nahmen wir auf den Sitzrängen aus Rasen Platz. Ich glaube, daß sich genau zwölf Personen mehr aufhielten, als der Ort Einwohner hatte. Die Mannschaft lief mit neuen Trikots auf, toll. Nach dem Sieg über Leiftur schlenderten wir in Richtung Vereinsheim. Jörn und Borste mußten uns in der Zwischenzeit wieder verlassen, da der Mannschaftsflieger gleich zurückging.

Am Mannschaftsheim standen zehn Spielwimpel parat, sollten diese für den Rest der Mannschaft gedacht sein? Nach langem hin und her konnten wir diese für 1.500 Kronen erstehen. Auf den Tischen standen roher Fisch und Bier, und einer aß tatsächlich davon. Anschließend ging es zum nördlichsten Punkt der Insel, wo wir die Mittsommernacht auf einem Hof mit Gaststätte verbrachten. Es kamen eine Menge Leute - woher weiß keiner, aber wir hatten eine Menge Spaß. Morgens ging es dann wieder zurück Richtung Westen. Neun Leute waren recht fit, nur einem ging es nach dem Genuß von rohem Walfisch, Bier, Bacardi und Rum etwas schlechter.

„Wir müssen uns beeilen hieß es, da Sonntag ein normaler Spieltag ist und in Akranes, kurz vor Reykjavik, um 14 Uhr ein Spiel stattfinden würde." So trennten sich dann unsere Wege. Frank, Stefan, Holger und ich zogen es vor, zu den Vulkanen, Geysiren und Wasserfällen zu fahren. Mitten durchs Hochgebirge führte uns die Route. Keine Schafe, keine Ponys mehr - nur Lavafelder. Die Straßen wurden immer schlechter. Feldwege hierzulande wirken dort schon fast wie Autobahnen. Endlich hatten wir unser Ziel, den Vulkan „Skrokkur" erreicht. Es ist schon faszinierend, durch ein Tal zu gehen, in dem es rundherum kocht, und der Geysir alle fünf Minuten kochend heißes Wasser in den Himmel schießt. Wir setzten unsere Reise Richtung Reykjavik fort. Trotzdem hatte ich es mir schöner vorgestellt - wie Bilder doch trügen können.

Auf der Suche nach einer Bleibe erreichten wir das Stadion von Reykjavik, in welchem um 20 Uhr ein Spiel stattfinden sollte. Eine Übernachtungsmöglichkeit erhielten wir in der Sportschule von Reykjavik. Nach einer Dusche und einer Bifi schlenderten wir zum Stadion und verfolgten das Spiel, welches Reykjavik mit 1:0 gewann. Anhand der Zwischenergebnisse stellten wir fest, daß auch in Akranes erst um 20 Uhr angepfiffen wurde - die Hetze der Anderen hatte sich also nicht gelohnt. Montag Morgen hieß es dann Klamotten packen, um sich rechtzeitig am Flughafen zu treffen. Auf dem Weg lag noch die blaue Lagune, noch schnell ein Bad nehmen? Das Wasser sah gut aus, stank aber sehr nach Schwefel. Badehose und Bikini ausgepackt, doch alle sprangen zurück. Das Wasser war heißer als in der Badewanne. Dann ging es zum Flughafen. Die Anderen warteten schon. Mir graute schon wieder etwas vorm Fliegen. Mit einem Sieg über Leiftur, einem Spielwimpel, einem Stückchen gesammelten Lavagesteins sowie der Erinnerung an vier schöne Tage auf Island im Gepäck folgten wir dem Aufruf „Flug Nr. 212 nach Hamburg".

Unter Freunden
Ein Erlebnisbericht von Michael Seiß, 28. Dezember 1991

Nachdem ich lange Jahre mit dem Tramper-Monats-Ticket durch Deutschland gehoppt war, stand nach Ableistung meines Wehrdienstes Ende 1991 meine erste größere Tour durch das europäische Ausland an. Ein Inter-Rail-Ticket war für mich die Pforte zur Welt, und mein allererster Spielbesuch in England vermittelte mir doch gleich den Eindruck absoluter britischer Gastlichkeit, die vor allem dann sehr ausgeprägt ist, wenn sich zwei Fußballverrückte finden...

Ich saß - in einer Fußballzeitung lesend - im Intercity von London Euston nach Manchester Piccadilly. Bei der Fahrscheinkontrolle identifizierte mich der Schaffner als Deutschen und machte wohl schnell mein Fußballinteresse aus. Wo ich denn hinwolle, fragte er mich. ManCity gegen Arsenal, erwiderte ich. Der Mann bekam große Augen, nestelte kurz in seiner Dienstuniform rum und präsentierte plötzlich ein Dutzend Stadionpostkarten aus Bochum, Köln, Düsseldorf und Hastenichtgesehen. Alles Schauplätze, wo er selber schon gewesen sei. „Wenn Du Lust hast", sagte er, „warte nachher am Bahnhof auf mich. Wir können ja noch in meiner Stammkneipe ein wenig weiterplaudern." Natürlich schlug ich diese Einladung nicht aus. Mit Tony - so hieß der gute Mann - fuhr ich schließlich in seinen Pub, wo bereits einige seiner Freunde beim Bier saßen. Ein großes Hallo ging durch die Runde, als er mich als deutschen Hopper vorstellte. Ich wurde fortan den ganzen Nachmittag freigehalten und restlos mit Lager Beer abgefüllt. An einer Wand in dem Pub war eine riesige Pinwand angebracht, an der alle besuchten Spiele dieses Grüppchens anhand der dort gesammelten Eintrittskarten nachzuvollziehen waren. Freudestrahlend nahm ich zur Kenntnis, daß die Jungs auch im Oktober 1990 beim Spiel KSC gegen Wattenscheid (Michaels Verein, der Verf.) vor Ort waren, wo ich drei Tore von Sammy Sane zum 3:1-Auswärtssieg bejubeln durfte.

Ich hatte schon ziemlich viel Alkohol im Blut, als wir uns auf den Weg zum Ground machten. Stehplätze gab's seinerzeit noch en masse, selbst in der Premier League. Dank eines Kameraden und seiner Membership Card wurde ich für sieben Pfund auf die Stehgerade geschleust, auf die ich so nicht gekommen wäre. Als Nichtmitglied hätte ich nur mit einem wesentlich teureren Tribünenticket Zugang zum Stadion erhalten. Ich versuchte mit aller mir gegebenen Disziplin mich auf das Spiel zu konzentrieren, doch im Halbrausch war dies erst ab der zweiten Halbzeit wieder halbwegs möglich. Die Gesänge um mich herum jedoch waren bombastisch, wie auch der Anblick des wunderschönen Stadions. In der 72. Minute erzielte City das Siegtor gegen den amtierenden Meister. Die Stimmung war allerbestens, was sich auch in der Großzügigkeit meiner neuen Freunde äußerte, die mich auch nach dem Spiel wieder freihielten, bis ich um 20 Uhr meinen Zug zurück nach London bestieg...

Dieses freundliche Miteinander, gerade beim Fußball, ist mir auf meinen zahllosen Fußballtrips auf die Insel schon des Häufigeren passiert. Man braucht in der Regel absolut keine Skrupel zu haben, sich als Deutscher zu outen. Normalerweise kommt dann gleich das erste Pint...

Im Zuge der Zeit entstanden so zahlreiche Kontakte zu englischen Groundhoppern, die beiderseits sehr nützlich sind. Wenn ich einen Trip auf die Insel plane, habe ich immer Ansprechpartner, die mich über eventuelle Schwierigkeiten aufklären. Umgekehrt verhält es sich genauso, denn in Deutschland sitze ich an der Quelle und kann Rückfragen stets befriedigen. Und deutsche Stadien sind sehr beliebte Reiseziele britischer Hopper. Wenn man sich hier oder da mal persönlich trifft, dann dürfen's auch mal zwei oder drei Bierchen mehr sein...

Liverpooler Sympathisanten auf Groundhopper-Spuren
Ein Erlebnisbericht von Thomas Kaube, 2. bis 5. November 1998[97)]
Donnerstag, 23.00 Uhr
Aue, Postplatz: Moll, Esse, Kaule, Ralf S. und Bing kehrten aus Spanien zurück. Dies ist zwar heutzutage nichts Besonderes, doch hinter uns lagen vier Tage, von denen wir noch „unseren Enkeln erzählen" können. Doch drehen wir die Uhr 83 Stunden zurück...

Montag, 12.00 Uhr: Aue, Postplatz
Pünktlich trafen sich vier der fünf Mitfahrer. Das Gepäck sowie der Proviant (Marke FCE-Hauptsponsor[98)]) wurden im Fan-Shop-Bus verstaut, dazu noch „ein paar" leere Kanister, weil wir es vermeiden wollten, im Ausland zu tanken. Nachdem Ralf mehrmals seine Bedenken äußerte („Ob das Bier auch reicht?"), fuhren wir los. Schließlich mußten wir noch unseren wichtigsten Mann abholen: Moll. Dieser ermöglichte uns nämlich den kostengünstigen Erwerb von Diesel. Deswegen die acht 20-Liter-Kanister in unserem Gepäck... . Moll stand am vereinbarten Treffpunkt. Stolz präsentierte er uns seine Fahrerlaubnis, ausgestellt am 2. November '98 (!?). Kein Witz, drei Stunden zuvor bekam er das für unsere Reise so wichtige Dokument in Leipzig ausgehändigt. Nach Molls Kommando „Wir müssen los, meine Mutter friert!" begann unsere Fahrt. Und tatsächlich, Molls Mutter schaute aus dem Fenster, winkte uns nach - und fror. Kurzerhand wurde die

---
97) *Vgl. Kaube, Thomas: Spanien-(Tor)Tour, in: Der Schachtscheisser, 3. Jg. (1998), Nr. 12, S. 18-22.*
98) *Eine Brauerei.*

Reihenfolge der Fahrer festgelegt. Esse beschloß, er werde mindestens bis Frankreich fahren. Mit Wohlwollem nahmen wir diese Nachricht auf und begannen sofort mit dem Abbau unserer Biervorräte.

In Freiburg steuerten wir die vorerst letzte Tankstelle an. Alle Kanister waren jetzt voll. Esse gab etwas später das Steuer an Moll ab. Ohne Probleme durchquerten wir Frankreich.

Dienstag, 7:30 Uhr

Ich hielt auf einem spanischen Rastplatz. Wie sich später herausstellte, benutzten wir dort unsere Zahnbürsten zum letzten Male. Um 13.30 Uhr befanden wir uns in Barcelona. Eigentlich wollten wir erst morgen dorthin, doch Kaule - schweißgebadet am Steuer sitzend - wollte uns die Sehenswürdigkeiten nicht vorenthalten. Nach einer chaotischen Stadtrundfahrt durch die engsten Gassen Barcelonas fanden wir die rettende Autobahn wieder.

Nach 28 Stunden Fahrt und 2.100 km erreichten wir Valencia, wo wir direkt am Stadion Luis Casanova parkten. Ein freundlicher Spanier (Parkwächter?) wies uns ein. Wir gaben ihm ein Bier. Der Spanier freute sich, machte das Bier auf und wies weiter ein. Moll und Esse zogen sich ihre kurzen Hosen an, bei fast 30°C eine Wohltat. (Noch) ärgerten wir uns - und schwitzen weiter. Nach kurzer Sondierung des Marktes schlugen wir bei 50 DM zu und erwarben fünf Tickets für unser erstes Spiel zwischen Valencia und Liverpool. Während ich mich mit Esse auf Hotelsuche begab, wurde Kaule von spanischen Kindern mit den Worten „You hooligan!?" zur Rede gestellt. - Die Hotelsuche wurde ergebnislos abgeblasen. Wir beschlossen, nach dem Spiel vor den Toren Valencias in einem Hotel zu übernachten. Als die Liverpooler Fanbusse ankamen und die Scouser unsere fünf roten Trikots sahen, wurden wir standesgemäß begrüßt. Ralf hatte noch einen Geistesblitz. Eigentlich wollte ich meine Geldbörse im Auto lassen, doch Ralf riet mir mit den Worten „Nehm'se lieber mit nei" davon ab.

Fasziniert vom Anblick des Stadions suchten wir unsere Plätze. Wir saßen auf der Gegengeraden mitten unter den Valencia-Fans. Die Ränge sind derart steil, daß man den Eindruck hatte, senkrecht aufs Spielfeld zu schauen. Ich hängte meine Fahne auf und zog mir dadurch den Unmut der Spanier zu, da diese daraufhin nichts mehr vom Spielfeld sehen konnten. So konnte ich mich der Argumentation der spanischen Fans nicht verschließen und hängte die Fahne um. 21.30 Uhr: Anpfiff, ausverkauftes Stadion, gute Atmosphäre. Ob wir weiterkämen? Zur Halbzeit 1:0 für Valencia, völlig verdient, es hätte auch 3:0 gestanden haben können. Zu der Zeit waren wir draußen, doch wir hofften noch. In der 80. Minute machte McManaman nach traumhafter Vorarbeit von Owen den Ausgleich. Wir ließen unserer Freude freien Lauf, während die Valencia-Fans um uns herum deprimiert waren. So wären wir weiter. Kurz danach schloß Berger noch einen Konter mit dem 2:1 ab. Wir lagen uns in den Armen. Das war's Amigos! Plötzlich Hektik an der Mittellinie. Ein Pulk von Spielern bildete sich, und es gab Rangeleien. Der Schiri fackelte nicht lange und zeigte dreimal Rot! Unter anderem für Ince und McManaman. Bereits in der Nachspielzeit machte Valencia das 2:2. Ergebniskosmetik? Nein, denn der

Schiri vergaß einfach, die Partie abzupfeifen. Noch einmal warfen die Spanier alles nach vorne. Uns wurde nun Himmelangst. Endlich Schlußpfiff - acht Minuten länger gespielt, Wahnsinn! Aber Hauptsache, alles gut gegangen. Total happy verließen wir den Ground.

Keule machte eine Bemerkung, die ich anfangs als Witz deutete: „Unser Bus ist offen!". Schockiert kamen wir näher und sahen das Dilemma: Seitenscheibe zerstört, Schiebetür bis hinten auf, Bus leergeräumt! Wenigstens unser Bier ließen sie uns da! Aber sonst alles weg! Unsere fünf Reisetaschen samt Inhalt. Jacken, Hosen, Pullover, Handy... und die neue Zahnbürste von Esse. Was jetzt? Kaum einer konnte einen klaren Gedanken fassen. Alle paar Minuten gab es neue Verlustmeldungen: „ Meine schöne Lederjacke... erst eine Woche alt... meine Brille... 250 DM... unser letzter Schlüsselbund... der Reisepaß" waren die einzigen Wortfetzen, die sich unter das pausenlose Öffnen von Bierdosen mischten.

Mittwoch, 0.05 Uhr

Moll und Esse machten sich auf den Weg zur Policia, eine Stunde später war der Schriftkram erledigt. Der Polizist verabschiedete uns mit einem Schulterzucken. Die Sitze notdürftig von den Scherben befreit, steuerten wir die nächste Tankstelle an. Mülltüte, Klebeband, fertig war die neue Seitenscheibe. Nach einem Telefonat mit dem ADAC bekamen wir eine Adresse einer Werkstatt in Barcelona. Wir beschlossen einstimmig, auf die Nachtruhe zu verzichten und begaben uns auf den Weg Richtung Barcelona. Zum Glück war Esse fit, setzte sich an das Steuer und fuhr die 400 km.

Kurz nach Acht standen wir vor der Werkstatt. Da diese erst um 9.00 Uhr aufmachen sollte, gingen Moll, Kaule und Ralf in die nächste Bar, während Esse und ich Wache hielten. Dabei berichtete Esse mir mehrmals vom schmerzlichen Verlust seiner neuen Zahnbürste... .Nach einer Stunde war alles erledigt, und wir hatten eine neue, jetzt getönte Seitenscheibe! Als die Drei zurückkamen waren sie zwar nicht mehr ganz frisch, dafür aber gutgelaunt. Sicher hatte dies auch etwas mit den acht Gin-Tonic zu tun, die jeder frühstückte...

Als wir später durch Barcelona zum Stadion fuhren, bat uns Moll anzuhalten: „Eine Mülltüte, aber pronto!" Er stieg aus, mußte sich auf dem belebten Fußweg mörderisch übergeben und stieß dabei Urlaute aus. Nach dem Ralf das mitansehen mußte, sprang auch er aus dem Wagen, schaffte aber wenigstens noch die zehn Meter bis zur nächsten Grünanlage.

Obwohl wir bereits etwas später in der Nähe des Nou Camp parkten, beschlossen Kaule und ich, mit einem Taxi in die Stadt zu fahren, um Klamotten zu kaufen, nachdem es ziemlich frisch wurde. Nach langem Suchen fanden wir endlich einen adäquaten Laden. Leider gab's da die begehrten Pullover nur bis zur Größe L. Kein XL in ganz Barcelona! Als wir mit einem Taxi zurück zum Nou Camp kamen, ich bezahlte und rechts ausstieg, fuhr mir eine Vespa voll in die geöffnete Tür. Die Tür war hinüber, der Taxifahrer guckte verstört - Kaule und ich gingen.

Unser Aussehen (u.a. kurze Hosen, Liverpool-Trikot) machte es uns nicht leicht, auf dem Schwarzmarkt zu agieren. Obwohl etliche Spanier Tickets für das Spiel des FC Barcelona gegen Bayern München loswerden wollten, wurden wir von berittener Polizei massivst am Kauf gehindert. Mit ihren Gäulen drängten sie uns mehrere hundert Meter vom Stadion weg. Esse schaffte es schließlich, sich an einem Souvenirstand einen Pullover zu kaufen (Größe L) und war ab diesem Moment nicht mehr Ziel der durchgedrehten Bullen. Nachdem wir Esse all unser Geld übergaben, begab dieser sich wieder Richtung Schwarzmarkt. Für einen nicht genau definierbaren Betrag von DM und Peseten brachte er uns die Eintrittskarten zum Treffpunkt. Kaum wieder in der Nähe des Stadions, kamen unsere Freunde hoch zu Roß auf uns zu. Wir zeigten den verdutzten Kollegen schnell unsere Karten und verschwanden Richtung Eingang. Gerade noch pünktlich nahmen wir unsere Plätze im 120.000 Mann fassenden Nou Camp ein - wir waren überwältigt. Diesen Kessel kann man nicht beschreiben. Man muß es einfach live erleben. Da keiner von uns Fünf zu einem der beiden Teams hielt, lehnten wir uns zurück, verfolgten das Geschehen auf dem Rasen relativ emotionslos und ließen die Atmosphäre auf uns wirken. Zufrieden verließen wir den Ground nach dem Ende des Spiels, das die Bayern 2:1 gewannen. Auf dem Weg zum Bus hoffte jeder von uns, diesmal ein unbeschädigtes Fahrzeug vorzufinden. Wir hatten Glück - nicht eingebrochen! Nachdem sich Ralf noch einmal im nahen Gebüsch übergab, konnte die Rückfahrt beginnen.

Donnerstag, 23.00 Uhr
Eine bemerkenswerte Reise ging zu Ende. Völlig entkräftet, durchgefroren, nach vier Tagen ohne Bett und 4.500 Kilometern erreichten wir Aue. Allgemeines Fazit: Vom feinsten! Ein Fußballspiel zu Hause auf dem Sofa angucken kann schließlich jeder.

Frauen und Groundhoppen?

Frauen und Fußball? Fußball ist seit jeher eine Männerdomäne. Aber nicht nur bei Spielen mit Frauenfußballmannschaften befinden sich Frauen in Stadien. Heute ist der Anteil an Frauen beim Fußball höher denn je. Bei Mädchen ist es oft so, daß es sich - den Erfolgsfan an dieser Stelle mal vernachlässigt - um einen Fußballverein am Wohnort oder zumindest in der Nähe handelt, zu dem man geht, da es sich entweder rumgesprochen hat, daß dort „ein paar tolle Typen" anzutreffen sind, oder weil es gerade „in" ist[99]. Man findet kreischende Teenies, die Mehmet Scholl, Lars Ricken oder David Beckham hinterherhimmeln, viele Mütter, die auf ihrem Familien-Wochenendausflug (mehr oder weniger freiwillig) auch das Stadion betreten, Freundinnen, die einfach nur die Zeit mit ihrem ins Stadion pilgernden Freund verbringen möchten und auch den Fußball dafür in Kauf nehmen, oder eben jenen Frauen, die an einem Verein hängen und/oder von der Stimmung begeistert sind[100]. So gibt es auch viele weibliche Fans, die regelmäßig zu allen

---

[99] *Beispielhaft sei auch auf den plötzlichen Aufstieg des deutschen Skispringers Martin Schmitt, dem die junge Damenwelt ähnlich hinterher reist wie viele Teenager die Hotels mancher Musikband belagern.*
[100] *Die Aussagen in diesem Kapitel basieren auf den Reaktionen, die zu einer speziellen, an Groundhopperinnen gerichteten Umfrage zum Thema "Frauen und Groundhoppen" eingingen. Auf einzelne Verweise, woher Erkenntnisse kommen, wird bei diesem Thema verzichtet. Ein Großteil der Informationen bzw. Aussagen ist jedoch Franziska Weyhmüller zu verdanken.*

Spielen ihres Clubs fahren. Bei zahlreichen Vereinen sind bereits reine „Mädchen-Fanclubs" zu verzeichnen, ob beim 1. FC Köln, bei Bayern München, der Frankfurter Eintracht, dem Karlsruher SC, bei Carl Zeiss Jena oder Greuther Fürth.

„Es ist nicht einfach, sich als Frau im Stadion „durchzusetzen" oder bekannt zu werden", erklärt Groundhopperin Franziska Weyhmüller und fährt fort: „Man kennt zwar im Lauf der Zeit die meisten Leute, fühlt sich auch durch das im Fußball Erreichte bestätigt, aber es ist nach wie vor normal, daß blöde Sprüche fallen oder daß einige Männer ein Macho-Gehabe an den Tag legen... Aber wenn man sich die richtigen Leute aussucht, ist es auch nicht weiter tragisch. Bei dummen Sprüchen muß man halt drüber stehen. Schließlich fährt man für sich selber und nicht der dummen Sprüche irgendwelcher Leute wegen."

Groundhopperinnen gibt es also auch - nicht viele, aber es gibt sie. Zwischen zwei Typen kann unterschieden werden: So gibt es das Beispiel der Schwester oder Freundin eines bekannten Groundhoppers, die immer mitfährt und entsprechend von den Kontakten und Planungen des Bruders bzw. Freundes profitiert, die aber wohl niemals ohne den Begleiter losziehen würde. Andererseits gibt es die Groundhopperin, die sich alles selbst erarbeitet, auch mal alleine auf Tour geht, dabei selbst z.B. eine Zugfahrt zum Länderspiel in die Ukraine in Kauf nimmt und so völlig anders zum Groundhoppen steht als der erstgenannte Typus. Der Unterschied zwischen „Anhängsel" und „Eigeninitiativlerin" wird auch beim Blick in die Vergangenheit deutlich. Während Erstere eventuell später durch den Freund oder Bruder in die Fußball- bzw. Groundhopper-Szene dazugestoßen ist oder auch schon in jüngeren Jahren im Stadion stand, hat Zweitere die normale Groundhopper-Entwicklung von der sympathisierenden Anhängerin über den treuen, immer anreisenden Fan bis hin zur Hopperin durchgemacht.

Abgesehen von eventuellen üblichen Gefahren für das „schwächere Geschlecht" haben die Frauen beim Groundhoppen gegenüber den Männern in jedem Fall einen Nachteil: In einigen (islamischen) Ländern gibt es aus religiösen Gründen zusätzliche Nachteile. In den Stadien hätte man als Frau zudem sowieso keine Zutrittsberechtigung.

Groundhoppen ist ein Hobby, dessen Ausübung die Bewältigung großer Anforderungen voraussetzt. Wie geht man mit dem Streß um, wenn es fragwürdig ist, ob die Planungen richtig waren, die Spiele so ausgetragen werden, wie man es gedacht hat oder ob man rechtzeitig zum Arbeitsbeginn wieder zu Hause ist? Vielleicht hat auch Hohn und Spott für die regelmäßigen, alleine durchgeführten Fahrten zum weit entfernten Stammverein in der Vergangenheit mit dafür gesorgt, daß man sich persönlich etwas beweisen wollte. Noch einmal Franziska Weyhmüller: „Ich habe manchmal im täglichen Leben das Gefühl, daß ich mich ständig für irgendetwas rechtfertigen muß, was ich in Verbindung mit dem Fußball unternehme. Es ist ein immerwährender Kreislauf. Die Leute können es einfach nicht nachvollziehen, warum man zum Fußball fährt und warum zum Groundhoppen - ganz abgesehen von den normalen Vorurteilen gegenüber Fußballfans. Jeder Mensch hat das Recht auf die Ausübung seines Hobbies, aber statt Toleranz erntet man vielerorts mitleidige Blicke, manchmal sogar das Gefühl, daß die Leute einen nicht für voll nehmen. Ich habe daher meine groundhoppingbezogene Berichterstattung gegenüber „Normalos" eingeschränkt. Ich bin es satt, ständig angemacht zu werden, ich solle Geld sparen, heiraten und ein geordnetes Leben führen. Doch was ist heute schon ein geordnetes Leben? Etwa jeden Abend vor der Glotze hocken und sich ein Bier reinziehen? Jeden Abend streiten? Die ganze Woche arbeiten und am Wochenende vielleicht mal weggehen, Essen gehen etc.? Ich will auch etwas von der Welt sehen. Und Fußball ist der Auslöser dafür..."

Wie für viele männlichen Fans ist der Fußball auch für viele weibliche Fans wie eine Familie - man trifft sich unter Gleichgesinnten. Und warum soll man als Frau nicht das gleiche Hobby wie manche Männer haben - ob Motorradfahren, Fallschirmspringen, Fußball oder Groundhoppen.

Unter den Groundhopper-Kollegen „finden es manche ganz cool", daß es auch Groundhopperinnen gibt. Wenngleich laut Franziska viele jedoch eher die Meinung vertreten, daß Frauen an den Herd gehören. Für die Mitgliedschaft bei der V.d.G.D. wurde erste eine Frau (Franziska selbst, Mitglied seit Mitte 2000) vorgeschlagen - obwohl es gegenüber manchen V.d.G.D.-Mitgliedern Hopperinnen gibt, die sich wenigstens im gleichen Maße für ihr Hobby engagieren.

Die Zwergstaaten-Tour
Ein Erlebnisbericht von Franziska Weyhmüller, Oktober 1996

Eigentlich waren die Voraussetzungen für diese Tour über Monaco und Andorra nach San Marino nicht besonders stressig oder mit einem Abenteuer verbunden. Im Gegenteil, es sah eher nach einer gemütlichen Autotour durch zivilisierte Länder im Süden Europas aus. Natürlich benötigte auch diese Tour ein gewisses Maß an Vorbereitungen wie z.B. Telefonate, aber mit dem Auto in Ländern wie Frankreich oder Italien unterwegs zu sein, ist jetzt nicht der extreme Kick und bringt auch nicht so den Nervenkitzel wie bei allein angegangener Zugfahrten nach Kiew oder Moldawien oder Überlandbusfahrten durch das Baltikum.

Qualifikationsspiele zu einem großen Fußballturnier sind eher geeignet, um irgendwelche exotischen Länder abzuhoppen, da die Spiele auch meistens zum angesetzten Zeitpunkt stattfinden und nicht so ärgerliche Dinge wie kurzfristige Verlegungen in östlichen Gefilden von Samstag auf Sonntag passieren, obwohl man am Freitag nachmittags noch dort angerufen hat. Auch der Ligabetrieb in San Marino ist mit Vorsicht zu genießen. Es gibt nicht Wenige, die auch schon mal umsonst nach San Marino gefahren sind. Und Andorra mußte einfach sein, nachdem man bei einem Spiel 90 Minuten von einer nicht unbekannten Hoppergröße dazu vollgelabert wurde. So war der Entschluß gereift, den Länderpunkt Andorra auch noch in Angriff zu nehmen. Ein Anruf beim FC Andorra - und die Sache war gegessen...

Los ging es am Samstag in aller Frühe mit dem Auto Richtung Monaco, wo am Abend das Spiel gegen Stade Rennes konsumiert werden sollte. Im Fürstentum angekommen, war es zunächst gar nicht so einfach, das Stadion zu finden. Nachdem man sich Karten für ca. 7,- DM gekauft hatte, widmete man sich etwas den Sehenswürdigkeiten von Monte Carlo, bevor es dann zurück zum Stadion zum Spiel gegen Stade Rennes ging. Zum Stadion gelangte man über eine Rolltreppe, was sicherlich auch nicht alltäglich ist. Aus Rennes war eine Busladung Supporter angereist, die sich auf der Gegengerade niederließ und versuchte, dort Stimmung zu verbreiten. Auf Seiten Monacos tat sich nur eine kleinere Gruppe Ultras mit einer Bengalo und mit Schwenkfahnen hervor. Ansonsten waren nicht sehr viele Zuschauer (vielleicht 3.000) im Stadion. Das Spiel hat mich nicht gerade vom Hocker gerissen - aber schließlich war man ja wegen dem Ground hier.

Nach dem Spiel brachen wir gleich über Toulouse in Richtung Andorra auf, wo am Sonntag Nachmittag ein weiteres Highlight der Tour, das Match des FC Andorra gegen Terassa, anstand. Der FC Andorra spielt in der dritten Liga Spaniens mit[101]. Von einem früheren Trip nach Andorra wußte ich, daß man mindestens sechs Stunden benötigt, um in den Pyrenäenstaat zu gelangen. Zunächst kamen wir noch zügig voran, doch bei ca. 1.000 Meter Höhe begann es plötzlich zu schneien. Das beunruhigte mich dann doch etwas, da man doch sehr langsam voran kam und der Anpfiff näher und näher rückte. Schließlich kam ein Tunnel, für den man sehr viel Maut bezahlen mußte, der einem jedoch den schlimmsten Paß ersparte. Weniger erfreulich war jedoch die geschlossene Schneedecke am Ende des Tunnels. Wer rechnet auch mit so etwas? Bei der Einfahrt nach Andorra liefen dann die Skilifte. Nach einem Fußballspiel sah das nicht gerade aus. Doch als man sprichwörtlich über den „Berg" war, den höchsten Paß überwunden hatte, und sich auf der Talabfahrt zur Hauptstadt Andorra-La-Vella befand, lichtete sich das Wetter. Die Hoffnung auf ein Fußballspiel stieg ein wenig.

In Andorra-La-Vella fand man recht schnell das „Communale". Der nächste Schock ließ nicht lange auf sich warten: Die Sekretärin vom FC Andorra faselte etwas von „Hier ist heute kein Spiel!". Es ist nicht zu beschreiben, welche Gedanken einem in diesem Moment durch den Kopf schießen. Man fragt sich nach dem Wie und Warum und ob alles umsonst war: Tausende von Kilometer umsonst gefahren, das eigene Auto sechs Stunden den Berg hochgequält, und dann kein Fußballspiel? Nein, das darf nicht wahr sein! Dabei hatte man vorher noch angerufen und sich alles bestätigen lassen. Zum Glück kam dann der Hausmeister und bestätigte den Anpfiff des Fußballspiels um 17.00 Uhr. Die Sekretärin hatte nur das in der Halle nebenan vorgesehene Basketballspiel gemeint ...

Um 17.00 Uhr spielte dann Andorra gegen Terassa, die (für spanische Verhältnisse) mit erstaunlich vielen Fans angereist waren. Peinlich war noch die Aktion, als wir das Spielplakat von einer Wand abreißen wollten. Sofort kam ein Offizieller an und fuchtelte rum: „No, no". Er schloß sein Kassenhäuschen auf und drückte uns mehrere Spielplaka-

---

101) Anmerkung des Buchautors: Inzwischen existiert in Andorra ein eigener Ligabetrieb, an dem in der Saison '98/99 13 Vereine teilnahmen, darunter mit dem CE Principat auch ein Fanclub des spanischen Traditionsvereins Real Madrid, der über einen Startplatz Andorras sogar schon in den Europapokal vorstoßen konnte.

te, eine Broschüre über den FC Andorra, Anstecknadeln und sogar eine Kassette mit der Hymne des Clubs in die Hand. Schönen Dank auch. Daß wir allerdings wegen des Fußballspiels hier waren, konnte er dann nicht mehr nachvollziehen.

Nach dem Match gönnte man sich eine Übernachtung in Andorra, bevor es am nächsten Morgen wieder auf die französische Seite herunterging. Wenn man längere Zeit durch die Gegend fährt, achtet man etwas auf die Umgebung. Die Pyrenäen-Landschaft ist jedenfalls sehr beeindruckend. Quer durch Frankreich ging es zurück Richtung Italien, das man am Abend erreichte. Eigentlich wollten wir uns ein billiges Hotel gönnen. Schließlich blieb dann aber doch wieder nur der ungemütliche Autobahnrastplatz.

Weiter ging es Richtung Rimini. Da man in Italien die Mautgebühren sparen wollte, fuhr man quer durch das Land und das Gebirge, was doch an die Nerven ging. Gegen Nachmittag kam man in Rimini an. Es wirkte ziemlich ausgestorben und scheint dennoch im Oktober kein besonders attraktives Reiseziel zu sein. Da leider keine Hotels in unserer Preisklasse anzutreffen waren, fuhren wir gleich weiter nach San Marino. Dort kam man gar nicht so richtig dazu, in einem Hotel einzuchecken, da in der Gazetta dello Sport ein Vorbericht zum nach Bologna verlegten Match Bosnien - Kroatien zu finden war. Schnell das Gepäck ins Zimmer geworfen, ab ins Auto und ca. eineinhalb Stunden später fand man sich im Berufsverkehr von Bologna wieder. Stressig war, das Stadion zu finden. Dies gelang aber noch. Durch irgendwelche matschigen und sumpfigen Wiesen lief man dann zum Stadion, in dem das Spiel gerade angefangen hatte. Etwa 3.000 Leute verloren sich im weiten Rund, davon ca. 600 Kroaten, die bei strömendem Regen in der Kurve standen und für ein wenig Stimmung sorgten (Oberkörperfrei, Bengalen etc.). Die Bosnier waren zumeist auf der Haupttribüne untergebracht und hielten sich supportmäßig ziemlich zurück. Das Spiel war recht einseitig und wurde von Kroatien klar dominiert. Nach dem Spiel zog man es vor, sich schnell auf die Rückreise zum Hotel nach San Marino zu machen, schließlich hatte man noch mörderische 120 km bis zu seinem Hotel zurückzulegen.

War man bisher zu zweit auf Tour gewesen, so dauerte es am nächsten Morgen keine fünf Minuten, bis man einen Bekannten aus München traf, der auch wegen dem WM-Quali-Spiel San Marino - Belgien angereist war. Zusammen machte man etwas Sightseeing in San Marino, das aber außer einer recht schönen Stadt und Kitsch- und Trödelläden nicht viel zu bieten hat. Beim Mittagessen waren wir dann kultigerweise in der gleichen Pizzeria wie die Fußballmannschaft von San Marino. Trotz allem hatte man den Eindruck, daß die Leute hier Fußball nicht sonderlich interessieren würde. Vor dem Spiel stattete man dem Verband von San Marino noch einen Besuch ab, bevor man dann in einer Kneipe auf den Spielbeginn wartete. Es waren ca. 200 Belgier angereist, die auch viel Stimmung im Stadion „Serravalle" verbreiteten. Der Spielverlauf war wie erwartet recht einseitig. Nach dem Spiel trank man noch ein paar Bierchen zusammen mit dem Münchner Kollegen, bevor es am nächsten Tag back to Germany ging. Es war alles in allem eine kultige Tour, denn solche Länderpunkte wie z.B. San Marino oder Andorra liegen halt nicht gerade um die Ecke. In Monaco sollte man mal gewesen sein - das sage ich aber auch bei fast jedem Ground. Bologna war dann noch eine nette Zugabe. Es war eine Tour, die einem sicherlich in Erinnerung bleibt. Allerdings lief alles recht zivilisiert ab. Es gibt andere Touren, bei denen man von vielen spektakulären Dingen drumherum berichten könnte. Jedoch passieren spektakuläre Dinge eben eher, wenn man z.B. im östlichen Europa unterwegs ist und nicht gerade wenn man z.B. einen Sonntagnachmittagsausflug nach Luxemburg unternimmt.

Hopper-Fanzines

Vielleicht 500 deutschsprachige Fanzeitungen gibt es heute. Sie haben gemeinsam, daß sie nicht kommerziell sind, unterscheiden sich trotzdem teilweise grundlegend voneinander. So gibt es jene, die möglichst umfassend zur eigenen Fanszene berichten möchten und somit großen Wert auf den Informationsgehalt im Heft Wert legen. Andere sehen ihre Aufgabe weniger darin, die Fans über ihre eigene Szene zu informieren, sondern viel mehr eine gute Mischung aus Spielberichten, Informationen zum Verein, Humor und bundesweit interessanteren Fanthemen zu präsentieren. Manchen Fanzeitungen geht es nur darum, durch mehr oder weniger gut gelungene Berichte Spaß zu verbreiten. Andere sind reine Fanclubzeitungen oder haben z.B. durch die Hereinnahme stadtteilrelevanter Themen oder allgemeiner Probleme der heutigen Zeit einen leichten politischen Anstrich, wenngleich im Prinzip so gut wie alle Fanzeitungsmacher darin übereinstimmen, daß Politik im Sport wie auch in Fanzeitungen nichts zu suchen hat. Eine Kategorie von Fanzines[102] ist die der Groundhopper-Fanzines, die wie auch die übrigen Zines schnell aus dem Boden schießen können, deren Lebensdauer allerdings auch relativ kurz sein kann.

Da sich Groundhopper-Fanzines normalerweise weniger mit dem Verein beschäftigen, zu dem der Groundhopper gehört, findet man unter den Fans im Heimatstadion nicht so viele Abnehmer, die sich nur für die Erlebnisberichte interessieren, aus denen

---

102) Abk. für Fanmagazine.

letztendlich ein Fanzine dieser Art besteht. Echte deutschsprachige Groundhopper-Fanzines, bei denen von der ersten bis zur letzten Seite nur die Erlebnisse von Groundhopper-Touren nachzulesen sind, gibt es zur Zeit eigentlich nicht. Vernachlässigt man hier die Pflicht-Magazine der V.d.G.D. (den Groundhopping-Informer und den Europlan), so fallen einem die Zines „Captain's Dinner" und „Der Wellenbrecher" ein, die früher von den V.d.G.D.-Mitgliedern Michael Seiß bzw. Jörn Helms herausgeben wurden, inzwischen aber genauso nicht mehr erscheinen wie die ehemals von Braunschweigern herausgegebene „Gegengerade".

Bei den existierenden Hopper-Zines - sofern man sie so bezeichnen möchte - handelt es sich zumeist um Zines, bei denen die Beiträge zunächst von Geschehnissen und Erlebnissen rund um den eigenen Verein handeln, die sonst aber mit vielen Groundhopper-Berichten angereichert sind. Sie heißen z.B. „Around the grounds", „Segelohr", „Matchday", „Sauerland-Echo", „Der Leuchttum" oder „Terrace tales"[103]. Eine Auflistung bekannterer aktueller Hopper-Zines befindet sich im Kontaktadressenteil im Anhang dieses Buches.

Ein weiteres gemeinsames Merkmal der Hopper-Zines sind das durchweg gewählte DIN A5-Format. Meistens bewegt sich die Auflagenhöhe zwischen 200 und 300 Exemplaren[104], in Ausnahmefällen auch bei 100 oder in einem Fall laut Angabe sogar 750. Die 40 bis 68 Seiten pro Ausgabe kosten in fast allen Fällen 3 DM, wodurch die Druckkosten bei einem Aus-

---

[103] *Inzwischen wählen auch die Redaktionen der Fanzeitungen, die untereinander ihre Fanzines tauschen, jährlich die besten Fanzeitungen. Je nach Bereitschaft, das eigene Fanzine mit anderen Redaktionen zu tauschen - eine Kostenfrage - ist ein Fanzine bekannter oder unbekannter, unabhängig von der Qualität. Im Januar / Februar 1998 wurde das Erfurter "Kick off" zum besten deutschsprachigen Fanzine gewählt, mit großem Abstand vor den auf den Plätzen folgenden Zines "Leuchtturm" (1. FC Nürnberg), "Captain's Dinner" (Wattenscheid 09) und "Red News" (Bayern München). Es folgten gleichwertig "Matchday" (Bayern München) und "Terrace tales" (Bayer Leverkusen). Im Januar / Februar 1999 gewann "Kick off" vor "Rhein in Flammen", der "Stahltribüne" (FSV Zwickau), "Follow the Reds" (VfB Stuttgart), "Matchday", "Leuchtturm" und "Blue Black Attack" (1. FC Saarbrücken). Vgl. Heinisch, Jörg: And the Oscar goes to ..., in: Fan geht vor, 8. Jg. (1998), Nr. 60, S. 41; Heinisch, Jörg: And the Oscar 1999 goes to ..., in: Fan geht vor, 9. Jg. (1999), Nr. 71, S. 23.*

[104] *Die Daten wurden aus drei 1998 und 1999 von mir durchgeführten Umfragen unter den Fanzine-Herausgebern gewonnen.*

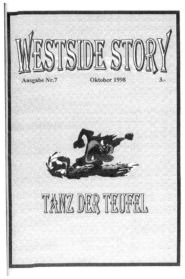

verkauf gerade einmal gedeckt sind. Zwei bis vier Ausgaben erscheinen von diesen Hopper-Fanzines im Jahr. Die etablierten Zines sind dabei seit zwei bis fünf Jahren auf dem Markt. Normalerweise werden sie von einem Anhänger produziert, der seine eigenen Erlebnisse aufschreibt, die Vorlagen selbst layoutet und manchmal sogar noch selbst im Copy-Shop kopiert und heftet. In hochwertigem Druck gibt es keine Hopper-Fanzines. Sie sollen möglichst kostengünstig hergestellt und auch weitergegeben werden. Bei manchen dieser Fanzines (z.B. „Matchday" und „Kick Off") gibt es noch ein oder zwei weitere Freunde des Herausgebers, die sich am Schreiben beteiligen. In den seltensten Fällen gibt es Gast-Autoren, die einen einzeln Beitrag beisteuern. Für die Herausgeber, die in einer Saison wenigstens 70, in manchen Fällen aber auch 250 Spiele inklusive des eigenen Vereins besuchen (ohne eigenen Verein 20 bis 150), ist das „Basteln" ihrer Fanzeitung genauso ein Hobby wie für manche andere Groundhopper das Sammeln von Programmen.

Wirft man einen Blick auf die Spielberichte, bemerkt man, welche unterschiedlichen Klassen bzw. Ebenen aufgesucht wurden. Natürlich ist das Fanzine stark durch die Spiele des Stammvereins geprägt. Ist der Stammverein der FC Bayern München, so finden sich viele Bundesligaspielberichte im Heft, ist es der 1. FC Saarbrücken, so sind es zuletzt Spiele der Regionalliga, die viel Platz in Anspruch genommen haben. Anhand folgender Tabelle zeigt sich, wie auf Grundlage einer für dieses Buch durchgeführten Befragung unter Hopper-Fanzines die verschiedenen Ligen in den Heften präsent sind:

Häufigkeit von Spielberichten in "Hopperzines" (Basis: Angaben von zehn Fanzines)						
Ligaebene	hauptsächl.	Schwerpunkt	regelmäßig	ab und zu	seltener	gar nicht
Ausland		3	7			
Bundesliga	2	6		1	1	
2. Liga		1	3	3	3	
Regionalliga	1	3	4	2		
Oberliga		1	2	5	2	
5. Liga			3	2	3	2
noch tiefer				1	4	4

Der Trend fällt sofort ins Auge: Je tiefer die Klasse, desto weniger Berichte finden sich in den Hopper-Fanzines, wobei auch von der dritten oder vierten Liga noch regelmäßig oder ab und zu Spiele Berücksichtigung finden.

Am Schreiben und Veröffentlichen von „Spielberichten" haftet ein ganz besonderer Reiz: Im Gegensatz zum üblichen Sportjournalismus werden - wie inzwischen auch der Leser dieses Buches gemerkt haben sollte - nicht die sportlichen Geschehnisse in den Mittelpunkt des Berichtes gestellt - diese Dinge können in der normalen Presse nachgelesen werden. Im Gegenteil: Tore und Spielanteile sind durch Randnotizen bzw. teilweise völlig vernachlässigt. Gegenstand eines Spielberichtes in einer Fanzeitung sind in der Regel die Erlebnisse und Wahrnehmungen rund um das Spiel und die Reize überhaupt. Der besondere Reiz besteht nun darin, daß jeder Anhänger bzw. jede für sich angereiste Gruppe andere Erlebnisse auf Anfahrt- und Rückfahrtweg hatte. Wenn mehrere Fans interessante Dinge erlebt haben, die sich nicht mit den Erlebnissen der anderen Fans decken, dann könnte rein theoretisch die komplette Ausgabe einer Fanzeitung nur aus Berichten zu diesem einen Spiel bestehen - und die Ausgabe müßte überhaupt nicht langweilig sein.

Ein Teil der in diesem Buch abgedruckten „Erlebnisberichte" wurde (in eventuell noch nicht überarbeiteter Form) bereits in Fanzines abgedruckt. Die Geschichten sind vielleicht auch für den einen oder anderen Leser ein Anreiz, mal in Fanzeitungen zu schnuppern.

Zu Groundhopper-Berichten gehört manchmal auch ein Lagebericht, durch den nicht mitgereiste Groundhopper, die den Bericht lesen, sich ein Bild der Lage im jeweiligen Land machen können und diese Informationen bei Planungen für eigene eventuell vorgesehene Besuche miteinbeziehen können. Solch eine Lage wird auch in dem nachfolgenden Erlebnisbericht beschrieben, der bereits in der Braunschweiger „Gegengerade" veröffentlicht wurde:

Spotlight on South African Soccer
Ein Erlebnis- und Lagebericht von Eckart Preen, 15. Februar bis 17. März 1991[105]

Der 15. Februar 1991, Tag meiner Ankunft auf dem „Jan-Smuts"-Flughafen von Johannesburg, war ein historischer Tag für den südafrikanischen Fußball. Denn an diesem Tag fanden die ersten beiden Spiele der neugeschaffenen „Castle League" statt. Nach der Vereinigung der „National Soccer League" mit der „Federation Professional League" gehören der obersten Spielklasse nunmehr 24 (!) Mannschaften an, die ziemlich gleichmäßig über das gesamte Land verteilt und teilweise auch in Kleinstädten (wie Randfonteln, Orkney, Stanger oder Qwa Qwa) beheimatet sind. Die Großstädte Kapstadt und Durban

---
105) Vgl. Preen, Eckart: Spotlight on South African Soccer, in: Gegengerade, 1991, Nr. 7, S. 3-6.

sind mit je zwei Teams vertreten, doch den Löwenanteil stellt die Region um Johannesburg/Pretoria. Hier sind mit Jomo Cosmos, den Mamelodi Sundowns und den Moroka Swallows auch einige der führenden Mannschaften des Landes zu Hause. Die beiden absoluten Top-Teams kommen freilich aus Soweto, die traditionellen Erzrivalen Orlando Pirates und Kaizer Chiefs.

Dies darf nicht weiter verwundern, denn Fußball ist in Südafrika hauptsächlich der Sport der schwarzen Bevölkerungsmehrheit. Die Mannschaften sind zwar gemischt, durchschnittlich etwa in einem Verhältnis von acht schwarzen zu drei weißen Spielern (Ausnahmen sind die rein schwarze Elf der Umtata Bucks aus der offiziell unabhängigen Transkei sowie die überwiegend weiße Mannschaft von Wits University aus Johannesburg), doch auf den Rängen wird man stets nur wenige Weiße antreffen. Fußball ist in den „höheren Schichten" der Gesellschaft verpönt, und man geht lieber zum Crickett oder Rugby und verfolgt den Soccer allenfalls am Fernseher. Dazu hat man freilich in Südafrika ständig Gelegenheit.

Nicht nur Weltmeisterschaft und Europapokal finden ausgiebige Berichterstattung, auch nationale Liga- und Pokalspiele sind regelmäßig zu sehen. Der Pay-TV-Sender „M-Net" überträgt jeden Monat fünf bis sechs Spiele aus England live, auf „TSS" ist jeden Sonntag zeitversetzt, aber in voller Länge das Spitzenspiel der italienischen Liga zu sehen, und die „Topsport"-Sendung der schwarzen Fernsehkanäle TV 2 und TV 3 zeigt jedes Wochenende ein oder zwei Spiele der „Castle League" - mit Kommentar in Zulu bzw. Xhosa-Sprache, was sich doch recht lustig anhört, vor allem wenn einige Fußball-Fachbegriffe der englischen Sprache entnommen werden müssen.

Kein Wunder, daß bei soviel Fußball im Fernsehen die Zuschauerzahlen nicht gerade überwältigend sind. 3.000 bis 5.000 Zuschauer sind Erstligastandard, über 10.000 kommen nur bei echten Spitzenspielen, vor allem wenn die Chiefs oder Pirates gastieren. Dies ist aber sicher auch auf die für viele Schwarze nicht unbedingt geringen Eintrittspreise von fünf bis sechs Rand (ca. 3,00 bis 3,50 DM) zurückzuführen, die sich scheinbar nicht jeder leisten kann.

Trotzdem zog das „BP Top Eight"-Finale Ende Februar eine sehr stattliche Kulisse ins „First National Bank"-Stadion von Johannesburg. 47.000 Zuschauer sahen einen 4:3 Sieg der Kaizer Chiefs über Jomo Cosmos in einem hochklassigen und dramatischen Spiel mit sehr schönen Toren. Überhaupt steht der Fußball in Südafrika angesichts der jahrzehntelangen internationalen Isolation auf einem beachtenswert hohem Niveau. Zwar sind noch recht häufig takttische Mängel und teilweise haarsträubende Abwehrfehler zu beobachten, doch dafür sind fast alle Teams sehr offensiv ausgerichtet und mit zahlreichen technisch versierten Akteuren bestückt. Spieler wie Philemon Masinga von Jomo Cosmos, Marks Maponyane von den Lenasia Dynamos oder das weiß-schwarze Angriffsduo Shane McGregor und „Doctor" Khumalo von den Kaizer Chiefs könnten durchaus in der Bundesliga bestehen, an den Vollprofi-Status sind sie ohnehin schon gewöhnt.

Organisation und Randgeschehen des südafrikanischen Fußballs sind jedoch alles andere als professionell. Einen offiziellen Spielplan der „Castle League" aufzutreiben, war mir während der sieben Wochen meines Aufenthalts trotz intensiver Bemühungen absolut unmöglich. So mußte ich mich stets in der Tagespresse über die nächsten Ansetzungen informieren. Diese Informationen sind jedoch manchmal recht unzuverlässig, da einige Vereine ihre Heimspiele in bis zu vier verschiedenen (!) Stadien austragen und kurzfristige Verlegungen keine Seltenheit sind.

Die Stadien würden zum Großteil nicht einmal deutschen Zweitligaansprüchen genügen und vielfach auch die Sicherheitsauflagen nicht erfüllen.

So gab es Anfang März in Port Elizabeth 22 Verletzte (darunter vier Spieler), als begeisterte Fans eine brüchige Mauer direkt über dem Spielereingang zum Einsturz brachten. Das „Independent Stadium" in Umtata wurde erst nach sechs Spieltagen für die erste Liga zugelassen, nachdem dort einige Wochen vor Saisonbeginn aufgebrachte Fans in einem Pokalspiel den Schiedsrichter bedroht hatten.

Zu Ausschreitungen auf den Rängen kommt es insgesamt betrachtet aber nur sehr selten. Die große Begeisterung für den Sport äußert sich zwar zuweilen in wilden Tänzen und findet mittlerweile auch in T-Shirts, Fähnchen und sonstigen Souvenirs in den Vereinsfarben ihren Ausdruck, verläuft aber im Allgemeinen in sehr disziplinierten Bahnen. Ausnahmen bestätigen freilich auch hier die Regel - am 13. Januar diesen Jahres gab es beim Freundschaftsspiel (!) zwischen den Kaizer Chiefs und den Orlando Pirates in Orkney nach Stammesfehden 42 Tote! Doch auch in Südafrika gilt wie in Europa und überall in dieser Welt, daß die Ursache für solche vereinzelten Gewaltausbrüche nicht im Sport zu suchen sind. Nach meinen mehrwöchigen Erfahrungen in dem Land glaube ich, daß der südafrikanische Fußball nach der hoffentlich baldigen Aufhebung des Sport-Moratoriums auf der internationalen Bühne hauptsächlich für positive Schlagzeilen wird.[106)]

10. März '91

King Zwelethini Stadium, Umlazi: AmaZulu - Orlando Pirates. Warnungen, ich würde bei diesem Spiel ausschließlich von Schwarzen umgeben sein und folglich Laufschuhe und eine kugelsichere Weste benötigen, hatten mich nicht davon abhalten können, an diesem Sonntag in das Township (rein schwarze Wohngegend) Umlazi südlich von Durban zu fahren, um das Spiel zwischen AmaZulu und den Orlando-Pirates zu sehen.

Daß ich tatsächlich der einzige (!) Weiße im ganzen, mit 25.000 Zuschauern nahezu ausverkauften Stadion war, bemerkte ich - schon lange bevor ich meinen Sitzplatz auf der Haupttribüne einnahm - daran, daß mich alle anderen Zuschauer wie ein Wesen von einem anderen Stern anschauten - aber gefährlich war es für mich in keinster Weise. Im Gegenteil, die anfangs noch eher skeptischen Blicke wandelten sich bald in bloße Überraschung und eine gewisse Neugier um. Ich kam schnell mit einigen meiner Sitznachbarn ins Gespräch. Sie boten mir sogar zu Rauchen an, was ich freilich dankend ablehnte - eine Mischung aus Gras und Marihuana ist nicht Jedermanns Sache...

Da ich im großen Pulk der AmaZulu-Fans gelandet war, unterstützte ich auch die Heimelf, die schon nach fünf Minuten in Führung ging. Doch zwischen der 20. und 25. Minute machten die favorisierten Pirates aus dem 0:1 ein 2:1 - zur großen Freude ihrer

---

[106)] *Inzwischen ist bekanntlich auch der sportpolitische Ausschluß Südafrikas längst Geschichte. Die südafrikanische Nationalmannschaft ist nach dem Gewinn eines Afrikameistertitels und der Qualifikation zur WM'98 in Frankreich auf der internationalen Fußball-Bühne ein ernstzunehmender Gegner geworden.*

rund 5.000 (!) sicher größtenteils ortsansässigen Fans (bei einer Distanz von 650 km werden wohl nur wenige die Reise gemacht haben).

Nach einer Stunde Spielzeit erzielte AmaZulu mit einem herrlichen Kopfball den 2:2-Ausgleich und Endstand. Der alte Zulu-Häuptling im Innenraum, mit Speer und Schild bewaffnet und scheinbar eine Art Maskottchen seines Teams, konnte noch einmal seinen Stammestanz aufführen.

Sofort nach dem Abpfiff begab ich mich zum Ausgang, und von 18 Schwarzen umgeben erreichte ich in einem Sammeltaxi nach 30 Minuten und für den Spottpreis von zwei Rand (ca. 1,20 DM) das Stadtzentrum von Durban.

17. März '91

Adcock Stadium, Port Elizabeth: Port Elizabeth Blackpool - Lenasia Dynamos. Diesmal trat ich bereits die Hinfahrt zum Stadion, welches sich in einem recht ärmlichen, aber noch halbwegs bewohnbarem Viertel im Nordwesten der Hafenstadt Port Elizabeth befindet, mit einem wiederum brechend vollen Sammeltaxi an.

Da ich schon in der Innenstadt einen sehr sympathischen Schwarzen, Anhänger der Blackpools, kennengelernt hatte, fand ich das Adcock Stadium problemlos und hatte auch während des gesamten Spiels nette Gesellschaft. Obwohl auf der Haupttribüne fast alle Plätze besetzt waren, verliefen sich insgesamt nur 4.000 Zuschauer (darunter überraschenderweise mindestens 10% Weiße) auf den Rängen, was wohl alles über die Beschaffenheit des Stadions aussagt.

Das Spiel selbst war leider auch nicht viel besser. Erst in der 65. Minute gingen die favorisierten Dynamos durch ein Kopfballtor ihres Stürmerstars Marks Maponyane in Führung. Zur Freude ihrer 500 Fans fiel wenig später mit dem 0:2 bereits die Entscheidung. Die heimischen Zuschauer verließen nun in Scharen das Stadion, zumal sich ein Gewitter ankündigte. Ich blieb dennoch bis zum Schlußpfiff und kam anschließend dank einer höllisch schnellen Taxifahrt trotzdem noch trocken in meine Unterkunft.

Highlights kompakt

Ich habe für dieses Buch einige Berichte gesammelt, um den Lesern auch ein paar interessante Groundhopper-Erlebnisse weitergeben zu können, die zusammen mit dem „theoretischen" Teil des Groundhoppens eine gesunde Mischung bieten. Natürlich konnte ich nicht alle eingeschickten Berichte und Geschichten abdrucken. Bei vielen Erlebnissen wäre es schade, wenn sie dann ganz herausfallen würden. Daher möchte ich an dieser Stelle noch auf die eine oder andere Geschichte in kompakter Form eingehen:

V.d.G.D.-Mitglied Axel Harbort flog im Januar 1998 mit seiner Freundin Nathalie Tarne zum Trainingslager seines VfB Stuttgart in die Vereinigten Arabischen Emirate: „Dort lernte ich während der Trainingseinheiten des VfB den Co-Trainer des Erstligaclubs Al Wasl Dubai kennen. Dieser war so sehr beeindruckt, daß meine Freundin und ich den VfB bis dorthin begleitet hatten, daß er mich zum Ligamatch Al Wasl - Al Shabab, den Erstligaknüller des Abends, einlud. Nun, wir hatten sowieso vor, dieses Spiel zu besuchen und vereinbarten einen Treffpunkt vor dem Stadion. Als wir am Abend - der Anpfiff sollte um 21.30 Uhr sein - vor dem Stadion den Co-Trainer trafen, stellte uns dieser sogleich den Besitzer des Vereins, Scheich Al Wasl, vor, der uns erst durch die Ahnengalerie, alles in Marmor und Gold usw. führte.

Da es sich bei dem Spiel um ein TV-Spitzenspiel (2. gegen 3.) handelte, war natürlich einiges los. Der Scheich ließ es sich nicht nehmen, den Anpfiff zu verschieben, um seine europäischen Gäste allen vorzustellen. Das heißt, er ließ die gesamte Mannschaft Aufstellung auf dem Rasen nehmen, inklusive Gegner, Trainer und Schiedsrichter - dabei acht Nationalspieler -, die mir und meiner Freundin vor dem Anpfiff die Hand schütteln mußten. Gleiches galt für die Reporter, die ebenfalls herbeigerufen wurden. Danach mußten wir vor den Fotografen Aufstellung nehmen und uns zigfach fotografieren lassen. Da meine Freundin und ich die ersten offiziellen „europäischen Gäste" in diesem Stadion waren, bekam meine Freundin eine Sondergenehmigung des Scheichs, das Spiel auf der in Marmor gefaßten Ehrentribüne zu verfolgen. Normalerweise dürfen keine Frauen ins Stadion! Die jungen Scheichs hatten allerdings einige Probleme, das Spiel zu verfolgen, da sie mehr auf meine *blonde* Freundin als auf das Spielfeld starrten! Das Spiel endete übrigens mit 2:1 für Al Wasl vor ca. 8.000 Zuschauern (Stadionkapazität 20.000). Es gilt noch zu erwähnen, daß es keine Eintrittsgelder gibt, sowie daß 100 Pakistani und andere Gastarbeiter angekarrt wurden, die für Geld trommeln und singen mußten. Unglaublich, hier bekommt man noch Geld, wenn man ins Stadion geht! Der Scheich finanziert den kompletten Verein (alles Profis) im Rahmen seines Hobbies mit seinen Geldern aus seinen guten Ölgeschäften, vermute ich!"

Ein ähnliches Erlebnis hatte Pia Maria Springer, als sie mit ihrem Freund Jens Hilgert zu einem der traditionsreichsten Fußballspiele schlechthin fuhren. In Glasgow standen sich am zweiten Tag des Jahres 1998 Celtic und die Rangers gegenüber. Für „The Old Firm" sind die Eintrittskarten besonders begehrt. Während Jens das Glück hatte, eines der Tickets in seinen Fingern zu halten, war die Lage für Pia Maria schon wesentlich

dramatischer. Kurz vor dem Anpfiff war die Lage immer noch quasi aussichtslos - erst recht, da es einen in Deutschland oft üblichen Schwarzmarkt in den Regionen gar nicht gibt. Schließlich wurde Pia Maria von einem Herrn in Anzug angesprochen, wie weit sie zu diesem Spiel angereist wäre. In gebrochenem Englisch antwortete sie mit „Germany", was den Mann doch sehr zu überraschen schien. Er verschwand umgehend im Klubhaus. Kurz darauf fand sich Pia Maria direkt hinter der Auswechselbank von den Rangers wieder, wo noch ein freies Plätzchen gefunden wurde und wo wenig später Paul Gascoigne „fernsehgerecht ein wenig Flöte spielte".

Was versteht man unter einer Tour? Man fährt zu einem Spiel und ist bereits auf einer Tour? Kann im Zusammenhang mit Groundhoppen die Erklärung „Ausflug" noch stimmen, die man beim Nachschlagen im Fremdwörterbuch erhält? Vielleicht trifft hier schon mehr der Begriff „Tournee" zu, bei der schließlich viele Orte angefahren werden. Doch als Gastspielreise kann man Groundhopping auch nicht verstehen, oder doch?: Hier bin ich. Jetzt, du Staat mit dem Namen Nepal, werde ich auch dich erobern. - „Es hat was." Der Begriff Tour wird allerdings auch mit der „Runde" erklärt. Man macht eine Runde durch viele Orte. Eine richtig große Runde machte der achtzehnjährige Marcel Schneider, mit 120 Stadion- und 20 Länderpunkten noch ein ganz junger, aber schon weitgereister Groundhopper. Er machte mit dem Interrail-Ticket der Bahn eine Euro-Tour, die ihren Namen wirklich verdient hat. Und das Ausmaß dieser Tour soll einmal anhand der ganzen Stationen nachgezeichnet werden:[107]

Sie begann nach dem Gastspiel der Amateure seines Vereins, des VfB Stuttgart, in Schweinfurt am 22. August 1998 und endete nach 23 Tagen und 14 Spielen in neun verschiedenen Ländern in seiner Heimatstadt. Erster Anlaufpunkt war Budapest mit dem Spiel Ferencváros Budapest - Siofoki Banyasz. Nach einem Tag bei den Leichtathletik-Europameisterschaften und der Besichtigung weiterer Budapester Grounds erreichte man nach fünfstündiger Bahnfahrt das slowakische Bratislava, wo das Gastspiel von Slavia Prag bei Inter Bratislava in der UEFA-Cup-Qualifikation verfolgt wurde. Um 4.50 Uhr am nächsten Morgen klingelte der Wecker in der aufgesuchten Jugendherberge - der Zug nach Zagreb wartete. Neun Stunden später war Marcel mit seinem ihn begleitenden Freund „Wallnuß" in der kroatischen Hauptstadt. Hier sollte Croatia Zagreb in der Champions League-Qualifikation auf Celtic Glasgow treffen und sich schließlich auch durchsetzen. Nach dem Spiel sicherte man sich eine spezielle Länderpunkt-Art, die bei vielen Groundhoppern verbreitet ist: McDonalds-Länderpunkte. Man überstand die übel riechenden Socken im Nachtzug nach Venedig, wo nach zweistündigem Aufenthalt eine Verbindung zum sechs Stunden entfernten Rom angetreten wurde. Das hier besuchte Spiel entnahm man der in Zagreb gekauften Gazetta dello Sport: Der AS Rom sollte zur Saisoneröffnung gegen den legendären brasilianischen FC Santos antreten - 50.000 Zuschauer kamen zu dem Freundschaftsspiel. Der nächste Morgen brachte die Zugfahrt nach Monaco (zehn Stunden). Hier traf im europäischen Supercup Champions League-

---

107) Vgl. Schneider, Marcel: Follow the Reds-Europatournee'98, in: Follow the Reds, 2. Jg. (1997), Nr. 4, S. 55-62.

Sieger Real Madrid auf den Pokalsieger-Gewinner Chelsea London. Etliche Stunden später bezogen Marcel und „Wallnuß" ein Zimmer im spanischen Valencia. Eine Woche war man nun schon unterwegs, als beim Spiel Valencia - Atletico Madrid die erste phantastische Choreographie miterlebt wurde, die sich über die gesamte Gegengerade zog - mit Plastikfolien wurde eine riesige, aus dem Wappen Valencias stammende Fledermaus dargestellt. Um 23.52 Uhr - ungewöhnlich spät für ein Fußballspiel ohne Verlängerung - kam der Abpfiff. Am nächsten Tag wurde durch die Gesänge der Fangruppen beim Spiel zwischen Saragossa und Athletic Bilbao der Konflikt zwischen Basken und Restspanien deutlich vorgeführt. Ein neuer Tag, ein neues Spiel: Real Madrid - Villareal. Per Nachtzug via Barcelona zu zwei Partytagen nach Lloret de Mar und anschließend quer durch Frankreich nach Calais. Hier wechselte man erstmals kurzzeitig das Fortbewegungsmittel: Nach der Fährüberfahrt nach Dover sattelte man von einem geplanten Spiel in Halifax nach Wales um, wo in Wrexham die U21-Nationalmannschaften von Wales und Italien aufeinandertrafen. Per Zug und Fähre wurde Dublin mit dem Spiel Irland - Kroatien angesteuert. Zurück auf der britischen Insel merkte man allmählich, daß derartige Touren doch an die Kondition gehen können. Ein Zug fuhr ohne die beiden Schwaben los - dem Mißgeschick fiel das Spiel Oxford - Hartlepool zum Opfer. London wurde das neue Ziel. Es folgten die Spiele Nottingham Forest - Everton, Liverpool - Coventry City und Tranmere Rovers - Huddersfield Town, bevor mit Birmingham die letzte Großstadt erreicht wurde. Nach dem Spiel Aston Villa - Wimbledon mußte man noch eine 26stündige Heimreise überstehen, bevor man zu Hause ein plötzlich im roten Bereich befindliches Bankkonto entdeckte. Trotzdem kann man festhalten, daß hier nach 11.500 km ein Interrail-Ticket gut genutzt wurde!

Am 9. November 1989 öffneten sich für die DDR-Bürger die Grenzen zur Bundesrepublik Deutschland. Am 9. Dezember machte sich der Erfurter Bernd Petz, Mitherausgeber des Hopper-Fanzines „Kick off", auf den Weg in den Westen. 2.01 Uhr Abfahrt Richtung Frankfurt. Der Zug war total voll, ab Fulda hatte er einen Sitzplatz. Um 9.00 Uhr betrat er erstmals mit seinem Kumpel Gunther den bis dahin abgeschotteten westdeutschen Boden. Nach der Stadtbesichtigung ging es direkt zum Waldstadion, wo die Frankfurter Eintracht gegen die Düsseldorfer Fortuna anzutreten hatte. Mit dem DDR-Personalausweis passierte man das Kassenhäuschen. Die Eintracht gewann 2:0: „Mein Kumpel (Fan der Fortuna) ist etwas traurig gestimmt. Um 17.15 Uhr ist mein erstes Bundesligaspiel Geschichte! Seit 1973 gehe ich zum Fußball, aber es gibt trotzdem immer noch ein erstes Mal. Um 20.13 Uhr ging's dann wieder per Zug gen Osten! Tja, und um 2:24 Uhr hatte das Abenteuer dann sein Ende. Vom Begrüßungsgeld (100 DM) war auch noch was übrig." Eine Art deutsch-deutsche Groundhopper-Geschichte...

Daß die sportlichen Leistungen der deutschen Nationalmannschaft inzwischen nicht mehr überzeugend sind, überrascht manche die Nationalelf begleitende Hopper überhaupt nicht mehr. Gleich aus mehreren Quellen mitreisender Anhänger war bei den Länderspielen auf Malta gegen Malta und Rumänien im September 1998 zu hören, daß Spieler wie Stefan Effenberg, Mario Basler und Jens Jeremies „bierselig um 5.00 Uhr morgens beim Billard in irgendwelchen Bars"[108] anzutreffen waren, was diese nach dem Bekanntwerden auf einer Pressekonferenz als Lügen abtaten.

Einen Monat später hatte die Nationalelf mit Erich Ribbeck für Berti Vogts einen neuen Bundestrainer und erneut zwei Spiele innerhalb weniger Tage zu absolvieren. Die Europameisterschaftsqualifikationsspiele in der Türkei und in Moldawien standen an. Wie nach Malta reiste die deutsche Groundhopperschar natürlich auch hier wieder an. Was tut man aber als Hopper an den zwei oder drei Tagen zwischen zwei solchen Spielen, wenn man aufgrund der „geographischen Nähe" nicht zwischendurch zurück nach Deutschland zurückreist? Nun, Jörn Helms widmete sich nach der deutschen Niederlage seinem zweiten sportlichen Hobby und meldete sich für den Eurasia-Marathon in Istanbul an. Zu einem späten Zeitpunkt des Wettbewerbs mußte Jörn mitansehen, wie seine Laufstrecke zur Hindernisstrecke wurde, fanden sich doch plötzlich von ihm geschätzte 40.000 fundamentalistische Muslime ein, die die Laufstrecke nahezu blockierten. Jörn mußte sich durch die Menge, die für das bereits existierende Kopftuchverbot demonstrierten, hindurchschieben, bevor er das Ziel erreichte.[109]

Nach dem anschließenden deutschen Sieg in Moldawien wurde wieder einmal bestätigt, daß An- und Rückreise zwei unterschiedliche Dinge sind: „Eigentlich wäre die Tour nun zu Ende, doch wir befanden wir uns ja noch in Moldawien... . Mehr oder weniger gemütlich schlenderte man vom Hotel zur Zentralstation. Um 3.30 Uhr waren am Bahnsteig von Chisinau keine Fahrgäste zu sehen. Natürlich wurden wir etwas hektisch als zehn Minuten später immer noch nichts passierte, aber nach einer plötzlichen Durchsage einige „Bürger" über die Gleise sprangen. Wir bewegten uns hinterher, und während man mit dem schweren Gepäck, in all der Eile und in stockfinsterer Nacht noch über zwei Weichen stolperte, erspähte man die Schlußleuchten eines Zuges, der etwa 800 m entfernt auf dem Abstellgleis (!) stand. Um 3.44 Uhr, exakt eine Minute vor Abfahrt, stiegen wir in den letzten Wagen. Teamchefs Spürnase ließ uns durch den ganzen Zug rasen, als wir um 3.44 Uhr und 50 Sekunden merkten, daß der Zug abgeteilt war... . Also wieder raus, rein in den nächsten Waggon, und Herzinfarkt bitte melde dich - der Zug fuhr danach sofort los! Ein Wahnsinn, was für ein Glück wir hatten!"[110]

Eigentlich wollte Patrick Pfohmann mit einem anderen Groundhopper lediglich ein Spiel im Libanon und ein Spiel in Israel sehen. Das Problem: Auf dem Landweg kann man nicht vom Libanon nach Israel einreisen. Die Lösung: ein Umweg über Syrien. Dummerweise fiel das Spiel in Beirut wegen Regens aus. Am Grenzübergang Libanon - Syrien wollte man die beiden Groundhopper nicht einreisen lassen, da ihre Visa in zwei verschiedenen Reisepässen waren (normaler und vorläufiger (grüner)). Dank der Verhandlungskünste ihres Taxi-Fahrers kamen sie doch noch weiter. Hätten die Grenzbeamten ihr Reiseziel gekannt, hätten sie vermutlich gravierende Probleme bekommen.

---

108) Helms, Jörn: Ebenerdig nach Malta, in: Europlan, 5. Jg. (1999), Nr. 1/99, S. 38.
109) Vgl. Helms, Jörn: Pleite in Kleinasien und ein Lauf durch 1001 Tag, in: Europlan, 5. Jg. (1999), S. 61.
110) Vgl. Helms, Jörn: Pleite in Kleinasien und ein Lauf durch 1001 Tag, in: Europlan, 5. Jg. (1999), S. 64.

Die Bilanz eines Groundhopper-Jahres

Als Beispiel das Jahr 1994 von Carlo Farsang (belegt durch Eintritts- und verschickte Ansichtskarten)

29.01. Racing Straßburg - Le Havre 3:0	11.05. Inter Mailand - Casino Salzburg 1:0
12.02. Hamburger SV - SC Freiburg 1:0	12.05. FC Schaan - FC Balzers (Liechtenstein) 3:0
13.02. FC Den Haag - NEC Nijmegen 2:0	13.05. Austria Wien - Rapid Wien 2:0
18.02. VfB Stuttgart - SG Wattenscheid 09 3:0	14.05. SLC Sopron - Kispest Budapest 0:3
19.02. Bayer 04 Leverkusen - Hamburger SV 1:2	15.05. FC Zlinn - P. Drnovice war ein Tag früher
19.02. Heracles Almelo - Top-Oss 4:2	21.05. Tevalte Tallin - Sadam Tallin 2:0
24.02. Bor. Dortmund - VfB Stuttgart Spielausfall	21.05. Nikol Tallin - Merkuur Tartu 8:1
25.02. Hamburger SV - Dynamo Dresden 1:1	22.05. Fynamo Tallin - Tervis Pärnu 2:1
27.02. FC Utrecht - MVV Maastricht	23.05. Estland - Wales (in Tallin) 1:2
27.02. SG Wattenscheid 09 - VfB Leipzig 2:2	25.05. Lettland - Litauen 1:2
02.03. AC Mailand - Werder Bremen 2:1	28.05. Gema Riga - Vidus Riga 0:2
03.03. C. Salzburg - E. Frankfurt (in Wien) 1:0	28.05. Dag Riga - Skonto Riga 1:3
04.03. SV W. Mannheim - Carl Zeiss Jena 2:0	29.05. FK Vilkas - Zalgiris Vilnius 1:7
05.03. VfB Stuttgart - Hamburger SV 4:0	02.06. Österreich - Deutschland 1:5
06.03. SC Freiburg - Eintracht Frankfurt 1:3	08.06. Kanada - Deutschland (in Toronto) 0:2
08.03. Rot Weiß Essen - Tennis Bor. Berlin 2:0	10.06. Kanada - Spanien (in Montreal) 0:2
09.03. Dynamo Dresden - Werder Bremen 1:0	11.06. Schweiz - Bolivien (in Montreal) 0:0
12.03. Hamburger SV - VfB Leipzig 3:0	17.06. Deutschland - Bolivien (in Chicago) 1:0
13.03. 1. FC Köln - VfB Stuttgart 2:0	18.06. USA - Schweiz (in Detroit) 1:1
16.03. Karlsruher SC - Boavista Porto 1:0	19.06. Kamerun - Schweden (in Los Angeles) 2:2
18.03. MSV Duisburg - Hamburger SV 0:1	20.06. Brasilien - Rußland (in San Francisco) 2:0
19.03. Bayer 04 Leverkusen - 1. FC Kaisersl. 3:2	21.06. Deutschland - Spanien (in Chicago) 1:1
19.03. MVV Maastricht - VV Venlo 0:0	22.06. USA - Kolumbien (in Los Angeles) 2:1
20.03. Piacenza - Atalanta Bergamo 4:0	24.06. Mexiko - Irland (in Orlando) 2:1
20.03. AC Mailand - Inter Mailand 2:1	25.06. Argentinien - Nigeria (in Boston) 2:1
23.03. Deutschland - Italien 2:1	26.06. Schweiz - Kolumbien (in San Franc.) 0:2
25.03. 1. FC Kaisersl. - Dynamo Dresden 1:0	27.06. Deutschland - Südkorea (in Dallas) 3:2
26.03. Bor. Mönchengladbach - VfB Leipzig 6:1	28.06. Irland - Norwegen (in New York) 0:0
26.03. VV Venlo - Sparta Rotterdam 1:4	29.06. Belgien - Saudi Arabien (in Wash.) 0:1
27.03. Hannover 96 - 1860 München 1:4	30.06. Griechenland - Nigeria (in Boston) 0:2
27.03. Hamburger SV - Bayern München 1:2	02.07. Spanien - Deutschland (in Chicago) 2:3
31.03. SG Wattenscheid - Hamburger SV 3:1	10.07. Bulgarien - Deutschland (in New York) 2:1
01.04. Leeds United - Newcastle United 1:1	13.08. SC Großrosseln - Hamburger SV
02.04. Linfield Belfast - Carrick Rangers 2:1	19.08. VfB Stuttgart - Hamburger SV
02.04. UCD Dublin - Sligo Rovers 1:0	26.08. SC Freiburg - Bayern München 5:0
03.04. Shamrock Rovers - Cork City 2:0	27.08. Hamburger SV - Bayer Uerdingen 0:0
04.04. Queens Park Rangers - Leeds United 0:4	30.08. SC Freiburg - Werer Bremen 1:3
05.04. Hamburger SV - Borussia Dortmund 0:0	31.08. Hamburger SV - Karlsruher SC 3:1
09.04. Hamburger SV - Werder Bremen 1:1	09.09. Royal Charleroi - Standard Liege
10.04. SKP Cheb - FC Dukla Prag 2:1	13.09. FC Antwerpen - Newcastle United
12.04. Karlsruher SC - Casino Salzburg 1:1	15.09. Grasshopper Zürich - Schw. Odessa
13.04. FC Dukla Prag - Ceske Budejovice 1:2	16.09. Vorwärts Steyr - FC Keli Linz
13.04. Slavia Prag - Slovan Liberec 0:2	17.09. Bayern München - Hamburger SV 1:1
14.04. 1. FC Kaisersl. - Bayern München 4:0	18.09. KSC Aalst - RSC Anderlecht
15.04. 1. FC Köln - Hamburger SV 3:0	14.10. SC Freiburg - Hamburger SV 3:0
16.04. BVSC Budapest - Vasas Budapest	16.10. Torpedo Minsk - Minsk 93 0:4
16.04. UTE Budapest - PMSC Fordan	18.10. Dynamo Moskau - Real Madrid 2:2
16.04. Ferencvaros Budapest - Banyasz Siofok	19.10. Dynamo Kiew - Paris St. Germain 1:2
17.04. VfB Mödlingen - FC Innsbruck	21.10. Hamburger SV - Bor. Mönchengladbach 1:2
17.04. Ceske Budejovice - Bohemians Prag 3:0	22.10. Borussia Dortmund - Bayern München 1:0
23.04. Hamburger SV - Bor. Mönchengladbach 1:5	23.10. PSV Eindhoven - Ajax Amsterdam 1:4
24.04. Hradec Kralove - Dukla Prag 0:1	29.10. Bayern München - VfB Stuttgart 2:2
26.04. C. Salzburg - Inter Mailand (in Wien) 0:1	30.10. MSV Duisburg - Hamburger SV 0:5
27.04. Croatia Zagreb - FC Zagreb 1:0	04.12. Eintracht Frankfurt - Hamburger SV 2:0
30.04. Eintracht Frankfurt - Hamburger SV 1:1	05.12. Juventus Turin - AC Florenz 3:2
01.05. Viktoria Pilsen - Petra Drnovice 1:0	05.12. Sampdoria Genua - FC Genua 93
07.05. Hamburger SV - 1. FC Kaiserslautern 1:3	21.12. Moldawien - Deutschland 0:3
10.05. Lausanne Sports - FC Lugano 0:2	=> Anreise zu 115 / Besuch von 113 Spielen

In Damaskus sah man ein Spiel und reiste anschließend wieder zurück Richtung Beirut, um den ausgefallenen Länderpunkt nachholen zu können. Noch auf syrischem Gebiet blieb man an einer Steigung im Schnee stecken: „Unser Taxifahrer wollte schon wieder umdrehen. Auf gutes Zureden von uns versuchte er trotzdem, die Strecke zu bewältigen. Er ließ etwas Luft aus den Reifen, was ich bis heute nicht verstehe, und wir schoben die Mühle an.

Während die Verwandschaft dachte, ich ließe mir am Toten Meer die Sonne auf den Bauch scheinen, mußte man bei Schneechaos Taxis anschieben, damit man weiterreisen konnte... . An der Grenze gab es wegen der zwei Reisepässe die üblichen Schwierigkeiten. Diesmal wollte man uns sogar verhaften. Unser Taxifahrer, der um seinen Lohn bangte, konnte aber erfolgreich einlenken. Am nächsten Tag stand der Länderpunkt schon wieder auf der Kippe. Als man im Ground war fing es an zu regnen. Der Schiedsrichter ließ aber spielen, und dafür werde ich ihm ewig dankbar sein! Vor dem Stadion standen an allen vier Ecken Panzer. Als die Gastmannschaft in Führung ging und die Gästefans zu laut jubelten, wurden einige von Uniformierten mit Maschinenpistolen abgeführt. - Andere Länder, andere Sitten. Letztlich konnte man mit einigem Abenteuer, einigen Strapazen und viel Spaß die Länderpunkte Libanon, Syrien und Israel machen."

Groundhoppen in einer anderen Dimension

Nach dem Lesen dieses Buches weiß man: Es gibt Junior-Hopper, Groundhopper und Profi-Hopper - je nachdem wie stark man diesem Hobby verfallen ist und wieviele Spiele man verfolgt. Dann gibt es die Unterscheidung nach geographischen Gesichtspunkten: Der Alpenhopper ist vornehmlich in den Alpen unterwegs, der Insel-Hopper hat seine besondere Leidenschaft für die britische Insel entdeckt, und der Euro-Hopper nimmt sich ganz Europa vor und ist weniger auf den anderen Kontinenten anzutreffen. Es gibt aber noch ganze andere Dimensionen, in denen sich Groundhopper bewegen, die nicht nach der Anzahl der besuchten Spiele oder der geographischen Lage einzuordnen sind. Bei der Wortwahl sollte man aufpassen. Sehr leicht könnte man in Versuch geraten, dies als „höheren Grad der Verrücktheit" zu bezeichnen, was von manchen weltenbummelnden Fußballanhängern nicht so gerne gesehen wird. Bleiben wir dabei, bei manchen Groundhoppern eine „besonders ausgeprägte Leidenschaft mit Hang zu sehr ungewöhnlichen Spezialitäten" erkennen zu können. Welcher Art?

Nun, nehmen wir an, man befindet sich in einem fernen Land, dessen Sprache man nicht spricht. Man möchte möglichst ohne Probleme von einem Ort zu einem anderen Ort kommen. Oder versetzen wir uns doch noch einmal zurück in eine mitteleuropäische Großstadt, in den Osten der Stadt -wir möchten aber in den Westen. Wir haben leider kein Auto dabei. Welche Wege stehen einem offen: Taxi - teuer, das Geld kann man als nicht gut Bemittelter sparen. Bus - schon viel günstiger, hier könnte man aber lange unterwegs sein. U-oder S-Bahn - klingt noch viel besser. Die kostet vermutlich genau so viel wie der Bus, aber man ist viel schneller am Ziel, vielleicht sogar noch schneller als mit einem Taxi, bei dem heutigen Verkehr. Gut, ich habe mich entschieden. Würden Sie sich entscheiden, die Strecke per pedes - zu Fuß - zurückzulegen? Daran würden Sie wahr-

Oben und unten: Während der Afrika-Tour '93 in Ägypten.

scheinlich nicht einmal denken. Derartige und ähnliche „Einfälle" hat aber unser weltreisender Hopper Fari. Als er 1993 zu seiner Afrika-Tour aufbrach, flog er via Zypern nach Kairo, wo er das Afrika-Cup-Spiel zwischen Kairo und Algier verfolgte. Von dort aus wollte er ursprünglich nach Libyen - wegen des israelischen Stempels im Reisepaß bekam er allerdings kein Visum. So blieb ihm keine andere Wahl, als per Flugzeug nach Tunesien einzureisen, wo er dem Auftritt der deutschen Nationalmannschaft beiwohnte.

Danach ging es bekanntlich nach Algerien, wo er mit der Verhaftung kurz vor Beginn seines neuen Länderpunktes eines seiner größten Dramen in seiner Hopper-Laufbahn erleben mußte. Davon ließ er sich aber nicht beirren - 18 Tage lang, 2.200 km quer durch die Sahara über Tamanrasset im

Ahaggar-Gebirge (dort fand ein Spiel statt) bis zum südlichsten Zipfel Algeriens führte ihn die Reise - zuerst per Autostop, dann zusammen mit einer Gruppe Abenteuertouristen in einem busähnlichen Vehikel (nachts fahren, tagsüber in den Schatten unter den Bus). In Agadez, bereits hinter der Grenze zwischen Algerien und Niger, sah er das Ligaspiel zwischen Agadez und Zumanta, ein paar hundert Kilometer weiter in der Hauptstadt Nigers das Supercup-Spiel und gleichzeitig Lokalderby zwischen Sahel SC Niamey und Oly Niamey. Anschließend streckte er den Arm aus und trampte wieder ein paar hundert Kilometer. Hier gelangen wir nun zur angesprochenen Entscheidung, welches Fortbewegungsmittel nun gewählt werden würde. Nein, nicht zu Fuß ging es weiter - so verrückt... - pardon: leidenschaftlich - ist er auch nicht. Würden Sie aber auf den guten alten Drahtesel aufsteigen? Fari war nicht in einer Großstadt..., nahm aber das Fahrrad. Von der Republik Niger ging es nach Burkina Faso, das ehemalige Obervolta, über die Hauptstadt Oua-

Während der Afrika-Tour '93 in der Sahara.

Während der Afrika-Tour '93 mit dem Fahrrad in Burkina Faso.

gadougou, die er nach fünf Tagen erreichte. Hier durfte er dem Länderspiel Burkina Faso - Mali beiwohnen. Danach schwang er sich wieder bis nach Bamako in Mali auf das Fahrrad. Hier sah er Avenir - Banamba und TATA Bamako - AS Sama. Er wechselte vom Fahrrad zur Eisenbahn und reiste so in den Senegal ein, wo er in Dakar erstmals die Westküste erreichte. Den fälligen Länderpunkt bescherte ihm das Spiel KA Cassa - Santhanc.

Es handelt sich nicht um eine Rallye Kairo - Dakar. Wer rastet, der rostet. Das relativ kleine Gambia war nicht fern. Faris Länderpunkt Nr. 50 sollte an seinem 85. Reisetag fallen - dies sollte mit dem Länderspiel Gambia - Mauretanien gelingen, das nach Massenschlägereien der Spieler frühzeitig abgebrochen wurde. Über ein Stückchen Senegal und Guinea-Bissau ging es bis Guinea, wobei er in den letzten beiden Staaten das Pech hatte, daß die Nationalmannschaften zur gleichen Zeit an einem Cup im benachbarten Sierra Leone teilnahmen und daher keine Spiele stattfanden. Dort wollte auch Fari hin. Seit der Hauptstadt Conakry wieder die Pedale schwingend näherte er sich der Grenze und hatte sie auch fast schon überquert, als er noch von einem Grenzsoldaten entdeckt wurde. Die Grenze war zu - Präsidentenwahlen - niemand durfte ein- oder ausreisen. Ein weiteres Problem war der fehlende Einreisestempel in Faris Reisepaß. Als der Schwarz-

wälder nach Guinea einreiste kam er zu einem Grenzpunkt, „wo man wohl noch nie einen Weißen gesehen hat". Die Aufregung war groß - einen Einreisestempel gab es dort gar nicht. Für die Grenzer an der Schranke zwischen Guinea und Sierra Leone war der Hopper illegal im Land. Wild redeten sie auf den Deutschen ein - der aber verstand die Sprache nicht. Schließlich nahm man Faris Fahrrad, drehte es um in Richtung Conakry und zielte mit der Pistole auf seinen Kopf. Das war deutlich. Fari kehrte um und nahm nach dem erneuten Flop den nächsten Flieger Richtung Europa.

Sieben Jahre später, im September und Oktober 2000 und leider zu spät für die zweite Auflage dieses Buchs, stellte er sich einer neuen, unglaublichen Tour, die er als die letzte große seines Groundhopper-Lebens ansah: Nach einem Flug nach Kirgisien in Zentralasien sollte es entlang der Seidenstraße, der alten Handelsroute gehen, die ursprünglich von China bis Persien reichte. Fari hatte im Vorfeld der Reise schwere Problemen bei der Visumsbeschaffung. Diesbezügliche Dinge hoffte er, vor Ort klären zu können. Im „Besuchsprogramm" standen neben Kirgisien noch Kasachstan, Uzbekistan, Tadschikistan und Turkmenistan. Sollte er vor unüberwindbaren Einreisehürden stehen, so wollte er versuchen, noch in die Mongolei und nach China auszuweichen – Carlo Farsang, 28 Jahre alter Schwarzwälder ...

Fari ist aber noch lange nicht der einzige „Extreme". Der Ratinger Stephan Schlei hat eine sehr eigenwillige Auffassung vom Leben: Er lebt nach dem „Bettelmönchideal". Vor Jahren hatte er eine Idee - er wollte ein Experiment durchführen: Zehn Tage ohne einen Pfennig nach Rom und zurück. Es gelang - sogar drei Wochen wurden draus. Er lebt während seiner Reisen als „Clochard" und erbettelt Geld, um sich dafür Essen zu kaufen. Seine Unterkünfte sind das freie Feld oder Keller, aber noch lieber Garagen und Treppenhäuser - übernachtet er in „seiner Stadt", in Rom, dann schläft er in abgestellten Güterwaggons am Bahnhof Termini. Der 43jährige, der schon selbst durch Japan gezogen ist und als 19jähriger bis nach Persien getrampt ist, ist seit 27 Jahren auf Achse und in der Zeit auf über 900.000 getrampte Kilometer gekommen.[110] Seit bereits 18 Jahren schreibt er alle seine Erlebnisse u.a. in Form eines Tagebuchs auf. Irgendwann könnte daraus auch mal ein Buch werden.

Stephan hat eine sehr eigenwillige Zählweise: Länderpunkte rechnet er ganz normal für das erste Spiel in den betreffenden Ländern ab. Komplettierungen beziehen sich hingegen darauf, Teams gesehen zu haben. So lauerte er beispielsweise den meisten großen (Ex-)Sowjet-Klubs wie „eine Stubenkatze, die vor dem Mauseloch wartet", auf, bis sie mal in das westliche Europa gelost wurden.

Bis April 1999 hat er 2.027 Spiele (nie unterhalb der 2. Spielklasse) in 41 FIFA-Ländern (davon 34 UEFA-Verbände) und 776 verschiedenen Grounds gesehen. Dabei verfolgte er 1.142 Vereine - seinen Verein Fortuna Düsseldorf allerdings 643mal. Sein „Zweitteam" Liverpool sah er in 26 Jahren 91mal - davon 30mal an der Anfield Road.

111) Mit einem veralteten Wert von 807.500 km steht er in der Auflage von 1999 im Guiness Buch der Rekorde.

Die Stadien interessieren Stephan nur sekundär. Trotzdem lautet eines seiner Ziele, in Zentraleuropa sowie Dänemark, England, Schottland, Nordirland, Italien, San Marino und Malta alle Erstliga-Stadien komplett zu haben. Seine „Jagd durch Europa", wie er es ausdrückt, ist natürlich nicht immer so einfach wie in San Marino, wo sich alle 16 Teams auf gerade sechs Plätze verteilen, oder wie auf Malta, wo alle zehn Erstligisten im Nationalstadion spielen und für deren Komplettierung (alle zehn Mannschaften gesehen) er gerade einmal 45 Stunden benötigte. Aus den anderen Ländern möchte er zumindest die jeweiligen drei Top-Teams gesehen haben - wenn das nicht geht, dann aber als absolutes Minimum den Meister des jeweiligen Landes.

In seinem Leben besuchte der Ratinger, der übrigens ein Diplom in Marketing-Kommunikationswissenschaften hat, bereits 50mal die britische Insel. Als er Brasilien besuchte, schaffte er es, in siebeneinhalb Wochen 24 Spiele zu sehen. Sein Besuch in Neuseeland verlief etwas unglücklich. Er kam im Januar, als der dortige Spielbetrieb eine Sommerpause hatte. Vor einigen Jahren fragte er den 19jährigen Rudi Völler, ob dieser ihn vom Stadion mit in Richtung Heimatstadt nehmen könnte. Völler war einverstanden. Erst später merkte Stephan, um wen es sich handelte - dabei hatte er ihn einige Minuten zuvor erst auf dem Rasen spielen sehen.[112]

Stephan ist praktisch immer unterwegs. Wenn man zusammenrechnet, wieviele Tage er jährlich zu Hause ist, käme man maximal auf vier Monate. Interessant dürfte der Vergleich sein, wenn er sich nach Tagen des Clochard-Daseins für den kostenlosen Eintritt bei den Fußballspielen innerhalb kurzer Zeit vom „nicht gerade frisch riechenden und sauber gekleideten" in den gepflegten, geduschten, rasierten und mit Krawatte ausgestatteten Mann „aus der Arbeitswelt" verwandelt... .

Als ebenso extrem eigenartig gilt ein englischer Hopper, dessen Eigenart man nicht mal mehr fragwürdig nennen kann.[113] „Was das soll", versteht auch sonst praktisch kein Groundhopper. Als reisender Fußballanhänger muß man nun ab und zu die Erfahrung machen, daß Spiele ausfallen. Besonders schlimm ist es, wenn man bereits angereist ist und erst vor Ort erfährt, daß ein Spiel nicht stattfindet. Wie froh müßte ein Groundhopper doch sein, wenn er noch vor der Abreise beim Kontrollcheck in Videotext oder Internet von dem Ausfall oder einer Verlegung erfährt. Nicht so der angesprochene Zeitgenosse. Dieser hat sich spezialisiert und sucht Grounds auf, wenn dort vorgesehene Spiele bereits abgesagt sind! Sie haben richtig gelesen - er möchte vor Ort den Spielausfall bestätigt sehen! So hat dieser Hopper eine ganz eigene Zählkategorie, in der er aber kaum eine Konkurrenz finden dürfte - diesem Phänomen kann niemand folgen.

---

112) Vgl. Brincat, Henry: Stephan Schlei - an unusual hitchhiker who earned a place in the Guiness Book of Records, in: The Times, 22. April 1996, S. 48.
113) Quelle für die Existenz dieses und der noch in diesem Kapitel folgenden „Überfliegern" ist Ur-Groundhopper Karl-Heinz Stein.

Ein deutscher Hopper beschäftigt sich mit der Idee des „ABC-Hoppens" - man fängt bei einem Ort oder Stadion an, der / das mit A im Namen beginnt, setzt seine Tour bei B fort, dann bei C usw., immer in der richtigen alphabetischen Reihenfolge Stadien „abhakend." Eine ähnliche Idee beschäftigte sich damit, zum Übergang vom Jahr 1999 in das Jahr 2000 ein Spiel anzusetzen, von dem die erste Halbzeit im alten Jahr, die neue Halbzeit im neuen Jahr gespielt werden müßte, die Pause also gerade zum Jahreswechsel stattfinden würde. Dieses Spiel fand übrigens tatsächlich statt – wenngleich dies auch nicht auf die Planungen eines Groundhopper zurückging: Auf den Fidschi-Inseln trafen auf der zweitgrößten Insel Labasa vor 3.000 Zuschauern in einem Freundschaftsspiel Labasa und Savusavu aufeinander. Das Spiel dauerte nach lokaler Zeit von 23:15 Uhr bis 01:00 Uhr.

Englische Stadien unterscheiden sich von den kontinentalen Stadien durch den erfolgten Abbau der Zäune zwischen Publikum und Spielfeld. Dies eröffnet dem Groundhopper neue Möglichkeiten. Dabei mag man jetzt zwar daran denken, daß es Groundhopper gibt, die die Grounds zählen, bei denen sie an den Stewards[114] vorbei auf die Spielfelder stürmen konnten. Diese mag es vielleicht geben, um die soll es aber nicht an dieser Stelle gehen. Zäune verhindern nicht nur, daß unberechtigte Personen den Platz nicht betreten können, sie haben auch den Nebeneffekt, daß Bälle, die das Spielfeld verlassen haben, nicht immer auf die Zuschauerränge fliegen. Ohne die Zäune fliegt das Spielgerät also öfter auf die Tribüne. Darauf haben es ein paar wenige englische Groundhopper abgesehen. Nein, sie versuchen nicht, die Bälle zu fangen und „einzustecken" - sie versuchen, sie zurückzuköpfen! Ist der Ball in Spielnähe, fliegt ins Aus und hat dabei noch eine Höhe, in der er mit dem Kopf zu erreichen ist, so versuchen tatsächlich ein paar Hopper von der Insel, bei jedem Match den Ball mit einem Kopfstoß zurück ins Spielfeld zu befördern. So erzählte mir Ur-Hopper Karl-Heinz von jenem Kollegen, der ein Pokalspiel verfolgte, das in die Verlängerung mußte. Für den Hopper ergab sich das Problem, daß er eigentlich losmußte, um pünktlich seine Arbeitsstelle zu erreichen. Der Hopper entschied sich für die Verlängerung und gegen die rechtzeitige Abfahrt. Als er bei seinem Arbeitgeber eintraf, berichtete er von dem Stau, der der Grund für seine Verspätung sei. Sein Chef aber kannte den Hopper und sein spezielles Hobby. So durfte sich der Hopper nach einer kurzen Musterung sinngemäß anhören: „Ach komm, erzähl' mir nichts - ich sehe doch jetzt noch den Dreck auf Deiner Stirn!" - Vielleicht sollte er sich doch angewöhnen, nach dem Verlassen des Sportplatzes bzw. nach dem erfolgten Kopfball, die Stirn abzuwischen...

In Nord- und Mittelamerika
Ein Erlebnisbericht von Thomas Schips, 14. Dezember 1993 bis 7. Januar 1994

Am Dienstag, dem 14. Dezember 1993 begann unsere zweite Amerika-Tour des Jahres 1993 (nach dem US-Cup im Juni '93). Diesmal trafen sich früh morgens die Herren

---

[114] Ordner, die sich um das Spielfeld plazieren, die Tribüne beobachten und verhindern, daß aufgebrachte Anhänger den Rasen betreten.

Schips, Funk „der Augsburge" Suhm „Suhmes" und Kratz „der Offenbacher" am Frankfurter Airport, um gemeinsam die United Airlines nach Miami zu supporten. So flog man dann über London und New York ins sonnige Florida. Am dortigen Airport mußte man erst einmal die 20°C-Temperaturunterschied (von 5°C in Deutschland auf über 25°C) überwinden, was aber nicht sonderlich schwierig war. Viel schlimmer war es, um 01:00 Uhr nachts ohne Plan in Miami zu stehen. Aufgrund der zuletzt verübten Morde und sonstiger Überfälle an Deutschen in Florida wurde man zu Hause natürlich entsprechend vorbereitet. Nur „der Offenbacher" wollte unbedingt in seinem Deutschland-Trainingsanzug zeigen, wer der Weltmeister ist. Unser Hotel sollte aber ganz in der Nähe sein, und so hoffte man auf den üblichen Shuttle-Bus, der sogar 30 Minuten später auch eintraf. So war ich dann froh, nach dem 26stündigen Streß, im Hotelbett *nicht* neben „dem Offenbacher" zu liegen.

Mittwoch, 15. Dezember 1993

Das erste Interesse an diesem Morgen galt natürlich dem Swimming-Pool. Und erst danach einem ausgiebigen Frühstück, bei dem wir doch glatt für eine Heavy Metal-Band gehalten wurden. Dies konnte nur an den „Langhaarigen" Suhmes und Augburger liegen. In der Zeitung wurde man noch auf ein Eishockey-Match der „Florida Panthers" aufmerksam, das am Abend stattfinden sollte. Somit blieben nur noch ein paar Stunden, um Miami zu erkunden. Dann nichts wie los! Als erstes zur Eishalle, Tickets sichern (für läppische acht Dollar - billiger als in Germany!), dann zum Hard-Rock-Café, T-Shirt kaufen, und beim ein oder anderen Bierchen aufs Soccer-Match vorbereiten. Wie bereits den ganzen Tag, ging es per Taxi zur „Orange Bowl", wo um 15.00 Uhr das erste Hauptereignis unserer Tour anstand: Deutschland - Argentinien (1:2).

Eine Stunde vor dem Kick-Off war man dann in der „Orange Bowl", die ansonsten eigentlich nur für Football genutzt wird. Es gab eine doppelstöckige Tribüne, die leider hinter einem Tor ausgespart ist und wo stattdessen eine Stahlrohrtribüne steht. Daß der ganze Ground unüberdacht ist, versteht sich im Sonnenstaat beinahe von selbst. Genauso, daß es nur Sitzplätze gibt. Kaum richtig im Stadion angekommen, fielen einem schon die beiden anderen VfB'ler Aff und Walla um den Hals, die dieses Spiel gleich mit einem Urlaub verbanden. Von den zufällig anwesenden Urlaubern mal abgesehen, waren es wohl kaum mehr als 30 Fußballverrückte, die nur wegen des Weltmeisters in die Staaten reisten. Darunter eine 14er Reisegruppe (BVB, S04, Wuppertal, Frankfurt und Lautern), bei der auch LD-Georg mitmischte. Der Rest vertrat die Mannschaften von Bielefeld, Essen, Jena und Riesa. Dazu dann noch die obligatorischen 1.000 Touries und Möchtegern-Deutsche, die schon vor X Jahren Deutschland den Rücken gekehrt haben. Aber das kannte man ja noch vom Sommer. Ganz anders dagegen die Argentinier; hatten diese doch einen Anhang von schätzungsweise 5.000 Leuten! Dabei waren 99% davon wohl Gastarbeiter bzw. Aussiedler, die in Florida wohnhaft sind. Wenigstens war dadurch etwas Stimmung im weiten Rund - die Amis hatten zu diesem Zeitpunkt immer noch keine Ahnung von Soccer.

Nach nur neun Minuten stand es auch gleich 1:1, wobei Möller die Führung der Gauchos ausgleichen konnte. Ansonsten sahen die Deutschen an diesem Tag nicht sehr gut aus, Fehlpässe am laufenden Band - also auch nicht besser als im Jahre 1999! Und auch meine persönliche Nr. 1 im Tor (Köpke) hinterließ nicht den sichersten Eindruck. Wahrscheinlich war es der ungünstige Zeitpunkt für eine USA-Reise oder das Wetter oder, oder, oder. So fiel in der 64. Minute noch der verdiente 2:1-Siegtreffer für Argentinien, aber was soll's. Die Gauchos hatten wenigstens ihre Revanche für das verlorene Finale von 1990. Wenigstens gab es noch einen neuen Rekord für die Amis, noch nie sahen so viele Zuschauer (25.221) ein Fußballspiel in Floridas Stadien.

Nachdem man mit dem Fußball für heute abgeschlossen hatte, fuhr man im Leihwagen der beiden anderen Schwaben zur „Miami Arena" der Eishalle. Dadurch kamen wir in den Genuß einer unfreiwilligen Stadtrundfahrt durch ziemlich üble Viertel. Daß dies genau die Gegend war, in der in den vergangenen Wochen so mancher Deutsche überfallen bzw. umgebracht wurde, erfuhr man erst hinterher. Und auch die Halle steht in eben diesem Viertel. Da die Halle zwei Stunden vor Spielbeginn noch geschlossen war, lief man unwissenderweise noch ein wenig in der Gegend herum, was leicht in die Hose hätte gehen können. So ganz geheuer war es mir jedenfalls nicht dabei. Jedenfalls kamen so nach und nach alle Deutschen (die Reisegruppe traf auch noch ein) unversehrt in der Eishalle an. Dort bekam man dann auch gleich die Atmosphäre rund um ein NHL-Spiel zu spüren. Schon allein die Halle sucht in Europa nach seines gleichen; dagegen ist sogar die Schleyer-Halle eine Bruchbude. So finden bei einem Hockey-Match 12.000 Zuschauer Platz, und nicht wie bei uns auf Holzbänken oder ähnlichem. Nein, jeder, auch wir für unsere acht-Dollar-Plätze, hat einen super Polstersitz mit Rückenlehne. Und die Sicht auch von ganz oben ist wirklich super. Außer für Eishockey wird diese Halle auch noch für NBA-Basketball und Konzerte genutzt. Aber auch sonst ist rund um das Spiel einiges geboten. Einige Leute der Panthers verteilten vor dem Spiel Luftballons oder schleuderten während des Spiels T-Shirts ins Publikum. Und wie beim Baseball auch wieder eine Unmenge von Wurstbuden und ähnlichem. Also, wer sich da noch langweilt, der ist selbst schuld. Klar, auch heute gab es wieder die Hymnen (heute zusätzlich die kanadische) zu hören. Dabei leistete ich mir eine Peinlichkeit, als sich nämlich während der kanadischen Hymne das Luftballon-Ding auf meinem Haupt mit einem lauten Knall verabschiedete. Nur gut, daß es in diesem Augenblick total ruhig war und nun alles zu uns hersah. Aber auch wir wußten von nichts und gafften eben zurück. Komischerweise war auch diesmal die Halle, wie schon bei anderen Veranstaltungen offiziell ausverkauft, doch es blieben viele Sitze frei. Zum Match brauche ich nicht viel erwähnen, da es ja eh nicht interessiert, oder? Mir kam das Spiel eine Klasse schneller vor, was wohl daran liegt, daß jedes Team aus gleich viel stark besetzten Reihen besteht und diese auch dauernd durchgewechselt werden. Aber von der Klasse her konnte man bei diesem Spiel zumindest keinen großen spielerischen Unterschied zur DEL feststellen. Soweit ich es noch in der Birne habe, verspielten die Panthers einen zweimaligen Vorsprung, doch trotzdem ging das Unentschieden in Ordnung. Stimmung kam während des Spiels nur auf, als die vorhin erwähnten Animateure ihr Publikum anstachelten. Ein NHL-Match kann ich nur jedem empfehlen - vor allem bei 25°C!!! Danach wurden wir von unseren beiden Urlaubern zurück ins Hotel chauffiert, da ein weiterer anstrengender Tag vor uns lag.

Donnerstag, 16. Dezember 1993

So stand man am nächsten Morgen schon wieder am Flughafen, vor uns das RTL-Team, das uns heute begleiten „durfte". Beim Einchecken gab es wieder viel zu wenig Schalter für viel zu viele Leute. So gelang es uns nur noch, mit einem Sprint in bester Ben Johnson-Manier, den Flieger zu erreichen. Am Nachmittag stand man dann also in San Francisco, besser gesagt am Airport, der so 30 km außerhalb der City liegt. Recht schnell fand unser „Reiseleiter" Augsburger heraus, daß man nun mit dem Bus zu fahren hätte. Dies dauerte auch nur eine geschlagene Stunde, war dafür aber enorm billig (ein Dollar). Während dieser Fahrt durfte ich dann noch die Bekanntschaft mit einem schielenden Senegalesen machen, wäre alles nicht so schlimm gewesen, nur war der gute Junge vom anderen Ufer! Im Stadtzentrum angekommen raus aus dem Bus und rein in ein Cable-Car, das uns fast bis vor die Hoteltüre brachte. Eine solche Fahrt mit dem Cable-Car gehört zum Pflichtprogramm, auch wenn eine Fahrt zwei Dollar kostet. Die über 100 Jahre alten Wagen sind einfach genial.

Freitag, 17. Dezember 1993

Da heißt es immer, die Fußballfans interessieren sich nicht für Kultur!?!? Unsereins fuhr mit dem Boot bereits frühmorgens raus auf den „Felsen" **Alcatraz**. Doch auch hier wurde man den OFC-Thommy nicht los (nicht einmal die wollten ihn behalten). Der nächste Versuch dann an der **Golden Gate Bridge**, doch auch dieses Vorhaben scheiterte, da der Gute plötzlich keine Lust mehr verspürte, uns dorthin zu begleiten. Auch die berühmtesten Straßen von Frisco, **Lombart Street** und die steilste Straße der Welt wurden noch beäugt. Am Abend wurde der „Nachzügler" Borste (HSV) bei uns im Hotel begrüßt, der sich von nun ab unserer „Reisegruppe" anschloß. Zu später Stunde veranstalteten wir in unserem Hotelzimmer noch eine Eiswürfelschlacht (toll, diese Eiswürfelautomaten!), bei dem unser Freund Thommy aus Rodgau beinahe verunglückte! Irgendwann in der Schlacht (der ganze Boden war bereits mit Eis bedeckt!) ging Suhmes mit einem Stuhl auf ihn los, doch wir konnten ihn in letzter Sekunde noch von seinen Mordabsichten abbringen. Wer sagt hier leider???

Samstag, 18. Dezember 1993

USA - Deutschland - endlich wieder ein Fußballspiel! Und da das Match bereits um 12:00 Uhr Ortszeit angepfiffen wurde, mußten wir uns recht früh auf den Weg machen. Nach einer über einstündigen Busfahrt war man für 1,50 Dollar in Palo Alto angekommen. Danach mußten wir noch „einige Meter" zum **Stadion der University of Stanford** laufen.

Am Stadion dann das selbe Spiel wie immer. Die einen drängeln sich an den Verpflegungsständen am Stadion, die anderen packen im Stadion ihre Picknickkörbe aus und verpflegen ihre ca. sechsköpfige Family. Der Ground hier hinterließ einen recht guten

Eindruck. Ein optisch gutes Bild gaben die goldenfarbenen Sitze in Kurven ab. Auch hier keine Überdachung, aber warum auch. Es regnet ja eh so gut wie nie. Wir 30 Deutschen machten es uns auf Stühlen in einer Kurve bequem und schauten dem Spiel zu. Halt, vor Spielbeginn bekam man noch eine Einlage der „Original bayerischen Schuhplattler" geboten - tolle Show. Das Aufhängen der Fahnen am Spielfeldrand war auch heute wieder nicht gestattet, aber was soll's, man gewöhnt sich langsam dran. Das beste Spiel dieser Tour endete dann mit einem 3:0 Pflichtspielsieg unserer Jungs gegen die wirklich schwachen Amis. Für die richtige Stimmung sorgte der allseits bekannte „Crazy George" der sonst auch für die Stimmungsmache beim Football verantwortlich ist. So stellte sich der 50jährige mit seiner kleinen Trommel vor die Menge, trommelte und gibt vor, was zu supporten ist. Nach dem dritten Mal machte dann zuerst der ganze Block und nachher das halbe Stadion mit. Sein Gehilfe streckt, damit auch wirklich keiner was falsch machen kann, dann noch entsprechende drei Schilder (mit den Buchstaben **U**, **S** und **A**) in die Höhe. Ein Original!!!

Als wir uns für diesen Tag genug gesonnt hatten, fuhren wir wieder mit dem umständlichen Bus zurück nach San Francisco. Für die Strecke San Francisco - Palo Alto gibt es auch so etwas wie einen Vorortzug, doch leider verkehrt dieser nur alle zwei Stunden. Vielleicht hat sich hier bis zu WM noch etwas geändert. Am Abend gönnte man sich noch das örtliche Hard-Rock-Cafe. In der heutigen Nacht vermißten wir den „Offenbacher" doch wirklich! Man dachte schon an all die schlimmen Dinge (Überfall, Entführung, Mord...) und über eine Vermißtenmeldung nach, als er dann am frühen Morgen doch noch zur Hoteltüre reinstolperte. Er hatte in der vergangenen Nacht mit den Pfälzern ein wenig viel Alkohol zu sich genommen, und ehe er ohne jede Orientierung durch Frisco getrabt wäre, paßten eben diese auf ihn auf.

Sonntag, 19. Dezember 1993
Diesen Tag galt es noch einmal die Stadt zu erkunden. Zuerst besuchte man, ausgerechnet Suhmes zuliebe, die älteste Kirche der Stadt, die Mission Dolores. Danach ging es zur California Academy of Sciences (Naturwissenschaftliches Museum), das zwar recht teuer ist, doch ein Besuch lohnt sich allemal. Nach dem Cable Car Museum hatte man dann für diesen Tag genug Kultur gesehen.

Montag, 20. Dezember 1993
Vor der Abfahrt zum Flugplatz mußte dann erst mal eine Zeitung her, der WM-Auslosung wegen. Das amerikanische Fernsehen gönnte diesem Ereignis nämlich nur gerade mal 15 Sekunden. Im Flughafen dann die nächste Überraschung: der Flieger nach Mexiko-City durfte aus Sicherheitsgründen (schlechtes Wetter!) nicht ganz vollgeladen werden, und so wurden eben noch ein paar Leute gesucht, die einen Umweg über Houston in Kauf nehmen würden. Dadurch verzögerte sich die Ankunft zwar um ein paar Stunden, aber dank United Airlines war jeder von uns um einen 300 Dollar - Gutschein reicher. Wir sagten Danke und waren somit erst am späten Abend in Mexiko-City. Im

Flieger von Houston zog dann unser „Offenbacher" mal wieder die Blicke auf sich, als er ein Lied nach dem anderen aus voller Brust losschmetterte (Rodgau Monotones und andere deutsche Volkslieder...). In der Hauptstadt Mexikos wollten wir uns dann ein Hotel am Flugplatz nehmen, doch da nur ein einziges zur Verfügung stand, und darüber hinaus die Nacht mit 100 Dollar für uns unerschwinglich war, blieb nur der „Offenbacher" dort („Isch hab genug, isch bin fertig, isch bleib do, egal was es kost."). Wir ließen uns per Taxi in eine billigere Absteige in der Stadt bringen. Da Borste eh schon vor uns geflogen war und wir somit nur noch zu dritt waren, reichte uns ein Doppelzimmer (?).

Dienstag, 21. Dezember 1993
Weil wir nicht gerade scharf auf die 15 Mio. Einwohner-Stadt mit ihrem Smog waren, fuhren wir mit dem Bus die 50 km raus nach Teotihuacan, einer riesigen Azteken-Stadt. Auf einem mehrere Quadratkilometer großen Gebiet stehen da bis zu 70 m hohe Pyramiden und sonstige Überbleibsel. Wirklich interessant und vor allem heiß! Wie klein die Welt doch ist, bekam man hier wieder deutlich gezeigt. Gerade als wir auf eine solche Pyramide hochsteigen wollten, kam eine Stimme von oben herab. „Das gibt es doch gar nicht!" Und siehe da, wer stand auf einmal vor uns - Fari mit seiner Verlobten! Zufälle gibt es. Eigentlich sollte er noch in Afrika weilen, doch da er diese Tour aus verschiedenen Gründen abbrechen mußte[115], war er nun eben nach Mexiko gekommen. Am Nachmittag fuhr man dann reichlich geschafft (2.500 m Höhe und Sonnenbrand) wieder zurück in die City. Dort gab es für uns ein original mexikanisches Essen, das wirklich mehr als scharf war - selten so geschwitzt!

Beim Besuch im Hotel der anderen Deutschen erfuhr man, daß diese bereits am Mittag im Mannschaftshotel ihre Tickets für das als ausverkauft angekündigte Spiel morgen abgeholt hatten. Tolle Sache! Jetzt aber nichts wie rein in ein VW-Käfer-Taxi, von denen es nur so wimmelt und ab ins Mannschaftshotel. Dort war gerade die Pressekonferenz beendet. Das ganze DFB-Team weilte beim Abendessen. Egal, wir brauchten die Karten. So wurde ein Mexikaner beauftragt, den Herrn Niersbach zu rufen. So ein Abendessen ist schon eine tolle Sache, zumindest das, was wir sehen konnten. Zuerst halten alle wichtigen Leute ein Rede, dann wird ein wenig gegessen, wieder geredet, also unheimlich wichtig das Ganze. Dann, nach über einer halben Stunde, Jürgen Klinsmann war schon lange weg, kam zwar nicht der Herr Niersbach, doch dafür ein anderer DFB-Mensch, der sich für sehr wichtig hielt, mit einem ganzen Block Eintrittskarten in der Hand. Und in Deutschland bekam man vom DFB die Aussage „Wir haben keine Karten für dieses Spiel, aber in das Stadion passen ja über 120.000 Leute, das wird eh nicht ausverkauft!" Vielen Dank Deutscher Fußball-Bund! Dann motzte dieser gute Mann noch herum, daß bereits vor ein paar Stunden welche da waren und 14 Eintrittskarten holten und woher er nun wissen solle, daß wir da nicht dazugehören. Wir würden doch bestimmt diese Kar-

---
115) Siehe vorheriges Kapitel.

ten nur holen, um sie dann auf dem Schwarzmarkt zu verhökern. Jawohl, wir kommen ja extra aus Deutschland hierher, um Karten auf dem Schwarzmarkt zu verkaufen. Daß eben dieser Mensch keinen einzigen Peso für die Karten bezahlt hat, versteht sich ja fast von alleine. Das Wichtigste für ihn war, daß er auch das Geld für die Karten bekam, und zwar in DM, da er am nächsten Tag wieder nach Hause fliegen würde. Er war unser Freund (...). Uns das war's dann auch - egal, Hauptsache wir hatten die Tickets. Den Abend ließ man bei Live-Klaviermusik an der Hotelbar ausklingen.

Mittwoch, 22. Dezember 1993

Mexiko - Deutschland. Endlich stand das so sehnsüchtig erwartete Spiel im Aztekenstadion an. Bereits beim Frühstück traf man Borste wieder, der komischerweise im gleichen Hotel wie wir nächtigte. Da gibt es in dieser Stadt Hunderte von Hotels, aber wir sind ausgerechnet in ein und demselben, ohne es zu merken. Zufälle gibt es!

Per U-Bahn, - Mexiko-City verfügt über ein sehr gut ausgebautes Netz - fuhren wir etwa 40 Minuten bis zum Stadion, das ein schönes Stück außerhalb der City liegt. Schon auf der Fahrt, wie eigentlich überall an diesem Tag, wurden wir von der einheimischen Jugend sehr eingehend betrachtet. Drei Stunden vor Spielbeginn war vor dem Ground schon mächtig was los. Hunderte von Ständen mit allen möglichen grün-weiß-roten Fanartikeln und natürlich viele verrückte Mexikaner. Borste begab sich mit einem Riesaer

1994 in Mexiko.

1994 in Mexiko.

(kam per Greyhound direkt von Miami!) auf den Schwarzmarkt, um sich ein Ticket zu sichern, was sie auch bravourös meisterten. Nun ging es in die Stätte des WM-Finales von 1986. Der Ground ist wirklich vom Feinsten, aber vor allem riesig. Die Tribünen bestehen aus drei Stöcken, wobei es nur ganz oben noch ein paar Stehplätze gibt. Durch die komplette Überdachung hat die ganze Sache auch noch eine super Akustik. Nach und nach füllten sich die Ränge mit den Einheimischen. Da es eh niemanden interessierte, wo man Platz nahm, machten wir es uns unten in Höhe einer Eckfahne bequem. Beim Aufhängen der Fahnen wurden wir gleich von den Einheimischen gewarnt, daß das jugendliche Volk der Mexikaner heiß darauf wäre, diese zu entwenden. Unsereins hatte aber keine Lust, die ganze Zeit bei den Fahnen zu verbleiben und so ließ man die Fahnen eben im Rucksack.

Je näher der Anpfiff rückte, um so höher stieg der Lärmpegel im Stadion. Ein als Hahn (oder Papagei) verkleideter Mexikaner heizte die Stimmung noch zusätzlich an, in dem er in lebensbedrohlicher Manier über das Geländer hinausching. Beim Spielbeginn herrschte eine unglaubliche Stimmung, wie ich sie bisher noch nie erlebt habe. Fast jeder Mexikaner schwenkte eine grün-weiß-rote Fahne und alles schrie „Mexiko, Mexiko...." uns lief es eiskalt den Rücken runter. Okay, während des Matches ließ die Stimmung etwas nach, was uns aber aufgrund des miserablen Spiels nicht weiter verwunderte. Erst kurz vor Spielende war das Volk wieder auf der Höhe. Nach der Meinung der Mexikaner hätte es nämlich einen Elfmeter für ihr Team geben müssen, da der Schiri diesen aber nicht gab, mußten wir Deutsche als Schuldige herhalten. Es flogen uns massenweise volle Bierbecher, Orangen, Münzen, eben alles, was man nur werfen konnte, um die Ohren. Es dauerte nicht lange, und wir sahen aus wie die Schweine, und der Biergeruch auf den Klamotten war auch vom Feinsten. Da die Mexikaner um uns herum auch getroffen wurden, hielten diese dann zu uns und halfen, uns den ganzen Krempel wieder zurückzuwerfen. So entwickelte sich ein reger Austausch von diesen Gastgeschenken. Zu sagen bleibt noch, daß in dem Stadion auf alle Fälle mehr Zuschauer waren, als die offiziell angegebenen 114.000. Auf den Aufgängen herrschte das totale Gedränge, um einen Platz auf den Treppen zu erobern. Und das alles an einem Mittwochnachmittag!

Den Rückweg in die City wollte man mit dem gemieteten Kleinbus der anderen antreten, doch wegen des Verkehrschaos war dies zwei Stunden unmöglich. Und zudem herrscht auf den Stadtautobahnen Mexiko-Citys wohl zu jeder Tageszeit dasselbe Chaos. Ziemlich geschafft, begab man sich mit den Pfälzern noch zum Abendessen, und danach sofort zurück in unsere Herberge.

Donnerstag, 23. Dezember 1993
Der Tag des Abschieds stand an. Suhmes, der Offenbacher und Borste wurden von uns zu ihren Flugzeugen gen Heimat verabschiedet und für den Augsburger und mich stand später der Flug nach Tapachula im Süden Mexikos auf dem Programm. Tapachula im Bundesstaat Chiapas dürfte nach den Indianeraufständen mit unzähligen Toten den Meisten ein Begriff sein. Da der Kulturteil jetzt wohl nicht so sehr interessiert, werde ich mich jetzt etwas kürzer fassen.

Es ist schon herrlich, wenn man einen Tag vor Heilig Abend bei 30°C in Südmexiko auf einen Weihnachtsmann im dicken Gewand trifft. Zudem durften wir gleich in der ersten Nacht die Bekanntschaft mit zwei widerlichen Riesenkakerlaken machen. Da diese in unserem „Hotel"zimmer wohnten, verbrachten wir die Nacht bei eingeschaltetem Ventilator und brennendem Licht (das mögen die Viecher überhaupt nicht).

Freitag, 24. bis Mittwoch, 29. Dezember 1993
Heute ging es per Camionata (alte, ausgediente amerikanische Schulbusse) zur Grenze nach Guatemala weiter. Nach der Entrichtung der „Einreisegebühr" (existiert offiziell nicht) ging es zu Fuß über die Brücke des Grenzflusses. Dort im Niemandsland herrschte ein reges Treiben, mindestens 20 Leute wollten hier Kohle schwarz tauschen. Über Talisman fuhren wir dann, ich glaube sechs Stunden für die 200 km-Strecke. Zu den Bussen ist noch zu sagen, daß diese, wenn sie für 60 Personen zugelassen sind, erst losfuhren, wenn mindestens 100 Leute an Bord waren (3er Sitzbelegung usw.). Fahrpläne existieren keine, der Bus fährt los, wenn genügend Leute an Bord sind. Bushaltestellen in unserem Sinn gibt es auch keine, außer in den größeren Städten, dort gibt es so etwas wie ein Busterminal. Wenn jemand auf der Strecke einsteigen will, genügt ein Wink, und der Kutscher hält an. Zum Aussteigen genügt ein Schrei und der Fahrer hält an. Das Gepäck wird grundsätzlich auf dem Dach festgezurrt (ich hatte bestimmt nicht nur einmal das Gefühl, daß wir bei der Ankunft ohne dastehen würden). Ja, und wenn der Bus so richtig voll ist, dann werden noch einmal zehn Personen hineingequetscht, bevor sich dann der

Ayudante (Schaffner, Gehilfe) durch den Bus kämpft, um abzukassieren. Aber enorm billig ist diese Art zu reisen; so bezahlten wir für die oben genannte Strecke etwa 6,- DM. Wer mit dem Bus fährt, der kann was erleben: Als wir eine ewig lange Steigung ins Hochland fuhren, wurde der Bus kurz gestoppt, der Ayudante sprang heraus und schöpfte mit einem Kanister Wasser aus einem Bach, um das Kühlwasser nachzufüllen. Alles ganz normal! Nur wir schauten desöfteren etwas ungläubig drein. Busfahren erfordert in diesem Land von Fremden eine Menge an Durchhaltevermögen, Geduld, Gottvertrauen und Humor. Am späten Nachmittag des Heiligen Abends waren wir dann endlich in Quetzaltenango, das von den Einheimischen nur Xela gerufen wird. Von den ganzen Weihnachtsfeierlichkeiten bekamen wir in den nächsten Tagen so gut wie nichts mit, dafür aber einiges über das Leben der Einheimischen. So ging es nach Weihnachten weiter an den Atitlansee, für viele der „Schönste See der Welt" was wir nur bestätigen konnten. Nachdem wir uns ein paar Tage am See erholt hatten, ging es in die Hauptstadt. So langsam meinte auch der Magen, daß das Essen nichts für uns verwöhnte Europäer ist und man suchte mehrmals am Tag eine Toilette auf. In der 1,1-Mio-Stadt Guatemala-City angekommen, wollte man auch gleich wieder weiter, denn diese Stadt ist mit Abstand die ekelhafteste, die ich bisher gesehen habe. Die Gehwege voller Straßenhändler, so daß man nur auf den überfüllten Straßen laufen konnte, beinahe überfahren wurde, von dem Gestank ganz zu schweigen. Außerdem waren wir Europäer natürlich die Attraktion überhaupt. Alles schaute nur noch uns nach. Ja, es verirren sich nicht allzuviele Touristen nach Guatemala-City. Und vor jeder Bank und besserem Geschäft stand das Militär mit den MP's im Anschlag. Na bravo! Wenigstens konnte man der Zeitung entnehmen, daß heute ein Fußballspiel auf dem Spielplan stand - HURRA!!!

29. Dezember 1993

Municipal Guatemala - Deportiva Escuintla im Estadio National Mateo Flores von Guatemala-City vor 8.000 Zuschauern. Eine Stunde vor Spielbeginn waren massig Leute rund um das Stadion versammelt, ebenso mehrere Hundert bis auf die Zähne bewaffnete Polizisten. Da wir keine Lust hatten, mit den verrückten Guatemalteken in einem „normalen" Block zu stehen, leisteten wir uns heute einmal die Haupttribüne für 12,- DM. Der Ground ist mittlerweile zu trauriger Berühmtheit gelangt, da drei Jahre danach nach einer Panik viele Zuschauer ums Leben kamen. Das Nationalstadion, erbaut in den fünfziger Jahren, ist total veraltet, hat aber immerhin schon Flutlicht. Am heutigen Abend fanden sich immerhin 8.000 Zuschauer zu diesem Ereignis ein. Da es zwei Tage vor Silvester war, knallte es an allen Ecken und Enden, trotz massiver Leibesvisitation an den Eingängen. Auch pfiffen Hunderte von Heulern quer über das Spielfeld. Bei den Mannschaften handelte es sich um den größten Verein der Hauptstadt, Municipal Guatemala (der FC Bayern von Guatmala) und Deportiva Escuintla (eine 65.000 Einwohnerstadt im Süden des Landes). Diese wurden von etwa 2.000 Zuschauern unterstützt, doch daß dies Away-Supporter waren, ist aufgrund der Armut in diesem Land wohl kaum anzunehmen. Municipal war Tabellenführer und Escuintla Tabellenvierzehnter.

Das Spiel war ein völlig neues Fußballerlebnis. Es glich eher einer Mischung von Fußball und Rugby. Es wurde getreten, was das Zeug hielt. So dauerte es nur bis zur 34.

Minute, ehe der erste Spieler per Platzverweis zum Duschen geschickt wurde. Doch der Platzverweis führte erst einmal dazu, daß sich alle (!) 22 Aktiven inklusive Schirigespann zur munteren Diskussion trafen und die ganze Angelegenheit ausdiskutierten. Dies dauerte etwa fünf Minuten, so daß wir schon einen Spielabbruch befürchteten. Doch es ging dann Gott sei Dank weiter. Ganz nebenbei wurde noch ein wenig Fußball gespielt und kurz vor der Pause durfte das 1:0 durch Ruben Gonzalez bejubelt werden. Der Gastgeber war den Gästen spielerisch zwar überlegen, doch da die Abseitsfalle nicht immer so toll funktionierte, kam Escuintla in der 56. Minute zum Ausgleich. Dies war gleichzeitig der Startschuß zur bedingungslosen Offensive Municipals. Angriff auf Angriff rollte auf das Gästetor. Dies wurde mit zwei weiteren Treffern auch standesgemäß belohnt. Zu sagen bleibt noch, daß die Silvester-Heuler fast pausenlos von den Supportern über das Spielfeld geschickt wurden, ein Wunder daß dabei kein Spieler getroffen wurde. Aber das sah hier keiner so eng wie in Europa. Die Siegesfeiern hielten sich nach dem Spiel in Grenzen, und wir sorgten uns eher darum, wie wir denn nun zurück in unser Hotel kommen sollten, da weit und breit kein Taxi aufzutreiben war. So lief man eben die Strecke. Am Anfang ging das alles ja noch, doch als man nach einem Kilometer durch ziemlich dunkle Ecken mit finsteren Gestalten lief, war es uns alles andere als wohl in der Haut. So schnell bin ich in meinem Leben noch nicht die etwa drei Kilometer zum Hotel gelaufen! An jeder Straßenecke hatten wir die Todesangst im Nacken, erst recht, wenn diese finsteren Gestalten unseren Weg kreuzten. Und das alles in total finsteren Gassen. Wir atmeten jedesmal durch, wenn wir an einer Bank vorbeiliefen, vor der ein paar Cops Wache standen. Schweißgebadet, aber unversehrt kamen wir dann doch noch an unserem Hotel an. Puuh, Schwein gehabt!

30. Dezember 1993 bis 7. Januar 1994

Am Donnerstag stand endlich wieder ein Flug an, diesmal mitten in den Dschungel nach Flores, im Norden des Landes. Dort war die Luftfeuchtigkeit auch gleich um ein Vielfaches höher als in der Hauptstadt, doch die Temperaturen von 25°C ließen dies sehr gut ertragen. Der Grund dieses „Ausfluges" war die wohl größte und vielleicht auch bedeutendste Mayastätte der Welt: Tikal. Einen Tag verbrachten wir in diesem Nationalpark, welcher einen einfach begeistern mußte. Zuvor hatte ich mit dieser Kultur, ehrlich gesagt, nicht viel am Hut. Aber wenn man das alles erst einmal gesehen hat, steht man ganz anders zu diesen Dingen.

Silvester verbrachten wir dann mitten im Dreck von Flores. Bereits um 0:30 Uhr suchten wir unser Hotelbett auf.

Am Neujahrstag flogen wir wieder zurück in die Hauptstadt und dann fuhren wir weiter per Bus nach Antigua Guatemala (bis 1773 die Hauptstadt des Landes). Nach einem Erdbeben war die Stadt völlig zerstört, die Ruinen von damals kann man heute noch bewundern. Dort rebellierte der Magen endgültig und wir bewegten uns fortan nur noch in der Nähe von Toiletten.

Am 4. Januar führte uns unser Weg nach San Salvador. Dort war alles wieder eine Spur zivilisierter und auch viel freundlicher als in Guatemala. Trotzdem sahen wir während unseres ganzen Aufenthaltes (drei Tage) gerade mal neun Touristen! Das liegt wohl daran, daß dieses Land nicht allzuviel zu bieten hat. Als wir einmal nach 21:00 Uhr noch auf der Straße unterwegs waren, wurden wir von der Polizei darauf hingewiesen, daß es besser für die Gesundheit wäre, jetzt zurück zum Hotel zu gehen. Um diese Zeit trauten sich nicht einmal mehr die Einheimischen auf die Straße.

Wir fuhren dann doch noch zur bedeutendsten Mayastätte des Landes, Tazumal, wo aber nur noch eine einzige Pyramide steht. Der absolute Traum war der Illopangosee. So ein schönes Fleckchen Erde habe ich bisher selten gesehen. Palmen, warmes Wasser, ein herrlicher Strand und keine Touristen! Angetan hatten es uns auch die El Salvadoranerinnen. So wie sie uns anschauten, waren wir für sie wohl die Traumboys schlechthin. Und ich kann kein Spanisch!?! Am 7. Januar hieß es aber dann Abschied nehmen von El Salvador und nach 32 Stunden Reise war man über Miami, New York, London und Frankfurt gerade noch rechtzeitig zum Eishockeyspiel des ESV Balingen gegen Schwenninger ERC 1b wieder in der Heimat angekommen. Nach dieser Tour hätten wir bestimmt an einem Reisemagazin mitschreiben können. Außerdem sind mir die Länder Mittelamerikas doch ans Herz gewachsen.

Zentralamerika-Gastspiel eines Lebenskünstlers
Ausschnitte aus dem Tagebuch von Carlo Farsang, Juli bis September 1999[116]

„Europa ist mein Wohnzimmer" ist ein bekannter Ausspruch von Carlo „Fari" Farsang. „Sein Wohnzimmer" wollte er mal wieder verlassen ... Richtung Zentralamerika.

Bekanntlich versuchen Groundhopper zu sparen, wo sie nur können. So war der Flug nach Kuba (ca. 630 DM) und das Übersetzen von dort auf das Festland nur ein Notfallplan. Favorisiert wurde von Fari die Schiffsreise: Antwerpen lautete sein Ziel. Von dort laufen viele Schiffe nach Süd- und Mittelamerika aus, die für einige Aufgaben noch jemanden anheuern müssen, ob Matrose, Kombüse oder was sonst noch offen ist. Auf einer Tafel kann man sehen, welches Schiff noch welche Posten besetzen möchte — und Fari kann einiges. Würde der Plan funktionieren, so wäre die Hinreise trotz der Dauer von vermuteten zehn bis 14 Tagen schon einmal kostenlos. Was aber nutzt der schönste Plan, wenn Teilstücke eines Plans zu optimistisch eingeschätzt werden? In Antwerpen kamen Fari Seemänner in die Quere, die besser befähigt sind als er und dieses auch mit Dokumenten nachweisen konnten. So blieb dann doch nur der günstige Flug nach Kuba. Folgenden Bericht konnte ich aufgrund von ihm verschickter Postkarten zusammenstellen:

Sonntag, 18. Juli 1999: 1. Station: Kuba

Kennt Ihr den einzigen Unterschied zwischen der ehemaligen DDR und Kuba? Nein! Also gut. Ich sag's Euch. Hier in Kuba wachsen das ganze Jahr Bananen. Und durch den Zwangsumtausch gehen die Dollar nur so weg. Doch viel übler ist, daß hier kein Fußball gespielt wird — außer mal so aus Lust und Laune heraus. Leider ging auch das mit dem Schiff total schief. Viele Grüße aus Habana, Fiedel Fari.

---

[116] Vgl. Farsang, Carlo / Heinisch, Jörg: Groundhoppen in Mittelamerika, Teil I, in Fan geht vor, 9. Jg. (1999), Nr. 78, S. 16-20; Teil II in: Fan geht vor, 9. Jg. (1999), Nr. 79, S. 22-24.

Sonntag, 25. Juli 1999: 2. Station: Belize

Kennt Ihr Caye Caulker? Nein, das ist nicht etwa ein Filmstar. Caye Caulker ist der Stoff, wovon viele junge Menschen träumen. Eine kleine Insel in der Karibik, hier geht jeder barfuß, no shirt, no shoes, no problem — und die Regel Nr. 1: Go slow, ein oder mehr Joints gehören hier zum Tagesablauf genauso wie der allabendliche Besuch der Open-Air-Bars. Doch am meisten fasziniert hat mich das Barrier Reef (vielleicht das schönste Korallenriff der Welt) — Karibik über und unter Wasser genießen, eintauchen, auftanken und 24 Stunden Bob Marley hören. Tja Leute, und jetzt holt mal Euren Schulatlas raus, denn heute wurde mal wieder Hopper-Geschichte geschrieben. Im CONCACAF-Cup-Rückspiel (das ist hier die Champions League in Central Amerika) empfing der belizische Meister Juventus Esso den Champion aus Guatemala, Comunicaciones, vor 2.556 Zuschauern — das war heute Zuschauerrekord und ein Kult-Länderpunkt zugleich. Für meinen neuen Freund Casanova war das sein erster Länderpunkt (zu Casanova später mehr, der Autor).

Mittwoch, 28. Juli 1999: 3. Station: Guatemala

Das Grauen hat einen neuen Namen: La Cindad — M a z a t e n n a g o —, nach Chmel Blsany und Lazne Bohdanec bin ich heute zu der Erkenntnis gekommen, daß es immer noch eine Steigerung von Kult gibt. Heute fand hier in dieser von Touristen weit umfahrenen Stadt „Mazatennago" der Saisonstart der ersten guatemalischen Liga statt. Im Estadio Carlos Salazor (dieser Ground läßt Fußball-Herzen höher schlagen, ein absolutes Muß für jeden Groundhopper. Allein die acht Flutlichtmasten sind die Strapazen hierher wert) ging es vor ca. 900 Zuschauern heiß her zwischen Azucareros und dem neuen Meister Comunicaciones: 0:2 (Wegen Zuschauerausschreitungen hat der Club Azucareros aus Santa Luisa eine Platzsperre von drei Punktsspielen). An dieser Stelle noch ein besonderer Dank an die Hools aus Santa Luisa — Ihr habt nun Mazatennago weltbekannt gemacht.

Samstag, 31. Juli 1999:

Guatemala City. 1. Liga Universidad - Escuintla 2:1 vor 400 Zuschauern im Estadio Mateo Flores. Hier war nichts los. Und morgen bin ich noch beim Concacaf-Cup: Comunicaciones - Angel Firpo.

Sonntag, 1. August 1999:

Guatemala City. Concacaf-Cup im Estadio La Pedrera. Comunicaciones - Angel Firpo aus El Salvador 3:0.

Mittwoch, 4. August 1999:

Heute war das Stadt-Derby im Estadio Mateo Flores: Municipal - FC Aurora 1:1 vor 5.000 Zuschauern.

Donnerstag, 5. August 1999:

Und ab heute habe ich ein neues Hopper-Kapitel aufgeschlagen bzw., Casanova und ich haben unser erstes Gastspiel (Straßen-Pantomime) in Guatemala-City gegeben. Ihr

elPeriódico
GUATEMALA
VIERNES 6 DE AGOSTO DE 1999 • AÑO 3 • NO. 0982 • PRECIO Q1.50

Proponen reducir Q1 al precio del galón de gasolina
• DIPUTADO DEL PARTIDO VERDE SUGIERE DESGRAVAR LOS COMBUSTIBLES
• EL PRECIO DE LA GASOLINA SÚPER SE ACERCA A LOS Q13
PÁGINA 4

Mejía Víctores asediado en el tribunal

Cómo manejar el alto interés de las tarjetas
PÁGINA 26

ÚLTIMA OPORTUNIDAD
EMPADRÓNESE
PLAZO FATAL 7 DE AGOSTO

Carlos Farsang es berlinés, tiene 27 años y recorre el mundo desde hace diez. Busca ser incluido en el libro de Guinness como el actor de teatro doméstico que se ha presentado en más países del mundo. En plazas y calles concurridas finge ser una estatua y disfruta atemorizando a quienes depositan monedas en su caja. Ayer pasó la jornada entera en el Centro Cívico capitalino. El niño de la imagen fue una de sus muchas víctimas.

Guatemala City, August 1999: Groundhopper Fari schlägt ein neues Kapitel auf. Mit grünbemaltem Gesicht, weißen Handschuhen und weißem Cape spielt er zusammen mit seiner Bauchrednerpuppe „Casanova" fünf bis sechs Stunden täglich Straßenpantomime. Der „Bildzeitung Guatemalas", „El Periodico", war er gleich ein Titelbild wert. Fari: „Der Tag wird kommen, an dem ich Sand in der Wüste verkaufe." Man wagt es kaum noch zu bezweifeln.

könnt Euch nicht vorstellen, wie schwierig es ist, fünf bis sechs Stunden pro Tag Leute auf der Straße zum Lachen zu bringen. Doch Casanaova — das ist meine neue Bauchrednerpuppe — ist schon ein kleiner Star. Sogar der Tageszeitung „El Periodico" (das ist die zweite Bildzeitung hier) war es ein Titel-Foto wert. Vielleicht war das der letzte Schritt zum 100%igen Lebenskünstler. (Anm. des Autors.: Und tatsächlich, es ist unfaßbar. Die Titelseite der Zeitung vom 6.8 zeigt ein riesiges Bild, das einen Fari mit grünbemaltem Gesicht, weißen Handschuhen, weißem Cape und einer Trillerpfeife im Mund zeigt, vor ihm „Casanova" auf der Erde sitzend und ein mit freudigem Gesicht vor ihm weglaufendes Straßenkind. In einem Text dazu wird Fari kurz vorgestellt. Dabei der Hinweis, daß die Leute ein wenig verängstigt sind, ihm Geld in seine Börse zu stecken.)

Und zwischen den Spielen haben wir (Fari meint sich und Casanova) noch die bedeutendste aller Maya-Stätten besucht: Tikal. Mitten im Urwald. Vier riesige Pyramiden ragen über die bis zu 50 m hohen Ceibabäume. Und die Klammeraffen fressen Dir aus der Hand, wären da nicht diese lästigen Moskitos.! Sie stechen rund um die Uhr. Im Vorbeifahren haben wir mal eben so den aktiven Vulkan Pacaya (2.552 m.ü.M.) bestiegen, und zur Erholung waren wir für zwei Tage am vielleicht schönsten See der Welt, am Lago Atitlan, baden.

Sonntag, 8. August 1999:

Antigua (Guatemala). Nach diesem Tag heute überlege ich ernsthaft, ob ich die maltesische Liga nicht komplett machen soll. Im Estadio Pensativo von Antigua fand heute das Top-Spiel der Woche statt. 8.000 fanatische Anhänger zelebrierten am Fuße des Vulkans Agua (haarsträubender kann ein Fußballstadion wohl nicht mehr liegen) einen Tanz der Güteklasse 1A: GFC Antigua - Municipal 1:1. Außerdem habe ich wohl das Tor des Jahres gesehen.

4. Station: El Salvador

San Salvador. Tja Leute, zur Abwechslung wohne ich mal bei einem Fußball-Profi in Santa Tecla (das ist das neue San Salvador), und zwar nicht bei irgendeinem — NEIN! — habe mich mal für 'ne Woche beim Nationalhelden von El Salvador einquartiert, bei: Carlos Castro Borya alias Papo, einer, der es geschafft hat, in Europa zu spielen (beim Erstligaclub AV Graz). Heute ist er bei Firpo unter Vertrag. Wie ich zu der kostenlosen Übernachtung kam, das ist eine sehr, sehr lange Geschichte.

Samstag, 14. August 1999:

Santa Ana (El Salvador). Im Estadio Oscar Quiteno ging's heute um die goldene Ananas im Concacaf-Spiel FAS Santa Ana - Aurora aus Guatemala 1:1. Da beide Clubs keine Chance mehr hatten, die zweite Runde zu erreichen, war die Kulisse von ca. 1.000 Zuschauern plus ein überglücklicher Groundhopper nicht schlecht. Überglücklich deshalb, weil erst am Freitag-Nachmittag die Entscheidung gefallen ist, ob diese Partie überhaupt angepfiffen werden soll. Ihr könnt Euch nicht vorstellen, wieviele Stoßgebete ich bis zum Tag der Entscheidung losgelassen habe, ob gespielt wird oder nicht. Schweiß, Schweiß und nochmal Schweiß.

Sonntag, 15. August 1999: 5. Station: Honduras
Tegucigalpa, 13 Uhr. In einer Nacht- und Nebelaktion ging's von Santa Ana aus in die Hauptstadt von Honduras. Mir war klar, es wird wieder mal ein Rennen mit der Zeit. Nichts aber auch durfte jetzt dazwischen kommen, alles muß jetzt reibungslos laufen, keine Panne, kein Grenzstau oder sonstige Stolpersteine hätte ich aus dem Weg räumen können. Hurra, hurra, es ist mal wieder geschafft. Um 13 Uhr erreiche ich Tegucigalpa, und um 15 Uhr ist das letzte Gruppenspiel im Concacaf-Cup zwischen Motagua und Comunicaciones aus Guatemala. Der Busbahnhof liegt einen Steinwurf vom Stadion weg. Perfekter könnte alles nicht sein! Doch der Schrecken bahnte sich von Meter zu Meter an. Direkt am Stadion stand man wieder mal vor der grausamen Realität: das Spiel wurde abgesagt, mit der Begründung, Comunicaciones sei der Gruppensieg nicht mehr zu nehmen gewesen. Außerdem wolle sich der Club die Anreisekosten sparen! — „Aaaahhh ja!" Und wer spart mir meine Anreisekosten? Hätte ich diesen Länderpunkt nicht schon gehabt, wäre es wohl nicht auszudenken gewesen, was ich getan hätte, zumindest aber das Stadion hätte ich in Schutt und Asche verwandelt. Doch eine Hoffnung bleibt: Daß ich die Funktionäre, die mir diese salzige Suppe eingebrockt haben, in der Hölle der Gerechtigkeit wiedersehe. Adios Honduras

Montag, 16. August 1999:
Bin jetzt auf dem Weg nach Nicaragua.

Mittwoch, 18. August 1999: 6. Station: Nicaragua
Heute sollte Concacaf-Cup in Managua sein. Walter Ferreti (gibt es einen kultigeren Namen für einen Fußball-Club?) gegen LD Alaguelense aus Costa Rica. Da aber der Club Walter Ferreti bankrott ist (wie alle Clubs hier), hat sich der Meister aus Nicaragua (laßt Euch das mal auf der Zunge zergehen: Ni-ca-ra-gua) schon nach dem zweiten Heimspiel eliminiert. Nun gut, ich kann an der Uhr der Geschichte nicht drehen, aber ich wollte einmal im Club-Stadion gewesen sein. Und so machte ich mich trotz aller Warnungen und Horror-Geschichten (angeblich wohnen in Nicaragua die letzten Kannibalen) auf eine haarsträubende Odyssee ...

Um 13 Uhr erreiche ich Managua. Der Busbahnhof liegt am Rande der Stadt. Ich steige in einen Citybus und frage den Fahrer, welcher Bus ins Zentrum fährt, Antwort: „Alle Busse fahren ins Zentrum". Ja super, und los ging die Fahrt.

Nach ca. einer Stunde und dem 17. Passieren des Baseball-Stadions fragte ich nochmal den Fahrer, wann wir denn im Zentrum von Managua sind. Antwort: „Hier ist Zentrum!". Daraufhin zeigte ich dem Fahrer den Vogel und stieg an Ort und Stelle aus. Tja, und auf der Straße ging das gleiche Spiel munter weiter: Ich fragte, wo hier das Zentrum sei, und die Antwort war immer die gleiche: „Aqui" — hier. Spreche ich Zuaeli oder habe ich eine Wolldecke im Mund??? Doch in der Tat: Managua ist eine Hauptstadt ohne Stadtkern. Aber was nicht sein kann, darf nicht sein. So erklärte ich um 15:37 Uhr, daß ab heute das größte Fußballstadion in Managua das Zentrum der Stadt ist. Mit einem Taxi ging's nun feierlich zum Estadio Thomas C. Direkt vor der Haupttribüne stieg ich aus, ging langsam aber sicher durch das einzige Eingangstor zum Stadion. Nur wenige Schritte waren es von der Straße bis zum Rasen. Jetzt war ich im Stadion, und innerhalb einer Nanosekunde erstarrte ich, fiel wie vom Blitz getroffen zu Boden, ertrinke in den Tränen der endlosen Hilflosigkeit und schlage dabei mit beiden Fäusten auf den Boden. Zigmal brüllte ich es aus mir heraus: „Warum, warum, warum Ihr Götter habt Ihr mir das angetan?" Dieses Stadion Thomas C (wer er auch immer war) ist an Scheußlichkeit nicht mehr zu überbieten. Und warum heißt dieser Club, der hier spielt, Walter Ferreti? Alles Fragen, auf die es wohl keine Antwort gibt, doch eines ist 100% sicher. Managua, ich komme nie wieder.

P.S. Ich zahle 100 DM für eine Stadion-Postkarte des Grauens Thomas C

P.S. II Am 5. September fällt der Länderpunkt Nicaragua in Dirianba

Sonntag, 22. August 1999: 7. Station: Panama

Rumba Pora Sydney. Über den Panama-Kanal ging's heute zum Länderspiel der U23 im Estadio Rommel Fernandez: Panama - Honduras 0:0.

Panama City: Wohl nirgends auf der Welt ist der Kontrast zwischen Superreich und Elendarm so deutlich und so nah wie hier. Heute mal sehr nachdenkliche Grüße.

Dienstag, 24. August 1999:

Das Länderspiel hier hatte noch nicht einmal Kreisliga-Niveau. Dafür gebe ich mir heute den totalen Rest. Um 20 Uhr ist hier das Erstligaspiel im Estadio Artes y Oficios (dieser Ground ist fast so scheußlich wie der in Managua) AFC Euro Kickers - Dep. Arabe Unido — die Clubnamen sind einfach Kult hier! Vielleicht hab' ich heute Glück, und es kommen 20 Zuschauer. Aber das wäre hier ja schon fast Zuschauerrekord.

Sonntag, 29. Aug. 1999: 8. Station: Costa Rica

11 Uhr Limon, das Thermometer steht fast bei 35°C im Schatten, die Luftfeuchtigkeit liegt hier fast immer (Tag und Nacht) bei 80%. Ich bin am Rande eines Kreislaufkollapses, und die spielen hier munter Fußball. Dep. Limon - Cartagines 1:1.

Das Groundhopping hat hier in Costa Rica eine neue Dimension erreicht, da der Spielplan hier sehr hopperfeindlich ist. Alle Spiele der 1. und 2. Liga sind immer sonntags um 11 Uhr. So hüpfe ich von Ground zu Ground, ohne Spiel. Dafür habe ich jetzt alle (bis auf San Carlos) Stadion-Fotos der 1. Liga. Hat doch auch was, oder?

Jetzt kann ich Euch's sagen. Das schönste Fußballstadion ist das Estadio Ricardo in San Jose (Costa Rica). Da bleibt sogar mir die Spucke weg.

Sonntag, 5. September 1999: zurück in Nicaragua
Im Zeichen des Kreuzes oder wie wird man unsterblich?

Centroamerica, ich hab' dich besiegt! Mit dem Endspiel der nicaraguanischen Fußball-Frauen-Meisterschaft (ja, ihr habt richtig gelesen) zwischen Diriangen Diriamba - UCA Universadad Centro America de Managua 1:3. Um 12:56 Uhr zeichne ich im Rausche der Sinne das Kreuz der Kreuze in den Groundhopping-Informer. Schöner kann man einen Länderpunkt nicht mehr entjungfern.

Tja, und am gleichen Tag, gleiches Stadion war noch um 15 Uhr das Olympia-Qualifikations-Spiel für Sydney 2000 U23 Nicaragua - Honduras 0:6. Aber das hatte ja „nur" noch statistischen Wert. Tja, lieber T. Mankel, hier gehört schon ein bißchen mehr Mumm dazu wie mal schnell hinter die tschechische Grenze zu fahren und billig Bier zu saufen. Aber vielleicht haben Deine Kinder eines Tages mehr Mut, und sie werden für Dich das Kreuz der Kreuze in die Hopper-Bibel malen.

Dienstag, 7. September 1999:
Eine Insel mit zwei Bergen, es gibt sie wirklich. Ich war dort. Zum Schluß einer sehr harten und mühsamen Reise, die ständig begleitet war von bösen Kobolden, zahllosen Moskitostichen und einer unbeschreiblichen Hitze, widme ich diese Zeilen einem Lands, das voller Hoffnung ist und mir deutlicher denn je die Augen der Realität sehr weit öffnete.

Nicaragua, was bist Du?
wenn nicht ein Stück vergessenes Land inmitten der großen Weltkarte.

Nicaragua, was bist Du?
wenn nicht der Spiegel der Armut,
die sich schneller ausbreitet wie die Pest.

Nicaragua, was bist Du?
wenn nicht der Garten Eden in dem ausschließlich der Nachtisch
für die erste Welt exportiert wird.

Nicaragua, was bist Du?
wenn nicht eine neue Geisel in der jungen, korrupten Demokratie.

Nicaragua, was bist Du?
wenn nicht ein krummer Buckel, auf dem
die Industrieländer ihren Wohlstand austrägt.

Nicaragua, was bist Du?
wenn nicht ein Todeskandidat, Tag für Tag
heulen mehr Motorsägen an deiner paradiesischen Seite auf.

Nicaragua, was bist Du?
wenn nicht ein Wegweiser, denn in Dir hab' ich
den traurigsten Punkt im ganzen Universum gefunden,
der sehr tief in meinem Herzen liegt.

Nicaragua, Du bist eine Sünde wert.
Eine Insel mit zwei Bergen — sie heißt „Ometepe"
Adios Centroamerica, bis bald Euer Fari.

Eigentlich war nun vorgesehen, daß Fari noch in die Region reist, die er als eigentliches Ziel auserkoren hat: die kleinen Länder des nordöstlichen Südamerikas, Trinidad & Tobago, Surinam, Guyana und Französisch-Guyana. Doch dann kamen der zunächst nicht geglückte Länderpunkt Nicaraguas dazwischen. Am gleichen Abend sollten Heimspiele von Nationalmannschaften Nicaraguas und Surinams ausgetragen werden. Zur Komplettierung Mittelamerikas (die Karibik zählt „fußballformell" nicht zu Mittelamerika) mußte er aber noch zurück Richtung Nicaragua. Zudem wäre der Flug nach Surinam oder Venezuela so unverhältnismäßig teuer gewesen, daß nach Faris Meinung ein Rückflug nach Deutschland und eine spätere Wiederkehr (dann in Richtung Caracas / Venezuela) günstiger wäre. So entschloß sich Fari plötzlich zur Umkehr. Statt sechs bis neun Monate Aufenthalt in Mittel- und Südamerika wurden es gerade einmal zwei Monate. Via Atlanta wollte er von Panama City zurück nach Frankfurt fliegen. Er konnte sich für 390 US-Dollar ein Flugticket besorgen und erlebte bei seinem Zwischenstop in Atlanta dann das, was im Flugverkehr manchmal vorkommt und was sich — wie der Zufall es nun mal wollte — wieder zu seinem Vorteil entwickelte: Der Flieger Atlanta - Frankfurt war überbucht. Man suchte Freiwillige, die einen späteren Flug in Kauf nehmen würden — gelockt wurde mit einer 400 US-Dollar-Gutschrift. Fari meldete sich, erklärte auf Anfrage, sein (unüblicher Weise) ohne Preis versehenes Ticket hätte (erst einen DM-Preis nennend) ca. 750 Dollar gekostet und wurde einer der Auserwählten. So ging er aus dem Rückflug von Mittelamerika nach Deutschland sogar noch mit einem Gewinn von 10 US-Dollar hervor.

Die Zukunft des Hoppens

Versuchte man einen Blick in die Zukunft zu werfen, so fallen einem manche Dinge auf, die den Groundhoppern gar nicht gefallen können. Die Gegenwart zeigt, wie schwer es bereits ist, für manche Fußballspiele Karten zu ergattern. Ein Fari mag meinen, für sich keine Probleme zu sehen. Er würde immer Wege finden, ins Stadion zu kommen. Das schien bis zur Weltmeisterschaft in Frankreich auch immer gestimmt zu haben. Doch da stand er plötzlich einmal vor dem Stadion, und es gab keinen Karte, die er noch kaufen konnte oder wollte, keinen Zaun, über den er klettern und keinen Trick, den er anwenden konnte. Er stand draußen und war nicht im Stadion. Auch für ihn bringt die Kommerzialisierung des Fußballs Hindernisse, nie nur schwer zu überwinden sind. Welche Entwicklungen stehen dem Groundhoppen im Weg? Wie sieht die Zukunft aus? Beginnen wir mit einem Beispiel, das mehrere Problemfelder gleichzeitig abdeckt:

Frankreich 1998. Eine junge Dame läuft vorbei und hält ein Schild hoch. „Danone" ist darauf zu sehen. Eine Gruppe Personen läuft ihr hinterher. Alle tragen Danone-Jakken. Kurz darauf: Die Gruppe mit den Nike-T-Shirts biegt um eine Ecke, um die zuvor schon eine andere Gruppe abgebogen war. Jene Leute trugen Kappen einer Bank. Und wo ist die Hewlett Packard-Gruppe geblieben? Es handelt sich nicht um die letzten Vorbereitungen der Eröffnungszeremonie der Olympischen Spiele und auch nicht um jene einer Industrie-Olympiade. Wir befinden uns auf dem Gelände eines Stadions, in dem gerade ein Spiel der Fußballweltmeisterschaft ausgetragen wird. Firmen, die Kunden und Geschäftspartner oder verdiente Mitarbeiter mit einer Reise zur Weltmeisterschaft erfreuen möchten, haben längst den Sport entdeckt. Gäbe es genug Karten für alle Fußballinteressierten, so wäre dies nicht so problematisch. Dem ist aber nicht so. Das Stichwort lautet KOMMERZ.

Der Fußball und ganz speziell natürlich eine Fußball-WM ist ein Geschäft. Das fängt bei der FIFA an, geht über die Verbände, über Ticketagenturen bis hin zu Reisebüros. Für den treuen Fan, der sein ganzes Geld für seinen Verein und solch ein Ereignis verwendet, ist hier kein Platz. Nicht der Sport steht im Mittelpunkt - die Profitmöglichkeiten sind es offensichtlich. Angebot und Nachfrage bestimmen den Preis.

75% der Karten wurden in Frankreich sowie allgemein über Agenturen und Reisebüros verkauft. Das sah folgendermaßen aus: TUI-Reise zu einem Vorrundenspiel mit zwei Übernachtungen für 965 DM - darin enthalten eine Eintrittskarte im Wert von 45 DM. 5% gingen an Ehrengäste und Sponsoren. Jeder der zwölf offiziellen WM-Sponsoren (Adidas, Canon, Casio, Coca-Cola, Fuji, Gilette, McDonald's, JVC, Mastercard, Opel, Philips und Snickers) konnte alleine über 20.000 Karten verfügen, davon jeweils 500 für das Finale. 20% der Karten blieben noch für alle FIFA-Mitgliedsverbände übrig. Und wenn „der Fan von der Straße" noch ein paar Karten (offiziell) ergattern darf, dann verzichtet hier jemand auf Profit und möchte damit wohl nur noch verhindern, daß die Stimmung des einfachen Volks gegen ihn umschlägt - wie beim DFB. Im Gegensatz zu anderen Verbänden gibt er nämlich noch ein paar Karten heraus. Der belgische Verband z.B. gab sein Kartenkontingent komplett an Sponsoren weiter. Der DFB hatte für das Spiel gegen Jugoslawien beispielsweise 3.800 Karten zur Verfügung. Davon gingen aber zunächst eine Vielzahl an Karten an die Landesverbände, die Bundesligavereine, Freunde des DFB, Nationalspieler, Sponsoren etc. - laut DFB-Mitarbeiterin[117] waren das aber noch weit weniger als 50% des Kontingents: Erst der Rest konnte an die deutschen Fans verkauft werden. Und dieses Kontingent war noch verhältnismäßig groß. Für das Spiel gegen Mexiko lag das Kontingent (vor Abgabe an Sponsoren etc.) bei gerade mal 1.769 Karten! Wer keine bekam, dem blieb vielleicht nur noch der Schwarzmarkt. Aber wer kann es sich schon erlauben, für eine zweite Halbzeit USA - Deutschland 500 DM hinzulegen, oder zuvor 2.000 Dollar für das ganze Spiel? Bei Preisen von bis zu 10.000 DM für eine Endspielkarte? Die Nachfrage ist weitaus höher als das Angebot. Sie war so stark, daß bald jeder Preis gefordert werden konnte. Selbst Festpreise gab es nicht, ca. 138.000 Tickets wurden versteigert! Zahlreiche Agenturen haben Tickets in Mengen geordert... und angeboten, ohne daß sie sie sicher hatten. Ob seriös oder, wie in zahlreichen Betrugsfällen, unseriös - Fans zahlten Tickets ... und bekamen nichts.

Ernüchternd ist zudem die Feststellung, daß viele Verbandsfunktionäre selber abkassieren wollten und zu Höchstpreisen Kontingente verscheuerten. (Der bis zum WM-Turnier amtierende Präsident Kameruns tat dies z.B. mit Karten im Wert von 1,35 Millionen DM.) Derartiges kann nicht einfach abgestellt werden. Auch in Zukunft können Verbandsvertreter hierfür anfällig sein. Selbst eine FIFA-Agentur wurde des Betrugs überführt. Nicht nur das, gerade diese Agentur setzte später „noch einen drauf", als sie einen Einbruch meldete, bei dem 3,3 Mio Franc und 15.000 Tickets entwendet worden waren. Darunter Karten für ein am folgenden Tag stattfindendes Spiel der Franzosen. Wann hätte man die Karten noch verkaufen können[118], wenn nicht auf dem Schwarzmarkt?[119]

Fans, die ihr Team in der gesamten Qualifikation unterstützt hatten, standen vor den Stadien, statt in der Arena die Spiele verfolgen zu können. Auf die Probleme mit dem Ticketverkauf und die Frage, was er anders machen würde, wenn er noch einmal ganz von vorne anfangen könnte, angesprochen, erklärte WM-Organisationschef Michel Platini: „Nichts, es gibt keinen Grund. Die Stadien waren - im Gegensatz zur WM 1994 in den USA und zur EM 1996 in England - voll, die Stimmung phantastisch. Nur das zählt letztlich. Und Betrügereien wird man nie verhindern können."

Eine Aussage, die angesichts der geschilderten Situation höchst fragwürdig ist. Aus Sicht der angereisten Fans aus allen Teilnehmerländern war die Weltmeisterschaft '98 eine mehr als unerfreuliche Veranstaltung, was sich durch das Auftreten zahlreicher Mängel niederschlug - und das trotz vieler guter Ansätze bei der Europameisterschaft '96 in England.[120] Frankreich 1998 war - bezogen auf den Kartenverkauf - ein Desaster.

117) Vgl. Gabriel, Michael: Interview mit Katja Sichtig: Ich verstehe den Ärger, in: AlleZmagne, 1. Jg. (1998), Nr. 5, S. 14.
118) Tageskassen gab es nicht.
119) Ein Schweizer Groundhopper fand im WC-Raum einer französischen Burger-Kette nach Beendigung des Achtelfinalspiels Dänemark - Nigeria einen Packen von 40 Eintrittskarten für selbiges Spiel. Tausende Fußballanhänger konnten das Spiel wegen fehlender Karten nicht verfolgen. Vgl. Helms, Jörn: Eine WM zum Abgewöhnen, in: Europlan, 4. Jg. (1998), Nr.4/98, S. 63.
120) Vgl. Bündnis Aktiver Fußballfans (B.A.F.F.): Geschichte, Selbstverständnis, Vereinssatzung, Düsseldorf 1999, S. 13-14; Miles, Kevin / Pilling, Alison: France 98 World Cup Report - The Fans' View, in: The Football Supporter, hrsg. von The Football Supporters Association, October 1998, S. 8-10.

Wer zum ursprünglichen Preis von 53 DM (Tagespreis 1.000 DM) eine Karte kaufen konnte und durch ein Spalier von Freunden ohne Karten ins Stadion gehen mußte, der hatte ein schlechtes Gefühl. Wer mit falschen Karten ins Stadion wollte, der wurde natürlich nicht hineingelassen. Wenn allerdings der Verkauf gefälschter Tickets aufgedeckt und die Verkäufer dieser Karten festgehalten wurden, dann interessierte dies die Polizei überhaupt nicht. Auch an den Schwarzmarkthändlern bestand bei der Polizei kein Interesse - diese konnten ungestört ihrer Tätigkeit nachgehen. Frankreich zeigte sich nicht gerade als gastfreundliches Land, in dem die Gäste offensichtlich auch noch außerhalb des Stadions ausgenommen wurden - ohne eine Fußballweltmeisterschaft hätte ein Bier vielleicht nicht zwölf DM gekostet.[121]

Der DFB nutzt sein Monopol für den Verkauf von Tickets für Auswärtsspiele der Nationalmannschaft aus und versucht zusätzliche Geschäfte zu machen - diesen Eindruck muß man jedenfalls fast schon zwangsläufig bekommen, wenn man von den Zuständen beim Ticketkauf erfährt. So kosten Tickets über den DFB das Zigfache gegenüber dem Erwerb von Karten gleicher Kategorie an der Tageskasse - vorausgesetzt, es sind noch Karten am Spieltag erhältlich. Nicht nur diese angewandte Vergabe-Praxis stößt in Fankreisen auf Ablehnung. Zum Teil sind Karten nur erhältlich, wenn man das Paket vom DFB-Partner-Reisebüro DER erwirbt, also eine Kombination inklusive Hotel, Flugkosten und Programm in Kauf nimmt - zu einem Preis, für den Groundhopper drei- bis zehnmal so oft zu dem jeweiligen Spiel anreisen könnten. Jetzt versteht der eine oder andere Leser, der die Spiele der Nationalmannschaft am Fernseher verfolgt, vielleicht, warum über die Mikrophone so oft der Sprechchor „Fußball-Mafia DFB!" zu hören ist. Das Buchen der offiziellen DFB-Reisen hat auch noch andere Vorteile, wie folgendes Beispiel zeigen wird: Den DFB-Condor-Sonderflug zum Freundschaftsspiel nach Saudi Arabien im Februar 1998 konnte man für „schlappe" 5.600 DM pro Person buchen. Andere Wege nach Saudi Arabien waren infolge des normalerweise auch für Europäer geltenden Einreiseverbots quasi ausgeschlossen. Aber wer beim DFB zahlt, dem öffnet sich komischerweise die Tür durch eine plötzlich vorliegende (notwendige) Einladung der Araber. Alles eine Frage des Geldes.[122]

Höhere Kartenpreise wie bei internationalen Meisterschaften oder in den Ligen Englands und Spaniens infolge der Versitzplatzung der Stadien, die eigentliche Unmöglichkeit, (auch noch zu normalen Preisen) an Eintrittskarten zu kommen (VIP-Karten-Politik), und die fehlende Atmosphäre aufgrund einer völlig neuen, nicht stimmungserzeugenden Publikumszusammensetzung (z.B. fußballfremdes Sponsorenpublikum[123]) sind drei hauptsächliche Folgen der neuerreichten Kommerzstufe, die sich bei der WM in Frankreich gezeigt haben. Ein noch nicht lange existierender Spruch aus den Fanszenen

---

121) Vgl. Helms, Jörn: Eine WM zum Abgewöhnen, in: Europlan, 4. Jg. (1998), Nr. 4/98, S. 51-56.
122) Vgl. Helms, Jörn: In 80 Stunden um die Welt ..., in Europlan, 4. Jg. (1998), Nr. 1/98, S. 36.
123) Vgl. Bündnis Aktiver Fußballfans (B.A.F.F.): Geschichte, Selbstverständnis, Vereinssatzung, Düsseldorf 1999, S. 10.

bietet einen hervorragenden Kommentar zum zuletzt angeführten Verlust der Atmosphäre im Stadion: „Erst wenn die letzte Choreographie inszeniert wurde, erst wenn das letzte bengalische Feuer erloschen ist und der letzte Fan das Stadion verlassen hat, dann werdet ihr merken, daß man Stimmung nicht kaufen kann!" Dem ist nichts hinzuzufügen.

Infolge der zunehmenden Kommerzialisierung[124] kam bzw. kommt es zu einer Reformierung des Weltfußballs inklusive der Schaffung neuer Wettbewerbe. Dazu zählt unter anderem auch eine mehrmalige Aufstockung der Champions League, die Einführung einer sportlich fragwürdigen Weltmeisterschaft für Vereine mit den jeweiligen Konföderationsmeistern[125] und der Diskussion um eine alle zwei Jahre stattfindende Weltmeisterschaft für Nationalmannschaften. Aber von wegen „Groundhopper-Herz, was willst Du mehr?" Mehr Spiele und mehr Reisen sind finanziell kaum zu bewältigen. Die steigende Zahl von Spielen läßt zudem die Befürchtung einer Übersättigung des Fußballpublikums und somit einer nachlassenden Besucherzahl und weiterer Atmosphärenverschlechterung aufkommen, womit auch der Reiz, die Spiele zu bereisen, sinkt.

Als weiteres Hindernis werden von den Groundhoppern bei einer von mir im Februar und März 1999 durchgeführten Befragung die Einführung von Clubcards (Registrierungen; z.B. in den Niederlanden), ohne die der Zutritt bzw. Kartenkauf für Nichteinheimische nicht mehr möglich ist und die Problematik zu hoher Dauerkartenbestände (es feh-

---

124) Mit der Kommerzialisierung im Fußball und den Auswirkungen auf die Fankultur beschäftigt sich ausführlich Arndt Aschenbeck in seinem Buch: Fans im Abseits, Kassel 1998.

125) Was bringt eine Club-WM mit jeweils einer starken Mannschaft aus Südamerika und Europa, wenn alle anderen an diesem Wettbewerb teilnehmenden Meister aus Afrika, Asien, Nord-/Zentralamerika/Karibik und Australien/Ozeanien gegenüber den beiden genannten Vertretern unter sportlichen Gesichtspunkten deutlich abfallen und zahlreiche Vereine aus Südamerika und Europa ohne Zweifel eher in den Wettbewerb gehören würden. Letztendlich ist es eine Konföderations-Club-WM, die genauso wie der Konföderationspokal für Nationalmannschaften ein Zugeständnis von FIFA-Verantwortlichen gegenüber den zahlreichen fußballerisch weniger bedeutenden Ländern ist, mit denen man unter Umständen bei den nächsten Wahlen wieder ein paar Stimmen für sich gewinnen kann. Die Anerkennung dieses Wettbewerbs wird zunächst fragwürdig erscheinen. Er hat zumindest bessere Chancen sich zu bewähren als eine seit ein paar Jahren ausgetragene Hallenfußball-Welt- oder Europameisterschaft, die in manchen Ländern überhaupt keine Beachtung findet. Eine logische Folge der Einführung dieses neuen Wettbewerbs wäre die Abschaffung des jährlich in Tokio ausgetragenen Weltpokalspiels zwischen den "Champions League"-Siegern Europas und Südamerikas. Da das allerdings ein lukratives Spiel weniger bedeuten würde, wäre die Umsetzung eines eigentlich logischen Vorgangs gar nicht mehr so sicher.

len Tageskarten) angeführt. Desweiteren werden die Spritpreisverteuerung durch die Regierung, höhere Fahrpreise der Deutschen Bahn AG mit dem Wegfall mehrerer bisher genutzter Sonderangebote, das immense Freizeitangebot, der viele Fußball im Fernsehen (statt live im Stadion zu sein), Einreiseerschwernisse (Visum oder Verbot), die immer häufigere kurzfristige Verlegung von Spielen (TV-Übertragung entspricht zusätzlichem Geld) sowie die geplante europäische bzw. weltweite Spielplanangleichung aufgezählt, durch die weniger Spiele besucht werden könnten. Zur Weltmeisterschaft 2002 in Japan und Korea wird gefragt, ob dort „Flugzeughopping" betrieben werden müßte. Das könne sich erst recht bei den dort herrschenden Lebenshaltungs- und Reisekosten kaum jemand leisten.

Positive Aspekte wurden allerdings auch festgestellt. So sei das Fliegen immer günstiger, wodurch wiederum mehr Touren in Angriff genommen werden könnten. Die verstärkte TV-Präsenz bringe zudem den Vorteil mit, daß durch die Verteilung der Spiele auf den ganzen Tag bzw. mehrere Tage, oft mehrere Spiele hintereinander besucht werden könnten. Unter Berücksichtigung der ganzen zuvor genannten negativen Punkte fallen diese beiden Dinge allerdings nicht so sehr ins Gewicht, so daß die Zukunft des Groundhopping sehr durchwachsen aussieht.

Wer noch nicht in Argentinien ein Fußballspiel verfolgt hat, der wird auch nicht mehr die Stimmung erleben, die bis vor wenigen Monaten dort geherrscht hat. Seit 1998 gilt dort ein Mitnahmeverbot von Fahnen und Transparenten, die größer als einen Meter mal einen Meter sind. Zu viele Stadionbesucher wickelten früher Waffen in die Fahnen ein, die an den Eingängen nicht aussortiert wurden. Mit der Regelung hofft man, die Anzahl der Toten in den Stadien, die in Argentinien leider sehr hoch ist bzw. war, einzudämmen. Dies hat allerdings auch den Nebeneffekt, daß beispielsweise die oft über mehrere Blöcke oder sogar gesamte Tribünen reichenden Blockfahnen nicht mehr in argentinischen Stadien anzutreffen sind. Im Nachbarland Brasilien kam es zu einer förmlichen Kartenpreisexplosion, durch die die einfache Bevölkerung aus den Stadien herausgehalten wird. Die billigste Karte für umgerechnet fünf DM, mit benötigten Verkehrsmitteln 9 DM, kann sich dort der einfache Fan nicht leisten. Da die Meisterschaftsspiele weitgehend im Fernsehen live übertragen werden und die Bevölkerung somit „versorgt" ist, haben die Verantwortlichen mit den Preiserhöhungen keine Gewissensprobleme.

In England führte die starke Kommerzialisierung mit einer überdimensionalen Eintrittspreiserhöhung (beispielsweise 100 DM für ein ganz normales Ligaspiel?) dazu, daß die Groundhopper die unteren Spielklassen entdeckt haben. Ähnlich könnte auch in Deutschland die Entwicklung verlaufen, wobei hier wohl auch vermehrt damit zu rechnen ist, daß bei einem anhaltenden fanfeindlichen Kommerzialisierungstrend Osteuropas vergleichsweise unverdorbenen und sehr viel billigeren Ligen noch beliebtere Ziele von Touren werden würden.

Hinsichtlich der letzten Entwicklungen in der Groundhopper-Szene selbst, wird festgestellt, daß es viel Nachwuchs gäbe und sich immer mehr Fans diesem Hobby widmen würden, weil es einfach faszinierend und oft ein Abenteuer sei. Trotzdem sehe man Pseudo-Hopper und Profilierungsdenken: Ein Nachwuchs, der nur nach Fotos giere, „rumlabern" und seine Fahnen für das Fernsehen plazieren würde. Zudem prahle heute jeder schon mit Verbandsligaspielen. Es wurde davor gewarnt, daß es sich beim Zulauf bei den Groundhoppern um eine Modeerscheinung handeln könnte, aber auch, daß der Fußball sekundär werden würde bzw. teilweise schon ist, da die Sammelleidenschaft zu sehr im Vordergrund stehe.

Hier die Meinung einiger Groundhopper zur Zukunft des Groundhoppens:
- Ralf, 29 Jahre alt: „In Zukunft werden den Groundhoppern vermehrt Steine in den Weg gelegt werden - zumindest, um bei Spitzenspielen überhaupt noch ins Stadion zu gelangen. Ansonsten sehe ich die Zukunft positiv, da immer mehr Fans dem Hoppen frönen werden."
- Tom, 36 Jahre alt: „Für viele geht es nur noch um die Punkte. Der eigentliche Grund - das Fußballspiel - kommt zu kurz. Das ist auch daran zu erkennen, daß viele nur eine Halbzeit besuchen, um noch das nächste Spiel zu erreichen."
- Ralf, 28 Jahre alt: „Ich glaube nicht, daß es eine große Zukunft hat, da sich der Hopperstamm in den letzten Jahren kaum verändert hat und es immer schwerer wird, junge Leute dazu zu motivieren."
- Jörg, 24 Jahre alt: „Die Hopperszene boomt. Mit zahlreichen Fernsehauftritten und Radio- und Zeitungsinterviews wird auch das Medieninteresse geweckt. Dadurch geht die ursprüngliche Exklusivität des Hobbies verloren."
- Markus, 23 Jahre alt: „Da das Hoppen in der Szene zur Zeit „in" ist, werden noch einige auf den fahrenden Zug aufspringen. Für die wird es aus den unterschiedlichsten Gründen aber schon bald wieder langweilig, und es bleibt nur der harte Kern zurück."
- Dieter, 27 Jahre alt: „Wenn die Kommerzialisierung nicht gestoppt wird, sieht es schwarz aus! Der eigentliche Anreiz, fremde Fankulturen kennenzulernen, wird immer mehr ausgerottet und durch ein Tennispublikum ersetzt."
- Franzi, 27 Jahre alt: „Es ist interessant, viele neue Länder und Leute kennenzulernen. Manche fahren ihr Leben lang nach Mallorca - nein danke! Groundhoppen hat eine Zukunft - es sollte aber nicht zu einer Modesportart verkommen, sondern seine Individualität behalten."

Der Ausstieg: Nach dem Hoppen ist vor dem Hoppen

Wenn man Groundhoppern die Frage nach dem Ende ihrer „Karriere" stellt, wann denn Schluß sei bzw. welche Ziele es gäbe, bei deren Erreichen man einen Gang zurückschalten würde, dann bekommt man sehr oft eine Antwort, die von der berühmten Fußball-Wahrheit „Nach dem Spiel ist vor dem Spiel!" abgeleitet ist: „Nach dem Hoppen ist vor dem Hoppen!" Ist ein Ground abgehakt, wird der nächste in Angriff genommen. Ist eine Tour beendet, wird längst an wenigstens einer weiteren gebastelt. Der Spruch drückt das aus, was sehr viele Hopper in ihrer derzeitigen Situation denken: Es ist einfach nicht abzusehen, wie lange man noch losziehen wird - zu viele Ziele, Grounds und Länder gibt es, die man noch nicht gesehen hat: „Die Welt hat mehr Grounds als ein Menschenleben Tage!". Es gibt einfach noch zu viel zu erleben. Und wenn man das ganze Leben auf Achse ist. Es gibt vielleicht Phasen, in denen man mehr oder weniger unterwegs ist. Ganz aufzuhören können sich viele aber gar nicht vorstellen, irgendwann kommt wieder das Kribbeln und man zieht wieder los.

Bei zahlreichen Anhängern gibt es feste Ziele, die man erreichen möchte, bevor man an einen Ausstieg denkt. Manche formulieren ihre Ziele recht knapp - was nichts darüber aussagt, wie hoch die Trauben hängen: alle Länderpunkte überhaupt oder - gemäßigter und eher realistischer - alle in Europa, der eigene Verein im Weltpokalendspiel oder die Nationalmannschaft als Weltmeister, 1.000 Spiele in 100 Ländern, die Komplettierung aller im Groundhopping-Informer aufgeführten Grounds oder das Erreichen des 50. Länderpunkts und des 500. Grounds bis zum Jahr 2000. So wie man als Groundhopper beispielsweise mal das Römer Stadtderby live vor Ort erlebt haben sollte, möchte manche mehrere „Qualitätsspiele" wie zwischen Athletic Bilbao und Real Madrid oder PAOK Saloniki und Olympiakos Piräus gesehen haben, bevor sie „abtreten". Doch auch solche Listen sind nicht kurz.

Jens Hilgert, Herausgeber des Sauerland Echos, hat eine ganz spezielle Liste: alle Kontinentalpunkte, alle südamerikanischen und europäischen Länderpunkte, Deutschland komplett bis zur Oberliga, alle deutschen Anrainerstaaten sowie England, Italien, Schottland und Spanien komplett in der 1. Liga, alle ehemaligen Europapokalsieger, deutschen Meister und Pokalsieger, Bundesligisten und Zweitligisten seit 1974, alle Regionalligisten seit 1994, alle DDR-Oberligisten und -Pokalsieger sowie alle Weltpokalsieger. Nun ja, bei bisher 342 Grounds und 34 Länderpunkten hat der 30jährige noch einiges vor sich, wenn er das wirklich alles ernsthaft vor hat. Eine Kollege von ihm möchte gar ca. 70 Ligen komplettieren und könne sich nicht vorstellen, danach in die Bezirksoberliga zu fahren - bei der richtigen Frau könne es passieren, daß er schon zuvor sein Hobby zurückschraubt oder beendet.

Der typische Ausstiegsgrund ist der Partner, also - von den wenigen Groundhopperinnen mal abgesehen - die Frau, die man (eventuell nach einer gewissen Zahl an Hopperjahren) kennenlernt, mit der man zusammenleben möchte, die man eventuell heiratet. Ab einem bestimmten Alter stehen dann allerdings oft Arbeitsstelle, Geld, Familie und Freunde im Vordergrund, letztere aber auch nur, wenn man sich im bisherigen Leben nicht von ihnen (als ungewollter Nebeneffekt des Hobbies) abgeschottet hat. Wer nie da war, wird zu Hause wenige Freunde haben. Es ist keine Überraschung, daß manche Groundhopper bereits durch die Veränderungen im Fußball, die zuletzt bei der Weltmeisterschaft in Frankreich 1998 deutlich zu sehen waren bzw. immer wieder diskutiert werden, vergrault werden. Die eintretende bzw. bereits eingetretene Kommerzialisierung mit z.B. einer Weltmeisterschaft im Zweijahresrhythmus, viel zu hohen Kartenpreisen oder der Sitzplatzproblematik haben bereits manche Groundhopper mehr als einen Gang zurückschalten lassen.

Wenn das Groundhoppen eines Tages beendet wird, dann wird bei vielen jedenfalls noch die Treue zum Stammverein und der Besuch dessen Spiele übrigbleiben. Ganz aufzuhören ist für die meisten Groundhopper schwierig, kommt aber auch vor.

Wichtig ist laut erfahrener Groundhopper vor allem, beim Groundhoppen Spaß zu haben und es nie zu übertreiben. Bleibt der Spaß erhalten, ist man vielleicht sehr viele Jahre dabei und erlebt Dinge, die er oder sie das Leben lang nicht vergessen wird.

Mit dem nachfolgenden letzten Erlebnisbericht hat der Leser noch einmal die Gelegenheit, ganz nah an einer dieser Groundhopper-Touren - in diesem Fall bei der Fußballweltmeisterschaft 1994 in den USA - dabei zu sein. Dabei trifft man noch ein letztes Mal auf einige bisher kennengelernte Groundhopper. Einsteigen bitte für eine außergewöhnliche, trotzdem aber doch ganz normale Tour!

Ein runder Fremdkörper erobert die neue Welt[126)]
Auszüge aus einem Erlebnisbericht von Jörn Helms, 6. Juni bis 22. Juli 1994
6. Juni: Start mit Hindernissen
Wie schon vier Jahre zuvor gestaltete sich der Aufbruch vom heimischen Bahnhof in Bad Oldesloe etwas konzeptlos. Beklagte man damals zunächst das Fehlen des Personalausweises, war diesmal Packen bis auf die letzte Minute angesagt, so daß noch kurzfristig via Eltern ein „Shuttle" zum Bahnhof geordert werden mußte. Tausendmal gefahren, doch ausgerechnet heute Abend befand sich auf Höhe des stationsnahen Kirchbergs eine Baustelle, die am frühen Nachmittag des selben Tages noch nicht existierte. Weiträumiges Umfahren war nun angesagt, und es wurde zeitlich noch sehr eng. Doch auf den letzten Drücker spurtete man schwerbepackt um 23.26 Uhr in den bereits eingefahrenen Zug Richtung Hamburg. Puh ...

7. Juni: Von einstürzenden Hochbauten und tief(f)liegenden Doppelbetten
Über die Hansestadt ging es dann im ereignislosen Nachtzug um 0.57 Uhr zunächst nach Würzburg und von dort direkt per IC zum Frankfurter Flughafen, wo Andreas Vogler bereits wartete. Jedenfalls bekam man auf diese Weise kostengünstig die Nacht herum, und das Tramper-Monats-Ticket konnte einen letzten treuen Dienst erweisen.

126) Vgl. Helms, Jörn: Berichte zur XV. Fußballweltmeisterschaft 1994, in: Der Wellenbrecher, 7. Jg. (1995), Nr. 14, S. 4-63.

Da bis zum Abflug noch etwas Zeit verblieb, ließ man sich vorsichtshalber noch am Lufthansa-Schalter für „Miles & More", dem Meilensammel- und Freiflugprogramm registrieren, über deren Sinn man später aber doch ins Grübeln kam. 50.000 geflogene Meilen berechtigen beispielsweise gerade einmal zu einem Gratisflug nach Griechenland, Malta oder Zypern. Und auf der nun anstehenden Mega-Amerika-Tour sollten sich am Ende gerade einmal 24.433 Meilen ansammeln - nicht einmal die Hälfte! Da kommt man wahrlich kostengünstiger weg, wenn man jedesmal die billigste Airline wählt und dafür auf Freiflüge verzichtet. Aber man lernt ja nie aus!

Mit dem Einchecken ließen wir uns auch viel Zeit und kamen so gerade noch als letzte Passagiere in unsere „United Airlines"-Maschine gen Chicago. Dabei ergab sich aber das Glück, daß der Flieger völlig überbucht war und wir ganz unverhofft in den Genuß der Business-Class kamen, wofür man normalerweise noch einen Tausender draufzulegen hat. Nachdem auch VfB-Axel Harbort, unser dritter Mann, begrüßt werden konnte, machte man es sich in den bequemen Sesseln an Bord gemütlich und genoß das Luxusleben!

Der Start glückte dann auch problemlos. Während Europa nun mehr und mehr unter uns verschwand, wurde ein Menü nach dem anderen aufgetischt, das es jeweils in sich hatte. Man kam aus dem Fressen gar nicht mehr heraus. Glücklicherweise erwischte man beim Hauptgang noch ein Steak, während Axel mit dem Heilbutt quasi leer ausging, wie die Anti-Fisch-Fraktion dies beurteilte ...

Der neuneinhalbstündige Flug wurde mit diversen Unterhaltungen überbrückt. Da war die ältere Dame, die ihre Fabrik verkaufte und jetzt - wie wir ja auch - um den Erdball kreiste und nur noch ihren Vergnügungen nachging. Positiv denken hieß ihre Devise! Auch mit der Stewardeß freundete man sich ein wenig an. Diese ließ abschließend sogar eine Flasche Schampus für uns springen. Probleme bereiteten nur die riesigen, mitgebrachten Lebensmittelvorräte, die ja nicht in die USA eingeschleust werden durften und aufgrund der übermäßigen Bord-Verpflegung einfach nicht weniger wurden. Ein Vielfraß war so am Ende nichts gegen uns. Die armen, hungrigen Mäuler in der überfüllten Economy-Class weckten schon ein wenig unser Mitleid.

Um 13.35 Uhr setzten wir zur Zwischenlandung am „O'Hare-Airport" in Chicago auf und hatten erstmals amerikanischen Boden unter unseren Füßen. Die unbegrenzten Möglichkeiten der USA erlebte man dann auch gleich in der hypermodernen Schwebebahn zwischen den einzelnen Terminals, wurde aber nur wenig später mit den Grenzen der Amis konfrontiert: der Fußballsport ... Da gab es doch tatsächlich in einem umfangreichen WM-Shop Bücher zu kaufen, in der in Comic-Form die simpelsten Fußballregeln erklärt wurden: „... und dies ist also der Ball"; so in etwa jedenfalls. Mein Gott, das konnte ja heiter werden. Was haben wir uns vor Lachen die Bäuche gehalten ...

Klammheimlich leerten wir nun trotz Alkoholverbot unser Fläschlein, ehe es um 17.45 Uhr nach Kanada ging, wo wir aufgrund erneuter Zeitumstellung nach nur eineinhalb Stunden Flug um 19.51 Uhr auf dem „Pearson-Airport" in Toronto aufsetzten. Da dieser 30 km weit außerhalb lag orderten wir zu dritt eine Limousine für 36 Kanada-Dollar (ca. 40 DM) und erreichten alsbald die Metropole zu Füßen des gigantischen

CN-Tower, dem höchsten Monument des Planeten und des darunter befindlichen Sky-Domes. Schnell buchten wir uns in der Jugendherberge ein und machten uns dann in der bereits der Dunkelheit geweihten City auf Tour. Die mächtigen Wolkenkratzer hinterließen dann auch gleich Wirkung. So etwas hatte man in seinem kleinen Ort noch nicht gesehen. So hoch aber auch! Der Eindruck hatte sich jedenfalls im Schädel festgesetzt. Und dies sollte nicht ohne Folgen bleiben ...

Nachdem der erste Abend im Hard-Rock-Café beschlossen wurde und dort ganz zufällig (!) auch der Rest unserer Crew in Form von Carlo „Fari" Farsang und „dem Offenbacher" Thomas Kratz aufkreuzte - die Welt ist ja so klein -, begab man sich ins Schlafgemach. Dieses war allerdings an Asozialität nicht mehr zu überbieten. Keine Fenster, stickige Luft und unerträgliche Hitze, die nur von einem an der Decke hängenden Propeller verrührt wurde. Dazu Matratzen, an denen man mit den Ohren wie ein Saugnapf kleben blieb. Ein beklemmendes Gefühl machte sich breit. Es dauerte lange, ehe man den wohlverdienten Schlaf fand.

Doch plötzlich, was war das? Vom obersten Stockwerk löste sich ein riesiger Stahlträger und stürzte in atemberaubender Geschwindigkeit direkt auf mich zu. Aaaaaaarrrrrgggghhhh ... . HIIILLLLFFFEEE, Hilfe!

Im letzten Moment gelang es mir, auszuweichen. Ich stürzte panikartig fast kopfüber aus der obersten Etage meines Doppelbettes, wobei ich direkt auf dem Ellenbogen aufprallte. In diesem Moment merkte ich, daß dies alles nur ein Alptraum war. Ich kam langsam wieder zu Sinnen. Jedenfalls wurde man aus allen herumstehenden Betten fragend beäugt. Vogler dachte bereits, daß ich überfallen worden wäre und war schon auf dem Sprung, mir zu Hilfe zu eilen. Schnell wurde mir bewußt, daß ich mir ein ziemliches Ding geleistet hatte. Da die meisten anderen Bewohner aber ebenfalls noch im Halbschlaf dümpelten, zog ich es vor, wieder ins Bett zurückzuklettern, um dieser peinlichen Aktion nicht noch mehr Aufmerksamkeit zu verleihen. Kein Traum waren allerdings die davongezogenen Verletzungen, wobei es sich um eine schwere Prellung am rechten Unterarm handelte. Mein „Musikknochen" kann noch heute ein Lied davon singen. Allerdings hatte ich auch unfaßbares Glück; denn wäre ich mit dem Rücken auf den nur wenige Zentimeter entfernt stehenden Schemel gefallen, würde ich wohl heute auf den Rollstuhl angewiesen sein.

Am nächsten Morgen war ich beim Frühstück dann das Tagesgespräch. Jeder fragte jeden, ob er denn auch die gräßlichen Hilfeschreie gehört hätte. Doch niemand außer Axel und Andreas hatten mich dabei identifiziert. Puh ...

8. Juni: Sommerfußball und ein Fahrstuhl über den Wolken

Nicht ohne Grund waren wir schon eine Woche vor dem Start der WM 1994 angereist. Schließlich stand noch das letzte deutsche Länderspiel in Toronto an, und wann kann man im wunderschönen Kanada schon einmal ein vernünftiges Fußballspiel begutachten? Klarer Fall, der Länderpunkt und damit auch der Kontinentalpunkt Nordamerika mußte fallen!

Leider war der DFB nicht in der Lage, uns mit Eintrittskarten zu versorgen. Die hohen Herrschaften waren tatsächlich der Meinung, daß wir mal eben schnell einen Mietwagen chartern und zum DFB-Trainings-(Golf-)Camp nach Alliston, exakt in der Mitte zwischen Huron- und Ontariosee befindlich und damit 50 Meilen ab vom Schuß, ankutschen würden. Nebenkosten spielen ja wohl keine Rolle. Zum Glück war das alles schon zeitlich nicht machbar und 45 DM eh zu teuer, zumal man selbst auf dem Schwarzmarkt für zehn CDN-Dollar (zwölf DM) fündig wurde.

Es war schon ein Jammer, daß die Begegnung im Varsity-Stadium und nicht im kolossalen Sky-Dome ausgetragen wurde. Immerhin ein reines Fußballstadion! Doch was nützt das schon, wenn die Einheimischen das Wort „Support" geradeaml buchstabieren können.

Die Imbiß-Einrichtungen mußten von uns diesmal nicht frequentiert werden, da wir bereits im Sheraton-Hotel des Offenbachers diesem den Teller und die Gläser schneller leerten, als dieser selbige füllen konnte.

Sage und schreibe 13 Nicht-Neckermänner befanden sich dann im Ground. Wieviele Touristen extra für das Match angereist waren, läßt sich schwer einschätzen. Auf jeden Fall bestand das Gros der Besucher wohl aus deutschen Einwanderern, die nicht mehr viel Plan von der Sache hatten und hier hauptsächlich mal ganz stolz ihre Herkunft preisgeben wollten. Auf der anderen Seite fielen die Unmengen von Schulklassen ins Auge. Wandertag?

Das Spiel kam bei 32°C nicht über Sommerfußball hinaus. Nach Sammers Führungstreffer konnte eigentlich nur Rudi Völlers 2:0 mit einem Schuß aus der Drehung gefallen. Ansonsten Schwamm drüber, über Bertis All (Old) Star Team. Nach dem megageilen 5:1 Sieg über Österreich in Wien sechs Tage zuvor, kam nicht groß der Groll heraus. Schließlich war es ja auch nur ein Freundschaftsspiel, und was will man da schon erwarten ...

Der Rest des Tages wurde dann in der City verbracht, wo zunächst die Unmengen von schwarzen Eichhörnchen auffielen. Höhepunkt war dann noch die Tour auf den CN-Tower. Von der Aussichtsplattform, deren Boden teilweise aus Glas besteht, erhielt man einen phantastischen Blick auf den direkt darunter befindlichen, aufklappbaren Sky-Dome, als würde man aus einem Flugzeug mit dem Fallschirm abspringen. Nichts für Leute mit Höhenangst wie mich - also schnell wieder herunter.

9. Juni: Eine Schöpfung des Himmels oder Visite im Sky-Dome

Nach einer unfallfreien Herbergsnacht begab man sich zurück zum Flughafen, um den Mietwagen bei HERTZ auszulösen. Als Sicherheit ist hierfür ja immer die Kreditkartennummer des Fahrers zu hinterlegen. So staunte man nicht schlecht, als Vogler plötzlich meinte, daß er seine zu Haus gelassen habe, weil er sie gar nicht brauchen würde. So mußte halt meine Credit Card vorgelegt werden. Nach einigen Eingewöhnungsrunden ging es zum zweiten Hard-Rock-Café der Stadt, diesmal inmitten des Sky Domes gelegen, welches einen ansprechenden Blick ins Stadion-Innere bietet. Leider war es zeitlich nicht möglich, hier ein Baseball-Spiel der Toronto „Blue Jays" zu verfolgen. Man hat hier im Moment einen Schnitt von 49.320 Zuschauern, und das bei 65 Heimspielen innerhalb von sechs bis sieben Monaten - dann ist die Saison schon wieder beendet. 3,2 Mio Zuschauer bei einem Klub jährlich, halb so viel wie in einer ganzen Bundesligasaison mit allerdings 306 Spielen. Einfach nur Wahnsinn! Ein weitere Abnormität ist sicherlich das aufklappbare Dach. Neben „San Siro" in Mailand ist es das Genialste, das mir bisher vor die Linse kam! Auch wenn es von außen und selbst von innen nicht so imposant wirkt wie aus der Vogelperspektive.

Nachdem auch Fari und der „Offenbacher" abgeholt waren und wir uns in der Chinatown von Toronto noch total verfuhren, konnte es endlich zum zweiten Ziel der Reise gehen: Montreal! Doch auch aus der Stadt herauszufahren gestaltete sich - wie überall in Nordamerika - schwierig, da auf Hinweisschildern stets nur die größten Straßen angegeben sind, nicht aber die Orte. Wir wußten also gar nicht, in welche Richtung wir fahren mußten. In Montreal dasselbe Spiel. Erst im Hotel „Ritz" wurde uns nach langer Suche die Adresse der Jugendherberge zuteil - diesmal ein ehemaliges, völlig genial eingerichtetes Hotel. Hier hätte man auch länger als drei Nächte absteigen können. Zwar waren wir erst gegen 21.00 Uhr vor Ort und froh, unser völlig überladenes KFZ zu verlassen, doch selbstverständlich ging es auch diesmal noch ins Innenstadtleben.

Dieses kann man nur als pulsierend bezeichnen. Überall Leute in Straßencafés, alle 20 Meter ein Schuppen mit Musik, die City noch um 2.00 Uhr voll wie zur Rush hour. Moment mal ... - wir hatten heute Donnerstag! Aber die Leute scheinen hier wirklich mehr zu „leben" als zu arbeiten. Man konnte Kilometer weit laufen, und überall war der Bär los. Selbst in Südeuropa hatte ich so etwas bislang noch nicht erlebt. Montreal - man spürte es schon am ersten Abend - eine phantastische Stadt!

10. Juni: WM-Test Kanada - Spanien vor 6.000 Zuschauern

Inzwischen war es Freitag geworden. Schon wieder stand in diesem „fußballbesessenen" Land ein Soccer-Match an. Während Fari schon ein wenig früher ausflog und dabei ein Strafmandat (55 DM) einfuhr, begaben wir uns erst gegen 9.30 Uhr aus den Federn und zum Shopping in der größten französischen Stadt außerhalb Frankreichs.

Es wurde wieder brennend heiß. So waren vor allem Erfrischungsgetränke angesagt. Leider war es aber aus Sicherheitsgründen (!) nicht möglich, eine Fruchtsaft-Papp-Pakkung mit in den Ground hineinzunehmen. Lächerlich! Aus gleichen Gründen wurden wohl auch ein paar Plätze im offiziell ausverkauften Stadion freigehalten ...

Dieses wurde diesmal fast ausschließlich von spanischen Einwanderern besucht, darunter gar erstaunlicherweise 300 „Nicht-Neckis"! Viele Leute waren aber doch recht hohl. So mußte ich einer Spanierin beispielsweise erklären, wie lange ein Spiel dauert und wie ein Tor fällt. Auch der Spielverlauf paßte sich dem vorgestrigen nahtlos an. Die Tore fielen fast zur selben Minute, so daß ebenfalls ein 0:2 heraussprang.

Eigentlich wollten wir uns nach dem Spiel das „Stade Olympique", Schauplatz der Sommer-Olympiade von 1976 ansehen, zu dem uns der „Offenbacher" in forschem (!) Schritt anführte. Aufgrund der großen Hitze versackten wir dann aber in der stadionnahen Kneipe am U-Bahnhof „Cremazie".

11. Juni: Wundenlecken

Am folgenden Tag „leckten wir erst einmal die durch den Abend entstandenen Wunden". Besonders schlimm hatte es den OFC-Thommy erwischt, der den ganzen Tag das Bett hütete und Übles durchmachen mußte. Unfaßbar, da fliegt man für Tausende von Mark nach Kanada, und einige sehen sich nicht einmal alle Spiele an ...

Im Centre Claude-Robillard war heute ein weiterer deutscher WM-Gruppengegner, nämlich die Bolivianer, dran, welche u.a. auf einige Bundesliga-Kicker der Schweizer wie Sforza, Sutter, Knup und Chapuisat trafen. Die Bolivianer überraschten mit aggressivem Forechecking, konnten aber dadurch nicht verhindern, daß die Schweizer zu den wesentlich besseren Tormöglichkeiten kamen. Stephane Chapuisat ragte dabei mit einem Pfostentreffer heraus. Ansonsten trennte man sich in kläglicher Manier torlos. Beide Teams hatten überraschend viele Anhänger dabei, wobei die Indios vom hochgelegenen Titicacasee natürlich den Ton angaben. Nachdem heute nun das sagenhafte Olympiastadion besucht wurde, traf man erst abends wieder in der Herberge ein, um den „Offenbacher" nach fast 20stündigem Komaschlaf zu den Lebensgeistern zurückzuführen.

12. Juni: Röhrende Motoren

Am heutigen Sonntag sollten nun auch noch die Horchlappen nichts zu lachen haben. Schließlich wollten wir den zufällig stattfindenden Formel 1-Grand Prix von Kanada aufsuchen, zumal Michael Schumacher Garant für einen deutschen Erfolg war. Die Rennstrecke lag auf der Insel „Ile Notre-Dame" inmitten des St. Lorenz-Stroms. Auf diesem schmalen Eiland wiederum befindet sich die Olympia-Ruderstrecke, sowie ein weiterer Binnensee - also fast ein Atoll! Karten gab es auch noch, obwohl an die 100.000 Freaks auf den Beinen waren. Immerhin umgerechnet 54 DM sollte der Spaß auf den billigsten Plätzen kosten. So probierte man es mal mit dem DFZV-Presseausweis[127] - und siehe da: kein Problem! Zusammen mit Vogler und Thommy wanderte man um die Strecke und begegnete einem Landsmann, welcher uns auf die teuersten Plätze im „Grandstand Gold", direkt an der Boxen-Gasse auf der Höhe der Zielgeraden lotste. Eigentlich war es dort lebensgefährlich. Bei einem Unglück würden hier gleich hundert Leute dran glauben müssen. Die Tribüne befindet sich nämlich nur wenige Meter neben der Piste.

Nach der Eröffnungszeremonie und der Aufwärmrunde heulten die Motoren auf. Dagegen stellt ein Preßlufthammer nur schlaffördernde Nachtmusik dar. Zwei von 68 Runden hielt man durch, dann deutete das Trommelfell an, daß es nicht gewillt war, heute ein „Platzkonzert" zu geben. Man trollte sich in die Kurve nahe der Comos-Bridge, wo die Boliden zwangsläufig abbremsen mußten. Der Lärm ließ sich einigermaßen ertragen. Dennoch waren wir froh, als das Rennen vorbei und Schumis Start-Ziel-Sieg perfekt war. Erstaunlich viele Deutsche waren übrigens angereist, weit mehr als zum Länderspiel! Die heutige Herberge war übrigens ein altes Gefängnis - völlig Kult, mit Gitterstäben und so.

---

[127] Inzwischen nicht mehr aktiver Deutscher Fanzeitungsverband.

13. Juni: Zahnschmerzen sind ohne Nerv nur halb so schön ...

Die restliche Zeit bis zum WM-Start wurde nun auch anständig überbrückt. Zunächst ließ ich mich erstmals im Ausland von einer Zahnärztin behandeln, welche mir gleich den Nerv zog, dafür aber einen Backenzahn rettete. Danach war das Leben nun wieder zu ertragen. Ottawa imponierte als Hauptstadt besonders durch das typisch britische Flair in Parlament-Nähe und die endlosen Wasserwege um den Rideau-Kanal, welcher eine Verbindung zwischen Ottawa-River und dem Ontario-See herstellt und allein in der Kanada-Metropole über acht Schleusen und einen gewaltigen Höhenunterschied verfügt. Leider fiel unsere geplante Paddeltour aus, da wir auf dem Weg zum Bootsverleih am Football-Ground vorbeischlenderten und dort auf ein Baseball-Spiel der Ottawa Lynx, einem Farmteam der Montreal Expos, hingewiesen wurden. Dieses fand allerdings im Ottawa-Stadium statt. So hatte man gerade noch Zeit, um sich im Kellergewölbe unserer Knast-Herberge direkt neben einer Dunkelzelle ein Spaghetti-Gericht zuzubereiten. Lekker, wie Ihr Euch denken könnt - vor allem, da der OFC-Thommy den Abwasch übernahm!

Somit konnten wir restlichen Vier zum Spiel düsen, das allerdings aufgrund heftiger Regenfälle erst eine Stunde später beginnen sollte. Am Souvenirstand ließ ich mir von einer gewissen Diana erst einmal die Regeln und einiges mehr erklären, bis mich Axel auf das laufende Spiel hinwies.

Gemeinsam mit Fari wurde uns eine Presseloge zuteil, wobei die Verpflegung allerdings gerade so für uns ausreichte und die restlichen Pressefritzen nur noch leere Teller und Dosen vorfanden. Der spannende (?) Spielverlauf gegen die Pawtucket Red Sox sorgte übrigens dafür, daß ich zum Sympathisanten der „Luchse" wurde, welche schließlich mit 9:1 triumphierten. Oder sollte es doch an der jungen Dame gelegen haben?

14. Juni: Peanuts und zerborstene Scheiben

Wir waren jetzt schon über eine Woche unterwegs, und der „Offenbacher" hatte von diesem wunderschönen Land eigentlich nicht mehr als das Hotel gesehen. Doch heute sollte ja auch er entschädigt werden, ging es doch zu den Niagara-Fällen.

Zunächst erwischte uns allerdings ein von einem entgegenkommenden Truck aufgewirbelter Stein direkt in der Windschutzscheibe. Da jetzt unnötige Diskussionen aufkamen, inwieweit wir versichert waren und alle schon über Kosten von über 1.000 DM spekulierten, sank die Stimmung buchstäblich in den Keller. Letztlich trug natürlich die Versicherung den Schaden!

Scheibe in Dutt, aber alles nur Peanuts, wie wir angesichts der gewaltigen WM-Kosten uns immer wieder aufmunterten. Mittags kehrten wir in der „Honky-Tonky-Lounge" ein, einer Wildwest-Kneipe mit Sätteln und Steigbügeln am Tresen statt Barhockern! Der Barbecue-Chicken-Gockel schmeckte allerdings wie im wilden Osten!

Am späten Nachmittag erreichten wir nach 550 km Niagara Falls, deren gleichnamige Ortschaft sich auch nochmal auf der gegenüberliegenden Flußseite befindet, aber schon zu den USA gehört. Ehe wir vor den überwältigenden Wasserfällen standen und uns den aufsteigenden Gischtnebel erfrischend im Gesicht prickeln ließen, wurde unser Hab und Gut in der mal wieder viel zu kleinen Jugendherberge deponiert.

Beim OFC-Thommy half Fari in Sachen Nässe dann allerdings ein wenig nach, so daß durch dessen klatschnasses T-Shirt die fellartige Rückenbehaarung hervorsproß. Dieser war allerdings wenig beeindruckt und fühlte sich provoziert. Elegant umtänzelte er nun (unfaßbar bei 120 kg Lebendgewicht) in Muhammed-Ali-Pose unseren Schwarzwälder Überlebenskünstler und setzte zu einigen Hieben an. Ja ja, gereizte Stiere sollte man nicht noch zusätzlich mit dem roten Tuch motivieren ...

15. Juni: Hinter den Fällen

Am nächsten Morgen erlebte man die Wasserfälle dann intensiver, als man durch einen Tunnel selbst hinter die Stromschnellen gelangte und die Wassermassen an sich vorbeiprasseln lassen konnte. Genial allerdings die Bootsfahrt mit der „Maid of the Mist" direkt unter die Absturzkante. Ein wahnsinniger Anblick! Von hier kommt erst das gigantische Ausmaß voll zum Tragen.

Man fuhr zurück zum Ausgangspunkt nach Toronto und gab den Mietwagen wieder ab. Lediglich ein Schadensprotokoll mußte geschrieben werden, ohne uns in Unkosten zu stürzen. Die Freude darüber veranlaßte „Uns Thommy" dann, Axel, Vogler und mich in seine Sheraton-Suite einzuladen, wodurch uns die asoziale Jugendherberge in der letzten Kanada-Nacht erspart blieb.

16. Juni: Die Milch hat Prozente

Der World-Cup '94 stand nun unmittelbar bevor, doch das ganz große WM-Fieber wie damals in Italien fehlte irgendwie. Dabei hatten wir die unkonventionellste Anreise in die Staaten, denn wir wählten schlicht ... den Zug!

Als leidenschaftlicher Bahnreisender wollte man auf dieses Erlebnis auch nicht verzichten und tuckerte um 7.50 Uhr im Schritt-Tempo aus der „Union-Station" von Toronto, direkt unterhalb von CN-Tower und Sky-Dome gelegen. Das Tempo würde sich schon ändern, wenn man erstmal durch die Lande braust - dachte man ... . Doch die Schaffnerin der kanadischen Bahngesellschaft „VIA Rail" saß in der geöffneten Tür und ließ die Beine in der Sonne baumeln und sich vom Fahrtwind kühlen. Sehr locker! Und so genehmigte man sich erst einmal Bierchen - aufgrund der restriktiven Alkoholbestimmungen verhüllt in einem zusammengerollten Blatt Papier mit der Aufschrift „Milk - Fresh from cow". Nachdem man sich im Bistrowagen einen Cheeseburger besorgte, wies man die Schaffnerin neckisch auf die Gefährlichkeit der offenen Fahrweise hin. Doch diese dachte nicht daran, mit mir zu kommunizieren. Im Gegenteil! Ein Mitreisender wies sie sogar daraufhin, daß ich Alkohol konsumierte. Ehe ich mich versah, befand ich mich in einer brenzligen Situation. Der Zugchef wurde angefunkt und mein Getränk einkassiert. Insgeheim rechnete man bei den gestrengen Sitten hier schon mit dem Ende der Reise, denn der nächste Halt war der Grenzbahnhof Sarnia. Doch nichts passierte. Mein Bier wurde gar an den meldenden Fahrgast weitergeleitet, der mit einem breiten Grinsen dort ausstieg. Wir waren alle fassungslos und blickten Zustimmung suchend zu einem deutschen Einwanderer herüber, welcher ebenfalls zum Bolivien-Spiel nach Chicago reiste und mit dem wir uns vorher schon unterhalten hatten. Dieser fiel uns jedoch direkt in den Rücken und meinte, daß unser Benehmen (EIN Bier zu trinken) eine Schande für Deutschland sei und er sich für uns schäme. Unfaßbar, wo waren wir hier nur gelandet? Wir zuckelten weiter und überlegten manchmal, ob man nicht aussteigen und den Zug anschieben sollte. Eine Reichsbahn ist ein TGV dagegen. Auch im US-Gebiet der „AMTRAK" änderte sich daran nichts. Manchmal hielt das Fuhrwerk dann ganz an, da wegen eines Gegenzuges, der Verspätung hatte, die Strecke teilweise nur eingleisig zu befahren war. Wie gut, daß wir hier nicht auf einen Anschlußzug angewiesen waren, denn pro Tag und Richtung verkehren die Eisenbahnen hier im Eintages-Takt.

Die Zeit wurde nun auch noch eine Stunde zurückgestellt. Um 18.50 Uhr erreichten wir nach zwölf Stunden Fahrzeit mit nur einer Viertelstunde Verspätung das 796 km entfernte Chicago. Rechnet man die Stunde Wartezeit an der Grenze ab, so kamen wir auf eine Reisedurchschnittsgeschwindigkeit von ca. 70 km/h. Sagenhaft! Da nächste Mal nehmen wir dann übrigens die Postkutsche.

Wir orderten schnell ein Taxi. Und ab ging's zum Flughafen (40 Minuten), wo der Mietwagen für den folgenden Tag umgebucht wurde, und dann erneut per Taxi (30 Minuten) entgegen der Rush-hour-Richtung zum „Palmer House Hilton", unserer noblen Bleibe direkt in der City. Allerdings war diese - da mit sechs Mann belegt - für nur 23 DM doch sehr preiswert.

Gegen 22.00 Uhr traf dann die andere Hälfte unserer Belegschaft mit Dirk Schulz (Teamchef), Torsten Bode (Borste) und Marco Hensel (der Erfurter) ein, die über Buffalo umgeleitet wurden, da sie auf dem Flug in ein schweres Gewitter geraten waren. Teamchef war daraufhin fix und fertig und bezog bereits sein Bett, während der Rest noch kurz das Hotel verließ, den Hunger stillte und das Wiedersehen feierte. Auch Fari hatte sich inzwischen zu uns durchgeschlagen. Er bevorzugte allerdings noch ein wesentlich billigeres Hotel, welches mit 66.000 Betten auch das größte von Chicago war: Das „Soldier Field"! Teamchef nahm dies bereits mitten in der Nacht zum Anlaß, um uns zu einer Gedenkminute zu versammeln. Doch der Kamerad kam ohne Schaden davon ...

17. Juni: Mit Fuffzig bist du fertig!

Es wurde noch viel geredet, ehe man dann den Schlaf des Gerechten fand. Nur beim Teamchef war daran nicht zu denken. Pünktlich um 5.30 Uhr setzte das tägliche Wakkeln seiner Füße ein. Von Schlaflosigkeit und Nervosität gepackt wurde dann sogar aufgestanden, um gemeinsam mit Borste um 6.00 Uhr früh (!) den „Sears Tower" zu besichtigen. Unfaßbar! Vogler, um seinen Schlaf gebracht, meinte gar: „Teamchef, wenn du so weitermachst, mit Fuffzig bist du fertig!" - allgemeine Erheiterung. Dann wurde weitergeschlafen. Erst gegen 9.00 Uhr räkelte man sich dann und erfuhr von der erfolglosen Expedition unserer beiden Frühaufsteher. Natürlich hatte der „Sears-Tower" um diese Uhrzeit noch geschlossen. Haben wir gelacht!

Nach einem günstigen Frühstück mit Ham and Egg, sowie einer Art Kartoffelkuchen, ging's per Bus direkt zum Soldier-Field, denn kein Spiel sollte für uns nach 16.00 Uhr beginnen. Am Stadion gab es zu früher Stunde sogar noch ein Restkartenkontingent direkt an der Tageskasse. Aber wir hatten ja beim DFB gezahlt und waren bei allen drei deutschen Vorrundenspielen für 65 DM dabei. Gut zwei Stunden vor dem Anpfiff betrat man den Ground. Nach einem kurzen Blick ins weite Rund zog man es vor, in den einer Scheune gleichenden Niedergängen Wartestellung zu beziehen.

Das Klima war heute das unerträglichste während der gesamten Weltmeisterschaft. In der prallen Mittagssonne wurde die magische 50°C-Grenze spielend gebrochen. Selten habe ich mich so nach einem Eis oder einfach nur einer Riesenflasche Brause gesehnt. Doch was wurde von den hunderten von Bauchladenverkäufern angeboten: Heiße Hot Dogs und salziges Popcorn.

Die Eröffnungsfeier zeugte ebenfalls nicht von viel amerikanischem Organisationstalent. Rote und blaue zigmeterlange Luftschläuche wirbelten über den Rasen. Diana Ross kreischte herum - kein Vergleich mit der tollen Eröffnung vier Jahre zuvor. Höhepunkt war da noch das Aufsteigen tausender Luftballons in den rot-weiß-blauen Nationalfarben der Amerikaner. Selbst der Versuch, einen riesigen Globus auf einen goldenen Ständer zu plazieren (sollte wohl den FIFA-World-Cup darstellen) mißlang.

Die Stimmung auf den Rängen, wie auch der folgende Kick unserer Elitetruppe gegen die Exoten aus Bolivien konnte niemanden vom Hocker reißen. Der Respekt vor unserer Elf war den Südamerikanern deutlich anzusehen. So vermißte man auch das druckvolle Pressing vom Schweiz-Spiel. Mit Mann und Maus wurde verteidigt. So ergab sich fast zwangsläufig ein typisches Eröffnungsspiel. Dennoch wußte besonders der energische Matthias Sammer zu gefallen. Daß letztlich noch ein Sieg daraus wurde, ist wohl vornehmlich dem glitschigen Boden zuzuschreiben, der dem bolivianischen Torwart beim Herauslaufen zum Verhängnis wurde: Jürgen Klinsmann brauchte in der 61. Minute nur noch ins leere Tor einzuschieben. Der spät eingewechselte und langzeitverletzte Etcheverry wollte dann das Ruder noch rumreißen. Dieses Vorhaben währte jedoch keine fünf Minuten, durfte er doch nach einem eher harmlosen Foul an Lothar Matthäus das Feld räumen. Die Entscheidung war gefallen.

Nachdem man noch im „Foyer" abjubelte, wurde einem „Powerade"-Getränkeverteiler wahrlich der Tank vom Rücken geschlürft. Unsere ausgedörrten Kehlen fühlten sich jetzt wie das Kamel in einer Oase der Sahara. Nie war der Flüssigkeitsverlust größer denn heute. Zügig kehrten wir daraufhin zum Hotel zurück, mußten aber noch eine uns folgende „DER-TOURS"-Reisegruppe abschütteln, die Axel lautstark gesammelt hatte. Was aus dieser „Herde" ohne Leittier geworden ist, entzieht sich unserer Kenntnis.

Der Tag war damit noch lange nicht beendet, denn nun ging es per U-Bahn zum O'Hare-Airport, um die Mietwagen auszulösen. In zwei Fahrzeugen setzte sich unser „Konvoi" in Bewegung, doch bereits an der ersten Highway-Abzweigung verloren wir uns aus den Augen. Es ging nun solange es noch hell war Richtung Detroit, ehe wir in einem Motel irgendwo im Bundesstaat Indiana einkehrten, um unserem Fahrer Andy Vogler die „vorgeschriebene" Ruhepause zu gönnen ...

18. Juni: Kilometer, die nicht enden wollen: Die Story einer falschen Maßeinheit

... Allerdings unterlief uns ein dilettantischer Fehler, denn anders als in Kanada (Kilometer), werden in den USA die Entfernungen in Meilen angegeben. Dadurch unterschätzten wir nun natürlich die restliche Wegstrecke bis zum Ziel Detroit! Um kurz vor 6.00 Uhr ging es dann auf die noch zu bewältigenden fast 300 km. Da das erste Spiel der Amis (gegen die Schweiz, 1:1, der Verf.) aber bereits um 11.30 Uhr begann und wir durch den Zeitzonenwechsel auch noch eine Stunde verloren, wurde es nun verdammt

eng. Schließlich herrscht ja auch noch eine rigorose Geschwindigkeitsbegrenzung von 65 Meilen / Stunde. Lediglich die vielen Trucks schien das nicht zu stören. Einer nach dem anderen zog an uns vorbei; „Knöllchen" werden wohl ohne Achselzukken vom Kunden getragen. Hauptsache der Termin wird eingehalten. Klar, daß unsere beiden Profi-Spediteure Axel und Andy viel zu diskutieren hatten.

Der Weg zum Silverdome konnte nach der hervorragenden Beschreibung einiger Ortskundiger gar nicht mehr verfehlt werden. „Fahrt einfach immer die Highland-Road entlang und biegt auf keinen Fall ab. Immer geradeaus - und wenn aus der Straße ein Feldweg wird!" - So jedenfalls Axels Übersetzung. Eigentlich war der Ground nun nur noch schwer zu verfehlen, zumal er schon aus vielen Kilometern vom über ihm kreisenden Zeppelin eindrucksvoll markiert wurde. Schnell wurde das KFZ geparkt. Im Laufschritt ging's ins Hallenstadion, das lange nicht wie offiziell angegeben ausverkauft war (77.557 Zuschauer). Die Tickets wurden für sage und schreibe 25 DM im freien Verkauf nahezu verschenkt. Weit mehr als 15.000 Plätze blieben leer!

Immerhin schafften wir es, elf Minuten nach dem Anpfiff im phantastischen Treibhauskessel, direkt im Schweizer Fan-Block Platz zu finden. Wir erlebten eine tolle Partie mit einem Traumtor von Eric Wynalda, welcher kurz vor dem Pausentee mit einem maßgerechten Freistoß in den Winkel die Führung des Oldtimers von Young Boys Bern, Jacques Bregy, egalisierte. Der Schatten des Luftschiffes zog daraufhin geradezu unheimlich über die lichtdurchlässige Hallendecke.

In der zweiten Halbzeit überzeugten die Amerikaner dann immer wieder durch ihren einfallsreichen Schlachtruf „USA, USA, USA ...", während die ca. 6.000 Eidgenossen schon ein angenehmeres Repertoire zelebrierten. Derweil beggnete uns die verlorengegangene Autobesatzung um Jörg Mardo, welcher gleich einige Specials vom Teamchef zu bieten hatte: Völlig begeistert erlebte dieser auf der Hinfahrt den monumentalen Autoreifen, welcher sich nahe Detroit über den Fahrweg spannte: „Leute, habt ihr den gesehen?". Fünf Meilen weiter: „Leute, den Reifen hätten wir fotografieren müssen". Weitere fünf Meilen entfernt: „Leute, es hat keinen Zweck. Wir fahren zurück. Das Ding muß abgelichtet werden!" Doch dafür hatten die übrigen Mitfahrer dann doch kein Verständnis mehr ...

Nach dem Schlußpfiff trennte sich nun der Clan, während sich über der Parkfläche immer noch eine megagroße Schweiz-Fahne spannte. Ein Wagen fuhr weiter zu den Niagara-Fällen, während Axel, Vogler und meine Wenigkeit über Lansing und Grand Rapids zum Michigan-See aufbrachen, um dort in der spielfreien Zeit endlich ein wenig Erholung zu finden.

19. Juni: Melonenmassaker in Holland

Wie die Suche nach einer Nadel im Heuhaufen gestaltete sich die Suche nach einer nächtlichen Bleibe. Kein Hotel mehr weit und breit - nur Motels über Motels, die hier wohl einfach konkurrenzfähiger sind. Es brach schon die Dämmerung an, ehe wir im „Blue Mill Inn" einen Hafen fanden. Wo wir gewesen sind? Nun haltet Euch fest - in Holland! Ja, der Ort hieß wirklich so. Hier gab es sogar eine klischeehaft nachgebaute Grachtensiedlung mit Windmühlen und Leuten in Holzschuhen. Höhepunkt des Kaffs war ein gigantischer Supermarkt, der wie fast überall in Amerika auch sonntags 24 Stunden geöffnet hatte. Leuchtstifte, ja sogar Gewehre waren im Angebot und von über 21 jährigen locker zu erwerben. Und wer so etwas kaufen kann, der benutzt es halt auch mal. Da wundert sich noch jemand über den Zerfall der Gesellschaft!

Wir begnügten uns mit einer gigantischen 7,5 Kilo-Wassermelone für schlappe 2,90 DM. Das Waschbecken unseres Hotelzimmers glich im Nachhinein einem Schlachtfeld ... .

Aus der vorgesehenen Paddeltour wurde auch diesmal nichts, obwohl uns der glitzernde See quasi dazu einlud. Aber wie Axel richtig bemerkte: „Wir sind hier zum Fußball rübergekommen!". So gönnte man sich im TV die Live-Übertragungen Belgien - Marokko 1:0, das geniale 1:0 der Norweger über Mexiko, sowie den sensationellen 3:1 Erfolg der Rumänen über Titelaspirant Kolumbien. Zwischendurch wurde Pizza-Hut zwecks Mittagessen und der örtliche Bahnhof, von dem täglich ein Zug je Richtung verkehrt, beehrt. Abschließend gab's als Dessert eine Baseball-Partie meiner „Lieblinge" von den Montreal Expos - ebenfalls via Glotze! Wer da keine schlaffördernde Entspannung fand ...

20. Juni: Pfadfinder beim DFB: ... und man wird uns niemals los!

Topfit und ausgeschlafen kehrten wir frühmorgens in den südwestlichen Stadtteil der Gangstermetropole Chicago, nach Hinsdale, zurück, um unsere Nationalgötter beim Training zu beäugen. Überdies erhoffte man dort eine Gelegenheit zu erhaschen, sich für ein Endspiel-Tikket vormerken zu lassen. Aber es kam ganz anders, denn dem Berti war es heute zu heiß. So ließ er seine „Platzhirsche" einfach im Stall. Das Vormittagstraining fiel also flach. Aber so schnell gaben wir nicht auf und reisten halt ein paar Meilen weiter, direkt in die „Höhle des Löwen". In der Auffahrt zum Golfplatzhotel „Oak Brook Hills" hatte sich gut ein Dutzend älterer Freunde der Nationalelf versammelt, um ihrem Ärger über mangelhafte Volksnähe des DFB Luft zu machen.

Immerhin seilten sich die beiden jungen DFB-Angestellten Schnelker und Dohren herab, um ein wenig mit uns zu diskutieren. Hut ab vor dieser Courage! Wir wurden so informiert, daß noch ein Nachmittagstraining stattfinden würde, aber eben unter Ausschluß der Öffentlichkeit. Dabei hatten sich gerade mal 300 interessierte Besucher auf den Weg gemacht! Schließlich fand man noch einen Kompromiß, daß sich das Nationalteam 30 Minuten zu unseren Ehren warmlaufen würde und danach in aller Heimlichkeit die „Vorkehrungen" für das Spanien-Spiel begann.

Die kleine, mit Zusatztribünen ausgestattete Sportanlage war inzwischen zu einer wahren Festung ausgebaut. Fast 50 Ordner und bewaffnete Cops mit Schäferhunden patrouillierten im Gelände. Dazu Zäune. Und am Eingang wurde jeder bis auf die Unterhose gefilzt. Geradezu lächerlich, wenn man an die schlaffen Kontrollen während der WM-Spiele dachte. Nach wenigen Minuten wurden wir schon wieder verjagt, denn ein Unwetter zog heran, und wie man uns mitteilte, sollen hier auf Stahlrohrtribünen schon Leute vom Blitz getroffen worden sein.

Bis der Regen aufhörte, wartete man mit den Fernsehteams in einer Turnhalle. Dabei zeigte sich ganz offensichtlich die Niveaulosigkeit der RTL-Reporter, die für die Nationalspieler von einer Wahrsagerin die Karten legen ließen. „Ach, beim Matthäus hat sie nichts Negatives gesehen, aber das mußt du ihm ja nicht sagen ..." (Originalzitat). Desweiteren hatte eine Redakteurin des Kölner Senders Lolita Matthäus im kleinen Schwarzen (!) beim Abendessen beobachtet, wie diese dafür (?) an den Kellner 500 Dollar abdrückte. Welch ein Glück, daß ich mir nicht die „Explosiv"-Sendungen in der Heimat ansehen mußte! Gegen 17.30 Uhr erlebten wir dann doch wie versprochen Völler & Co. beim Schlußtraining. Sogar Pressechef Niersbach verteilte ein paar „bunte Bilder". Ich testete daraufhin mal, ob er mich denn nach den beiden letzten Hallenmasters-Turnieren von München und Dortmund noch wiedererkennen würde und hatte Erfolg (?):

J.H.: „Hallo Herr Niersbach!"
W.N.: „Ach, hallo Herr Helms. Na, Groundhopper, was gibt's denn bei Ihnen für Neuigkeiten?"
J.H.: „Ja, wissen sie, wir haben ja leider noch keine Karten für das WM-Finale in Los Angeles bestätigt bekommen. Könnten sie da vielleicht was für uns machen?"
W.N.: „Ja, Herr Helms (plötzlich 10 Meter nach hintengehend), da habe ich leider im Moment überhaupt keinen Überblick (weitere zwei Meter zurückweichend), wir hören voneinander ..."

Und mit einem Spurt war er verschwunden! Grenzenlose Enttäuschung machte sich nun breit und mit hängendem Kopf verließen wir das Feld. Man war sich im Klaren, daß unser Weg in den Finalground wie schon 1992 in Göteborg nur noch über den inflationären Schwarzmarkt führen würde. Wo soll man denn noch überall mit hinfahren, um einmal solch eine Vergünstigung zu erhaschen? Aber es ist nun einmal so: erst einmal kommen Hanuta und Konsorten, dann die edle Führungsriege und etliche High-Society-Prinzen, und den Rest teilen sich alle, die bei Euro-Lloyd für 20.000 DM und mehr in der ersten Reihe sitzen. Was will man auch mit einer Kuh, die man nicht melken kann?

Den angebrochenen Abendfrust vertreiben wir uns schließlich im „Comiskey Park" (Geiler Ground / falscher Sport) beim Baseball der Chicago White Sox gegen die Texas Rangers. Dieses Spiel gab es übrigens an den folgenden drei Tagen erneut an gleicher Stelle zu sehen - jedesmal vor 33.000 Zuschauern!

21. Juni: Anfänger

Der „Sears-Tower", das höchste Gebäude der Erdkugel mit 443 m, stand heute auf dem Programm. Doch für sechs Dollar durfte man die Aussicht auf das John-Hancock-Center, den Lake Shore Drive und das Soldier Field nur hinter Verglasung genießen. Immerhin gelang es, die Tickets nicht abreißen zu lassen und unten, in der Warteschlange, wieder an den Mann zu bringen.

Zum zweiten deutschen Auftritt gegen Spanien hatte sich das Klima etwas gebessert. Zwar war es immer noch sehr heiß, aber dafür nicht mehr so schwül, wofür wohl auch die Luftbewegungen in der „Windy City" mitverantwortlich waren. Diese sorgten dann auch für ein sehr eigenartiges Gegentor durch die Spanier, wobei ausgerechnet Kölns Großmaul Bodo Illgner ganz schlecht aussah und eine Flanke des überragenden Goicoechea einsegeln ließ. Bremens Oberflaschenkeeper Oliver Reck hätte dabei Schwierigkeiten gehabt, diese Szene noch zu übertölpeln.

Das gesamte Stadion war mit deutschen Fahnen zugehängt. Der 200köpfige, rotgekleidete spanische Block, eingekesselt im Meer zehntausender deutscher Schlachtenbummler, wirkte schon ein wenig verloren. Es ist schon immer wieder traurig, wie wenig Auswärtstouristen diese große Fußballnation auf die Beine bringt. Auf dem Spielfeld ergab sich derweil ein anderes Bild, denn die Iberer schnürten unser Team fast pausenlos ein, so daß schließlich mit Erleichterung zumindest noch der 1:1 Ausgleich, wiederum durch Jürgen Klinsmann, registriert werden konnte. Endlich kam gute Atmosphäre auf, die sich prächtig nach Spielschluß entlud. So besuchten wir mit freiem Oberkörper und ohne zu zahlen das wunderbare „John G. Shedd-Aquarium" direkt vorm Ground, erfrischten uns im „Al-Bundy-Brunnen" und ließen deutsche Schlachtgesänge lautstark in den Betonschluchten hallen. Auch das Dinner wurde dabei beim „Burger King" zu keiner kostspieligen Angelegenheit. Traurig allerdings, daß damit der Fast-Food-Boykott nach zwei Wochen beendet wurde.

Glücklicherweise konnten wir auch nahezu unser gesamtes Gepäck (Seesack) im „Palmer House Hilton" gratis deponieren, obwohl wir schon gar nicht mehr dort logierten. Mit Axel und Vogler ging es nämlich per U-Bahn hinaus zum O'Hare-Airport, wo wir im „Best Western" direkt unterkamen. Das Wort „Best" war hier allerdings fehl am Platze, erst recht für unser anfängerhaftes Verhalten! Natürlich wollten wir wieder möglichst mit acht Mann das 4-Bett-Zimmer belegen, zumal wir einen flauschigen Teppichboden und gigantische, anonyme Eingangshallen gewohnt waren. Doch diesmal präsentierte sich uns ein schmaler Rezeptionspfad und ein aufgeregter Borste, der uns gleich bei Ankunft auf die neue Situation aufmerksam machte, daß dies dem Personal nicht verborgen bliebe würde. Derweil stritt der Rest der Crew derart lauthals im „Versteck" auf der Rückseite des Hauses herum, daß wir um ein zweites Zimmer nun nicht mehr umherkamen. Ein peinlicher Abschluß eines an sich herrlichen Tages!

22. Juni: Ein Abend im Paradies der Everglades-Sümpfe

Dafür erfüllten wir uns am folgen Tag einen langgehegten Traum: Florida wurde angesteuert! Auf dem Flug genoß man dabei die Fürsorge des Teamchefs, der selbstlos wie er nun mal ist, die Obst-Vorräte an Bord einsammelte und an meine Wenigkeit abtrat. In Orlando wurde gleich ein geräumiger Straßenkreuzer aus dem Hause Chevrolet unter Beschlag genommen. Man trennte sich nun. Während Borste und Dirk das Raumfahrtzentrum Cape Canaveral und die Universal Studios anschauen wollten, düsten Fahrer Andy, Axel, Marco und man selbst über Tampa ins 400 km südlich entlegene Naples, ohne jedoch von vermeintlichen Straßengangs gekidnappt zu werden.

Als wir die Straße unseres bereits gebuchten Hotels „Port of the Islands", den „Tamiami Trail" erreichten, wurden wir allerdings einfach nicht fündig. An einer Tankstelle wurde uns dann aber verdeutlicht, daß wir noch 25 Meilen vom Ziel entfernt wären. Haben die lange Straßen ...

Die zusätzliche Anstrengung lohnte sich dann aber. So hatten wir die mit Abstand beste Anlage der gesamten WM: Herrliche Grünanlagen, Tennisplätze, Pool, Yachthafen, Flugplatz, Tontaubenschießanlage und dazu viele zahme Tiere.

23. Juni: Bobfahren in der Krokofarm

Mit dem Auto ging es ins knapp 15 Meilen entfernte Everglades City, wo wir auch gleich die Eingangspforte zu diesem auf der Welt einmaligen Nationalpark gleichen Namens passierten. Wir hatten uns fest vorgenommen, ein Airboat (das witzige Teil mit dem senkrechten Riesenpropeller am Heck) zu testen. Dabei scheuten wir keinerlei Kosten und buchten für 30 Dollar pro Nase ein 4-Mann-Exemplar samt „Kapitän" für eine Stunde Spaß! Was nun kam war sicherlich einer der absoluten Höhepunkte unserer Reise. Nach zunächst ruhigem Beginn rasten wir mit einem Affenzahn über Schilf und Knick, wie in einer Achterbahn. Besonders genial war die plötzliche Kehrtwende inmitten eines Sees und über schmale Uferbefestigungen direkt in einen Tropenbach mit Dschungelbewaldung hinein. Kurzerhand stotterte dann der Motor, und unser Boot kam nur wenig später ganz zum Stillstand. Was war geschehen? Unser Bootsführer deutete nach hinten, und nur knapp hinter dem Heck lugte ein Alligator nur mit Schnauze und kugelrunden Äuglein hervor. Axel ermahnte mich nun erst einmal, diesen nicht gleich mit „Na du" anzusprechen, wie das bei Tieren nun mal meine Art ist. Die Kamera klickte fast im Sekundentakt.

Kurz vor der Rückkehr in ruhigere Gewässer versteuerte sich dann aber unser Lotse nochmal und preschte voll in einen Knick hinein, wobei Andreas eine schmale Rißwunde am Schienbein davontrug. Ein Hundewelpen plantschte derweil im warmen Hafenbecken herum, während wir nur 50 m entfernt einem weiteren Alligator begegneten, mit dem aber auch der Film vollgeknipst zurückspulte. Ärgerlich war dies besonders deshalb, weil jetzt ein Pelikan im Landeanflug auf unser Boot zusteuerte und sich mir direkt vor die Füße setzte.

Im vollklimatisierten Chevy war nach diesen beeindruckenden Erlebnissen die Rückfahrt nach Orlando, wo wir die verselbständigten Kameraden Borste und Teamchef erstmal aus dem Schlafgemach scheuchten, nur die reinste Freude.

24. Juni: Es flogen einige Scheine zum Fenster raus

Noch in den frühen Morgenstunden begegneten wir auf dem Parkplatz unseres Marriott-Hotels einem mexikanischen Schwarzhändler. Da aufgrund der gewaltigen Touristenströme aus den beteiligten Ländern das Kartenangebot für die bevorstehenden Begegnungen zwischen Irland und Mexiko sowie Belgien und Holland schier aussichtslos schien, griffen wir für 100 Dollar (166,40 DM) zu. Dabei leistete ich mir einen besonderen Fauxpas, da ich für beide Spiele jeweils zwei Tickets abnahm, obwohl Borste mir gerade vorher noch mitgeteilt hatte, daß er nur das Spiel der Iren sehen wollte. Da saß man nun mit drei Karten für insgesamt 300 Dollar ...

Es kam, wie es kommen mußte, denn ausgerechnet das Belgien-Spiel lief hier preislich total in den Keller, da ein Überangebot an Karten bestand. Dagegen bestätigte sich der Mindestpreis auf dem Schwarzmarkt für Irland - Mexiko in etwa mit 80 bis 100 Dollar. Durch nochmaligen Verkauf und Zukauf lag ich schließlich bei 90 Dollar (149,80 DM). Damit konnte man leben, auch wenn die Mitfahrer wohl doch etwas mehr Glück bei der Kartensuche hatten.

Die Citrus-Bowl platzte aus allen Nähten (61.200 Zuschauer), wobei Iren und Mexikaner mit jeweils über 25.000 etwa gleich große Fankontingente stellten. Leider konnten bei der Tropenhitze von ca. 40°C am frühen Nachmittag die hohen Erwartungen nicht erfüllt werden. Garcia brachte die Lateinamerikaner durch Hinterhaltschüsse mit 2:0 in Front. Ansonsten blieb nur Abgetaste und Alibifußball. Erst in der 84. Minute mit dem Anschlußtreffer von John Aldridge entwickelte sich noch ein beherztes und schließlich auch spannendes Spiel. Doch insgesamt betrachtet war dies natürlich zu wenig, zumal auch der irische Anhang bei brennender Sonne nicht richtig in Fahrt kam.

Der restliche Tag sollte dann eigentlich in Disney-World verbracht werden, doch Teamchef war der Fahrer, und dieser wollte lieber Brasilien - Kamerun im TV glotzen, da er körperlich wohl nicht mehr in der ersten Reihe saß. So mußte man sich eben fügen, entwickelte daraus aber eine persönliche Depri-Phase. Denn wenn man schon nur drei Tage in Orlando verbringt, sollte man zumindest versuchen, das Wesentliche dieser unerschöpflichen Höhepunkte abzugrasen. Zum Fernsehen aber brauche ich schließlich nicht nach Amerika zu fliegen!

25. Juni: Ein ehrliches Jahr älter

Vielleicht hatte meine Stimmung aber auch mit meinem wiedermal ansteigenden Lebensalter zu tun. Schließlich feierten wir dann aber doch noch in meinen 28. Geburtstag hinein, wobei wir das Glück hatten, über einen hoteleigenen Nachtclub zu verfügen. Dabei mußten allerdings nur die Getränke gezahlt werden, denn Snacks wie Pizza und Spaghetti wurden gratis bzw. sehr günstig (1 Dollar) gereicht.

Das Geburtstagsgeschenk stand jetzt nur noch aus. Und was gibt es Schöneres als eine Niederlage der Holländer? Zunächst gelang es mir, den heute anstehenden finanziellen Verlust in Grenzen zu halten. Ich wurde meine beiden Tickets mit 50 Dollar Verlust für 150 Dollar wieder los. Auf dem Schwarzmarkt begann nun eine hitzige Suche nach einem Schnäppchen. Doch unter 35 Dollar ging dann doch nichts ab. „Heide '78"-Kamerad Frank Glüsing schlug bei dieser Preisspanne dann auch zu, während ich auf einen weiteren Verfall der Preise wartete. Da der Ground ja schon am Vortag „gefallen" war, spielte die Zeit diesmal für mich.

Doch was dann kam, habe ich noch nie auf einem Schwarzmarkt erlebt. 30 Minuten vor Spielbeginn waren tatsächlich alle Karten verkauft. Doch dafür stieg die vormals schwache Nachfrage mit einmal rapide an, denn Hunderte von Käsköppen krochen plötzlich aus ihren Löchern und unter Sonnenschirmen hervor und wollten jetzt doch noch Tickets erwerben, auf den letzten Drücker! Unfaßbar, da fliegen die Leute nach Florida für Tausende von Mark und warteten dann für ein paar Dollar Gewinn bis auf die letzte Minute, auch wenn sie dadurch Gefahr laufen, ein Spiel ihrer eigenen Mannschaft draußen vor dem Stadiontor zu erleben.

Kurz vor Spielbeginn hatte man doch noch Glück und erhaschte für 55 Dollar eine Eintrittsberechtigung, verpaßte aber die Nationalhymnen, was heute nur ein Vorteil war. Während dieser Zeit ließ man sich nämlich mit WM-Maskottchen „Striker" ablichten. Als ich dann pünktlich zum Anstoß ins Stadioninnere vordrang, konnte ein offener Schlagabtausch miterlebt werden, wobei die Belgier jedoch wesentlich konzeptreicher wirkten und somit in der 66. Minute durch Philippe Albert vom Meister RSC Anderlecht nach einem Eckstoß völlig verdient in Führung gingen. Trotzdem hing der spätere Erfolg noch an einem seidenen Faden und war allein ein Verdienst von Keeper Michel Preud'homme, der mit Glanztaten am laufenden Band nahezu unbezwingbar wirkte. Besonders zur Geltung kam dies in der 90. Minute, als er einen Torpedo von Marc Overmars noch an das Gebälk wuchtete. Weltklasse!

Noch lange feierte man mit den gerade mal 7.000 Belgiern, die in der Oranje-Übermacht von mindestens 35.000 anfangs ein wenig deplaziert wirkten. Das Spiel hätte heute irgendwie besser in die „Orange-Bowl" von Miami gepaßt, aber halt nur vom Optischen! Der angebrochene Nachmittag wurde wenigstens heute im „Magic Kingdom" Disneyworld standesgemäß zum Ausklang gebracht.

26. Juni: Orlando, 6.45 Uhr: alles schläft

Wie von einer Tarantel gestochen katapultiert sich der Oberkörper unseres Teamchefs von der Liege- in die Sitzposition. Im selben Moment schnellt dessen linkes Handgelenk auf Augenhöhe. Ein Blick zur Uhr läßt unseren Dirk förmlich den Mund sperrangelweit auf- und die Haare zu Berge stehen: „Um Gottes Willen - Leutem kommt in die Gänge, wir haben verschlafen. Packt eure Sachen, waschen könnt ihr euch am Flughafen." Seine Wort überschlagen sich. Von der unerwarteten Hektik am frühen Morgen aus dem Schlaf geputzt, stand bereits mancher unserer Mitfahrer vor dem Herzinfarkt. Währenddessen wirbelte Dirk in der absoluten Rekordgeschwindigkeit von 1:36 Minuten aus dem Zimmer, daß man förmlich kleine Staubwölkchen hinter seinem geschmeidigen Antritt über den Hotelteppich fliegen sah ... . Doch dies war kein Spaß, sondern bitterer Ernst, denn nur eine Maschine konnte uns um 9.40 Uhr über Chicago in den deutschen Spielort Dallas bringen - beim Einchecken muß schließlich auch eine gewisse Wartezeit in Kauf genommen werden.

Wir hatten aber Glück. Mit lauter singenden Iren an Bord, die von der Flughafenpolizei sogar eine Ermahnung erhielten, ging es zunächst zum Umsteigen nach Chicago, das wir gegen 11.13 Uhr erreichten. Der Flug verlief sehr turbulent. Wir hatten einige Wackler zu überstehen. So mulmig war es mir bisher jedenfalls noch nie in der Luft zumute. Das Wetter hatte seinen Anteil daran, daß auch das zweite Teilstück ab Chicago 12.14 Uhr, an Dallas/Fort Worth 14.29 Uhr kein Vergnügen war und wir mit etwas zittrigen Knien wieder Land unter die Latschen bekamen.

Unser „Best Western" präsentierte sich genau an der Ausfallstraße des Airport-Freeway, doch der Taxifahrer verpennte dies und fuhr fast bis nach Dallas durch: fast 25 km Umweg! Natürlich gab es dafür keinen Pfennig Zuschuß, aber wir hatten eine schöne Stadtrundfahrt hinter uns.

„Hurra, hurra, DER-Tours ist da!": Das Hotel präsentierte sich samt Pool zunächst ruhig, doch dann rauschte ein Bus heran und 50 hellhäutige Weißnasen aus dem Gebiet, wo Deutschland am kohlenpöttischsten ist, purzelten heraus. Abends lauschten wir dann einer Lagebesprechung dieser organisierten Reisegruppe - und dies ist jetzt nicht übertrieben: „Leute, hört mal alle zu! Wir versammeln uns jetzt, um den Ablauf des morgigen

Tages zu erörtern: Also, gegen 10 Uhr fahren wir alle mit dem Bus in die Stadt hinein. Wer dies möchte, der kann dort noch Besorgungen machen. Aber spätestens - ich wiederhole - spätestens um 12.30 Uhr kommen wir wieder alle zusammen und fahren gemeinsam auf den Fußballplatz. Ich würde vorschlagen, wir ziehen alle unsere weißen T-Shirts an, damit wir uns nicht verlieren. Nach dem Spiel bringt uns dann der Bus wieder zum Hotel zurück. Habt ihr noch irgendwelche Fragen?" - Also wir hatten überhaupt keine Fragen dazu, schon deshalb nicht, weil Axel, Marco und ich bäuchehaltend vor Lachen fast ins Becken gefallen waren. Wie können Leute nur so bekloppt und unselbständig sein. Aber was will man schon von Gesichtern erwarten, die in ihrer Heimat nur Schalke und die Zeche August haben?

27. Juni: Deutsche Ölscheichs beim Karneval in Texas

Nun ja, am nächsten Morgen stand derselbe Taxifahrer wieder Gewehr bei Fuß und transportierte uns in die Nähe der „Convention Hall", von wo aus wir das Zentrum der texanischen Öl- und Rindermetropole erkundeten. So gelangte man schließlich auch zur „Elm-Street", wo jene Schüsse fielen, die Amerikas hoffnungsvollen Präsidenten John F. Kennedy am 22. November 1963 das Leben raubten. Heute ist in „The Sixth Floor" ein kleines Museum untergebracht, das aber nur unter schärfsten Sicherheitskontrollen betreten werden kann.

Der glühende Backofen der „Cotton Bowl" (zu deutsch: Baumwollschüssel) ließ das Quecksilber an der fast unvorstellbaren 50°-Marke kratzen: 49° - wohlgemerkt im Schatten! Viele der Kameraden liefen wie Ölscheichs gekleidet ständig mit einem eisgekühlten Handtuch auf dem Haupte herum. Ausgerechnet bei dieser Bullenhitze spielte unsere Mannschaft befreit auf und schenkte den Spielern aus Korea gehörig ein. Drei Treffer (zweimal Klinsmann sowie Riedle) gelangen bereits vor der Halbzeit, und wir erwarteten bereits ein Schützenfest. In der zweiten Hälfte präsentierte sich ein völlig verdrehtes Bild. Hwang (52.) und Hong (63. Minute) ließen letztlich befürchten, daß auch noch King Kong auftreten würde und Bertis Buben auf eine ganz andere als von uns geplante Route schicken sollte - nach Hause nämlich!

Der schlagzeilenträchtige Stinkefinger von Effenberg blieb uns im Stadion erspart. Man erfuhr davon erst später aus den Medien. Dafür zeigten sich viele der über 20.000 Deutschen (wo kamen die bloß alle her?) in einem völlig überfüllten Lebensmittelladen in der Nähe des Grounds mehr Fingerspitzengefühl - so mancher Ladenbesitzer wird sich über mangelnden Umsatz, aber viel mehr leere Dosen in den Regalen gewundert haben ... .[128)]

28. Juni: Bertis Buben hausen in billigen Stuben

Diesmal klappte das Aufstehen planmäßiger als in Orlando, so daß man sich sogar noch ein ausgiebiges Mahl am reichhaltigen Frühstücksbuffet mit Eiern, Speck, Tomaten aber auch Melonenstücken genehmigen konnte. Als man aber, ganz in Nationaltrikots

---

128) Anmerkung des Buchautors: Bei derartigen Verhaltensweisen von sogenannten deutschen Fußballfans im Ausland darf man sich natürlich nicht wundern, wenn der DFB manchmal ganz pauschal keine Karten für Auslandsgastspiele der Nationalelf an Anhänger verkauft.

gehüllt, mit Marco und Andreas so dasaß, näherte sich ganz schüchtern eine Mutti in mittleren Jahren unserem Tisch: „You are from the German soccer team?" Wir bejahten dies und stellten uns mit Lothar Matthäus, Andy Möller und Martin Wagner vor. Ganz begeistert wurden wir nun um Autogramme für die Tochter gebeten und kamen dieser Pflicht in freundlicher Weise nach. Schließlich sollte jeder WM-Teilnehmer eine professionelle Grundeinstellung an den Tisch legen, wie das auch von den Medien erwartet wird. - Momentmal! Das war ja wohl jetzt nicht wahr. Nein, das konnte irgendwie nicht richtig gewesen sein. Liebe Amis, glaubt Ihr denn im Ernst, daß eine deutsche Nationalelf an einem stark befahrenen Freeway für 21 DM die Nacht absteigen würde?

Statt um 12.45 Uhr hoben wir schon mit der 10.48 Uhr-Maschine von American Airlines ab, da die United-Flotte heute völlig überbucht war. Somit segelte man um 14.33 Uhr bereits in der US-Hauptstadt Washington ein, mußte aber noch ca. 20 Meilen per Taxi zurücklegen, da der internationale Flughafen in Dulles sehr weit außerhalb liegt. Andreas Vogler hatte unseren Haufen derweil verlassen und kehrte aufgrund Urlaubsende heim. Den Hotelgutschein für das „Hilton & Towers" (immerhin rund 57 DM die Nacht) erhielt man wegen einem Mißverständnis zwischen Reisebüro und Veranstalter erst beim Abflug in Deutschland am Frankfurter Flughafen. Dieser war auch noch handgeschrieben. Und da die Amis nunmal keinen Sachverhalt außerhalb ihres Schema F bearbeiten können, dauerte es satte zwei Stunden bis der Rezeptionsmanager uns ein Zimmer zuweisen konnte. Dieses präsentierte sich aber als Konferenzsaal mit eigener Bar. Und wir hätten locker 30 Leute unterbringen können. Doch für den ganzen Makel erhielten wir immerhin pro Nase einen Gutschein für das Abendbuffet. Dieses sollte der langen Wartezeit im nachhinein gerecht werden!

Inzwischen hatten sich die Kameraden mit einer Berliner Reisegruppe bekanntgemacht. Diese lud uns zu ihrer Stadtrundfahrt bei Nacht und ins Kneipenviertel „Georgetown" ein, womit man durchaus einverstanden war. Besonders eindrucksvoll war später das „Kennedy-Center" mit der Fahnengalerie „Hall of Nations" sowie dem phantastischen Blick vom Oberdeck auf die in vielen Lichterpunkten schlummernde City, während die Jumbos mit ihren Positionslampen in Abständen von 30 Sekunden über den Potomac-Fluß auf den National Airport zukreisten.

29. Juni: Das große Fressen

Zur Abwechslung mal wieder Fußball. Mit Krawattenfront Lutz Hauser hatten wir in Washington wieder den fünften Mann parat. Belgien - Saudi Arabien, das konnte ja nun nicht mehr teuer werden und wurde es auch nicht: 22 Dollar (36,50 DM) - die billigste Karte des Turniers! Den Schwarzhändlern ging es diesmal richtig an den Kragen. Die Cops fischten jeden ab, der auch nur annähernd länger als 20 Sekunden eine Eintrittskarte öffentlich in der Hand hielt. Sogar einen Rentner, aber vornehmlich die Profis, die hier überall herumliefen. Man registrierte es mit Genugtuung.

Eine andere Methode ins Stadion zu kommen, legte wiederum Fari an den Tag, der mit Anlauf einfach das Drehkreuz übersprang und flink im ersten Rang verschwand, ehe noch irgendjemand reagieren konnte. Welch eine Dreistigkeit dieser Knabe an den Tag legt ist einfach phänomenal!

Das Match bestätigte dann diejenigen, die nicht unbedingt die vom Namen her attraktivsten Spiele besuchten. Man erlebte einen flotten, munteren Kick mit Riesenchancen auf beiden Seiten, auch wenn diese amateurhaft vergeben wurden - durchaus ansehnlich. Schon das Eintrittsgeld wert war der Alleingang des Arabers Owairan, welcher bereits in der fünften Minute von der Mittellinie durch die gesamte belgische Hälfte davonzog, mehrere Abwehrspieler narrte und gekonnt einschob. Fans beider Teams waren hier rar gesät. Man hatte fast den Eindruck, wir Deutschen stellten das größte Kontingent.

Im Anschluß an die Partie ging es per U-Bahn über das Pentagon zum Flughafen Washington National, der sich fast direkt in der Stadt befindet, aber gerade einmal das Format einer größeren Bahnhofshalle besitzt. Da Deutschland als Gruppensieger in Chicago das Achtelfinale bestritt, buchten wir kurzerhand vom 3. Juli auf den 1. Juli um und hatten dabei Glück, daß diese nicht zu planende Kleinigkeit vom „United"-Angestellten, der ein Herz für den World-Cup zeigte, genehmigt wurde; schließlich war Chicago eigentlich nur Umsteigeflughafen auf dem Weg nach San Francisco.

Zurück im Hotel hatten Marco und Dirk bereits den ersten Gang am Buffet „eingeworfen", das sie pünktlich mit Beginn um 18.00 Uhr eröffneten. Was dann folgte war vielleicht in der Geschichte dieser Nobelherberge einmalig: wir aßen und aßen und aßen. Ein Teller folgte dem anderen, exotische Früchte, Gemüse aller Art, gebackene Gockelkeulen, Erdbeeren mit Schlagsahne, diverse Sorten Fleisch, Torten, Salate, nur vom Feinsten halt! Marco Hensel brachte es gar auf 13 Teller, bei einem „Start-Ziel-Sieg", denn er war zur Öffnung gekommen und blieb bis zur Schließung um 22.30 Uhr. Selbst Axel und Lutz, die über keine Gutscheine verfügten, nahmen an diesem Menü teil, ohne groß behelligt zu werden. Viereinhalb Stunden Fressen! Waren unsere Bäuche vollgeladen ...

30. Juni: Empfang bei Doktor Hauser

Washington hat viel zu bieten. Da kein Spiel zu schaffen war, legten wir am heutigen Donnerstag einen Sightseeing-Tag ein und hoppten Monument, Weißes Haus, Lincoln Memorial, Vietnam-Mahnmal sowie das Kapitol ab. Da alle Sehenswürdigkeiten recht dicht zusammenlagen, war man per pedes gut bedient. Lediglich das Weiße Haus enttäuschte uns, da direkt davor ein Zelt aufgebaut stand - für einen Empfang des Präsidenten am Nationalfeiertag, dem 4. Juli!

Plötzlich zog aber ein schweres Unwetter auf. Die Blitze zuckten vom Himmel. Wir erreichten reichlich durchnäßt gerade noch die Union Station, den hiesigen Hauptbahnhof. Dieser präsentierte sich allerdings mehr als Rundbogen der internationalen Küche. Vom Vietnamesen bis zum Pakistani und vom Brasilianer bis zum Indonesier - hier gab es alles. Währenddessen kehrten wir zu einer Audienz bei Doktor Hauser ins Hilton zurück. Dokor Hauser? Axel hatte am Vortag ja keinen Buffetgutschein und fuhr daher in die VIP-Lounge ins oberste Stockwerk hinauf, um dort zu speisen.

Dort hatte Lutzi aufgrund seiner Buchung in der teuersten Kategorie des Hauses freien Zugang. Doch Axel wurde abgewiesen. Als dann Lutz dazukam, entschuldigte sich der Steward „Oh, excuse me. You are a guest of Doctor Hauser?" Am heutigen Tag hatte Dr. Hauser nun nicht nur Axel eingeladen, auch Olaf Krzeminski und unser vierköpfiger Rest waren vertreten. Bei warmen Speisen und freiem Zugang zum Kühlschrank bezogen wir gar einen separaten Konferenzraum und hielten auch gleich eine selbige ab - Themenkomplex: TV-Berieselung Bulgarien - Argentinien.

1. Juli: Urlaub mit der TUI

Wie bereits erwähnt kehrten wir nochmals nach Chicago zurück. So mußten Axel, Borste und meine Wenigkeit zunächst mangels Hotel eine Zwangsübernachtung am Stadtflughafen „Washington National" hinlegen, ehe man um 7.00 Uhr abhob. Da wir zu unserem Hotel „Hilton & Towers" keinen Zugang erhielten (Teamchef besaß den Voucher, und dieser kam erst gegen Abend), hoppte man völlig unausgeschlafen den Rest der Illinois-Hauptstadt ab (Besuch beim DFB u.a.), erledigte einige Einkäufe (NIKE-Town) und sonnte sich am Michigan-See.

Man besichtigte bereits das Hotel und staunte über die TUI-Reiseplanung. Diesmal wurde nämlich am Schwarzen Brett jeder Reisende darauf aufmerksam gemacht, daß Chicago mehrere Flughäfen besitzt und man doch auf jeden Fall nur von EINEM dieser den Rückflug antreten sollte. Kein Wunder, daß auch wieder etwas sehr Kurioses vorfallen mußte, denn plötzlich fragten uns zwei Touristen, ob wir ein Foto machen könnten. Natürlich war man einverstanden und wollte gerade die Kamera übernehmen, ehe man verstand, daß wir selbst fotografiert werden sollten! Doch nur, weil man ein Schweden-Trikot trägt, muß man doch kein Nationalspieler sein, oder?

2. Juli: Nur so spielt ein Weltmeister

Richtig kalt war es über Nacht geworden, zeitweise sogar unter 10°C. Das waren unsere sonnengebräunten Körper nun nicht mehr gewohnt. Zumal wir mit dem (deutschen) Nationaltrikot bekleidet daherliefen.

Doch der Klimaumschwung konnte sich für unsere Mannschaft eigentlich nur positiv bemerkbar machen. So kam es dann auch. Wir erlebten ein wahres Feuerwerk und einen Rudi Völler wie in seinen besten Tagen. Zwei Tore zum 1:0 (6.) und 3:1 (39.) sowie die Vorlage zu Klinsmanns 2:1 (11.) (er war nun bereits in allen vier Spielen erfolgreich) ließen Deutschlands Idol erstrahlen. Doch die Belgier ließen sich nicht lumpen und trugen ebenfalls mit frischem Offensivspiel zu einer farbigen Partie bei und wurden durch den zwischenzeitigen Ausgleich zum 1:1 durch Grun (8.) und Albert in der Schlußminute belohnt. Auf den Rängen bot sich anfangs ein trostloses Bild. Dann aber wuchs die Zuschauerzahl im Verlaufe der ersten Halbzeit doch noch von 30.000 auf über 60.000! Der einsetzende Regen wurde unter einer riesigen Deutschland-Fahne vergessen gemacht. Alles war am Abpogen, die WM wurde endlich zu dem, was wir uns alle von einer solchen erwarteten.

Der Abschied von Chicago, wo wir uns eigentlich immer pudelwohl gefühlt hatten, sollte noch gebührend gefeiert werden. Nach einer kurzen Entfröstelungsphase und einem Pullover mehr am Körper, begaben wir uns mit versammelter Meute ins Hardrock-Café, wo sich bereits hunderte deutscher Fans versammelten und aufgrund Überfüllung kaum noch Einlaß zu finden war. Für Musik wurde selbst gesorgt: „Olé super Germany" und „Nur so spielt ein Weltmeister" nach eingängiger „Go West"-Melodie wechselten ständig ab, eine Polonäse jagte die andere, das Bier floß in Strömen und schließlich ließ eine Amerikanerin gar (fast) alle Hüllen fallen. Der ganze Laden hing inzwischen mit deutschen Fahnen voll. Erst weit nach Mitternacht verstreute sich alles, feierte aber auf der Straße weiter. Die ganze Fete fand im irischen Pub unseres Hotels eine würdige Fortsetzung. Polizei war eigentlich nie zu sehen, aber doch stets präsent. Dies wurde gegen 3.00 Uhr bei einer kurzen, aber heftigen Schlägerei nur zu deutlich. Innerhalb von Sekunden waren mehr als zehn Cops vor Ort und setzten dem Spuk ein schnelles Ende. Man wandelte einige Stockwerke höher. Nach minutenlanger Hämmerei an die Zimmertür fand man im Gemach der bereits eingenickten Kameraden doch noch eine späte Zuflucht. Daß nur noch der Teppich als Unterlage verblieb, sollte in diesem beschwingten Zustand nicht mehr weiter stören!

3. Juli: Mit dem Jumbo an das Golden Gate

Während Borste nun auch abdankte und zwischenzeitlich durch Teamchefs kleinen Bruder Ralf ersetzt wurde trat man allein mit Axel den nächsten Trip zur Westküste nach San Francisco an - erstmals in einer Boing 747, einem Jumbo-Jet, dem derzeit größten Passagierflugzeug der Welt, wie Flugzeugkenner Axel schwärmend bemerkte. Man nahm im zweietagigem Höcker des Lufttriesens Platz, welcher übrigens Fernost (Singapur und Hongkong) avisierte, und spürte förmlich gar kein Fluggefühl mehr, so ruhig segelte man dahin. Zu meiner Freude gab es als Mittagstisch mal wieder ein Nudelgericht. Klar, daß man gleich zwei Portionen Tortellini verschlang.

In San Francisco sondierte man zunächst die Kartenpreise für den Achtelfinal-Knüller USA-Brasilien. Doch unter 150 Dollar ging am Vortag des Spiels nichts mehr. Da wir von Horrorpreisen um die 200 Dollar bei den US-Spielen in Los Angeles gehört hatten, blieb wohl keine andere Wahl, wollte man alle Grounds der WM gesehen haben. Wir hatten schließlich nur eine Chance! Nachdem Marco und die Gebrüder Schulzens gelandet waren, begab man sich dann auch als erstes zu einem brasilianischen Restaurant in der Innenstadt und machte den Deal perfekt - für jene satten 150 Dollar (252 DM)!

Erholung hatten wir nun bitter nötig. Und so kurierten wir uns an der frischen Luft auf Fisherman's Wharf, mit tollem Hafenpanorama, alten Dampfern und Windjammern, einem weniger ansprechend duftenden Fisch-Buffet im „Holiday-Inn", unserem neuen Zuhause - dann war ausschlafen angesagt.

4. Juli: Barbecue in der Parkbucht

Am Unabhängigkeitstag ging es früh aus der Kiste. Welch eine Begeisterung stand Dirk ins Gesicht geschrieben, heute unseren Mietwagen durch die „Berg- und Talbahn" San Francisco lenken zu dürfen. Steilste (Filbert-Street) und kurvenreichste (Lombard-Street) Straße der Welt wurden pausenlos hinutergefahren. Besonders eindrucksvoll war unser Geschwindigkeitsrekord-Versuch im Blumenmeer der Lombard-Street, die Teamchef in 36,2 Sekunden meisterte, nicht ohne einige japanische Touristen zur Seite hechten zu sehen. Zehn Kurven in einem einzigen Häuserblock - Wahnsinn! Anschließend wurde dann auf der 31,5 Grad steilen Filbert-Street seitlich eingeparkt. Man muß das einfach gesehen haben, so etwas kann man gar nicht beschreiben!

Als hätte man nicht bereits genug Spaß gehabt, kamen wir auch noch an einem Park vorbei, wo sich Dutzende Chinesen beim Tai-Chi in Zeitlupentempo bewegten. Ein Anblick für die Götter! Auch die Golden-Gate-Bridge wurde gleich noch mitgenommen, allerdings wie fast immer völlig nebelverhangen. Vielleicht an einem Tag in der Woche löst sich der diesige Schleier, der wohl vom Zusammentreffen einer eisig kalten Strömung mit der warmen Luft der Atmosphäre herrührt.

Jetzt wurde es Zeit, zum Stadion aufzubrechen. Damit hielten wir Kurs auf das 30 Meilen südlich gelegene Palo Alto. Besonders deutlich wurden hier die Klimaunterschiede. Waren es an der Golden-Gate-Bridge kaum 10 Grad, bei neblig, feuchter Kühle, erreichte die Temperatur hier bei knallender Sonneneinstrahlung locker über 25 Grad im Schatten. Auch die Parkplatzmafia zog es in den „Vorgarten". 20 Dollar wurden mal eben pro Fahrzeug eingesackt. Busse waren sogar mit 200 Dollar dabei! Ich glaube, bei uns in Deutschland würde unter diesen Voraussetzungen niemand mehr ein Spiel besuchen. Dennoch quollen die Car-Parks - inmitten prachtvoller Ahornbäume gelegen - über. Volksfeststimmung machte sich bemerkbar, überall zwischen den Autos wurden Barbecue-Grillherde aufgebaut und Steaks oder Chicken mit leckeren Saucen serviert. Dazwischen imponierten fußballverliebte Brasilianerkinder mit artistischen Einlagen sowie ein Meer in Fahnen gehüllter Samba-Tänzer. Wer hier keinen Appetit auf Fußball bekam, der sollte lieber gleich den Weg in die Oper wählen.

Das Stanford-Stadion dürfte zwar sicherlich das häßlichste Stadion der WM gewesen sein, doch die Kulisse (84.147 Zuschauer) machte diesen Makel locker wett. Ein prachtvolles Bild! Für die Amerikaner stand das größte Fußballspektakel ihrer Geschichte auf dem Plan und „Catweazle" Alexi Lalas gelang es auch hervorragend, seine Mitspieler in diesem bedeutenden Match zu organisieren. Hoffnung kam insbesondere nach der Tätlichkeit des Zuckerhut-Jünglings Leonardo auf, welcher schon vor der Pause duschen durfte. Doch das Spiel verflachte zunehmend, eigenartigerweise kamen die Copacabana-Schützlinge jetzt aber doch noch zu den effizienteren Torgelegenheiten, die Bebeto letztendlich noch zum glücklichen 0:1 in diesem Achtelfinalspiel ummünzte. Irgendwie wäre es aber auch unvorstellbar gewesen, wenn die Macht der Ahnungslosen (USA) im Fußball bei einer WM ein Bein auf die Erde bekommen hätte.

Eigentlich sollte der Höhepunkt mit den Feierlichkeiten zum Unabhängigkeitstag noch bevorstehen, doch außer einem leckeren Eis in der berühmten Schokoladenfabrik „Ghirardelli" blieb nicht viel in Erinnerung. Ein pyrotechnisches Spektakel erhellte noch die San Francisco Bay. Wenn man aber die Möglichkeiten der Amis zugrundelegt, war dieses Schauspiel vor wohl Hunderttausenden von Zuschauern nicht mehr als ein Tischfeuerwerk zweiter Klasse.

5. Juli: Cable Car und Alcatraz

Zunächst ging's per Cable Car durch die hügelige City. Faszinierend, wie man so am unterirdischen Drahtseil gar steilste Straßen emporgezogen wird. Immer auf- und abspringend findet auch nahezu jeder eine unentgeltliche Fahrmöglichkeit in diesem eigenwilligen Vehikel. Vom Cable Car-Museum über die zu dieser Jahreszeit wenigen Seelöwen am Pier 39 fuhren wir per Fähre auf die sagenumwobene Gefängnis-Insel Alcatraz, deren menschenunwürdige Inneneinrichtung heute jedermann besichtigen kann. Bevor es dann den traumhaft schönen Highway No. 1 entlang ging hatten wir noch einmal Glück und erlebten die Golden-Gate-Bridge bei blauem Himmel und klarer Sicht.

6. Juli: Eintracht Braunschweig und das Spiel des Jahrhunderts

Der folgende Morgen weckte uns dagegen mit stürmischem Regen, der im Rundumlicht des Leuchtfeuers an die Fensterscheiben prasselte. Zudem wurde man durch das Pfeifen eines Wales aus dem Schlaf gerissen!

Wie konnte man einen solch tristen Tag besser nutzen, als im Wagen durch die Gegend zu schaukeln. Teamchef war wieder voll in seinem Element und brauste durch kurvenreichste Streckenabschnitte, daß dem Verfasser dieser Zeilen ganz mulmig zumute wurde und schon die Sterne leuchten sah. Hinein ging es in das „National Monument Muir Woods", einem Wald kolossaler Redwood-Bäume, in deren Größenverhältnis wir wie Liliputaner wirkten. Kaum zehn Minuten per pedes unterwegs enterten wir einen schmalen Forstpfad, als Teamchef bereits zum Rückzug blies: „Wir haben ALLES gesehen!" Nun ja, Axel, Ralf und ich brauchten schon ein wenig länger.

Welch eine Wohltat, reinsten Sauerstoff aufzutanken, nachdem unsere Lungen sich bereits voll auf den Smog der Großstädte eingestellt hatten. Während hier und da ein Streifenhörnchen über den Weg huschte, labte sich Axel am aus einem Wurzelstock entspringendem Quellwasser. Eigentlich hätte ich hier den ganzen Tag verbringen können, doch alsbald kehrten wir über den Haufen der Hausboote von Sausalito ins zur Mittagszeit schon wieder sonnendurchflutete San Francisco zurück. Wie schnell sich das Wetter doch wandeln kann.

Hier gab es für die Schulz-Brüder nur ein Ziel: Das „Keizer-Stadium", der historische Ground, in dem Eintracht Braunschweig 1969 ein Freundschaftsspiel bei einer kalifornischen Stadtauswahl bestritt - inmitten des „Golden-Gate-Park" gelegen! Wir enterten ihn und fragten auch gleich einige Passanten, ob diese sich denn an das größte sportliche Ereignis dieser Sportstätte, nämlich den Auftritt von Eintracht Braunschweig im Jahre 1969 erinnern würden? Doch was sollte man von denen schon erwarten, die nur irgendwas von einer Mondlandung anno dazumal faselten? Unwissenheit! Man machte mit ein paar Amis ein Match Vier gegen Vier aus und hatte so, wie seinerzeit die Braunschweiger Eintracht, die Gelegenheit, selbst das runde Leder auf dieser Samtweide zu deformieren. Wer mir jetzt auch noch sagen kann, wie Eintracht Braunschweig 1969 gegen die kalifornische Auswahl spielte, der sollte schleunigst das „Keizer-Stadium" selbst besuchen.

7. Juli: Rattenschwänze in Chinatown

Zur Vollständigkeit in unserer San Francisco-Sammlung fehlte eigentlich nur noch Chinatown, das deutsche Touristen immer herzlich willkommen heißt, wie aus manchem Schaufenster entgegenprangte. Aber da ich mit dem Teamchef gemeinsam dieses Stadtviertel erkundete, brauchte ich mir keine Sorgen zu machen, mit günstigen Angeboten konfrontiert zu werden. So dinierte man auch sehr preiswert für schlappe vier Dollar und wurde dafür sogar mit einem überaus reichhaltigen Menü bestehend aus Bambussprossen, Pilzen, Rindfleisch und Reis, bedacht, welches man in gewohnter Vielfräßigkeit gleich noch ein zweites Mal in Auftrag gab. Marco, Ralf und Axel verzichteten diesmal auf derlei Gemüse. Nur weil das Mahl Tage zuvor ein bißchen zu streng nach Ratte geschmeckt haben soll? Drei Grounds fehlten noch, und damit nichts mehr schief gehen konnte, buchten wir uns noch in den Nachtflug um 22.00 Uhr nach Boston ein, wo ...

8. Juli: Baseball-Fanatiker in Bostons Roten Socken

... die Maschine aufgrund der dreistündigen Zeitverschiebung nach nur Stunden, um 6.21 Uhr planmäßig aufsetzte.

Da Boston eher europäisch geprägt ist und für uns keine nennenswerten Sehenswürdigkeiten aufzuweisen vermochte, begnügte man sich mit einem Rundgang durch „Little Italy", wobei man noch auf die Aachener / Braunschweiger Truppe um Robert und Ecki stieß. Irgendwie konnte man aufgrund der vielen italienischen Einwanderer nur von Glück sagen, daß hier am Folgetag deren Nachfahren das Viertelfinale bestritten. Hier und da mal ein paar Fahnen und Tifosi, ansonsten herrschte zumindest heute noch der Alltagstrott. Per TV erlebten wir, wie das beste Baseball-Match der Boston Red Sox seit den 30er Jahren, mit sage und schreibe 17 Home Runs!

9. Juli: Schulz-Brothers against Little Italy

Mit einem der halbstündigen Sonderzüge erreichten wir den Vorort Foxboro und das gleichnamige Stadion. Endlich begegneten wir wieder Lutzi Hauser und dem „Offenbacher" - der Spaß kam in den letzten Tagen irgendwie zu kurz.

Neben den Italienern, die sicherlich 60% der Kulisse ausmachten, waren sehr viele Deutsche vor Ort, die ja vom DFB die Tickets abnehmen mußten, da sie ja nicht wußten, wo unsere eigene Mannschaft das Viertelfinale austragen würde. Erst an dritter Stelle - wenn überhaupt - standen die Spanier Spalier, die aber nicht weiter auffielen (ich wiederhole mich).

Dirk erlebte man heute mal richtig im Support; voll gegen die Italiener. Wie nicht anders zu erwarten war, bestimmte die Taktik das Spielgeschehen. Doch daß man auch aus der Defensive heraus Fußball von hohem Niveau zu bieten vermag, vermochte diese Partie deutlich zu untermauern. Herrliche Tore gab es im nebelverschleierten Treibhaus obendrauf - etwa die „Mittelstreckenrakete" Dino Baggio (26.) oder den Ausgleich in der 59. Minute durch einen abgefälschten Caminero-Treffer unter das Gestänge von Pagliuca, als die Spanier sich mit aller Macht der drohenden Niederlage entgegenstemmten. Verdienter Lohn! Natürlich war ein wenig Glück dabei, daß erneut Roberto Baggio erst in der vorletzten Minute (wie schon gegen Nigeria) die Entscheidung herbeiführte. Aber allein auf Spaniens Keeper Zubizaretta zulaufend ... - was sollte er da schon noch falsch machen? Teamchef stand derweil der Schaum im Mund und gestikulierte wild, wie in synchroner Weise Bruder Ralf. Sicherlich hatte er recht, daß uns Italiener mit ihrer Spielweise nicht sonderlich liegen, aber erstens verbuchte man gerade am 23. März in Stuttgart einen recht überzeugenden 1:0 Sieg und zweitens, ja zweitens hatten wir erst noch Bulgarien aus dem Weg zu räumen.

Geräumt wurde derweil unsere „Tremont-House"-Absteige, die billig war, aber sonst keinerlei Vorzüge bot. Noch am selben Tage bestiegen wir eine der „Unglücksmaschinen" von „US-Air-Shuttle", die wir nach zwei Flughafenrunden der Orientierung, endlich gefunden hatten. Zudem wurden einige Flüge aufgrund eines schweren Thunderstorm an der Ostküste gestrichen. So waren wir erheblich erleichtert als unsere fliegende Untertasse mit einigen Wacklern, aber ohne Bauchlandung am „La Guardia"-Airport im Norden New Yorks „aufprallte". Prasselnder Applaus wurde dem Piloten zuteil, denn erst tags zuvor hatte sich ein Kollege dieser Gesellschaft in den Rocky Mountains verflogen und mit ein paar Bäumen sowie einer Felswand Bekanntschaft gemacht ...

Den ersten Eindruck unseres Gastgebers für die nächste Woche hatte sogleich der farbige Chauffeur parat, der uns direkt ins „Grand Hyatt" nach Manhattan kutschierte. Wie hoch denn im Notfall der Preis fürs Überleben bei Raubüberfällen sei, stellte Teamchef gleich die Jokerfrage in den Brennpunkt unseres Interesses: „Nicht unter 20 Dollar", entgegnete der Fahrer. Na, das konnte ja heiter werden ...

10. Juli: Das Trauma eines schlechten Torwarts und das Ende aller deutschen Hoffnungen

Auf drei Zimmer verteilte sich nunmehr unser Mob, denn die Lauterer Jörg und Markus hatten ihr Salt-Lake-City-Abenteuer ebenfalls heil überstanden. Sogar so gut, daß mal soeben ein paar extravagante Souvenirs den Besitzer wechselten: KFZ-Nummernschilder direkt von parkenden PKWs abgeschraubt und auch noch dreisterweise durch die Flughafenkontrolle geschleust. Nerven müssen die Jungs haben.

Mit deren Bochumer Halb-Neckermann-Bekanntschaften sollte zunächst ein weiterer Anlauf beim DFB zwecks Finalkarten unternommen werden. Doch die New Yorker Zentrale unseres Verbandes befand sich mehr als 70 Meilen außerhalb, fast an der Stadtgrenze zu Philadelphia, und damit für uns nahezu unerreichbar. Irgendwie wurde man das Gefühl nicht los, daß diese auch gar keine Anlaufstelle für deutsche Fans darstellen sollte. Direkt neben dem Giants-Stadium hätte man sich nämlich auch einquartieren können - immerhin befand sich dort ein Sheraton-Hotel.

Obwohl die Sonne bereits erbarmungslos in den Zenit emporstieg, ließen wir uns von ihr noch gehörig durchrösten, ehe man den Hexenkessel von New Jersey betrat, der eine Ähnlichkeit mit dem San-Siro von Mailand nur schwer verbergen konnte. Dennoch hatte es niemand sonderlich eilig, die Kult-Arena zu betreten. Beim Anpfiff plazierten sich gerade einmal so um die 45.000 Zuschauer. Die riesigen Lücken im Ground waren unverkennbar. Erst kurz vor der Halbzeit (!) hatte so gut wie jeder der 72.416 Zuschauer seinen Platz gefunden, obwohl wir nicht den Freund vergessen wollen, der erst in der 72. Minute unseren Vorderleuten den Platz streitig machte. Warum gehen diese Leute eigentlich zum Fußball? Ich werde das wohl nie verstehen!

Schon nach einer Viertelstunde machte sich eine ungute Vorahnung in der Magengrube bemerkbar, denn zu offensichtlich trat die lethargische Spielweise unserer deutschen Elf zu Tage. Die Bulgaren kombinierten blitzschnell, daß man schon beim Zuschauen kaum folgen konnte. Dazu entstand meist auch noch der nötige Spielraum, um brandgefährliche Aktionen aufkeimen zu lassen. So konnte man froh sein, das torlose Unentschieden nach 45 Minuten in die Kabine zu retten.

Nach der Halbzeitpause ging Deutschland durch einen Elfmeter des Lothar Matthäus (nach Letchkovs Foul an Klinsmann) in Führung. Die Bulgarien resignierten nun spürbar. Und wäre Rudi Völlers Treffer nicht aus unerfindlichen Gründen die Anerkennung verweigert worden, wäre das Halbfinale sicher erreicht gewesen. Daß es dennoch anders kam, ist meiner Ansicht nach nicht Andy Möller, sondern Bodo Illgner anzukreiden, der seine Mauer in der 76. Minute katastrophal schlecht postierte und selbst wie angewurzelt Stoitchkovs Traumtor in den Winkel hinterherträumte. Null Reaktion - bei einem Weltklassespieler diesen Formats, der für seine Freistöße international berüchtigt ist! Uns fehlten einfach die Worte. Auch Bertis Elitekicker standen spürbar unter Schock. So folgte das 2:1 nur drei Minuten. Letchkov machte seinen Elfmeter-Patzer wieder wett und entflog Thomas Häßler, der noch zu den Aktivposten im deutschen Team zählte, um eine Schädellänge. Er torpedierte das Leder mit dem nackten Haupte unhaltbar in das „Götternest". Daß dabei wieder ein gehöriges Büschel Resthaare flöten ging, dürfte er verschmerzt haben. Alles Jammern über das damit verbundene WM-Aus und das Fluchen über den kolumbianischen Schiri sollte man sich verkneifen können. Zu eindeutig waren uns die Bulgaren im spielerischen Bereich überlegen. Eine Handschrift von Berti Vogts auf diesem Gebiet war weiterhin nicht erkennbar, und altbekannte Überheblichkeit gegenüber vermeintlich namenlosen Gegnern bewahrheitete sich wieder einmal zu einer deutschen Tugend. Schade, schade ... Insgeheim hoffte man jetzt, auf eine günstige Finalkarte zu stoßen, denn viele Deutsche würde dieses Spiel ja nicht mehr anlocken können. Relativ schnell wurden Axel und ich dann auch fündig. Für 200 Dollar (310,70 DM) sogar unter dem DFB-Preis (389 DM). Zudem ging die Knete an die richtige Adresse, nämlich einen deutschen Allesfahrer, der bereits in den Emiraten und in Kanada dabei war. Dennoch, die teuerste Eintrittskarte meines Lebens, die wir alsbald im Hotel in Empfang nahmen. Bei klarer Sicht nutzten wir nun noch die Gelegenheit und erklommen das Empire-State-Building, ehemals höchster Wolkenkratzer der Welt und zwischenzeitlich etwas in die Jahre gekommen. Der Smog über den Häuserschluchten am Broadway und um den Madison Square Garden war deutlich zu sehen. Die grenzenlose Enttäuschung trieb uns dann aber bald ins Hotel zurück.

1. Juli: Stunden für Sekunden

Nachdem die größten Tränen getrocknet waren, testeten wir erstmals die U-Bahn und drangen mit ihr in die Südspitze Manhattans vor. Von dort legen die Fähren zur Freiheitsstatue und nach Ellis Island ab. Natürlich kam für uns nur Erstere in Betracht. So reihten wir uns in die endlose Schlange am Fuße dieses wohl beeindruckendsten Bauwerks Amerikas ein. Stunden um Stunden vergingen, ehe wir bis auf den Sockeln vorgedrungen waren. Doch nun lockte auch das Ziel, in den Strahlenkranz aufzusteigen. Eine enge Wendeltreppe führte aus der Finsternis unaufhaltsam dem schmalen Lichtspalt entgegen. Dort endlich angekommen, erlebten wir für Sekunden den Ausblick auf die Skyline von Downtown Manhattan, ehe man von den nachfolgenden Massen in der rückseitigen Spiralverschraubung der Treppe wieder abwärts geführt wurde. Man lernte noch die Irin Caren kennen, die mal eben für ein Jahr zur Weltreise aufgebrochen war. Amerika, Neuseeland, Indien, Iman - wenn auch nicht so survivallos wie unser Fari ...

Zurück zum Fähranleger waren es nur noch wenige hundert Meter bis zu den Zwillingstürmen des „World Trade Center", wo ja erst ein halbes Jahr zuvor von geisteskranken Moslems ein grausiger Anschlag verübt wurde. So wurde uns beim Aufstieg von einem überaus besorgten dänischen Vater sogar dessen 14jährige Tochter anvertraut. Ob dieser damit klug beraten war? Der Offenbacher meinte jedenfalls, daß diese mal voll sein Typ werden könnte ...

In der müllverpesteten Chinatown brach mir dann auch noch zu allem Überfluß mein Fotoapparat entzwei und zerschellte auf dem Asphalt. Zwar gelangen noch ein paar Aufnahmen, doch der Auslöser wurde von Kurzschlüssen nur so durchgeschüttelt, die Batterie war in nullkommanix verbraucht. Die nächsten hohen Ausgaben standen unmittelbar bevor.

12. Juli: Siebzehntausend und ein paar Zerquetschte

Nach dem anstrengenden Sightseeing-Day folgte ein erholsamer Ausflug in den Central Park, nachdem das eigentlich unzugängliche Chrysler-Hauptquartier, die Botschaft von Sierra Leone, das 5-Sterne-Hotel „Waldorf Astoria" sowie der Comic-Shop von Warner Bros. besichtigt wurde. Der Abend endete auf dem Times-Square, wo eine elektronische Anzeige ständig Aufschluß gab, wieviele Personen in Amerika durch Schußwaffen 1994 schon ums Leben kamen: Siebzehntausend und ein paar Zerquetschte ... . Hierbei handelte es sich um eine Aktion gegen den freien Verkauf von Waffen an jedermann, die sicherlich ihre Berechtigung findet, wenn man sieht, wie gnadenlos damit in diesem Land umgesprungen wird. Ein wenig Nachdenklichkeit in der Glitzerwelt der Leuchtreklamen!

13. Juli: Mit der U-Bahn in die Bronx

Was für ein bitterer Tag, denn ausgerechnet am unglückseligen Dreizehnten wurde uns unser Ausscheiden erst so richtig bewußt. Wie gerne hätten wir hier in New York unser deutsches Team supportet. Aber was half alles Wehklagen - die bereits in Deutschland über den DFB gebuchten Tickets wurden zum stolzen Preis von 195 DM abgesessen. Eine besonders heftige Beobachtung machte vor dem Spiel noch AC-Robert, der meinte, er hätte Ex-St. Pauli-Coach Helmut Schulte am Busbahnhof dabei beobachtet, wie dieser auf dem Schwarzmarkt Tickets verhökert habe.

Zum Spiel nur soviel, daß Roberto Baggio mit einem Doppelschlag in der 21. und 25. Minute bereits frühzeitig die Weichen stellte. Stoitchkov gelang mit einem Strafstoß in der 44. Minute zwar noch der Anschlußtreffer, doch die müden Bulgaren hatten ganz offensichtlich ihr Pulver im Spiel gegen Deutschland verschossen. Saft- und kraftlos. Da hatten die Italiener keine Mühe, überzeugend ins Endspiel einzuziehen. Daß der Ground fest in italienischer Hand war, ist auch hier sicherlich müßig zu erwähnen, wenn man bedenkt, daß in New York mehr Italiener leben als in Rom!

Ach ja, nicht nur die Eintrittskarte schlug heute zu Buche, auch die Investitionen einer (allerdings exzellenten) Weitwinkelkamera der Marke Olympus für 444 DM wurde erforderlich, da mein mitgeführter Fotoapparat ja einen Bruchschaden erlitten hatte. Man ärgerte sich schwarz vor Wut. Wieder so viel Geld.

Aber wie normal waren diese Ausgaben doch gegen den Kameraden aus Offenbach, der sich heute mit einer 0815-Videokamera ausstattete, wobei das Zubehör mehr als die Hälfte des „bescheidenen" Preises ausmachte. In seiner Euphorie ließ er sich dann auch nicht lumpen und telefonierte gleich mit seiner Mutter in Deutschland:

Thommy: Du Mutti, ich habe mir heute eine neue Videokamera für 1.800 Dollar gekauft. Wie findest du denn das?
Frau Kratz: Um Gotteswillen Thomas, bist du denn jetzt völlig verrückt geworden?
Thommy: Aber Mutti, was sollte ich denn tun? Die anderen neun von uns wollten die Kamera doch auch haben, und ohne mich hätten wir das Sonderangebot nicht bekommen ...

Ohne Worte sage ich nur und hoffe, damit die Überleitung zu unserem VdGD-Abschiedstreffen im irischen Pub am „Empire State-Building" gefunden zu haben. Das Trübsal wurde hier so richtig weggeblasen. Der Wirt machte einen derart gewaltigen Umsatz, daß der koreanische Betreiber uns sogar gratis mit T-Shirts ausstaffierte. Zwar dauert es eine Weile, dann war aller Kummer vergessen und die ganze Thekenbesatzung am Schunkeln.

14. Juli: Wie alt bin ich eigentlich?

6.30 Uhr. Aufstehen. Die von Dirk gebuchte Luxuslimousine für 30 Dollar zum Flughafen John F. Kennedy wurde gerade noch erreicht, nachdem sich Marco im Fahrstuhl vom Erdgeschoß in den ersten Stock verfuhr! Ja, man war jetzt zu allem imstande! Plötzlich forderte unser Fahrer statt 30 Dollar plötzlich 130 Dollar. Nur gut, daß wir mit sechs Leuten unterwegs waren ...

Um 12.00 Uhr hob unsere Maschine endlich nach Los Angeles ab. Augenpflege war jetzt angesagt! Aufgrund der Zeitverschiebung (drei Stunden) erreichten wir schon um 14.43 Uhr den Großraum L.A., wo wir direkt am Flughafen sowohl Unterkunft („Doubletree Inn"), als auch Mietwagen vorfanden. Aufgrund des schönen Wetters nutzten wir diesen gleich zu einer Spritztour in die Berge von Hollywood, an denen ja bekanntlich selbiger Schriftzug prangt. Wir begutachteten aus der Ferne die versmogte Dunstglocke über der kalifornischen Riesenstadt und ließen den Tag am Strand von Santa Monica ausklingen. Ein Sonnenuntergang, wie man ihn wiedermal in keinem Prospekt besser vorfindet, wenn die Abende in Kalifornien doch nur nicht so kühl wären.

15. Juli: Hai in der Badewanne

Der letzte spielfreie Tag der WM lud zum Besuch der Universal Filmstudios ein, von denen Dirk schon seit Wochen schwärmte. Doch wie er selbst erkennen mußte, war das Original von L.A. nur ein müder Abklatsch der Kopie von Orlando. Lediglich die Nachstellungen von „Back to the Future" und „E.T." wußten zu gefallen. „King Kong", „Erdbeben" und besonders den „weißen Hai" hätte hingegen jeder von uns in der Badewanne effektiver inszenieren können. Die „Miami-Vice"-Stuntshow befriedigte da ebensowenig wie die geradezu lächerlichen „Flintstones" - ganz auf die amerikanische niveauarme und leichtverdauliche Kultur abgestimmt. Bereits gegen Mittag hatten wir die Nase voll. Die Wagenbesatzung ging sich in der Folge mehr und mehr auf die Nerven. Ralf bebte förmlich im Innersten vor Wut, daß er sich eine ganze Reihe seiner „Perlenkette" von zusammengesuchten Sight-Seeing-Zielen abschminken mußte. Aber Bruderherz Dirk hatte keinerlei Bock, die Kutsche länger als nötig zu chauffieren. Bei einigen leckeren mexikanischen „Burritos" (gewürztes Hackfleisch in Blätterteig) blickten wir nun dem WM-Endspurt entgegen ...

16. Juli: Schaulaufen

Um den inflationären Parkgebühren (25 Dollar = 40 DM) nicht Tribut zollen zu müssen, liefen wir einfach einen Supermarkt-Parkplatz an und fanden dort eine geeignete Möglichkeit zum Frühstücken.

Die Preise für das Plazierungsspiel der beiden Überraschungsteams dieser Welttitelkämpfe erreichten einen absoluten Tiefststand. Lutz Hauser zahlte beispielsweise gerade einmal elf Dollar für eine 150 DM-Karte. Klar, daß ich mich wieder ärgern konnte, bereits in New York für 56 Dollar (94 DM) zugeschlagen zu haben. Doch andere hatten noch weit mehr bezahlt! Letztlich waren die Gelder noch relativ gut angelegt, denn die Skandinavier boten eine Galavorstellung, so daß man sich nach der abgeschlossenen Pflicht wie bei einem Schaulaufen wähnte.

Es hätten auch durchaus noch mehr Treffer fallen können, wenn der überragende Tomas Brolin (8.) sowie Mild (30.), Larsson (37.) und Kenneth Andersson (40.) ein wenig mehr des berühmten Zielwassers getrunken hätten - jedenfalls wenn man an die zweite Halbzeit denkt.

Letchkov, Hubtchev & Co. enttäuschten dagegen wieder mit einer katastrophal schwachen Vorstellung und konnten in keinster Weise an die Klasse der Vorrunde anknüpfen. Dabei hätten doch gerade sie ohne den großen Zwang noch einmal befreit aufspielen können. Doch diesen Part übernahmen wie gesagt die Schweden.

Nach stundenlanger Rückfahrt durch den Autobahn-Irrgarten von L.A. erfrischten Marco und ich uns noch in der meterhohen Brandung von Santa Monica. Komisch nur, daß sonst wieder kein Mitfahrer dazu Lust verspürte.

17. Juli: Ein megateures Finale, zwei verdiente Verlierer und ein würdiger Weltmeister

Zu nachtschlafender Zeit um 7.00 Uhr sprangen wir bereits wieder aus den Betten und düsten den letzten L.A.-Sehenswürdigkeiten entgegen: Beverly Hills, Bel Air, Rodeo Drive. Der Prunk protzte nur so von jeder Straßenecke. Goldschmuck und teure Uhren - irgendwie nicht ganz unsere Welt.

Ohne die Straße der Sterne (Walk of Fame) und das olympische „Coliseum" unter Augenschein genommen zu haben, jetteten wir dann den bekannten, unbekannten Weg zur „Rose Bowl", nicht ohne meilenweit vom kürzesten Weg abgekommen zu sein.

Erfreulich war vor Ort, daß die Kartennachfrage den Preis für ein Finalticket konstant bei 250 Dollar (390 DM) Minimum hielt. Jetzt, wo man eine Karte hatte, konnte man so denken. Finalprogramme gab es übrigens auch. Nur schade, daß wir heute keinen Gabelstapler gemietet hatten, sonst hätten wir den WM-Trip nämlich noch mit Plus-Minus-Null abschließen können - nur soviel zu den einsam „im Wald" herumstehenden Paletten ...

Die Brasilianer feierten derweil in der gewohnten Samba-Pose, so daß uns ein farbenfrohes Spektakel aus Fahnen, Federschmuck und riesigen gelb-grünen Schaumstoffhänden geboten wurde. Die Eingangskontrollen versprachen diesmal auch ein wenig heftiger zu werden, denn schon Stunden vor Spielbeginn bildeten sich gigantische Staus vor den Toren. Zwar gelang es dennoch, mit unseren „billigsten" Karten auf der Gegentribüne Fuß zu fassen, doch diesmal ließen uns die Ordner nicht gewähren und behielten nahezu jeden Sitzplatz im Auge. So begaben wir uns in die kleine 150köpfige deutsche Kolonie, die sich aber schon beim ersten Hinsehen zu 95% aus „Neckermännern" rekrutierte. Dumme Bonzensprüche waren so wiedermal an der Tagesordnung. Pfui Deibel, immer der selbe Ärger mit den verfluchten Sitzplätzen!

Immerhin wußte die farbenfrohe Schlußfeier zu gefallen. Währenddessen begegneten uns auch mal wieder die Lauterer Weggefährten Jörg und Markus, die uns baten, sie die letzte WM-Nacht in unserem WM-Hotelzimmer aufzunehmen. Man gewährte ihnen Asyl, doch zu der daraus folgenden Klamotte später mehr!

Erstmal begann nun für uns alle das teuerste Fußballspiel unserer Supporter-Laufbahn. Wir begutachteten zwei übernervöse, ängstliche Teams. Die Italiener wollten nicht und verschanzten sich in der eigenen Hälfte. Die Brasilianer ließen ihre spielerische Klasse mal wieder in der Umkleidekabine. Haarsträubende Abspielfehler waren somit an der Tagesordnung. Ich glaube, so ein schlechtes WM-Finale gab es wohl noch nie!

Auch die brasilianischen Fans schienen keinerlei Gefallen an diesem müden Kick zu verspüren und verfielen zunehmend in Lethargie. So sorgten schließlich ein Pulk Argentinier und unser schmales deutsches Häuflein für ein wenig Reminiszenzen an das '90er Finale von Rom.

Die Verlängerung erinnerte phasenweise an das Schieber-Spiel Deutschland - Österreich von Gijon 1982. Wer sich bewegt, der hat verloren ... - leider verlangte das Reglement dann doch noch eine Entscheidung im Elfmeterschießen, obwohl dieses torlose Spiel eigentlich zwei Verlierer verdient gehabt hätte. Schade nur, daß ausgerechnet Roberto Baggio, der beste italienische Kicker dieser WM, zum großen Unglücksraben wurde und die im großen Kreis händchenhaltenden Brasilianern durch einen verschossenen Elfmeter den Titel überließ. Allerdings bleibt festzuhalten, daß über den gesamten Turnierverlauf betrachtet Brasilien sicherlich ein ehrenvoller Weltmeister ist.

Ein Jammer, daß wir ausgerechnet die schlechtesten Spiele der Brasilianer gegen die USA und Italien auswählten. Dennoch: eine Friedhofsstimmung wie in L.A. hatte die Mannschaft um Romario, Bebeto und Jorginho nun auch nicht verdient. Doch ich befürchte, wir werden in Zukunft häufiger solche Finals zu sehen bekommen, da immer mehr Geld auf dem Spiel steht und die Bedeutung eines Weltmeistertitels in unserem erfolgsfordernden Denken schon durch nichts mehr zu ersetzen ist.

Mit ein paar leckeren Kokosnußschalen, T-Shirts sowie kostenlosen Getränken im Marschgepäck kehrten wir ins Hotel zurück und ließen den Tag am Pool ausklingen.

18. Juli: Piepsende Magneten und eine überschwemmte Wüstenstadt

Moment, wir sind ja eigentlich noch am Vortag, aber es hatte bereits 23.00 Uhr geschlagen, als ein gewisser J. M. aus R., Anhänger des einzigen RP-Bundesligisten, das Telefon glöckeln ließ ...

J. M.:	Hallo Jörn, ich bin es.
Helms:	Ach, endlich seid ihr angekommen. Wir dachten schon, ihr kommt nicht mehr. Du bist jetzt bestimmt unten in der Hotelhalle. Warte, ich komm' schnell runter, damit ihr mit dem Gepäck nicht so auffalt ...
J. M.:	Ach Helms, da gibt es ein kleines Problem. Wir sind nämlich noch gar nicht im Hotel ...
Helms:	Nein? Aber es ist schon nach 23 Uhr, wo seid ihr denn noch?
J. M.:	Also, ich bin jetzt auf der Polizeiwache in Santa Monica, weil sie uns im Kaufhaus verdächtigten, Jeans an der Kasse vorbei geleitet zu haben. Die Kaution beträgt 250 Dollar, aber ich habe nur noch 218 Dollar dabei. Ihr müßt mir unbedingt helfen. Die lassen mich sonst nicht raus - und morgen geht um 9.00 Uhr mein Flieger nach Deutschland zurück - sonst komme ich hier gar nicht mehr weg ...
Helms:	Du, ich komm' natürlich vorbei, aber ich kann das nicht entscheiden, weil ich ja nicht den Mietwagen habe. Ich gebe dir mal den Fahrer.
Fahrer:	Also J. M., es war ein anstrengender Tag. Ich bin jetzt fix und alle. Was habt ihr euch denn da auch wieder für einen Mist geleistet. So kurz vor dem Rückflug darf so etwas doch nicht mehr passieren. Ich habe eigentlich keine Lust mehr aufzustehen. Also, da muß schon was rausspringen ...

Das Ende vom Lied: der arme Kamerad J. M. wurde aus seinem Verließ, das er mit Kriminellen und Drogenabhängigen teilen mußte, ausgelöst.

Zwar fanden wir nicht direkt den Weg, aber als eine auf Rotinekontrolle befindliche Streife befragt wurde, bekamen wir zu hören: „Oh, you are looking for the German boy ...?" Der Fall hatte also schon einigen Bekanntheitsgrad im ja nicht besonders ruhigen L.A. erreicht. Daß sich dabei aber bereits Kabel-TV-Kanäle dazugeschaltet hatten, wie bei der Autobahnverfolgungsjagd nach O. J. Simpson Wochen zuvor, entpuppte sich zum Glück nur als Gerücht.

Die Zeit des Abschieds war nun gekommen. Während Marco und die Gebrüder Schulz sich noch einen Tag L.A. gaben, die Lauterer Jörg und Markus sowie der bereits entschwundene Axel nach Hause flogen, startete man selbst einen Spontantrip ins Glücksspieleldorado Las Vegas. Da sich im Hotel ein Schalter von „US Air" befand, wurde auch gleich diese Fluglinie gewählt. Um 11.35 Uhr entschwebte unsereins bereits in die Kargheit Nevadas. Ich hatte zwar die Info erhalten, daß sich der Flughafen nur unweit der Spielcasinos befand, dem war aber nicht so. Bei unvorstellbarer Hitze gelangte man nach der Landung um 12.28 Uhr mit einem Hotel-Shuttle unentgeltlich an den sogenannten „Strip", eine meilenweite Aneinanderreihung von exklusiven Hotels und Vergnügungsparks. Man kann sich gar nicht vorstellen, wieviel Dattelautomaten nur in einer einzigen Hotelhalle stehen. Hunderte; ach nein, Tausende waren es!

Trotz einer Kapazität von bis zu 10.000 (!) Betten pro Hotel hatte ich im „Circus Circus" kein Glück und wurde ins benachbarte „Algiers", einem vergleichsweise schmalen Schuppen „umgeleitet". Dort wurde gleich für den nächsten Morgen ein Flug zum Grand Canyon gebucht, ehe man dann den luxuriösen Freizeittempeln eine erste Visite abstattete. Irgendwie gab es anfangs noch ein wenig Berührungsängste mit dieser ungewohnten Welt der Prasserei. So lunchte man auch ganz unstandesgemäß im Burger King, anstatt an einem der phantastischen Buffets für 3,99 Dollar sich den Magen bis zum Anschlag zu stillen.

Plötzlich lief mir unverhofft der Sauerland-Jens über den Weg, der einen großen Teil der WM mit Fari unterwegs war. Man genehmigte sich ein Bierchen und staunte wieder einmal darüber, wie klein doch unser Planet ist.

In der Abenddämmerung setzte dann mit einmal ein gewaltiges Unwetter ein, fast einem Wirbelsturm gleich. Sandkörner flogen uns in die Augen, ehe dann ein Regenguß vom Himmel grollte, wie ich ihn noch nie im Leben zuvor gesehen hatte. Hagelkörner, teilweise dick wie Kastanien, zerschmetterten Windschutzscheiben. Die Straßen standen innerhalb weniger Minuten fast 15 cm unter Wasser und glichen einem reißenden Strom. Blitze zuckten vom Firmament, der Donnerhall folgte noch in der selben Sekunde. Man dachte, es wäre vielleicht klüger im Hotel zu verschwinden und verabschiedete sich sodann. Wie später zu lesen war, entstanden Schäden in Millionenhöhe. Die ganze Nacht waren Räumkommandos unterwegs. Da fliegt man einmal im Leben nach Las Vegas ...

19. Juli: Thunderstorms in Arizona oder die Farbenpracht des Grand Canyon
Wie vereinbart weckte mich um 5.30 Uhr der Hotel-Service, denn das letzte große Abenteuer, ein Flug mit Propellermaschine in den Grand Canyon, stand auf dem Programm. Per Shuttle erreichte man die am internationalen Flughafen befindliche Landepiste von „Scenic Airlines", zu Füßen der Hotel-Pyramide „Luxor". Dann der Schock: Ich wurde darauf hingewiesen, daß der Blick in die Felslandschaft aufgrund des katastrophalen Wetters in der Nacht zuvor eingeschränkt sein sollte. Die allgemein berüchtigten „Thunderstorms" hatten auch mein Reiseziel eingenommen und in einen Wolkenschleier gelegt. Doch egal, nun war ich schon mal hier, nun sollte auch dieser „Ground" erledigt werden. Nach einiger Verzögerung ging es um 7.00 Uhr mit kleiner Besatzung los. Direkt über den Hoover-Damm, ohne dessen Energieleistung das pulsierende Leben der Spielerstadt Las Vegas ausgeschlossen wäre, dem Colorado-River flußaufwärts folgend.

Ein unbeschreiblich hinreißender Anblick! Ein Traum wäre es nun gewesen, hier einmal mit dem Schlauchboot hinunterzubrausen. Die roten Felsschluchten wirkten aber gerade durch die Regenfälle der vergangenen Nacht noch viel farbintensiver als man dies aus den Katalogen gekannt hatte. Zufriedenheit kehrte ein, insbesondere als die Maschine auf dem kleinen Grand Canyon-Airport sicher aufsetzte. Nun ging es mit dem Bus weiter, direkt an die „Klippen", wo natürlich Souvenirläden nicht fehlen durften.

Während ich so vor meiner Blockhütte saß (jeder hatte zweieinhalb Stunden zur freien Verfügung) und den gigantischen Canyon mit meinem Fotoapparat sezierte, huschte plötzlich ein kleines Fellbüschel über meine Füße und bat um „Nahrungsunterstützung". Nein, es war kein Eichhörnchen, wie ich zunächst vermutete, sondern ein Präriehund, ein äußerst zahmes, nordamerikanisches Nagetier. Meine verbliebenen Brötchenreste wurden nun brüderlich geteilt. Während ich gerade das Kerlchen vor diesem wundervollen Panorama ablichtete, krabbelte ein weiterer Geselle, diesmal ein Eichhörnchen, empor und lugte direkt aus dem Abgrund hervor, just in dem Moment, als ich den Auslöser betätigte. Welch ein Foto!

Leider war die Zeit in dieser unbeschreiblichen Mondlandschaft, durch die sich der Colorado-River in Jahrmillionen hindurchfraß und uns dieses Naturwunder als Endprodukt hinterließ, fiel zu kurz bemessen. Aber ein Abstieg bis zum Fluß hinunter, der immerhin exakt 1.350 m tiefer fließt und von oben nicht einzusehen ist, war einfach nicht drin, denn nun waren auch meine letzten Tage Amerika gezählt.

Flugzeughopping

anläßlich der Weltmeisterschaft 1994 in den USA

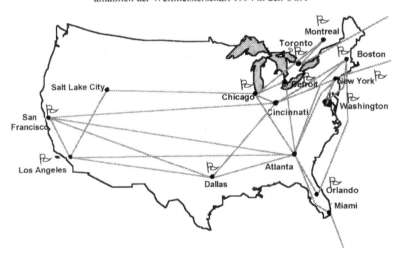

34 Flüge in 30 Tagen rund um die WM: Frankfurt / Main - Toronto, Detroit - Atlanta - Los Angeles - San Francisco - Cincinnati - Chicago - Atlanta - Los Angeles - Dallas - Atlanta - Orlando - Boston - Atlanta - Chicago - San Francisco - Dallas - Cincinnati - New York - Washington - Boston - Cincinnati - Chicago - Salt Lake City - Los Angeles - Atlanta - Miami - Atlanta - New York - Atlanta - Miami - Montego Bay (Jamaika / "Urlaub") - Miami - Atlanta - New York - Frankfurt / Main. Fari.

20. Juli: Arbeitslos und Spaß dabei!

Keine Frage: Las Vegas war neben Florida touristisch betrachtet der absolute Höhepunkt der USA. Nur man sollte hier schon nicht allein, sondern mit einer größeren Meute unterwegs sein, um den ganzen Spaß richtig intensiv zu erleben. Dies war dann auch das große Manko, mit dem der Abschlußtag bereits beim Mittagsbuffet im „Circus Circus" eingeläutet wurde. Hackbraten, Roastbeef, Bratwürstchen, Ravioli, Erbsen, Salate, Käse, Tomaten, Melonen und Nudelsalat: Probleme bereitete mir nur die Plazierung von Braten- und 1000-Island-Sauce, die sich auf meinem 1.500 g Teller (!) gerade noch vor dem Überlaufen retteten, während Erdbeeren mit Schlagsahne und Heidelbeeren nur auf dem Beilagenteller der Vertilgung entgegensehen mußten. Leider waren die Augen mal wieder größer als der Magen. So gelang es gerade einmal, die Hälfte vom Teller zu putzen. Doch was kostet die Welt: 3,99 Dollar waren nun wirklich kein Geld! Zur Verdauungsförderung schaute man mal an gleicher Stelle einer der viertelstündlichen Akrobatenvorstellungen zu, der die irre Piratenshow mit versenktem Schlachtschiff in Überlebensgröße am „Treasure Island" folgte. Phänomenal das „Mirage", welches über Delphine, die weiße Tiger-Darbietung mit Siegfried & Roy und einen hauseigenen Vulkan verfügt. Im „Caesar's Palace" findet man eine nachgebaute Einkaufspassage im Stile des alten Roms sowie einen sprechenden Kaiser Cäsar, der ab und zu am Weinkelch nippt und die Augen verdreht. Im „Excalibur" herrschen derweil Rittersmänner, die von einer Zugbrücke sich im Drachenkampf üben. Man könnte noch zig weitere Super-Hotels wie beispielsweise das weltgrößte seiner Art („MGM") oder den Wasservergnügungspark „Wet'n wild" dazuzählen. Alles in den Schatten stellt aber die nagelneue Glas-Pyramide „Luxor", die im Inneren eine Nilkreuzfahrt ermöglicht. Welch ein erhabenes Gefühl, durch die mächtigen Pranken der Sphinx einzumarschieren, zumal die klimatischen Wüstenverhältnisse ja durchaus an Ägypten erinnern.

Um 21.40 Uhr sollte es dann nach Los Angeles zurückgehen, aber die Schrottgesellschaft von „USA Air" stellte wieder nur eine fluguntaugliche Maschine zur Verfügung. Satte zweieinhalb Stunden wurde nun auf die Bereitstellung eines Ersatzvogels gewartet, der den Weg in den Alltag des Arbeitslebens zurück in die Wege leitete und auch sonst nichts Positives für sich verbuchen konnte.

21. Juli: Die Zeit vergeht im Fluge

Um 1.00 Uhr nachts fiel man endlich wieder aus dem Himmel Kaliforniens, so daß dem geplanten Heimflug mit der Konkurrenz von „United Airlines" nun doch nichts mehr im Wege stand. Nachdem im „Doubletree Inn" per Shuttle-Bus das Gepäck abgeholt wurde, begab man sich wieder zum Flughafen, wo bis in die frühen Morgenstunden notdürftig geratzt wurde. Man merkte hier erneut, daß man für eine Reisementalität „aus dem Hause Fari" doch nicht geschaffen ist. Aufgrund meiner zeitigen Anwesenheit am Abflugschalter von Los Angeles bekam man schon die Frühmaschine nach New York um 7.30 Uhr zugewiesen. Highlights waren dabei die abermalige Überquerung des Grand Canyon aus nun größerer Höhe, sowie das einmalige Panorama von Manhattan, daß sich im Landeanflug offenbarte. Aufgrund der Zeitverschiebung landete das Teil erst um

15.48 Uhr planmäßig zum letzten Stop auf Amerikas Boden. Zurück in die Heimat! Der erste Schritt dazu wurde um 18.50 Uhr getan ... .

22. Juli: Zurück in meinem kleinen Ort
Der Nachtflug nach London ließ keine weiteren Höhepunkte folgen, außer einer weiteren warmen Mahlzeit, die in die unendlichen Tiefen meines Magens vordrang. Aufgrund der Zeitumstellung, die zwischen Los Angeles und Halburg insgesamt neun Stunden ausmacht, war an Schlaf zudem nicht zu denken. Um 6.45 Uhr war Heathrow unter uns, wo nochmals drei Stunden totzuschlagen waren. Aufgrund der jungen Partnerschaft zwischen United Airlines und der Deutschen Lufthansa ergab sich für mich diese sinnlose Zeitverschwendung, denn noch vor Monaten gab es Direktflüge zwischen L.A. und Hamburg im Angebot.

Nach weiteren eineinhalb Stunden lag mir meine Heimatstadt zu Füßen. Das saftige Grün prangte im Landeanflug von Holsteins Feldern, auf denen gesunde Kühe in alter Gewohnheit weideten. Wie klein die Dimensionen plötzlich waren, verdeutlicht vielleicht das kleine Sportflugzeug, das auf der Startbahn wartete, während der gewaltige „Kranich" in Fuhlsbüttel aufsetzte. In New York herrschte derweil ein Jumbostau im Sekundentakt ...

Transferprobleme gab es im herrlichen Sommer der Freien- und Hansestadt nun auch nicht mehr, denn meine Eltern begrüßten mich bereits freudestrahlend am Landesteg. Sechseinhalb Wochen waren schon wahrlich eine gewaltige Zeit. Doch da das runde Leder nun mal mein Treibstoff ist, holte mich schon am folgenden Morgen der Alltag wieder ein, als es per Bus zum Intertototorundenspiel des Hamburger Sport-Vereins in den Nordzipfel Dänemarks nach Lemvig ging, wo die Superliga-Truppe von Ikast FS u.a. gleich mit drei Toren des jungen André Breitenreiter überfahren wurde: 5:1!

Die sportliche Seite hatte mich bereits wieder eingeholt, doch die Dimensionen zwischen dem „großen" Amerika und meinem „kleinen" Ort (Bad Oldesloe) waren einfach zu gewaltig. Es dauerte fast einen Monat, ehe die große Zeitdifferenz, sowie noch vielmehr der Gegensatz zwischen ungebundenem Vergnügen und urdeutschen Tugenden sowie Arbeitsstreß überwunden waren.

Doch wer will schon sagen, ob nicht schon die Olympischen Sommerspiele 1996 ein Wiedersehen im Tal der Ahnungslosen zustandebringt ...

Das Groundhopper-ABC

Bahnhof	Nach dem Stadion das zweitwichtigste Gebäude der Stadt: Treffpunkt; oft letzte Übernachtungsmöglichkeit
Doppel-Pack	Bei günstigem Spielplan und guter Planung lassen sich mehrere Spiele an einem Tag verfolgen. Besonders eignen sich hierzu z.B. Prag und Budapest; entspricht „Dreier" bzw. „Vierer"
Eintrittskarte	Teil der Dokumentation, wie eine Videokassette: mit jeder Karte lebt das Erlebte wieder auf
Entjungferung	Erstmals überhaupt wird ein Spiel in einem Stadion bzw. ein Land von einem Groundhopper besucht; der Hopper ist der erste, der dort war; kommt seltener vor
Europlan	Magazin der V.d.G.D. mit aktuellen Spielplänen, Reisetips und weiteren Informationen
Gefallen	Ein Ausdruck, der verwendet wird, wenn ein Ziel erreicht wurde, beispielsweise ein Länderpunkt erreicht wurde oder eine Liga komplettiert wurde: Ein Land ist „gefallen".
Ground	Das Stadion, Ziel einer Tour. Der Ground ist „gemacht" und zählt, wenn 45 min (streng gesehen sogar die volle Spielzeit) des Spiels gesehen wurden
Groundhopper	der „Stadionhüpfer" selbst
Groundsharing	Mehrere Vereine teilen sich das gleiche Stadion; dabei kann es sich auch um Vereine mit unterschiedlicher Sportart wie z.B. Rugby handeln
Haken	Den Haken oder das Kreuz macht man hinter jedes „gemachte" Stadion, z.B. im Groundhopping Informer
Hopper	Kurzform des Wortes „Groundhopper"
Informer	Das Magazin „Groundhopping Informer" erscheint jährlich mit Kontaktadressen der Vereine der höchsten Ligen Europas
Job	Beschaffungsquelle für Reisemittel, aber auch Hindernis, wenn man für eine Tour nicht frei bekommt
komplett	Alle Stadien einer Liga bei Spielen gesehen zu haben; bei Turnieren wie WM oder EM der Besuch aller WM- / EM-Stadien
komplettieren	Stadien der Aufsteiger, bei denen man noch nicht war, besuchen, damit eine Liga wieder „komplett" wird
Länderpunkt	Wenn ein Hopper in einem Land erstmals selbst ein Spiel verfolgt, dann gibt es einen neuen Länderpunkt
McDonald's	Kultrestaurant der Groundhopper; hier stehen die Chancen gut, weitere Hopper zu treffen

Nachtzug	Große Strecke zurückgelegt und gleichzeitig Hotelkosten gespart
92 Club	Englischer Klub von Groundhoppern, dem man nach dem Besuch von Spielen in allen 92 Stadien der vier Profiligen Englands beitreten kann
No-Budget-Reisen	ohne viel Geld Touren bewältigen; entsprechend „Low-Budget-Tour"
Non-League-Ground	Traditionsstadion oder Stadion von früheren Profi-Vereinen, die heute nicht mehr in den ersten vier Ligen spielen
Organisation	eine Menge Arbeit und sehr wichtig; sehr viel Koordination und auch Kontakt zu Vereinen; wer nicht organisieren kann, der zahlt mehr
Postkarte	Teil der Dokumentation; Beweis für den Besuch des Grounds
Presseausweis	Wer für Magazine und Zeitungen schreibt, kommt i.d.R. einfacher an Karten
Profitgier	Profitgierige Händler oder sogar Anhänger sind manchmal die einzige Anlaufstelle (Schwarzmarkt), um trotz weiter Anreise noch Eintrittskarten - dann zu einem in der Regel deutlich überteuerten Preis - zu kaufen und somit den Ground zu bekommen
Qualität	Während manche Groundhopper in unteren, gut erreichbaren Ligen aktiv sind, um ihr Punktekonto in die Höhe zu schrauben, gibt es im genauen Gegensatz dazu Groundhopper, die mehr auf Qualität achten und sich höherwertige, nicht so leicht erreichbare Spiele aussuchen und dafür nicht so oft unterwegs sind; zudem werden Grounds bei Spielen gegen bessere Vereine statt bei Kellerduellen angefahren
Raffinesse	eine Menge Tricks auf Lager, um möglichst günstig Reisen und Spiele „machen" zu können
Regeln	Jeder hat seine eigenen Regeln; Vereinheitlichung durch V.d.G.D. als Ziel vorgenommen, aber praktisch nicht umgesetzt
Rucksack	Erkennungszeichen der Groundhopper
Stammverein	Die meisten Groundhopper haben einen Stammverein, dessen Spiele eigentlich nicht verpaßt werden
Ultras bzw. Tifosi	Fans, die mit ihren Choreographien, Gesängen und anderen Aktionen interessanter als das sportliche Geschehen sein können. Besonders aktiv sind sie in Italien und ein paar südamerikanischen Ländern
V.d.G.D.	1993 gegründete „Vereinigung der Groundhopper Deutschlands" mit den Eintrittsvoraussetzungen 100 Grounds und zehn Länderpunkte

Kontaktadressen (Stand 1. Oktober 2000)

Vereinigung der Groundhopper Deutschlands:
Vorsitzender: Jörn Helms
Am Bürgerpark 1
23843 Bad Oldesloe

92 Club:
104 Gilda Crescent
Whitchurch
Bristol BS14 9LD
England

Groundhopping Informer:
Michael Seiß
Scharpwinkelring 12
44653 Herne

ghinformer@compuserve.com

Europlan-Verkaufsstellen
für Nichtmitglieder:
in Deutschland:
Sport Bock
Schwanthaler Str. 23
80336 München
Tel.: 089-5482330
Fax: 089-54506801

www.europlan-online.de

thomas@europlan-online.de
(4er-Abo für 36,- DM über Thomas Schips, Granitstrasse 21, 72336 Balingen)

in England:
Graham Hodson
Hodson Importers
39 Haslemere Way
Crewe
Cheshire CW1 4JX
England
Fax: (+44)-1604-478728

The Football Traveller:
Top o' the Bank
Evesham Road
Broadway
Worcestershire
WR12 7DG
England
Fax: (+44)-1386-858036

Fanzeitung des Autors

Fan geht vor/Eintracht Frankfurt:
c/o Jörg Heinisch
Schulze-Delitzsch-Straße 20
65510 Idstein
Tel./Fax: 06126-588924

Eine Auswahl an deutschen Fanzines
mit vornehmlich Erlebnisberichten bzw. Groundhopperbeiträgen, wobei die eigenen Vereine den Schwerpunkt bilden:

Blue Black Attack/1. FC Saarbrücken
c/o Christian Kissel
Hanfstr. 14
66806 Endorf

Blue Boys/Stuttgarter Kickers
c/o Dieter Beck
Hoffeldstr. 64
70597 Degerloch

Devil inside/1. FC Kaiserslautern
c/o Markus Lehnert
Oberstr. 56
66287 Quierschied

Druufff/1. FC Magdeburg
c/o Maik Schönefeld
Hans-Eisler-Platz 8
39128 Magdeburg

Follow the reds/VfB Stuttgart
c/o Marcel Schneider
Dresselhofweg 5
71549 Auenwald

GP-Report/1860 München
c/o Jens Brücker
Wiesenstr. 36
73066 Uhingen

Heilige Geschichten/Bayer Leverkusen
c/o Sascha Zinndorf
Am Kampsiepen 28
42657 Solingen

Kick off/Rot Weiß Erfurt
c/o Bernd Petz
Glockengasse 12
99084 Erfurt

Matchday/Bayern München
c/o Alexander Reuter
Goldbäumchenstr. 9
56821 Poltersdorf

Orangenpresse/SC Herford
c/o Jens Thiele
Friedenstalstr. 22
32049 Herford

Ratal Hammer/Bayern München
c/o Oliver Di Iorio
Buttermelcher-Str. 15
80469 München

Red Army News/1. FC Nürnberg
c/o Michael Sporrer
Mühlenweg 6
91281 Kirchenthumbach

Red-Black Devils News/1. FC Nürnberg
c/o Christian Kaplan
Ebermannstädter Str. 50
90427 Nürnberg

Der (Pf)lästerstein/Bayern München/VfL Bochum
c/o Gunnar Hielscher
Postfach 29
85239 Hebertshausen

Rhein in Flammen/1. FC Köln
c/o Mark El-Mohamed
Hamburger Landstr. 761a
60437 Frankfurt

Sauerland Echo/Bayern München
c/o Jens Hilgert
Lange Gasse 53
58809 Neuenrade

Schweinehuhnmagazin/VfB Stuttgart
c/o Thorsten Gillich
Kirchweg 48
73669 Lichtenwald

Stahltribüne/FSV Zwickau
c/o Mirko Otto
Alb.-Funk-Str. 23
08066 Zwickau

Terrace tales/Bayer 04 Leverkusen
c/o Hans Neuss
Wiesdorfer Platz 84
51373 Leverkusen

Tornados Spezial/Rapid Wien
c/o Dominik Hahn
Phönixweg 3
A-2320 Schwechat

Westside Story/1. FC Kaiserslautern
c/o Stefan Roßkopf
Dr.-Hans-Hoffmann-Str.7
67157 Wachenheim/Weinstraße

Wuppertal on tour/Werder Bremen
c/o Markus Eibel
Clausewitzstr. 61
42389 Wuppertal

Im Zeitschriftenhandel erhältliches bundesweites Fanmagazin, das auch Groundhopper-Berichte veröffentlicht:

Match live
Postfach 1120
67501 Worms
Fax: 06241-416960

Allgemeine englische Groundhopper-Fanzines:

Groundastic (Football grounds)
75 Littlebury Green
Basildon
Essex SS13 1RF
England

Pyramid Football Magazine
PO Box 107
Chells Manor
Hertfordshire SG2 0RH
England

Non League Football-Magazin:

Team Talk
Forbes Chapman Leisure Publications Ltd
6 Albert Rd
New Barnet
Hertfordshire EN4 9SH
England
Fax: (+44)-181-3649882

Überregionales italienisches Ultras-Magazin:

Supertifo
(Abonnement-Kontakt)
Via San, Calimero 17
20122 Mailand
Italien

Weitere Adressen:

Bündnis Aktiver Fußballfans
Postfach 26 01 12,
40094 Düsseldorf

Deutsche Programmheftsammler-Vereinigung
c/o A. Zschorsch
Mannhagener Allee 39a
22926 Ahrensburg

Deutscher Sportclub für Fußballstatistiken
c/o H. Jetter
Blumenstr. 38
72356 Dautmergen

Deutsche Stadionansichtskarten Sammlervereinigung
c/o Michael Förster
Mühlbachweg 33
63571 Gelnhausen

Koordinationsstelle Fanprojekte
Otto-Fleck-Schneise 12
60528 Frankfurt
Fax: 069-67730000

Das Stadion (Vereinszeitung der Deutschen Stadionansichtskarten-Sammlervereinigung)
c/o Jörg Bartko
Pietzstr. 1
01159 Dresden

Internetadressen:

www.dsfs.de
(für untere Klassen in Deutschland)

www.oberligen.de
(für die Oberligen)

www.stadionwelt.de
(allgemein)

www.uefa.com
(gute und genaue Infos zu den Europacup)

www.footbel.com
(Belgien, genaue Pläne bis in untere Klassen)

www.soccerfinder.de
(Info-Server über Vereine und Verbände)

www.italian-soccer.com
(erst kurzfristig aktualisiert)

www.kondi.dk
(Dänemark)

www.bundesliga.at
(Österreich)

www.kpn-telecompetitie.nl
(Holland)

http://metropolis.de/Hammer1.html
(Groundhoppererlebnisse)

www.final-attack.net
(Groundhoppererlebnisse)

Das „Estadio Jesus General" von Oruro (1. Liga Bolivien) vor dem Spiel um Platz 3 der Copa America 1997 zwischen Peru und Mexiko.

Literaturverzeichnis:

Arens, Phillip: Balkan Air, take us home!, in: Blutgrätsche, 2. Jg. (1998), Nr. 4, S. 10-12

Baingo, Andreas: Der Fußball-Saisonplaner (Bundesliga) 98/99, Berlin 1998

Beckmann, Reinhold (Hrsg.): SAT.1-Ran-Fanbuch, Hamburg 1996

Bernd, Christiane / Schulz, Daniela: Groundhopping, in: Blutgrätsche, 1. Jg. (1997), Nr. 2, S. 45

Biermann, Christoph: Der Meister der „Stadionhüpfer", in: Stern (Journal), 1995, Nr. 21

Brincat, Henry: Stephan Schlei — an unusual hitchhiker who earned a place in the Guinness Book of Records, in: The Times, 22. April 1996, S. 46

Bryson, Bill: A jolly good time in Blackpool, in: National Geographic, Vol. 193, No. 1 (January 1998)

Bucher & Co. (Hrsg.): jp airline-fleets international 99/2000, 33rd edition, Glattbrugg 1999

Bündnis Aktiver Fußballfans (B.A.F.F.): Geschichte, Selbstverständnis, Vereinssatzung, Düsseldorf 1999

Bundeszentrale für politische Bildung / Koordinationsstelle Fanprojekte / Bundesarbeitsgemeinschaft Fanprojekte (Hrsg.): Das WM Fanzine'98, Frankfurt 1998

Criwitz, Petra: 12 HSV-Fans auf Islandtour, in: Supporters News, 5. Jg. (1997), Nr. 15, S. 12-13

Doehn, Christian: LP Färöer oder Man bekommt im Leben nichts geschenkt, in: Matchday, 2. Jg. (1998), Nr. 4, S. 7-10

Eckert, Jochen: Editorial, in: Persönlichkeitsstörung — Theorie und Therapie, 2. Jg. (1997), Nr. 3/98, S. 110-111

Farsang, Carlo: Das langsame Sterben, in: Fan geht vor, 6. Jg. (1996), Nr. 43, S. 28

Farsang, Carlo: Eine Fußballreise durch Afrika, in: Fan geht vor, 3. Jg. (1993), Nr. 20, S. 28-29

Farsang, Carlo / Heinisch, Jörg: Fari in Südamerika, in: Fan geht vor, 7. Jg. (1997), Nr. 57, S. 38

Farsang, Carlo / Heinisch, Jörg: Ultra-Groundhoppen in Südamerika, in: Fan geht vor, 8. Jg. (1998), Nr. 68, S. 32-34

Farsang, Carlo / Heinisch, Jörg: Ultra-Groundhoppen in Südamerika, Teil II, in: Fan geht vor, 8. Jg. (1998), Nr. 70, S. 22-25

Farsang, Carlo / Heinisch, Jörg: Ultra-Groundhoppen in Südamerika, Teil III, in: Fan geht vor, 9. Jg. (1999), Nr. 71, S. 15-17

Farsang, Carlo / Heinisch, Jörg: Ultra-Groundhoppen in Mittelamerika, Teil I, in: Fan geht vor, 9. Jg. (1999), Nr. 78, S. 16-20

Farsang, Carlo / Heinisch, Jörg: Ultra-Groundhoppen in Mittelamerika, Teil II, in: Fan geht vor, 9. Jg. (1999), Nr. 79, S. 22-24

Ferris, Ken: Football fanatic, London 1995

Football Traveller, The, 12. Jg. (1999), Nr. 26

Gabriel, Michael: Interview mit Katja Sichtig: Ich verstehe den Ärger, in: AlleZmagne, 1. Jg. (1998), Nr. 5, S. 13-15

Gross, Werner: Hinter jeder Sucht ist eine Sehnsucht, Freiburg / Basel / Wien 1995

Grüne, Hardy: WM Reiseführer Frankreich 1998, Kassel 1998

Grüne, Hardy: Supporters Guide 1. Bundesliga 1998/99, Kassel 1998

Grüne, Hardy: Supporters Guide Regionalliga Nord 1998/99, Kassel 1998

Grüne, Hardy / Müller-Möhring, Michael: 1.000 Tips für Auswärtsspiele, 3. Auflage, Kassel 1999

Grüne, Hardy / Weinrich, Matthias: Supporters Guide Regionalliga Nordost 1998/99, Kassel 1998

Grüne, Hardy / Weinrich, Matthias: Supporters Guide Regionalliga Süd 1998/99, Kassel 1998

Grüne, Hardy u.a.: Supporters Guide 2. Bundesliga 1998/99, Kassel 1998

Grüne, Hardy u.a.: Supporters Guide Regionalliga West/Südwest 1998/99, Kassel 1998

Haarmeyer, Jan, in: Verlängerung, Sportgespräch mit Carlo Farsang, in: Hamburger Abendblatt, 12.02.2000, S. 36

Hardt, Thomas / Seiß, Michael: Groundhopping-Informer zur Spielzeit 1998/99, Herne 1998

Hardt, Thomas / Seiß, Michael: Groundhopping-Informer zur Spielzeit 1999/2000, Kassel 1999

Heinisch, Jörg: And the Oscar goes to ..., in: Fan geht vor, 8. Jg. (1998), Nr. 60, S. 40-41

Heinisch, Jörg: And the Oscar 1999 goes to ..., in: Fan geht vor, 9. Jg. (1999), Nr. 71, S. 22-24

Heinisch, Jörg: Extrem-Groundhopping: Immer auf Achse, in: Fan geht vor, 7. Jg. (1997), Nr. 54, S. 13-16

Heinisch, Jörg: Hast Du den Spielplan der 2. Liga Albaniens?, in: Fan geht vor, 7. Jg. (1997), Nr. 55, S. 27-30

Heinisch, Jörg: Interview mit vielen Unbekannten, in: Fan geht vor, 7. Jg. (1997), Nr. 53, S. 28-31

Helms, Jörn: Berichte zur XV. Fußballweltmeisterschaft 1994, in: Der Wellenbrecher, 7. Jg. (1995), Nr. 14, S. 4-63

Helms, Jörn: Ebenerdig nach Malta, in: Europlan, 5. Jg. (199), Nr. 1/99, S. 35-40

Helms, Jörn: Eine WM zum Abgewöhnen, in: Europlan, 4. Jg. (1998), Nr. 4/98, S. 51-68

Helms, Jörn: In 80 Tagen um die Welt ..., in: Europlan, 4. Jg. (1998), Nr. 1/98, S. 35-36

Helms, Jörn: Pleite in Kleinasien und ein Lauf durch 1001 Tag, in: Europlan, 5. Jg. (1999), Nr. 1/99, S. 60-65

Helms, Jörn: Umfrage zum Besuch des ersten Fußballspiels im Inland, Ausland und außerhalb Europas, in: Europlan, 5. Jg. (1998), S. 8-9

Hilgert, Jens: Vorbereitung für's Belgrader Derby muß sein!, in: Sauerland-Echo, 6. Jg. (1998), Nr. 15, S. 6-10

Hornung, Andreas / Scheel, Anjo: Dnjepr - Eintracht, in: Fan geht vor, 3. Jg. (1993), Nr. 20, S. 15-18

Imgrund, Bernd / Müller-Möhring, Michael: 1.000 Tips für Auswärtsspiele, 2. Auflage, Essen 1995

Jahn, Michael: Sie lieben englische Wochen, in: Europlan, 4. Jg. (1997), Nr. 2/97, S. 6

Kaube, Thomas: Spanien-(Tor)Tour, in: Der Schachtscheisser, 3. Jg. (1998), Nr. 12, S. 18-22

Koordinationsstelle Fanprojekte / Bundesarbeitsgemeinschaft Fanprojekte / Football Supporters Association (Hrsg.): Das **Euro-Fanzine**, Frankfurt 1998

Langenscheidts Großes Schulwörterbuch Englisch-Deutsch, Neubearbeitung 1988

Langenscheidts Großes Schulwörterbuch Englisch-Deutsch, Neubearbeitung 1997

Laufenberg, Jörg: Arbeitstag eines Hoppers ..., in Europlan, 5. Jg. (1998), Nr. 2/98, S. 45

Miles, Kevin / **Pilling**, Alison: France 98 World Cup Report — The Fans' View, in: The Football Supporter, hrsg. von The Football Supporters Association, October 1998, S. 8-10

Müller, Frank: Tarkett-Stadionführer — Die Stadien der Fußball-Bundesliga 1995/96. Leipzig 1995

Müller-Möhring, Michael: 1.000 Tips Europacup, Essen 1997

Muensterberger, Werner: Sammeln — eine unbändige Leidenschaft, Berlin 1995

Neuendorf, Hauke: Mit dem HSV im Iran, in: Das WM Fanzine'98, hrsg. von Bundeszentrale für politische Bildung / Koordinationsstelle Fanprojekte / Bundesarbeitsgemeinschaft Fanprojekte, Frankfurt 1998, S. 27-30

ohne Verfasser: Satzung der „Vereinigung der Groundhopper Deutschlands" mit dem Stand vom 1. Januar 1999

Pearce, Gordon: Informationsblatt des „92 Club" für neue Mitglieder (ohne Jahresangabe)

Petz, Bernd: Leserbriefseiten, in: Kick Off, 6. Jg. (1998), Nr. 21, S. 42

Pfohmann, Patrick: Leserbrief, in: Europlan, 5. Jg. (1999), Nr. 1/99, S. 8-9

Polyglott (Hrsg.): Fußball-Bundesliga 1998/99, München 1998

Preen, Eckart: Spotlight on South African Soccer, in: Gegengerade, 1991, Nr. 7, S. 3-6

Radio NRW GmbH (Hrsg.): Fußball-Fan-Guide der NRW-Lokalradios, Oberhausen 1998

Reuter, Alexander: Polnisch-russische Tragikomödie, in: Matchday, 1. Jg. (1997), Nr. 3, S. 4-6

Richardt, Oliver / Simon, Sven: Bundesliga-Guide 2000/2001, München 2000

Schäfer, York: Ich wollte den Länderpunkt Libyen, in Bremer – Die Stadtillustrierte, 25. Jg., März 2000, S. 24-26.

Schneider, Marcel: Follow the Reds-Europatournee'98, in: Follow the Reds, 2. Jg. (1997), Nr. 4, S. 55-62

Schwieger, H.G. / Omm, Peter: Sammeln — ein Stück mehr Leben (Die blaue Reihe), Wiesbaden 1991

Skrentny, Werner (Hrsg.): Das große Buch der deutschen Fußball-Stadien, Göttingen 2000

Stepputtis, Harald: Groundhopping: Faszination oder Wahnsinn?, in: Der Leuchtturm, 2. Jg. (1996), Nr. 6, S. 28

Zulauf, Harald: Bundesliga-Timer 98/99, Köln 1998